2010年教育部人文社会科学研究基金资助出版
2012年安徽师范大学学术著作出版基金资助出版

民主革命时期
马克思主义中国化中的论争

MINZHU GEMING SHIQI
MAKESIZHUYI ZHONGGUOHUA ZHONG DE LUNZHENG

高正礼 著

安徽师范大学出版社

责任编辑：房国贵
责任校对：胡志恒
装帧设计：丁奕奕

图书在版编目（CIP）数据

民主革命时期马克思主义中国化中的论争/高正礼著 .—芜湖：安徽师范大学出版社，2013. 9（2024.6重印）

ISBN 978-7-5676-0134-5

Ⅰ.①民… Ⅱ.①高… Ⅲ.①马克思主义—发展—研究—中国 Ⅳ.①D61

中国版本图书馆 CIP 数据核字（2012）第 300310 号

民主革命时期马克思主义中国化中的论争

高正礼 著

出版发行：安徽师范大学出版社
芜湖市九华南路 189 号安徽师范大学花津校区　　邮政编码：241002
网　　址：http：//www. ahnupress. com/
发 行 部：0553-3883578　5910327　5910310（传真）　E-mail：asdcbsfxb@ 126. com
经　　销：全国新华书店
印　　刷：阳谷毕升印务有限公司
版　　次：2013 年 9 月第 1 版
印　　次：2024年6月第2次印刷
规　　格：787×960　1/16
印　　张：21. 75
字　　数：352 千
书　　号：ISBN 978-7-5676-0134-5
定　　价：87.00元

序

实践是认识的源泉、动力、目的和归宿，也是检验认识是否正确的唯一标准。从实践到认识，再从认识到实践，如此实践、认识、再实践、再认识，循环往复以至无穷，一步步地深化和提高，这是认识发展的总过程，也是认识运动的基本规律。此外，认识运动还有一些带规律性的特征和现象，争论就是其中之一。俗话说“真理越辩越明”。1853 年 9 月，马克思在致恩格斯的信中说过：“真理通过论战而确立，历史事实从矛盾的陈述中清理出来。”① 1957 年 3 月，毛泽东也说：“真理是在同谬误作斗争中间发展起来的。”② 这些论述都是在承认实践决定认识的基础上，充分肯定论争在认识运动中具有重要地位和作用。

论争是智慧的碰撞，双方或多方论点在论争的过程中得以阐明、补充和完善，或者被揭露破绽、虚伪等而遭抛弃。因此，论争既是一种斗争，也是一种合作，更是人类文明发展史上的社会、文化现象。古今中外，凡是思想文化繁荣的时期，都是百家争鸣的时期。欧洲古希腊文明的鼎盛和中世纪文艺复兴的博兴，中国春秋战国时期的诸子纷呈和五四新文化运动时期的主义杂陈等，都是论争推动人类认识发展、思想文化繁荣的历史证明。

马克思主义是无产阶级解放自己和世界的思想武器，她自身就是批判各种剥削阶级思想的产物，自诞生始即遭受种种主义的污蔑和攻击，后一直伴随着同种种非马克思主义思潮的争论或斗争而日渐形成和发展。马克思主义在中国传播、运用和发展，同样伴随着争论走过。十月革命后，马克思主义刚传入中国，中国思想界就爆发了马克思主

① 《马克思恩格斯全集》第二十八卷，人民出版社 1973 年版，第 286 页。

② 《毛泽东文集》第七卷，人民出版社 1999 年版，第 280 页。

义是否适合中国、中国有没有劳资阶级对立、中国需不需要阶级斗争等论争。中国共产党诞生后的很长一段时期，党内始终存在着如何对待马克思主义的论争。直到抗日战争时期，以毛泽东为代表的中国共产党人才明确提出了“马克思主义中国化”命题，随着毛泽东思想形成并走向成熟，马克思主义中国化也逐渐成为全党共识。1981 年 6 月，中共十一届六中全会通过的《关于建国以来党的若干历史问题的决议》指出，毛泽东思想是在同种种“错误倾向作斗争并深刻总结这方面的历史经验的过程中逐步形成和发展起来的”①。中共十一届三中全会以来，当代中国的改革开放一直存在着争议，中国特色社会主义理论体系也是在争论中形成和发展的。

高正礼撰写的《民主革命时期马克思主义中国化中的论争》书稿，我看后有了以下感想：

第一，研究选题独特。

近年来，研究马克思主义中国化及其理论成果的论著很多，但系统研究马克思主义中国化中论争的著作没有看到。尤其在构建社会主义和谐社会的今天，包括学术界在内的社会各界所关注的重点是经济发展、民主进步、民生改善、文化繁荣和生态保护，人们都不同程度地淡化争论、回避争论。该书稿却专题研究马克思主义中国化中的论争，选题独特，不是跟风、随大流之作。

第二，主题鲜明突出。

新民主主义革命时期，马克思主义中国化中的论争涉及政治、经济、社会、文学、哲学等众多领域，场次数以百计，论点错综复杂，关系盘根错节。但近代中国社会的基本性质和主要矛盾，决定了近代中国各族人民、各革命阶级和政党的根本任务是反对帝国主义、封建主义和官僚资本主义，为实现民族独立和人民解放而奋斗。马克思主义中国化的使命就是把马克思主义基本原理同中国具体实际相结合，探索和实行适合中国国情的革命道路，并总结中国革命的经验教训，丰富和发展马克思主义，且中国共产党和中国马克思主义者又是推动马克思主义中国化主体中的主体。因此，中国共产党及其党员干部在

---

① 中共中央文献研究室：《关于建国以来党的若干历史问题的决议注释本》（修订），人民出版社 1985 年版，第 47 页。

探索、领导和进行中国革命的过程中，围绕“什么是中国革命，怎样革命”而发生的内部论争，及其同共产国际、联共（布）、中国国民党、国家社会党和民主同盟等之间产生的论争，理当成为马克思主义中国化中论争研究的重点。书稿正是依据这一理路设计和展开的，因此，研究主题鲜明突出。

第三，理论阐述深刻。

为了增强学术性，书稿名称和行文使用的是“论争”，而不是“争论”。书稿以马克思主义中国化为主线，以马克思主义中国化中的论争为主题，按照中共历史学的传统观点，将新民主主义革命时期划分为党的创立、国民革命、土地革命、抗日战争和解放战争五个历史阶段，既梳理了各个历史阶段马克思主义中国化中重大论争发生的背景、经过和结果等，而且对每个历史阶段论争围绕的中心做出了概括，认为五个历史阶段论争的中心分别是“创建一个什么样的政党”“掀起一场什么样的革命”“选择一条什么样的道路”“争取一个什么样的命运”和“建立一个什么样的国家”。在此基础上，书稿对每个历史阶段论争的经验、教训，尤其是论争对马克思主义中国化理论成果的形成和发展、对中国马克思主义政党的自身建设等影响和启示等做出了深入分析。最后，书稿又对整个新民主主义革命时期马克思主义中国化中论争的基本特征、经验教训等做出了理论概括，并将其归结为“什么是中国革命，怎样革命”的论争。这同中国特色社会主义理论体系分别围绕“什么是社会主义，怎样建设社会主义；建设什么样的党，怎样建设党；实现什么样的发展，怎样发展”相衔接，体现了马克思主义中国化的一贯性。这些分析、提炼和概括，遵循了历史与逻辑、理论与实际、文本与史实的统一，不仅使全稿组合成一个有机整体，而且不乏独到见解，展示了作者比较扎实的理论功底和较强的抽象思维能力。

当然，文稿还有进一步完善的空间。例如，研究马克思主义中国化中的论争，虽然要重点研究政治、军事领域关于中国革命的论争，但发生于哲学、文学界的若干论争实际上同中国革命问题之争紧密关联，这些论争应该述及。马克思主义中国化中的论争可分为两大类，一是马克思主义者与非马克思主义者、反马克思主义者的论争；一是马克思主义者内部不同意见的论争。这两类论争的性质及其对马克思主义中国化的影响是不同的，需要从理论上具体分析。由于中国国情的复杂性和中国革命的曲折性，众多论争交织在一起，哪些是战略性论争，哪些是策略性论争，哪些是根本性论争，哪些是技术性论争，哪些是决定性论争，哪些是影响性论争等，也值得进一步深化研究。

王先俊

2012 年 9 月 12 日

目　录

绪　论

（一）研究选题的缘起

当代中国自1978年12月中共十一届三中全会以来的改革开放，曾多次发生姓“资”姓“社”、姓“私”姓“公”的论争。新世纪新阶段，如何评价当代中国的改革开放，怎样认识中国30多年来走过的道路和创立的模式，思想界、舆论界、广大民众，甚至国际社会等都展开了热烈的讨论，有人完全肯定，有人全盘否定；有人认为改革开放步子迈得不够大，有人认为步子迈过了头；有人认为中国走的是具有中国特色的社会主义道路，有人认为中国走的是具有中国特色的资本主义道路，还有人认为中国走的是民主社会主义道路。

2006年3月，中国经济体制改革研究会邀请部分专家学者、公务员和国际经济组织驻华总代表等，在北京西山召开了“中国宏观经济与改革走势座谈会”。会议纪要在网上披露后，立即引发了激烈的争辩。除了爆发网上大讨论，有关团体、组织先后在北京召开了“坚持社会主义改革”“社会主义改革观”等研讨会，对“中国宏观经济与改革走势座谈会”的部分言论给予猛烈批判。一些人认为，该会议上的部分言论严重违背了四项基本原则，妄图颠覆中国共产党的领导和社会主义制度，并把这一会议同1925年11月国民党右派在北京西山召开的反共会议联想起来，称之为“新西山会议”。差不多同时，国内一些人也以“反思改革”为名，在各种场合不同程度地对改革开放横加指责，甚至妄图否定改革开放，在社会上和思想界产生了一定的混乱。

2006年2月，原中国人民大学副校长谢韬为辛子陵在香港出版的《红太阳的陨落——千秋功罪毛泽东》作序，题为《民主社会主义才能救中国》。2007年2月，谢韬将序更名为《民主社会主义模式与中国前途》发表于《炎黄春秋》2007年第2期。谢文认为：“第二次世界大战后，法西斯主义灭亡了，帝国主义衰落了，世界上剩下三种社会制度展开了和平竞赛。第一种是以美国为代表的资本主义制度，第二种是以苏联为代表的共产主义制度，第三种是以瑞典为代表的民主社会主义制度。竞赛的结果是民主社会主义胜利，既演变了资本主义，又演变了共产主义，民主社会主义正在改变世界”。“我们习惯称之为发达资本主义的西方国家，都已成为新资本主义，不同程度地民主社会主义化了”。中国自中共十一届三中全会以来的改革，如包产到户、多种所有制共同发展等，“这一系列新政策属于民主社会主义，但为了避免‘修正主义’之嫌，我们称之为中国特色的社会主义道路”。“胡锦涛主政伊始，2004年3月第十届全国人民代表大会第二次会议将‘三个代表’重要思想和保护私有制的重要条文载入宪法，这标志着中国踏上了民主社会主义道路”；“马克思、恩格斯晚年是民主社会主义者，是‘和平长入社会主义’的首倡者，民主社会主义是马克思主义的正统”，列宁和斯大林从“左”边修正了马克思主义等。文章结论是：“中国走民主社会主义道路，就会开辟世界历史发展的新航道”，“只有民主社会主义才能救中国”①。谢文一经发表，一石激起千层浪，不仅引起网上热议，而且催生了一系列研讨会、座谈会、著作和论文的问世。如2007年4月，中国历史唯物主义学会“毛泽东的人民历史观课题组”和“毛泽东旗帜”网站在中国人民大学举办了“高举马列主义毛泽东思想的科学社会主义旗帜——批驳谢韬‘只有民主社会主义才能救中国’的乱党谬说”研讨会。之后，北京、武汉、南京和上海等地都举办了批判谢韬言论的会议。当然，也有个别地方召开了支持谢韬观点的小型座谈会。从中国期刊网检索，篇名含“民主社会主义”关键词的论文，2007年至2009年达160余篇，而1997至2006的十年仅120余篇。2007年以来出版的相关著作有：殷叙彝著《民主社会主义论》（中央编译出版社2007年版）、徐崇温著《民主社会主义评析》（重庆出版社1995年版）、周新城著《民主社会主义思潮评析》（社会科学文献出版社2008年版）、王占阳著《新民主主义与新社会主义》（中国社会科学出版社2008年版）、张传鹤著《全球视野下的民主社会

① 谢韬：《民主社会主义模式与中国前途》，《炎黄春秋》，2007年第2期。

主义研究》(中共中央党校出版社2009年版)等。

在思想界、学术界和广大民众批判“新西山会议派”和谢韬“只有民主社会主义才能救中国”言论前后，社会上竟有一些人乘机曲解以胡锦涛为总书记的中共中央所提出的“构建社会主义和谐社会理论”“科学发展理论”等，认为加强社会建设就意味着中共不再坚持以经济建设为中心；也有人提出中共的工作中心应以经济建设和社会建设并举；还有人提出了政党工作的“多中心论”和“中心转移论”，即政党的工作中心不只是一个，而是多个，在长达百年的社会主义社会初级阶段，中共的工作中心是不断转移的，不应固定不变；甚至有人认为“科学发展观”是对传统发展观、庸俗发展观的否定①。这些论点同样引发了学术界、思想界广泛而深入的研讨和争论。

为了统一全党思想认识，回答思想界各种争论和疑惑，并为即将召开的中共十七大作准备。2007年6月25日，胡锦涛总书记在中共中央党校发表重要讲话，讲话不仅鲜明地提出了“高举中国特色社会主义伟大旗帜”的口号，而且向全党提出了“四个坚定不移”的根本性要求，即坚定不移地坚持解放思想，坚定不移地推进改革开放，坚定不移地落实科学发展、社会和谐，坚定不移地为全面建设小康社会而奋斗②。正如李君如解读胡锦涛“6·25”讲话精神时所说：高举中国特色社会主义伟大旗帜表明，“苏联模式的社会主义不是我们的旗帜，民主社会主义也不是我们的旗帜”③。2007年10月，胡锦涛在中共十七大报告中指出：“中国特色社会主义伟大旗帜，是当代中国发展进步的旗帜，是全党全国各族人民团结奋斗的旗帜”，并强调：中国特色社会主义道路“既坚持了科学社会主义的基本原则，又根据我国实际和时代特征赋予其鲜明的中国特色。在当代中国，坚持中国特色社会主义道路，就是真正坚持社会主义”；“改革开放是决定当代中国命运的关键抉择，是发展中国特色社会主义、实现中华民族伟大复兴的必由之路”；“只有改革开放才能发展中国、发展社会主义、发展马克思主义”；“改革开放符合党心民心、顺应时代潮流，方向和道路是完全正

① 张勤德：《庸俗发展观是“百病之源”》，《探索》，2005年第6期。

② 胡锦涛：《坚定不移走中国特色社会主义伟大道路 为夺取全面建设小康社会新胜利而奋斗》，人民日报，2007年6月26日。

③ 李君如：《中国特色社会主义和十六大以来党的理论创新》，《学习时报》，2007年第394期。

确的，成效和功绩不容否定，停顿和倒退没有出路”①。此外，中共十七大报告还阐明了科学发展观的科学内涵和精神实质、科学发展与社会和谐的关系、科学发展与以经济建设为中心的关系、改革开放“十个结合”的成功经验等，从而实现了若干重大理论创新，其特点之一就是针对思想界、理论界和社会上各种疑惑和诘难而做出了科学解答②。这些科学解答帮助广大党员和群众辨清了科学社会主义、民主社会主义与中国特色社会主义的关系，坚定了改革开放和走中国特色社会主义道路的信念，深化了对科学发展观基本内涵和精神实质的认识等。

可见，中国共产党正确处理和引导思想界、理论界的争论，不仅可以解疑释惑，回答人们关心的热点问题，而且可以实现理论创新，推进马克思主义中国化、大众化和时代化，统一全党和全国各族人民的思想、意志和行动，不断推进党及其领导的社会主义现代化事业胜利前进。

2008 年 3 月，为了全面贯彻落实中共十七大精神和深入学习实践科学发展观，同时迎接并纪念改革开放 30 周年，教育部特设立人文社科（应急）研究项目 40 余项，笔者主持申报的“改革开放以来党的六次全国代表大会报告理论创新研究”非常荣幸地获得立项资助。在开展该课题研究的过程中，笔者进一步认识到：争论、论争、辩论在马克思主义中国化史、马克思主义发展史，乃至整个人类思想发展史上都扮演着重要角色，发挥过重大作用，因而就此作出以下思考：

第一，论争有益于思维创新，推动了人类思想文化的发展。

论争、争鸣、辩论是伴随着人类文明发展始终的社会、文化现象，也是思想文化发展的动力之一。古希腊文明之所以昌盛一时，同他们有着辩论的传统密切相关，思想家们通过辩论探讨哲学、伦理等问题，公民在各种机构中通过辩论表达自己的观点，公民大会的重要程序之一就是对各项议案展开辩论。中国古代思想家围绕“天人”“名实”“形神”“能所”“心物”“知行”之辩，探讨哲学、伦理、政治等基本

---

① 《中国共产党第十七次全国代表大会文件汇编》，人民出版社 2007 年版，第 1、11 页。

② 高正礼：《整合·针对·前瞻·全面·拓展——中共十七大理论创新的特点》，《思想理论教育导刊》，2008 年第 8 期。

问题，从而创造了灿烂的中华文化，尤其是丰厚、深奥的中国古代哲学。荀子和《易传》则明确提出，人们通过不同意见的争论，通过“解蔽”和正确地运用逻辑范畴，就能获得比较全面的真理。

革命导师、众多学者等也曾对平等的学术争鸣、心平气和的自由辩论、同志式的批评与自我批评等作用和意义给予过充分肯定。马克思曾说：“真理通过论战而确立，历史事实从矛盾的陈述中清理出来。”① 1937年9月，毛泽东指出：“我们主张积极的思想斗争，因为它是达到党内和革命团体内的团结使之利于战斗的武器。每个共产党员和革命分子，应该拿起这个武器。”② 1943年10月，毛泽东在中央政治局会议上又说：“无产阶级先锋队内部的团结，要使用批评和自我批评的武器，有问题不要争论，才是真正不要团结。”③ 1957年5月，周谷城先生认为，贯彻百家争鸣的方针具有重大意义：首先，可以推进学术，发展真理；其次，可以加强团结；再次，可以巩固对马克思主义的信心，因为马克思主义自身就是在争鸣中站起来的，在中国尤其特别，简直是在反动统治高压之下站起来的④。

第二，马克思主义是伴随着论争形成和发展的。

马克思主义自诞生始，其形成和发展，一直是伴随着同种种非马克思主义思潮的论争或斗争而走过来的。

首先，马克思恩格斯在同旧思想、反动势力的不断论争中实现了世界观和政治立场的转变。马克思恩格斯就其出身和社会地位而言，属于资产阶级知识分子。1842年至1843年，马克思实现了世界观和政治立场从唯心主义向唯物主义、从革命民主主义向共产主义的转变。这一转变是在论战中实现的。期间，马克思曾就出版自由、林木盗窃法等同莱茵省议会展开了辩论，就共产主义问题同奥格斯堡《总汇报》展开了论战，就摩塞尔河地区葡萄酒农民贫困状况的原因同莱茵省省长展开了论战。也正是这些论战，使原来学习和从事法律专业的马克思认识到自身经济学知识的匮乏，于是下定决心研究经济学。经过十五年的潜心钻研，马克思终于揭示了资本主义剥削的秘密，撰写出

① 《马克思恩格斯全集》第二十八卷，人民出版社1973年版，第286页。
② 《毛泽东选集》第二卷，人民出版社1991年版，第359页。
③ 沙健孙主编：《中国共产党史稿》第四卷，中央文献出版社2006年版，第641页。
④ 周谷城：《争辩讨论是推进学术的最好方法》，《人民日报》，1957年5月3日。

《资本论》第一卷。1844年，马克思恩格斯在布鲁塞尔开始合作创立科学社会主义，两人合作的第一部著作，就是被列宁称作奠定了革命唯物主义、社会主义基础的《神圣家族》。这是一部论战性的著作，马克思恩格斯在其中清算了自己的哲学信仰，在论战中阐述了唯物主义历史观的众多重要观点。

其次，马克思主义是在同各种非无产阶级社会主义流派的斗争中产生的。《共产党宣言》是马克思主义诞生的标志性著作，在撰写这篇文献的过程中，马克思恩格斯同各种反动势力，特别是共产主义者同盟内的各种小资产阶级思潮展开了激励的斗争。譬如在《共产党宣言》中，马克思恩格斯对“封建的社会主义”“小资产阶级的社会主义”“德国的或‘真正的’社会主义”“保守的或资产阶级的社会主义”“空想的社会主义”等逐一给予了深刻的批判，在批判对比中阐述了共产主义基本原理。因此，列宁说：马克思恩格斯“在同各种小资产阶级的社会主义学说进行的尖锐斗争中创立了革命的无产阶级社会主义或者说共产主义（马克思主义）的理论和策略”①。

再次，马克思主义在同各种反动势力和思潮的斗争中得以丰富和发展。马克思主义诞生后，不仅遭到反动的资产阶级政府及政治家们的迫害、诽谤和咒骂，而且受到修正主义的歪曲和篡改。马克思主义在同各种反动势力、思潮的斗争中不断得到丰富和发展，并且从一种科学的学说，发展成为亿万工农大众社会主义革命、建设的实践运动。正如毛泽东所说：“真理是在同谬误作斗争中间发展起来的。马克思主义就是这样发展起来的。马克思主义在同资产阶级、小资产阶级的思想作斗争中发展起来的，而且只有在斗争中才能发展起来。”②

第三，马克思主义中国化始终伴随着论争。

自1917年十月革命一声炮响为中国送来马克思主义以来，中国的马克思主义者、中国共产党等坚持把马克思主义基本原理同中国具体实际相结合已经实现了两次历史性飞跃，产生了毛泽东思想和中国特色社会主义理论体系两大理论成果。如上述及，当代中国自中共十一届三中全会以来的改革开放，一直是伴随着论争走过来的，中国特色

① 《列宁选集》第二卷，人民出版社1995年版，第416页。
② 《毛泽东文集》第七卷，人民出版社1999年版，第280页。

社会主义理论体系是在论争中不断形成和发展的。新民主主义革命时期，毛泽东思想也是在论争中得以形成和发展的。正如1945年5月刘少奇在中共七大上所说：毛泽东思想“不只是在和国内外各种敌人进行革命的斗争中，同时又是在和党内各种错误的机会主义思想——陈独秀主义，李立三路线，以及后来的左倾路线、投降路线、教条主义、经验主义等进行原则的斗争中，生长和发展起来的”①。学术界也普遍认为，毛泽东思想形成和发展的特点之一，就是“毛泽东思想是在同错误思潮的斗争中形成和发展的”②。可见，马克思主义中国化的过程是马克思主义同其他“各种外来思潮和中国传统文化相互碰撞、相互激荡、相互斗争而又相互吸取的过程”③，尤其是同种种非马克思主义思潮和势力的论争或斗争的过程。当然，历史上“左”倾思潮曾把中国共产党的历史说成是两条路线的斗争史，这自然是不可取的，也不符合历史实际。但是，不可否认，马克思主义中国化过程中确实存在着无数次论争，这些论争推动着中国共产党人、中国的马克思主义者和自由知识分子等不断实现理论创新，成为马克思主义中国化的动力之一。

鉴于以上的思考，近年来学术界对马克思主义中国化的研究，偏于理论和学理，历史的、具体的、微观的研究相对不足。因此，笔者决定从论争的视角来系统梳理和探讨马克思主义中国化的历史进程和基本规律。因时间和能力有限，作为该设想的第一步，先专题研究新民主主义革命时期马克思主义中国化中的论争。2010年，笔者以此为课题申报了教育部人文社会科学研究项目并获得立项。是为选题的缘起。

（二）相关范畴的解读

本研究课题所涉及的范畴主要有：马克思主义、马克思主义中国化和论争等。这些范畴简要解读如下。

---

① 《刘少奇选集》上卷，人民出版社1981年版，第334页。

② 罗正楷主编：《毛泽东思想概论》，武汉大学出版社1999年版，第12页。

③ 陶德麟、何萍：《马克思主义哲学中国化：历史与反思》，北京师范大学出版社2007年版，第64页。

1. 马克思主义

马克思主义有狭义和广义之分。马克思生前并没有称自己的学说为马克思主义，甚至反对使用这一概念。然而，他的学生、战友，以及一些反对马克思学说的人，都在不同场合使用了“马克思主义”这一概念。实际上，马克思主义是以马克思、恩格斯为主要代表的早期共产主义运动的领导人共同创立的。马克思去世后，有人提议用“马克思恩格斯主义”代替“马克思主义”，但是恩格斯并没有同意。1886年年初，恩格斯在写作《路德维希·费尔巴哈和德国古典哲学的终结》时郑重声明，这一学说用马克思的名字命名是“理所当然的”①。1914年7月，列宁曾说：“马克思主义是马克思的观点和学说的体系。”② 因此，狭义的马克思主义是指由马克思和恩格斯等创立的观点和学说构成的理论体系。

广义的马克思主义是指由马克思恩格斯创立，并为其后各个时代、各个民族和国家的马克思主义者、先进知识分子等继承、丰富和发展的所有科学观点和学说构成的理论体系。如今在我国学术界，一般论著所说的广义的马克思主义包括：狭义的马克思主义、列宁主义、毛泽东思想、邓小平理论、“三个代表”重要思想和科学发展观等。从世界范围来看，广义的马克思主义还包括越南、古巴和苏联、东欧等社会主义国家的马克思主义者把马克思主义基本原理同本国、本民族具体实际相结合，制定方针政策并指导本国革命和建设，又把本国革命和建设的实践经验上升为理论，从而丰富和发展马克思主义的理论成果，如斯大林主义、胡志明思想、卡斯特罗思想等，还应包括当今欧美等国家的“西方马克思主义”中某些流派结合当今时代特征和本国具体实际所提出的反映本国、本民族经济社会发展规律的一些合理思想和理念。

本研究课题为“民主革命时期马克思主义中国化中的论争”。“民主革命时期”的时段和“中国”的地域界定，决定了本课题所说的马克思主义，既不是上述狭义的马克思主义，也不是上述广义的马克思

① 《马克思恩格斯选集》第四卷，人民出版社1995年版，第242页注①。

② 《列宁选集》第二卷，人民出版社1995年版，第418页。

主义，而是指由狭义的马克思主义和列宁主义所构成的马克思列宁主义，即由马克思恩格斯创立并被列宁丰富发展的观点和学说构成的理论体系。此外，由于中国共产党是在列宁、斯大林领导下的共产国际的帮助下诞生和成长起来的，斯大林若干观点和学说，特别是其关于中国革命的若干论断曾对中国共产党领导的新民主主义革命产生过重大影响。因此，本文所说的马克思主义还包括斯大林主义中的若干观点和学说。

2. 马克思主义中国化

在中国共产党的历史上，毛泽东不仅首先明确提出了“马克思主义中国化”的命题，而且对其作了若干阐述，指出：“没有抽象的马克思主义，只有具体的马克思主义。所谓具体的马克思主义，就是通过民族形式的马克思主义，就是把马克思主义应用到中国具体环境的具体斗争中去，而不是抽象地应用它……因此，马克思主义的中国化，使之在其每一表现中带着中国的特征，即是说，按照中国的特点去应用它，成为全党亟待了解并亟待解决的问题”①；“马克思主义必须和我国的具体特点相结合并通过一定的民族形式才能实现”，“洋八股必须废止，空洞抽象的调头必须少唱，教条主义必须休息，而代之以新鲜活泼的、为中国老百姓所喜闻乐见的中国作风和中国气派。把国际主义的内容和民族形式分离起来，是一点也不懂国际主义的人们的做法，我们则要把二者紧密地结合起来。”②

根据毛泽东关于马克思主义中国化的相关论述，学术界通常对马克思主义中国化作三方面的界定：第一，马克思主义中国化就是运用马克思主义解决中国革命、建设和改革的实际问题，即具体化；第二，马克思主义中国化就是把中国革命、建设和改革的实践经验和历史经验提升为理论，即中国的经验马克思主义化；第三，马克思主义中国化就是把马克思主义植根于中国的优秀文化之中，即民族化。概括地说，马克思主义中国化就是用马克思主义来解决中国的问题，同时又

---

① 中共中央文献研究室、中央档案馆：《建党以来重要文献选编》第15册，中央文献出版社2011年版，第651页。

② 《毛泽东选集》第二卷，人民出版社1991年版，第534页。

使中国丰富的实践经验上升为理论，并且同中国的历史传统、中国的优秀文化相结合，不断赋予中国马克思主义以鲜明的实践特色、民族特色和时代特色①。

一些论著和教材从“内容”和“形式”两个方面概括马克思主义中国化的内涵，认为马克思主义中国化：一是在内容上运用马克思主义的立场、观点和方法，分析和解决中国的实际问题，揭示中国革命发展的客观规律，并把中国人民在长期革命斗争中所积累起来的丰富经验加以科学总结和概括，使之上升为理论，成为中国化的马克思主义；二是在形式上把马克思主义从欧洲形式变成中国的民族形式，运用中国人民喜闻乐见的民族形式深入浅出地阐述马克思主义的基本原理②。

除了“具体化”“马克思主义化”“民族化”外，还有学者认为，马克思主义中国化应该有一个“当代化”，也就是说马克思主义除了同中国实际结合外，还有一个与“时代特征”结合的问题③。类似观点，有学者称之为“时代化”“当下化”。还有学者提出，马克思主义中国化应包括“新鲜化”。所谓新鲜化，就是要立足于中国实际，着眼于马克思主义的新实践和新发展，把马克思主义在中国的发展不断推向新的阶段④。

上述各种观点，学者们概括为“结合论”。此外，一些学者从“实质论”“过程论”探讨了马克思主义中国化的内涵。如有人认为：马克思主义中国化的实质是马克思主义民族化、中国传统文化现代化和中国实践经验的马克思主义理论化的有机统一⑤。有人认为，马克思主义中国化是中国特色的马克思主义不断生成和发展的过程，是马克思主义与中国优秀传统文化、现代科学和哲学思想相融合的过程，是中国革命、建设与改革的实践在理论上不断升华的过程，是中华优秀儿女

---

① 吴树青主编：《毛泽东思想和中国特色社会主义理论体系概论》，高等教育出版社2008年版，第4、5页。

② 罗正楷主编：《毛泽东思想概论》，武汉大学出版社1999年版，第13页。王良虎：《近年来马克思主义中国化研究综述》，《安徽师范大学学报》（人文社会科学版），2009年第1期。

③ 王先俊、张奇才、高正礼：《当代中国的马克思主义——邓小平理论和“三个代表”重要思想》，人民出版社2005年版，第9页。

④ 中央文献研究室毛泽东研究组：《“毛泽东邓小平与马克思主义中国化”理论研讨会纪要》，《毛泽东邓小平理论研究》，1999年第1期。

⑤ 袁辉初：《论马克思主义中国化的实质》，《马克思主义研究》，2006年第2期。

不断探索中华民族重新崛起的过程[①]。还有学者对马克思主义中国化作了分层解读。如有人认为：马克思主义中国化的过程包含马克思主义传播的中国化、马克思主义运用的中国化和马克思主义创新的中国化三个层面[②]；有人提出：要对马克思主义中国化作政治层面和学术层面的区分[③]；有人提出：马克思主义中国化可分为意识形态的中国化和外来文化的中国化两个层面[④]。一些学者在追溯马克思主义中国化的源头时，提出："如果追寻马克思主义中国化研究的历史起源，不管是从'旁观者清'的角度考虑还是从歪打正着的层面搜索，都非胡适莫属。一个非马克思主义者，却点破了马克思主义中国化的先机，虽非他本人所愿。"[⑤] 还有人提出："最初成功地解决了中国革命所面临的重大实际问题，即把马克思主义与中国实际结合起来的，不能不是列宁领导下的共产国际。共产国际提出了中国革命分两步走、中共建立民主联合战线、同国民党实行党内合作等。"[⑥]

关于马克思主义中国化的科学内涵，笔者提出以下几点看法：

（1）关于马克思主义中国化的"马克思主义"。

如上述及，马克思主义自身有狭义和广义之分。狭义的马克思主义是马克思恩格斯等创立的观点和学说。广义的马克思主义是指由马克思恩格斯创立并为各国社会主义运动者、学者、政党和社团等继承和发展的所有科学观点和学说所构成的理论体系。其理论形态包括狭义的马克思主义、列宁主义、斯大林主义、毛泽东思想、邓小平理论、"三个代表"重要思想、科学发展观、胡志明思想、卡斯特罗思想，以及当今欧美等国家所谓的"西方马克思主义"中某些流派的若干思想理论等。马克思主义中国化是一个长期的历史过程，从1917年11月马克思主义开始在中国传播到今天的近百年时间里，由于种种主客观原因，如马克思主义自身发展呈现的阶段性；中国革命、建设和改革在

① 杨富斌：《从过程视角看马克思主义中国化》，《思想理论教育导刊》，2005年第1期。

② 汪青松：《马克思主义中国化与中国化的马克思主义》，中国社会科学出版社2004年版，第4页。

③ 许全兴：《马克思主义中国化的政治层面和学术层面》，《理论前沿》，2003年第18期。

④ 周连顺：《科学把握马克思中国化的内涵》，《理论导刊》，2005年第9期。

⑤ 彭继红、何为：《"问题与主义"论战中的马克思主义中国化》，《湘潭师范学院学报》（社会科学版），2002年第1期。

⑥ 杨奎松：《马克思主义中国化的历史进程》，河南人民出版社1994年版，第4页。

不同历史阶段所遇到的实际问题不同，对马克思主义基本原理的需求不同；受马克思主义经典著作的出版、译介等状况的制约；中国共产党、中国马克思主义者和学者等选择、应用和发展马克思主义的水平有一个不断提高的过程；马克思恩格斯没有一部全面系统阐述马克思主义基本原理的著作等，使得作为客体被中国化的“马克思主义”，其内涵、外延、主要论点等都是不断变化的。如民主革命时期，被中国化的马克思主义主要是马克思恩格斯创立的狭义的马克思主义、列宁主义和斯大林主义，中国共产党成立之初，列宁主义所占比重较大；新中国成立后的一段时间内，被中国化的马克思主义中，斯大林主义的成分所占比重可能更多；改革开放之初，被中国化的马克思主义中，列宁的新经济政策理论占重要地位；中共十六大以来，随着促进人的全面发展、统筹人与自然、构建社会主义和谐社会、尊重和保障人权等科学发展观的提出，马克思主义关于人道主义、人的全面发展、人与人及人与自然和谐相处等思想资源更多地被中国化。此外，科学发展观的理论依据具有全球的视野和眼光，不仅继承和发展了马克思、恩格斯、列宁、毛泽东、邓小平、江泽民等关于发展的世界观和方法论，而且借鉴了当今世界发达国家和发展中国家的发展理念，其历史依据不仅吸取了中外社会主义建设正反两方面的历史经验，而且吸取了当今世界发达国家和发展中国家的追求现代化的历史教训①。发达国家的发展理念和发展教训，其中有一些是“西方马克思主义”者概括的。因此，新世纪新阶段，被中国化的马克思主义还包含“西方马克思主义”部分思想。

总之，在马克思主义中国化的不同历史阶段，作为客体被中国化的“马克思主义”，其具体内容，甚至外延都是不同的，学术研究需要做具体地、历史地分析。正如一些学者所说：马克思恩格斯有着丰富的思想，“但又从未对他们的这些思想作过全面系统的表述，因此我们不可能有一个现成的完整的可以拿过来就用的马克思主义”，在运用之前首先要对马克思恩格斯丰富的思想加以选择，“被‘化’的只是其中被选中的那些思想”。当然，由此认定学术界关于马克思主义（哲学）

① 高正礼：《科学发展观的全球视野》，《光明日报》，2006年12月11日。

中国化的传统说法“基本上是不能成立的”[①]，笔者认为，这种看法又是值得商榷的。第一，马克思主义中国化不等于马克思主义完整中国化。被中国化的马克思主义主要是其中对中国革命、建设和改革具有指导作用的思想。马克思恩格斯的确没有一部全面系统阐述自己观点的文本，即便有，在不同历史时期，不需要也不可能全部中国化，中国化中同样需要选择。第二，文化的传承向来都是扬弃。马克思主义中的部分思想，特别是经典作家们在特定历史条件下针对具体情况做出的个别论断，随着时空的转换，已经不具有指导意义，马克思主义中国化对待马克思主义也是扬弃过程。对马克思主义作选择性运用，正说明马克思主义中国化是一项创造性活动。第三，被中国化的马克思主义，不仅仅是马克思恩格斯的思想，还有列宁、斯大林等经典作家，甚至西方马克思主义者的思想。

（2）关于马克思主义中国化的主体。

辞书对“主体”的解释包括两层含义：一是指事物的主要部分；二是指相对于“客体”的处于支配、能动地位的人和组织等。从“主体”的第二层含义而言，马克思主义中国化的主体是谁？有些论著认为，马克思主义中国化的主体是“中国的马克思主义者”[②]。1938年10月，毛泽东在对“马克思主义中国化”做解释时说：“对于中国共产党说来，就是要学会把马克思列宁主义的理论应用于中国的具体的环境。成为伟大中华民族的一部分而和这个民族血肉相联的共产党员，离开中国特点来谈马克思主义，只是抽象的空洞的马克思主义。”[③] 从毛泽东的论述中可见，在毛泽东看来，马克思主义中国化的主体是中国共产党和中国共产党党人。长期以来，众多论著和教材等界定“马克思主义中国化”时都省略了主体，但从上下文分析，不难看出，绝大多数论著也认为马克思主义中国化的主体是中国共产党和中国共产党党人。从中国共产党历史和中国共产党基本理论的发展来讲，这无疑是正确的。然而，从马克思主义在中国传播、运用和发展来看，马克思

① 安启念：《马克思主义哲学中国化研究》，中国人民大学出版社2006年版，第5页。

② 陶德麟、何萍：《马克思主义哲学中国化：历史与反思》，北京师范大学出版社2007年版，第4页。

③ 《毛泽东选集》第二卷，人民出版社1991年版，第534页。

主义中国化的主体主要是中国共产党和中国共产党人，但又不仅仅只是中国共产党、中国共产党人和中国的马克思主义者，共产国际、俄共（布）及其部分领导人、中国共产党党外先进知识分子、人民团体等也是马克思主义中国化的主体。

如上提及，有学者提出，胡适等人也是马克思主义中国化的主体，笔者认为，这是值得商榷的。对马克思主义中国化主体的认定，既不能仅仅从文字表述上看，也不能做过多的推论。否则，马克思主义中国化的主体一直可以追溯到马克思恩格斯，因为马克思恩格斯早就说过，自己的学说只是行动的指南，不是教条，“这些原理的实际运用……随时随地都要以当时的历史条件为转移”①。正是由于过多的推论，有学者提出马克思主义中国化研究的历史起源，“非胡适莫属”。胡适在五四时期是否反对马克思主义，学术界看法不一致，但是，胡适当年不赞成马克思主义是公认的，把马克思主义中国化的头功记在一个不赞成马克思主义的人身上，很难令人理解。

笔者认为，认定马克思主义中国化的主体，首先要看其是否信仰马克思主义，并运用马克思主义立场、观点和方法分析、解决中国的实际问题，揭示中国革命、建设和改革的客观规律。其次要看其是否把中国人民在长期革命斗争中所积累起来的丰富经验加以科学总结和概括，使之上升为理论，成为中国化的马克思主义，并在形式上把马克思主义从欧洲形式变成中国的民族形式，运用中国人民喜闻乐见的民族形式深入浅出地阐述马克思主义的基本原理。马克思主义中国化的主体包括个人、政党、团体和国际组织等。从国内来看，个人最早意识到需要实现马克思主义中国化的，当然是李大钊、陈独秀、李达等初步具有共产主义觉悟的先进知识分子。胡适、戴季陶、叶青等人在不同历史时期虽然也从中国国情谈马克思主义，但是，在大多数时间内，他们不是把二者结合，而是对立，反对在中国传播和运用马克思主义，根本谈不上把马克思主义中国化。从经典作家来看，列宁可以说是马克思主义中国化的第一人，马克思恩格斯虽然说过各国无产阶级要结合本民族的实际运用自己的学说，但是，他们并不是就解决中国革命问题而提出的。而列宁不仅为中国革命提供了“一国革命

① 《马克思恩格斯选集》第一卷，人民出版社 1995 年版，第 248、249 页。

论”、民族殖民地问题理论等思想武器，并且亲自研究和指导过中国革命，如在1922年1月远东会议期间就抱病接见中国共产党和国民党代表，希望国共两党联合起来共同革命。列宁和斯大林领导的共产国际、少共国际等国际组织，以及俄共（布）［后称联共（布）、苏共］等对中国革命和建设都曾做出过探索，尽管它们指导中国革命和建设的失误很明显，但是正确的指导和帮助也不容否定。如1928年6月中共六大前后，共产国际和斯大林等对中国社会性质、革命性质和形势、革命主要形式的判断等都曾对中国革命发展起过指导作用。因此，列宁、斯大林等个人，共产国际、少共国际、俄共（布）等组织都是马克思主义中国化的主体。在中国革命、建设和改革的历史进程中，尤其是新中国成立后，接受中国共产党领导的民主党派、人民团体、民主人士、党外知识分子等，也在不同领域不同程度地推进了马克思主义中国化，都应属于马克思主义中国化的主体。当然，中国共产党是中国新民主主义革命的领导者，中国共产党人是中国人民和中华民族的先锋队，中国共产党和中国共产党人是马克思主义中国化主体中的主体(辞书界定的第一层含义)。

（3）关于马克思主义中国化的“化”。

关于马克思主义中国化的“化”，绝大多数论著表达为“具体化”“转化”“变化”，或者笼统地说为“运用”“应用”。毛泽东曾说过：“‘化’者，彻头彻尾彻里彻外之谓也。”① 据此，如上所述，有学者认为：“‘应用’不等于‘化’……‘应用’充其量是为理论的变化提供条件，但不能等同于变化”。“这里所说的‘化’不仅仅是个‘作风’和‘气派’的问题，或者说它不是‘物理过程’，而是‘化学过程’。这是马克思恩格斯的思想与中国传统文化、中国共产党的实践经验的结合、化合。像化学反应一样。生成的是与参与反应的任何一种因素都不完全相同的新的存在，这些因素在化合过程中都发生了性质的改变。”② 笔者认为，有些范畴、原理和规律等，自然科学和社会科学是可以通用和说理的，有些是不能通用和说理的。如我国的政党制度是中国共产党领导的多党合作和政治协商制度，它既不是一党制，也不

① 《毛泽东选集》第三卷，人民出版社1991年版，第841页。

② 安启念：《马克思主义哲学中国化研究》，中国人民大学出版社2006年版，第2、5页。

是两党制，更不是多党制。这在数学上是说不通的，但是，在政治学上完全可以说明。将马克思主义中国化的“化”，解释为“化学过程”，并认为参与化合的各要素都发生了质变，这一解读是欠妥的。毛泽东说“‘化’者，彻头彻尾彻里彻外之谓也”，的确表达的是“化”的彻底性、全面性和深刻性，但不能理解为化学反应。众所周知，马克思主义从内容到形式都需要中国化，且马克思主义中国化已经实现了从量变到质变的两次历史性飞跃，产生了毛泽东思想和中国特色社会主义理论体系两大理论成果。但是，这里所说的“质变”“飞跃”是就马克思主义中国化的发展阶段，特别是理论结果的积累而言的，不是就马克思主义自身性质而言的。相反，中国化的马克思主义——毛泽东思想、邓小平理论、“三个代表”重要思想和科学发展观等同马克思列宁主义是一脉相承的，马克思主义的“脉”，即精神实质、基本立场、观点、方法、品质和奋斗目标等都被继承了，没有重大变化，更不能说发生了质变，“化”的主要是马克思主义具体内容和表达形式等。因此，马克思主义中国化的“化”不宜解读为“质变”的“化学过程”。

另外，不仅毛泽东说马克思主义中国化“就是把马克思主义应用到中国具体环境的具体斗争中去”，“按照中国的特点去应用它”，“代替之以新鲜活泼的、为中国老百姓所喜闻乐见的中国作风与中国气派。”① 早在中国共产党创立前后，李大钊、张太雷等萌发马克思主义中国化的意识时，也使用的是“应用”“运用”等词。如1919年8月，李大钊说：“一个社会主义者，为使他的主义在世界上发生一些影响，必须要研究怎么可以把他的理想尽量应用于环绕着他的实境。”② 1921年，张太雷说：要“把国际无产阶级政党的纲领和方法正确地运用于各国具体特点的基础之上”。后来，中共领导人瞿秋白、张闻天等阐明马克思主义中国化的思想时，也曾使用过“应用”“运用”“使用”等词。瞿秋白1927年提出：“革命的理论永不能和革命的实践相离”，“应用马克思主义于中国国情的工作，断不可一日或缓”；张闻天1936年说：要使干部学会马克思列宁主义生动的革命精神，“能够使用马克

---

① 中共中央文献研究室、中央档案馆：《建党以来重要文献选编》第15册，中央文献出版社2011年版，第651页。

② 《李大钊全集》第三卷，河北教育出版社1999年版，第306页。

思列宁主义的方法，去分析具体的环境，并从这种分析中得出一定的行动方针”①。抗日战争时期，艾思奇等学者也使用的是“应用”“运用”等词。如艾思奇提出：马克思主义中国化的内容就是“在于把马克思主义的真正精神，马克思主义的基本原则，应用到中国的具体问题上来，就是在中国的现实地盘上来把马克思主义加以具体化，加以发展”②。“应用”“运用”和形式转变虽不能等同于“化”，但是，这里“应用”“运用”，不是简单地“搬用”“挪用”，而是指以马克思主义为指导，分析中国革命、建设和改革的具体实际，并提出中国自己的马克思主义理论、路线和方针政策等，同时赋予马克思主义中国作风和中国气派，它内在地包含着理论、路线和方针政策等的创新，当然是“化”的过程。

总之，马克思主义中国化的“化”，其本质是继承和发展、坚持和创新，“应用”“运用”“转化”“具体化”“民族化”“本土化”等都是从各自的视角表达了“化”的含义和要求。

（4）关于马克思主义“民族化”。

一些论著和教材从“内容”和“形式”两个方面界定马克思主义中国化，认为马克思主义中国化：一是在内容上运用马克思主义的立场、观点和方法，分析和解决中国的实际问题，揭示中国革命发展的客观规律，并把中国人民在长期革命斗争中所积累起来的丰富经验加以科学总结和概括，使之上升为理论，成为中国化的马克思主义；二是在形式上把马克思主义从欧洲形式变成中国的民族形式，运用中国人民喜闻乐见的民族形式深入浅出地阐述马克思主义的基本原理。③这种截然把马克思主义中国化分为内容和形式两个方面的看法，具有通俗易懂、简洁明了的优点，但是又容易使人将马克思主义中国化的“民族化”仅仅理解为形式上的中国化。实际上，马克思主义中国化的“民族化”，既包括用中国的语言、中国老百姓习惯的表达方式和文化载体等阐述马克思主义，而且包含着用马克思主义的基本立场和观点

① 鲁振祥：《马克思主义中国化的历史考察》，《马克思主义中国化最新成果大参考》，红旗出版社2007年版，第324、325页。

② 《艾思奇文集》第一卷，人民出版社1981年版，第553页。

③ 罗正楷主编：《毛泽东思想概论》，武汉大学出版社1999年版，第13页。王良虎：《近年来马克思主义中国化研究综述》，《安徽师范大学学报》（人文社会科学版），2009年第1期。

扬弃中国传统文化、同中国传统文化相结合的过程。譬如，中国传统文化中“实事求是”，强调的是务实、求真的学风，毛泽东用它来概述马克思主义的辩证唯物主义和历史唯物主义基本原理，并将之确立为党的思想路线；中国古典文献中的“星星之火，可以燎原”多为贬义，比如小事可以酿成大祸，而毛泽东用其来表述中国革命新道路理论等。这些既是用中国语言来表达马克思主义的立场和观点，更是用马克思主义的立场和观点对中国传统文化做出了新的解释，赋予了中国传统文化新的内涵。因此，马克思主义中国化的“民族化”，不能仅仅理解为表述形式、表达方式上的中国化或民族化，它既内在地包含着马克思主义同中国传统文化相结合，又对中国传统文化进行扬弃和创新，实现中国传统文化的马克思主义化。

（5）关于中国经验、文化的“马克思主义化”。

马克思主义在中国的运用和发展，是马克思主义指导世界无产阶级革命和建设运动的一个组成部分，也是马克思主义在世界社会主义运动中不断丰富和发展的一个组成部分。因此，马克思主义中国化既是马克思主义在中国具体化、民族化、时代化的过程，又是中国革命、建设、改革实践经验和教训，以及中国文化传统等马克思主义化的过程，是双向互动的过程。中国革命、建设和改革的实践需要，中国国情的特殊性，中西文化差异等决定了马克思主义在中国必须实现具体化、民族化和时代化。在这一过程中，马克思主义与时俱进的理论品质、体系的开放性、特质的实践性，以及人类认识活动和文化传承的客观规律等，决定了中国革命、建设和改革的丰富经验经过总结、概括，必然上升为理论，实现马克思主义化。

如上述及，马克思主义中国化中的“民族化”内在地包含着中国传统文化的马克思主义化。中国传统文化具有兼收并蓄、博采众长的包容性，它自强不息、爱国忧民、崇尚真理、追求自由等精神，同马克思主义具有一致性，这为二者的结合奠定了基本前提，中国革命和建设的实践需要又为二者的结合提供了不竭动力，尤其是新中国成立后，随着马克思主义在中国思想文化领域指导地位的确立和巩固等，中国传统文化必然马克思主义化。

当然，马克思主义中国化、中华民族化是从马克思主义世界化视阈立论的，是马克思主义指导世界社会主义运动并在总结世界社会主义运动经验中不断发展的一部分，是马克思主义发展长河中的一条支流。不从马克思主义世界化视阈看马克思主义中国化，就容易将马克思主义中国化、民族化误解为马克思主义被“儒化”、被歪曲化。一些西方学者认为毛泽东思想是马克思主义“儒化”、马克思主义歪曲化等观点，就是典型的例证。

另一方面，中国传统文化一脉相承，源远流长，绵延数千年。马克思主义中国化内在地包含了中国传统文化的马克思主义化，是不是说中国传统文化到了近现代，尤其是当代就被马克思主义化了呢？或者说中国传统文化的长河汇入了马克思主义在中国发展的一条支流呢？笔者认为，不能这么简单地看。近现代以来，尤其是中华人民共和国成立以来，马克思主义在中国思想文化领域逐步确立了指导地位，但是，中国传统文化是儒、道、释等融合发展的文化，马克思主义不可能实现对儒、道、释等文化的马克思主义化。因此，中华文化异彩纷呈、丰富多元的局面不可能根本改变。改革开放以来，随着我国阶级阶层关系的嬗变，人们的精神信仰、生活需求和消费方式等日趋多元化，马克思主义的指导地位岿然不动，但文化不可能一元化。马克思主义中国化内在地包含了中国传统文化的马克思主义化，只是说它吸取、扬弃了中国传统文化中的一些因素，不能理解为中国传统文化整体被马克思主义化，正如马克思主义中国化不等于马克思主义全部被中国化一样①。

3. 论　争

辞书对“论争”“论战”“论辩”“争论”“辩论”“争鸣”等概念的解释很相近，都是指不同观点、意见等之间的交流，可以说是近义词。它们之间如果说有些差别，主要体现在“论争”和“争鸣”带有比较浓厚的学术味，而“论战”“论辩”“争论”“辩论”等具有更浓厚的火药味。本课题作为教育部人文社科研究项目，当然要力争体现一点学术味。另外，2002 年 11 月，中共十六大以来，以胡锦涛为代表的中国共产党人提出构建社会主义和谐社会理论后，人人、事事、处处都在讲“和谐”，火药味自然不受欢迎。这就是本课题选用“论争”

① 高正礼：《从历史视阈看马克思主义中国化若干问题》，《中共党史研究》，2011 年第 3 期。

而不用“争论”“论战”和“辩论”等原因。但是，行文中，为避免重复，或者依据不同语境，仍使用了“争论”“辩论”和“论战”等范畴。

本课题虽是“马克思中国化中的论争”，但它所涉及的主体范围远远超出了马克思主义和中国，除了中国共产党、中国国民党、各民主党派和无党派中间人士等之外，还包括共产国际、联共（布）、美英等国家的政治势力等。并且，由于当年的中国处在激烈的革命战争年代，中国共产党是一个革命党，即便是党内意见论争，也主要不是学理争鸣，而是革命路线、方针和政策之争，往往充满时代的火药味。至于敌我之间的论战，更是剑拔弩张、尖锐对立。

新民主主义革命时期，中国共产党内部、中国共产党同共产国际和联共（布）之间、中国共产党同国民党及其不同派别之间、中国共产党同中间势力之间等发生的论争不计其数。从论争的内容来看，大致可以划分为三个层次：一是关于马克思列宁主义的论争。如中国马克思主义者同无政府主义者、基尔特社会主义者、戴季陶主义者等关于马克思列宁主义是否适合中国、阶级斗争学说和共产主义是否科学等论争。二是理论形态的中国化马克思主义的论争。如中国共产党人同国民党反动派别就新民主主义、毛泽东思想等论争。三是新民主主义革命路线方针政策之争，主要是中国共产党内部的论争。如中共创立时期马克思主义者内部关于无产阶级政党同其他党派关系的论争、国民革命时期关于国共关系和农民政策的论争、土地革命战争时期关于对待富农政策和革命重心的论争等。本课题着重遴选对马克思主义中国化，尤其是对马克思主义中国化产生重大理论成果的论争进行研究，以期从这一特定的视角揭示马克思主义中国化的历史进程和基本规律。

（三）选题研究的概况

1. 马克思主义中国化研究的简况

“马克思主义中国化研究”作为一门学科是最年轻的学科之一。2005 年 12 月，国务院学位委员会和教育部下发的《关于调整增设马克思主义理论一级学科及所属二级学科的通知》规定，在“马克思主义理论”一级学科下设立“马克思主义中国化研究”二级学科。几年来，经过广大学者的共同努力，尤其是中共中央“马克思主义理论研究和建设工程”的推动，该学科在理论研究、队伍建设、人才培养、学位点建设等方面都取得了显著成效。

“马克思主义中国化研究”作为一种思想活动已有90多年的历史。早在中国共产党诞生之前，具有共产主义觉悟的先进知识分子李大钊、陈独秀、李达、蔡和森等就有了把马克思主义基本原理同中国具体实际相结合、推进马克思主义中国化并用中国化的马克思主义指引中国人民实现救国救民、振兴中华的意识。20世纪30年代，以毛泽东为主要代表的中国共产党人从推动中国革命发展、加强党的建设等需要出发，向全党明确地提出了“马克思主义中国化”任务，成功地探索出具有中国特色的新民主主义革命道路，并在总结中国革命胜利和挫折的历史经验教训基础上形成了中国化的马克思主义——毛泽东思想。新中国成立以后，特别是中共十一届三中全会以来，以邓小平、江泽民和胡锦涛等为主要代表的中国共产党人坚持把马克思主义基本原理同中国具体实际和时代特征相结合，建设和发展中国特色社会主义，又把建设和发展中国特色社会主义的经验教训上升为马克思主义，相继提出了邓小平理论、“三个代表”重要思想和科学发展观等重大战略思想，从而形成了中国特色社会主义理论体系。所以，从某种意义上说，马克思主义在中国传播、接受和发展的历史，中国共产党的历史，就是马克思主义中国化的历史。

马克思主义中国化学术研究早在20世纪三四十年代就已开始，并有专题研究的论著问世。而中华人民共和国成立后这方面的学术研究，起始于1978年12月中共十一届三中全会。20世纪80年代，国内开始有人专题研究“马克思主义中国化”，但是，进展并不快，成果也有限。从中国期刊网检索，1979年至1989年，题目含“马克思主义”和“中国化”的论文仅18篇，其中近一半是研究“马克思主义哲学中国化”。书名含“马克思主义中国化”的著作没有见到。20世纪90年代，马克思主义中国化研究步伐加快，成果也不断涌现。从中国期刊网检索，1990年至1999年，篇名含“马克思主义”和“中国化”的论文共160篇，专著也有问世，主要有杨奎松著《马克思主义中国化的进程和经验》（河南人民出版社1994年版）、丁帧彦著《哲学变革——马克思主义哲学中国化问题初探》（上海人民出版社1999年版）等。2000年以来，尤其是中共中央启动马克思主义理论研究和建设工程以来，马克思主义中国化学术研究取得了突飞猛进的发展。2011年10月，从中国期刊网检索，2000年至2010年，篇名含“马克思主义”和“中国化”的论文共4 066篇，其中2006年至2010年，共3 244篇，五年内每年所发论文数超过改革开放头20多年所发论文总数。著作和丛书也大量面世，主要有：汪青松著《马克思主义中国化与中国化的马克思主义》（中国社会科学出版社2004年版）、何继龄著《马克思主义中国化问题研究》（中国社会科学出版社2006年版）、田克勤主编《马克思主义中国化的理论轨迹》（中共党史出版社2006年版）、李慎明主编《马克思主义中国化与全面建设小康社会》（社会科学文献出版社2006年版）、红旗大参考编写组编《马克思主义中国化最新成果大参考》（红旗出版社2007年版），龚育之等主编《马克思主义中国化研究——历史进程和基本经验》（北京人民出版社2009年版）、周连顺著《探索出路与启示——毛泽东与马克思主义中国化》（人民出版社2009年版）和侯树栋主编《马克思主义中国化的基本经验》（人民出版社2009年版）等。

改革开放30多年来，马克思主义中国化研究的问题主要集中在：第一，关于马克思主义哲学中国化研究。包括马克思主义哲学中国化的内涵、必然性、历程、成果、规律、经验和意义等。第二，关于马克思主义中国化概念的提出、内涵和本质等研究。第三，关于马克思主义中国化的可能性、必然性、历史背景和基本条件等研究。第四，关于马克思主义中国化的历史进程、基本规律、经验教训等研究。第五，关于马克思主义中国化的理论成果及其内在关系研究。第六，关于马克思主义中国化的重大现实问题研究等。这些研究，既有基本概念的界定、历史过程的考察，又有理论成果、基本规律和历史经验的总结；既有纵向动态的历史研究，又有横向静态的理论分析和比较；既有具体理论观点的概述，又有灵魂精髓的探究。其成果为“马克思主义中国化研究”二级学科的建立和发展提供了学理支撑，也为马克思主义中国化的实践提供了理论指导。

当然，马克思主义中国化研究也存在一些不足，譬如：马克思主义中国化理论成果研究较多，历史过程研究相对不足；宏观的规律、经验和教训等研究较多，微观的经过、事件和人物等研究相对不足；领袖人物和理论工作者的活动、贡献研究较多，群众生活和实践研究相对不足；中国共产党人推进马克思主义中国化贡献研究较多，非中国共产党人推进马克思主义中国化贡献研究相对不足；对毛泽东、邓小平、江泽民等中共中央领导核心马克思主义中国化贡献研究较多，对中共中央其他领导人马克思主义中国化贡献研究相对不足，尤其是民主革命时期的中共党史、马克思主义中国化史等往往写成了毛泽东个人革命斗争和思想发展史；对马克思主义中国化研究较多，对各种势力和思潮反马克思主义中国化研究相对不足。此外，马克思主义哲学中国化同马克思主义中国化的关系、马克思主义中国化理论成果之间的内在关系、马克思主义中国化同国外马克思主义的关系等研究也有待深入。

2. 本选题学术研究的概况

改革开放30多年来，学术界对民主革命时期马克思主义中国化中论争的研究，以论文为主。从中国期刊网检索，1979年至2005年，有关民主革命时期中共历史、马克思主义中国化且篇名含“争论”或“论战”的论文共650余篇。2006年至2009年，篇名含“争论”或“论战”、中文摘要含“马克思主义”的论文共62篇，有关民主革命时期中共历史和马克思主义中国化中论争的论文10余篇。关于民主革命时期马克思主义中国化中的论争，学术界研究的问题主要集中在：第一，毛泽东思想形成和发展过程中，以毛泽东为代表的中国共产党人同陈独秀、李立三和王明等“左”倾或右倾错误思想的斗争；第二，中国共产党内某些人物，如张国焘、林彪、高岗等同中共其他领导人就中国革命和建设若干问题的争论；第三，敌对势力，如北洋军阀、国民党反动派、反动文人等反马克思主义的行径等；第四，关于中共党内领导同志之间、中国共产党人和民主人士之间、中国共产党同共产国际之间、国民党统治区进步知识分子内部及其同反动知识分子之间就中国社会、革命若干问题的论争等。除第一方面研究比较系统、深入外，其他三方面的研究都比较零散，甚至仅仅涉及。

到目前为止，学术界对民主革命时期马克思主义中国化中的论争作系统、专题研究的著作尚未见到，但是，绝大多数中共民主革命时期的通史、马克思主义中国化历史等研究的著作都涉及论争。如中共中央党史研究室编写的《中国共产党历史》(第一卷，上、下册，中共党史出版社2002年版)以一目的篇幅概述了“反对国民党新老右派的斗争”“李立三‘左’倾冒险错误的出现及纠正”“反对张国焘分裂主义的斗争”等；沙健孙主编的《中国共产党史稿(1921—1949)》(一至五卷，中央文献出版社2006年版)以一目的篇幅概述了“科学和迷信之争”“关于社会主义的讨论”“与无政府主义的论战”“开展关于建党问题的讨论”“‘党内合作’还是‘党外合作’的争论”“反对西山会议派的斗争”“反对国家主义的斗争”“关于扩大革命与深入革命的争论”“中共中央反对托派的斗争”“关于中国社会性质问题的论战及其意义”“抗日与民主、民生关系之争”等；龚育之等主编的《马克思主义中国化研究——历史进程和基本经验》(人民出版社2009年版)以一节的篇幅概述了“马克思主义传播过程中的几次争论”“关于‘非资本主义前途’问题的讨论”“城市中心还是农村重点的争论”“社会性质问题论战和中国共产党国情认识的深化”“真理标准问题的讨论和马克思主义思想路线的重新确立”等。

在借鉴学术界现有研究成果的基础上，本课题力图对民主革命时期马克思主义中国化中的论争，尤其对马克思主义中国化理论成果的形成产生重大影响的论争作一次系统的梳理。

(四)本课题研究的思路

马克思主义中国化是一个复杂的系统工程，涉及马克思主义政治、经济、文化和社会等各方面革命和建设学说的中国化，而马克思主义中国化中的论争同样发生在上述各个领域。当然，1919年至1949年，反帝反封建革命是中国各族人民、各阶级阶层和政党团体政治生活的主题，中国共产党及其领导的革命群众是中国革命的领导核心和依靠力量，也是马克思主义中国化的主体。因此，尽管马克思主义中国化中的论争纷繁复杂，涉及方方面面，但是围绕中国革命问题的论争始终是马克思主义中国化中论争的焦点，这理当成为本课题研究的重点。同时，因篇幅和笔者知识所限，对同期发生于哲学、文化和经济等领域的马克思主义中国化中的论争只能很少涉及。

本课题研究坚持以马克思主义唯物史观为指导，运用文本与史实相结合、历史与逻辑相统一的方法，以马克思主义中国化为主线，以马克思主义中国化中的论争为主题，分中共创立、国民革命、土地革命、抗日战争和解放战争五个历史时期，先分别纵向梳理、考察马克思主义中国化进程中发生的重大论争的经过，再分析、概括这些论争的结果、原因、作用和教训等，尤其是探讨论争对马克思主义中国化理论成果的形成和发展，以及马克思主义中国化的实践运动，即中国共产党探索和领导中国新民主主义革命事业所产生的影响。最后对整个新民主主义革命时期马克思主义中国化中的论争所呈现的规律、中共处理党内外论争的经验教训等做出概括和分析，并进一步揭示马克思主义中国化的必然性、历史进程和客观规律，为当今中国的马克思主义中国化、大众化和时代化，建设和发展中国特色社会主义等提供历史借鉴和理论参考。

一、创建一个什么样的政党

——中共创立时期马克思主义中国化中的论争（1919. 5—1923. 6）

一般论著认为，1919 年五四运动到 1922 年 7 月中共二大是中共的创立时期。本课题根据研究的需要，即主要是因马克思主义者内部关于国共合作方式的论争直到中共三大才告一段落，将中共创立结束的时间推延到 1923 年 6 月中共三大。在中国共产党创立的过程中，中国的马克思主义者内部及其同种种非马克思主义者之间就马克思主义是否适合中国、无产阶级政党的若干建党原则、中国共产党同共产国际的关系等产生了论争。

（一）“主义”之论争与鉴别

以陈独秀 1915 年 9 月创办《青年》（第二年改为《新青年》）杂志为标志的五四新文化运动，高举“民主”和“科学”的旗帜，猛烈抨击统治中国两千多年的以儒学为核心的封建主义思想文化，掀起了一场前所未有的思想启蒙和解放运动，打开了遏制新思想、新潮流涌入的闸门，无政府主义、基尔特社会主义、社会达尔文主义、国家主义、工团主义、自由主义、实用主义、民主社会主义、马克思主义等各种主义和学说都被陆续介绍到中国，在中国的报刊上纷然杂陈。五四时期是中国历史大变动时期，当时中国的经济关系、政治关系、社会结构、阶级矛盾、中外矛盾等错综复杂而又日益嬗变，各个阶级、政党和团体都从自身的根本利益出发对各种主义和学说做出选择，不同主义、学说在中国传播的过程中产生争鸣和冲突在所难免。

1. “问题与主义”之争

1919年7月，胡适在《每周评论》第31号上发表《多研究些问题，少谈些“主义”》一文，认为“空谈好听的‘主义’，是极容易的事，是阿猫阿狗都能做的事，是鹦鹉和留声机都能做的事……空谈外来进口的‘主义’，是没有什么用处的……偏向纸上的‘主义’，是很危险的”。“现在中国应该赶紧解决的问题，真多得很。从人力车夫的生计问题，到大总统的权限问题……从解散安福部问题到加入国际联盟问题；从女子解放问题到男子解放问题……那一个不是火烧眉毛的紧急问题。”“主张成了主义，便由具体的计划，变成一个抽象的名词。‘主义’的弱点和危险就在这里”，社会主义流派“同用一个名词，中间也许隔开七八个世纪，也许隔开两三万里路，然而你和我和王揖唐都可自称社会主义家，都可用这一个抽象名词来骗人”。“现在人人嘴里挂着的‘过激主义’”也是一个例证。胡适奉劝新舆论界的同志们：“请你们多提出一些问题，少谈一些纸上的主义。”他还对当时舆论界“根本解决”的主张提出批评：得意洋洋夸口“根本解决”，“这是自欺欺人的梦话，这是中国思想界破产的铁证”。“‘主义’的大危险，就是能使人心满意足，自以为寻着了包医百病的‘根本解决’，从此用不着费心力去研究这个那个具体问题的解决法了。”①

不久，蓝志先（蓝公武）将胡适的文章转载于《国民公报》上，并在该报上发表了《问题与主义》一文，在肯定胡适某些观点的同时，认为胡适的议论“太注重了实际的问题，把主义学理那一面的效果抹杀了一大半，也有些因噎废食的毛病”②。

1919年8月，李大钊在《每周评论》第35号发表了《再论问题与主义》一文，从“‘问题’与‘主义’”“假冒牌号的危险”“所谓过激主义”“根本解决”四个方面对胡适的观点作了比较全面的批驳：“‘问题’与‘主义’，有不能十分分离的关系。因为一个社会问题的解决，必须靠着社会上多数人共同的运动……要想使一个社会问题，成了社会上多数人共同的问题，应该使这社会上可以共同解决这个那

① 欧阳哲生主编：《胡适文集》第二卷，北京大学出版社1998年版，第249~252页。
② 欧阳哲生主编：《胡适文集》第二卷，北京大学出版社1998年版，第253页。

个社会问题的多数人，先有一个共同趋向的理想、主义，作他们实验自己生活上满意不满意的尺度（即是一种工具）……我们的社会运动，一方面固然要研究实际的问题，一方面也要宣传理想的主义"，不能"因为安福派也来讲社会主义，就停止了我们主义的宣传。因为有假冒牌号的人，我们愈发应该一面宣传我们的主义，一面就种种问题研究实用的方法，好去本着主义作实际的运动"。面对守旧势力动不动就给人扣"过激主义"帽子，李大钊公然坦言："我可以自白，我是喜欢谈谈布尔札维克主义的……我总觉得布尔扎维克主义的流行，实在是世界文化上的一大变动。我们应该研究他，介绍他，把他的实象昭布在人类社会。"关于"根本解决"，李大钊认为，不可一概而论，"在没有组织没有生机的社会，一切机能，都已闭止，任你有什么工具，都没有你使用他作工的机会。这个时候，恐怕必须有一个根本解决，才有把一个一个的具体问题都解决了的希望"①。

1919 年 8 月，胡适又在《每周评论》第 36 号发表《三论问题与主义》，对蓝志先和李大钊的批评给予反驳。接着又撰写了《四论问题与主义》，准备发表在《每周评论》第 37 号，但由于《每周评论》被查封，《四论问题与主义》没有刊出。后来，胡适将自己的三篇文章连同蓝志先、李大钊的文章收集在一起，以"问题与主义（五篇）"为题发表于《胡适文存》。

传统观点认为，胡适挑起"问题与主义"之争就是要反对马克思主义及其在中国的传播。近年来，学术界对该问题的看法分歧很大。有人认为该争论只是学者们之间的学理论争，不带政治色彩；有人认为胡适同李大钊共识大于分歧，不应将该问题对立起来看；有人认为当时的争论范围很小，不应提高到中国革命道路选择的高度；有人甚至不承认争论的存在，认为该案是新中国成立初期在知识分子改造过程中为了清除胡适的影响而人为制造的公案。当然，绝大多数学者坚持认为该争论存在并在中国历史转折关头产生过重大影响。就此，笔者提出以下看法：

第一，关于论争的存在与否及持续时间。

不仅国内一些学者否定、淡化"问题与主义"之争，甚至说该案

① 《李大钊全集》第三卷，河北教育出版社 1999 年版，第 304~310 页。

是新中国成立后为清除胡适思想影响而人为制造的，胡适本人也曾这么看。他在20世纪50年代的口述自传中说："讨论终因警察查封而未能得出结论来……三十多年过去了，中国共产党也在中国大陆当权了，乃重翻旧案，发动了大规模运动来清算我的思想。"① 有学者认为，胡适和李大钊当时的共识大于分歧，理由是李大钊在文章说了："以上拉杂写来，有的和先生的意见完全相同，有的稍相差异。"②

然而，笔者认为，李大钊的话多半是客气话，因当时新文化派正处于分化期，胡适同李大钊、陈独秀等虽信仰和政见不同，但私人关系一直很好，双方的争论是不容否定的。如李大钊在《再论问题与主义》中说："大凡一个主义，都有理想与实际两个方面……把这个理想适用到实际的政治上去，那就因时、因所、因事的性质情形，有些不同……我们只要把这个那个的主义，拿来作工具，用以为实际的运动，他会因时、因所、因事的性质情形，生一种适用环境的变化"，"一个社会主义者，为使他的主义在世界上发生一些影响，必须要研究怎么可以把它的理想尽量应用于环绕着他的实境"③。这一段话，现在学术界公认是李大钊最早提出马克思主义中国化的文献依据。而胡适在《三论问题与主义》中，特地对李大钊这一段论述提出了批评。胡适说："中国人（其实不单是中国人）有一个大毛病，这病有两种病症：一方面是'目的热'，一方面是'方法盲'。""李君的话，也带有这个毛病。他说：大凡一个主义，都有理想与实际两个方面……把这个理想适用到实际的政治上去，那就因时、因所、因事的性质情形，有些不同……我们只要把这个那个的主义，拿来作工具，用以为实际的运动，他会因时、因所、因事的性质情形，生一种适用环境的变化。这是一种不负责任的主义论。"④ 仅从这一点看，将马克思主义中国化的头功记在胡适身上是不妥当的。

胡绳对"问题与主义"之争的评价具有一定的权威性。早在1937年3月，胡绳在上海《新学识》第1卷第4期发表的《论胡适》一文中就说：胡适的文章发表后，"在当时已受到很多驳难，可是反驳的人

① 唐德刚：《胡适口述自传》，广西师范大学出版社2005年版，第193页。
② 《李大钊全集》第三卷，河北教育出版社1999年版，第310页。
③ 《李大钊全集》第三卷，河北教育出版社1999年版，第306页。
④ 欧阳哲生主编：《胡适文集》第二卷，北京大学出版社1998年版，第272页。

说的话，实在有些是难使胡适心服的”①。胡绳晚年主编的《中国共产党七十年》仍认为：“问题与主义的论争当时引起相当强烈的反响。在各地方出版的刊物上，有不少开始接受马克思主义思想的青年撰文支持李大钊的观点。”② 另外，胡适对那场论争是否存在的说法先后是矛盾的。1922年6月，胡适在《我的自述》中曾说“多研究些问题，少谈些主义”是他“政论的导言”。该文发表后，“引起了无数的抗议：北方的社会主义者驳我，南方的无政府主义者痛骂我”③。这一说法仅与事件发生时隔几年，比他30多年后的说法更可信。

关于“问题与主义”之争的持续时间和涉及范围，有学者认为：“当时参与讨论的也不过是李大钊、蓝志先二人，胡适本人以后也只写了《三论问题与主义》《四论问题与主义》。前后时间仅为一个多月”④。该事件持续“时间很短，参与者仅3个人，发表文章共5篇，尤其是李大钊仅写了一篇，很难称得上是一场‘论战’”⑤。笔者从学术界所发掘的资料判断，“问题与主义”之争延续时间很长，范围遍及全国。除胡适、蓝志先和李大钊写了上述五篇文章讨论“问题与主义”外，还有很多人或写信、或撰文参与论争，李大钊、胡适也有其他文稿讨论该问题。如：1918年3月，胡适在《新青年》发表《旅京杂记》，同年7月，李大钊在《言治》发表《强力与自由政治》等，批评一些文人和政客只顾援引西洋学说作自己言论的护身符，而“不察中国今日之情形，不审西洋哲人之时境”⑥；1919年4月，胡适在《每周评论》上发表《欢迎我们的兄弟——〈星期评论〉》，认为“现在舆论界大危险，就是偏向纸上的学说，不去实地考察中国今日的社会需要究竟是什么东西”⑦；1919年12月和1920年1月，胡适、李大钊在《新青年》分别发表《新思潮的意义》《由经济上解释中国近代思想变

---

① 《胡绳集》，中国社会科学出版社2003年版，第9页。

② 中共党史研究室著、胡绳主编：《中国共产党的七十年》，中共党史出版社1991年版，第17页。

③ 欧阳哲生主编：《胡适文集》第3册，北京大学出版社1998年版，第364页。

④ 马以鑫：《“问题与主义”之争的再评价》，《华东师范大学学报》（哲学社会科学版，1995年第4期。

⑤ 刘志国：《“问题与主义之争”中的胡适思想及其对当代文化建设的启示》，《山东社会科学》，2006年第1期。

⑥ 《李大钊全集》第二卷，人民出版社2006年版，第207页。

⑦ 欧阳哲生主编：《胡适文集》第二卷，北京大学出版社1998年版，第249页。

动的原因》等文章，继续探讨“问题与主义”；1919年7月，曾琦致信胡适，对胡痛斥空发议论而不切实行之风“万分佩服”，认为胡适的观点同自己“提倡社会主义，不如研究社会问题”“意思差不多”①；1919年秋，李璜和王光祈等分别著文批评胡适“多研究问题，少谈些主义”是头痛医头、脚痛医脚的方案，主张“零碎解决”对于当时中国一片混乱的政局“没奈之何”②；同年10月，毛泽东在长沙筹建“问题研究会”，提出140几个社会问题逐个研究，研究会章程强调：问题之研究“须以学理为根据”，“在各种问题研究之先，须为各种主义之研究”，寄给北京大学的章程很快被索要完，于是邓中夏将章程刊登在《北京大学日刊》上，“引起北京学界的重视”③。1920年12月，陈独秀在《新青年》发表《主义与努力》，实际上也是讲“问题与主义”的关系；差不多同时，《少年中国》《新潮》《新江西》和《新群》等刊物都发表文章参与了“问题与主义”的讨论④。20世纪二三十年代，胡适在《我的歧路》《我们对于西洋近代文明的态度》《科学人生观》《我们走那条路》《今日思想界的一个大弊病》等文章中一再重申、修正自己在“问题与主义”之争中的立场和观点，在50年代的自述中也多次提及那场争论。可见，“问题与主义”之争绝不是三个人参与、五篇文章的事件⑤。

第二，论争是改良和革命之争，非仅学理论争。

胡适发表《多研究些问题，少谈些“主义”》一文是否为了反对马克思主义，学术界存在不同看法，胡适本人也予以否定，声明自己“从未写过一篇批评马克思主义的文章”，并且说过“我们不要让人家牵着鼻子走。我说被孔丘、朱熹牵着鼻子走，原无骄傲之可言；但是让马克思、列宁、斯大林牵着鼻子走，也照样算不得好汉”。“我所要

① 中国社会科学院近代史研究所：《胡适往来书信选》上册，中华书局1979年版，第66页。

② 王光祈：《总解决与零碎解决》，《晨报副刊》，1919年9月30日。李璜：《我所经历的五四时代的人文演变》，周阳山主编：《五四与中国》，时报文化出版公司1988年版，第668页。

③ 中共中央文献研究室：《毛泽东年谱（1893—1949）》（上），中央文献出版社2005年版，第46、47页。

④ 丁守和、殷叙彝：《从五四启蒙运动到马克思主义的传播》，生活·读书·新知三联书店1979年版，第293~296页。

⑤ 高正礼：《“问题与主义”之争的若干辨析》，《安徽师范大学学报》（人文社科版），2011年第4期。

传播的只是一项科学法则和科学精神……科学的法则便是‘大胆的假设，小心的求证。”① 对此，笔者认为，从《多研究些问题，少谈些“主义”》一文的内容及胡适在此前后的言行看，胡适不是专门反对马克思主义，但他是改良主义者，反对各种激进主义，其中包括马克思主义。他自己后来的口述自传也可以为此作一注解：我既然无法避免谈政治，我就决定谈点较基本的问题……并写了一篇《多研究些问题，少谈些“主义”》。我的意思是想针对那种有被盲目接受危险的教条主义，如无政府主义、社会主义和布尔什维克主义等，来稍加批评。他还将回忆该争论的标题确定“‘问题’与‘主义’之争：我和马克思主义者冲突的第一回合”②。可见，马克思主义也是他反对的主义之一。

至于说“问题与主义”之争是学理之争，笔者认为，这也不符合当时的历史实际。新文化运动是为了实现社会政治革命的思想启蒙运动，胡适虽反对“根本解决”的彻底革命，但也不满于现状而要求改良。李大钊、陈独秀等先进知识分子更是在探寻救国救民的真理中选择了马克思主义，他们一开始就没有把马克思主义仅仅当做抽象的学理热衷研究，而是着重将其视作拯救国家命运的工具进行传播和使用。李大钊在《再论问题与主义》中说：“宣传理想的主义”和“研究实际的问题”是“交相为用”“并行不悖”的；“我们惟有一面认定我们的主义，用他作材料、作工具，以为实际的运动；一面宣传我们的主义，使社会上多数人都能用他作材料、作工具，以解决具体的社会问题”；并批评许多马克思派的社会主义者不用阶级斗争“这个学理作工具，为工人联合的实际运动”③。即李大钊主张学理研究和实际运动应并举，且特别强调运用马克思的学理作工具去指导民众运动。后来他又更明确地说：我们“应该细细的研考马克斯的唯物史观，怎样应用于中国今日的政治经济情形。详细一点说，就是……我们应该怎样去作民族独立的运动，把中国从列强压迫之下救济出来”④。1922 年 5 月，陈独秀也明确地说：“我很希望青年诸君……不要单单研究马克思的学理”，“还须将其学说实际去活动，干社会主义革命……宁可少研究点马克思

① 唐德刚：《胡适口述自传》，广西师范大学出版社 2005 年版，第 188 页。
② 唐德刚：《胡适口述自传》，广西师范大学出版社 2005 年版，第 189 页。
③ 《李大钊全集》第三卷，河北教育出版社 1999 年版，第 305、309、310 页。
④ 《李大钊全集》第四卷，河北教育出版社 1999 年版，第 346 页。

的学说，不可不多干马克思革命的运动！”[①]

第三，论争萌生了马克思主义中国化“意识”并产生了理论成果。

李大钊在《再论问题与主义》中说：“大凡一个主义，都有理想与实际两个方面……把这个理想适用到实际的政治上去，那就因时、因所、因事的性质情形，有些不同……我们只要把这个那个的主义，拿来作工具，用以为实际的运动，他会因时、因所、因事的性质情形，生一种适用环境的变化”。“一个社会主义者，为使他的主义在世界上发生一些影响，必须要研究怎么可以把它的理想尽量应用于环绕着他的实境。”[②] 这表明李大钊已经认识到，在中国推行马克思主义一定要把马克思主义同中国具体实际相结合，不能简单照搬。因此，学术界一致认可，这是马克思主义中国化提出的开始。

究竟如何判定李大钊当时马克思主义中国化的觉悟和认知水准？有人认为：他提出了“要把马克思列宁主义应用到中国的实践当中去的思想”，但“对于这个问题还没有形成深刻的、完整的、统一的认识”[③]。有人认为：李大钊“初步地阐明了马克思主义理论必须同中国实际相结合的这一极端重要的思想原则”[④]。有人认为：他对马克思主义中国化提出了“比较清醒的看法”[⑤]。笔者认为，对李大钊等人当时的马克思主义中国化的认知水准不宜评价过高，他们对马克思主义中国化只是有了初步的、感性的认识，因此用“意识”一词概括和表述比较恰当。

中国革命的对象和步骤问题是新民主主义革命理论的重要内容。中国革命的对象是帝国主义、封建主义和官僚资本主义，而不是一般的资本主义；中国革命必须分两步走，第一步完成新民主主义革命，第二步才实行社会主义革命。在“问题与主义”之争中，李大钊不仅萌生了马克思主义中国化的“意识”，而且开始用社会主义来分析中国

① 任建树主编：《陈独秀著作选编》第二卷，上海人民出版社 2009 年版，第 453、454 页。

② 《李大钊全集》第三卷，河北教育出版社 1999 年版，第 306 页。

③ 吴树青主编：《毛泽东思想和中国特色社会主义理论体系概论》，高等教育出版社 2009 年版，第 1 页。

④ 沙健孙主编：《中国共产党史稿》第一卷，中央文献出版社 2006 年版，第 233 页。

⑤ 鲁振祥：《马克思主义中国化的历史考察》，《马克思主义中国化最新成果大参考》，红旗出版社 2007 年版，第 324 页。

革命的具体问题并取得了可贵的认识。他说："在清朝时，我们可用民主主义作工具去推翻爱新觉罗家的皇统。在今日，我们也可以用他作工具去推翻那军阀的势力。在别的资本主义盛行的国家，他们可以用社会主义作工具去打倒资本阶级。在我们这不事生产的官僚强盗横行的国家，我们也可以用他作工具，去驱除这一般不劳而生的官僚强盗。"① 尽管李大钊此时还没有认识到中国革命必须分"两步走"。但是，他已把中国革命同别的资本主义国家的无产阶级革命作了区分，认识到资本主义盛行的国家，社会主义是要打到资本阶级，而在中国是要推翻军阀势力和驱除官僚强盗。从中国新民主主义革命思想发展史的角度看，这一认识的开拓价值是不容否定的，可以说是马克思主义中国化的理论成果。

第四，论争促进了先进知识分子研究、选择马克思主义。

1918 年 7 月至 12 月，李大钊先后发表了《俄法革命之比较观》《庶民的胜利》和《Bolshevism 的胜利》等文章，讴歌十月革命的伟大意义，以深邃的历史眼光，指出十月革命是"立于社会主义上之革命，是社会的革命而并著世界的革命之采色者也"；十月革命的胜利是"劳工主义的战胜"，是"二十世纪中世界革命的先声"，是"世界的新文明之曙光"。他满怀信心地预言："试看将来的环球，必是赤旗的世界。"② 学术界多数人认为，这表明以李大钊为代表的先进知识分子已经开始倾向于学习、研究俄国十月革命及其指导思想马克思主义学说。但是，此时的李大钊等对马克思主义还没有全面系统地学习和把握，还没有完全成为一个马克思主义者。

经历了五四运动的洗礼，在《再论问题与主义》一文中，李大钊冒着被扣上"过激主义""邪说异端""洪水猛兽"等帽子的危险，明确表示："我可以自白，我是喜欢谈谈布尔札维克主义……我总觉得布尔札维克主义的流行，实在是世界文化上一大变动。我们应该研究他，介绍他，把他的实象昭布在人类社会。"③ 并对"根本解决"公开表示

① 《李大钊全集》第三卷，河北教育出版社 1999 年版，第 306 页。
② 《李大钊全集》第三卷，河北教育出版社 1999 年版，第 56、102、110 页。
③ 《李大钊全集》第三卷，河北教育出版社 1999 年版，第 308 页。

支持，而当时的进步思想界所说的“根本解决”，就是在五四爱国运动中，陈独秀、李大钊等在《北京市民宣言》中所说的“直接行动，以图根本之改造”①。革命群众也明白，“根本解决，就是要推翻卖国政府……另起炉灶，组织新政府”②。这表明，李大钊已经选择了马克思主义的社会革命道路。“问题与主义”争论之后，李大钊又集中精力投入到对马克思主义的理论研究中，并于1919年10月和11月发表了《我的马克思主义观》这篇划时代的文献。该文充分肯定马克思主义的历史地位，称之为“世界改造原动的学说”，文章写作的目的在于把马克思主义“转介绍于读者”，使它“在我们的思辨中，有点正确的解释”。该文系统地介绍了马克思主义的唯物史观、政治经济学和科学社会主义基本原理，认为马克思主义学说是“完全自成一个有机的有系统的组织”，“他这三部理论，都有不可分的关系，而阶级竞争说恰如一条金线，把这三大原理从根本上联络起来”③。《我的马克思主义观》一文的发表，表明李大钊已经完成了从民主主义者向马克思主义者的转变。

“问题与主义”之争是五四爱国运动后中国进步思想界分化、分流的标志，正如有学者所说它“意味着渐进与激进、改良与革命、自由主义与马克思主义之间的选择”④。因此，“问题与主义”之争不仅对李大钊学习、研究马克思主义，并进而接受、传播马克思主义发挥了促进作用，而且对其他先进知识分子的思想转变起到了推动作用。

2. 社会主义之争

由于第一次世界大战及战后西方国家社会主义运动的方兴未艾充分暴露了资本主义的弊端，近代中国屡受帝国主义侵略的历史，尤其是巴黎和会彻底打破了中国人对帝国主义列强的幻想，加上俄国十月革命影响的渐次扩大和工人阶级在五四爱国运动中作用的初步显现等原因，五四爱国运动后，包括马克思主义在内的社会主义研究和传播

---

① 任建树主编：《陈独秀著作选编》第二卷，上海人民出版社2009年版，第116页。

② 转引自沙健孙主编：《中国共产党史稿》第一卷，中央文献出版社2006年版，第185页。

③ 《李大钊全集》第三卷，河北教育出版社1999年版，第229、232、233页。

④ 陶德麟、何萍：《马克思主义哲学中国化：历史与反思》，北京师范大学出版社2007年版，第94页。

成为新文化运动的主流。“帝国主义压迫的切骨的痛苦，触醒了空泛的民主主义的噩梦”，“学生运动倏然一变而倾向于社会主义”，“社会主义的讨论”引起爱国青年“无限的兴味”①。当然，当时被中国先进知识分子视作新思想传播、研究、实验的社会主义学说十分庞杂，既有马克思主义的科学社会主义，又有无政府主义、基尔特社会主义、民主社会主义等种种社会主义。马克思主义在中国的传播和实践运动，不仅要同反社会主义的势力、思潮作斗争，而且必然要同种种非马克思主义的社会主义思潮产生争论和冲突，对中国知识界、思想界来说实际上就是选择何种社会主义之争。

（1）马克思主义同无政府主义的论战。

无政府主义是一种小资产阶级社会主义思潮，反对任何形式的国家、政府、政党、法律和权威，主张个人绝对自由，反对私有财产制度，鼓吹绝对平均主义，幻想通过个人的互助合作，建立一个使个人充分自由的“无政府状态”的社会。无政府主义在揭露旧社会的黑暗、启发工人觉悟等方面曾发挥过一定的作用，但是，无政府主义反对阶级斗争和暴力革命，反对无产阶级建立政党，反对无产阶级专政，又对无产阶级革命起着破坏作用。列宁曾指出：“无政府主义是改头换面的资产阶级个人主义。个人主义是无政府主义整个世界观的基础。”②它反映的是破产的农民、手工业者和小业主的心理状态和思想水平。近代中国是一个小资产阶级人口众多的国家，无政府主义迎合了濒临破产的小生产者、不满现实的小资产阶级知识分子、正在探寻救国救民方案而又理论准备不足的青年学生等社会成员的仇恨、报复和变革心理。因此，在五四时期流行的各种社会主义思潮中，无政府主义一度占据优势，无政府主义自身派别也很复杂，分为个人的无政府主义、共产的无政府主义和不抵抗的无政府主义等。

自1912年始，中国就有人在国内成立团体或政党等组织，创办刊物，宣传和实验无政府主义。由于马克思主义和无政府主义都有反对资本主义、否定私有制等政治主张，加上历史和理论水平的局限，五四时期的中国先进分子最初并不能辨清马克思主义同无政府主义的对

① 《瞿秋白诗文选》，人民文学出版社1982年版，第34、35页。

② 《列宁选集》第一卷，人民出版社1995年版，第288页。

立。例如，无政府主义者曾把《共产党宣言》当做无政府主义的文献而摘译并在中国宣传，所办刊物《晦鸣录》列举的纲领包含共产主义；1914年7月和8月，先后发表《无政府共产主义同志社宣言书》和《无政府共产党之目的与手段》，把自己称无政府共产党、无政府共产主义；当十月革命胜利的消息传到中国时，无政府主义者视其为无政府主义的胜利而大加赞扬。中国早期的马克思主义者，如陈延年、恽代英、吴玉章、毛泽东、周恩来等大都信仰过无政府主义。1919年10月，《新青年》“马克思研究专号”里还刊登了欧洲无政府主义代表人物《巴枯宁传略》和中国无政府主义骨干分子黄凌霜一篇鼓吹无政府主义的文章。但是，随着马克思主义的广泛传播，尤其是中国马克思主义者理论水平的提高，马克思主义同无政府主义开始产生争论，进而分道扬镳。

1919年2月，黄凌霜在《进化》上发表《评〈新潮〉杂志所谓今日世界之新思潮》，同年10月，在《新青年》发表《马克思学说的批评》。1920年2月和4月，无政府主义者在《奋斗》上发表《我们反对“布尔札维克”》《为什么反对布尔塞维克?》。1921年2月和3月，黄凌霜和缪金源先后发表《克鲁泡特金的社会学说与未来》《无政府共产派与集产派之歧点》等文章。同时，区声白还写信就社会主义问题同陈独秀辩论。这些文章和信都竭力宣扬个人主义、自由主义，反对任何组织纪律；否定一切强权和权威，攻击无产阶级专政；鼓吹互助合作和平均主义，幻想实现“各尽所能，各取所需”，反对生产资料国有制和按劳分配制度等。

为了批驳无政府主义，1920年9月和12月，陈独秀发表了《谈政治》和《社会主义的批评》，1921年7月和8月，又在《新青年》第8卷第4号和第5号上刊登了答无政府主义者郑贤宗的《国家·政治·法律》、与区声白讨论无政府主义的系列通信等。1920年11月至1921年3月，李达在《共产党》月刊上发表了《社会革命底商榷》和《无政府主义之解剖》，周佛海发表了《我们为什么不主张无政府主义》和《夺取政权》，施存统发表了《我们要怎样干社会革命?》等。1921年1月，李大钊在《少年中国》上发表了《自由与秩序》。差不多同时，毛泽东在新民学会的新年会上，蔡和森在从法国蒙达尼致毛泽东、陈独秀等人的信中，都批判了无政府主义。当时，可谓“马克思主义的拥护者到处都与无政府主义的拥护者争论着，斗争着”①。

马克思主义同无政府主义的论战，主要集中于四个问题。

第一，是否需要无产阶级专政。

无政府主义者反对一切强权和国家，“污蔑布尔什维克抹杀个人，滥用强权，独裁专制，压制出版自由、言论自由，乃至行动自由”。马克思主义者认为，反对过去的现存的资本阶级国家和强权是对的，但不能一概反对强权，“强权所以可恶，是因为有人拿他来拥护强者无道者，压迫弱者与正义。若是倒转过来，拿他来救护弱者与正义，排除强者与无道，就不见得可恶了”。况且要推翻资产阶级私有制，消除不平等，必须建立无产阶级专政，“世界各国里最不平最痛苦的事，不是别的，就是少数游惰的消费的资产阶级，利用国家、政治、法律等机关，把多数勤苦的生产的劳动阶级压在资本势力底下，当做牛马机器还不如。要扫除这种不平这种痛苦，只有被压迫的生产的劳动阶级自己造成新的强力，自己站在国家地位，利用政治、法律等机关，把那压迫的资产阶级完全征服，然后才可望将财产私有、工银劳动等制度废去，将过于不平等的经济状况除去”，否则，“再过一万年，那被压迫的劳动阶级也没有翻身的机会”②。

无产阶级革命成功之后是否需要无产阶级专政呢？无政府主义者认为：社会革命成功以后，当然要把资产阶级私有的财产归之于公，那么资产阶级也变成无产阶级了，还怎样谋复辟呢？资产阶级的势力都是金钱给予他们的，一旦金钱没有了，他们哪里再有势力来复辟？也就是说，无产阶级革命成功后不需要无产阶级专政。马克思主义者认为：革命成功后，必须用无产阶级的国家机器来捍卫革命成果，防止敌人复辟，“无政权不能保护革命，不能防止反革命，打倒的阶级倒而复起，革命将等于零”③；无政府主义“把社会改造看得太简单、太容易了”，“各国底资产阶级，都有了数千年或数百年底基础，站在优胜的地位，他们的知识经验都比劳动阶级高明得多；劳动阶级要想征服他们固然很难，征服后想永久制服他们，不至死灰复燃更是不易。

① 刘少奇：《五四运动的二十周年》，《中国青年》第1卷第2期，1939年5月。

② 任建树主编：《陈独秀著作选编》第二卷，上海人民出版社2009年版，第251、252页。

③ 《蔡和森文集》，人民出版社1980年版，第51页。

这时候利用政治的强权，防止他们的阴谋活动；利用法律的强权，防止他们的懒惰、掠夺，矫正他们的习惯、思想，都是很必要的方法。这时候若反对强权的压迫，若主张不要政治、法律，若提倡自由组织的社会，便不啻对资产阶级下了一道大赦底恩诏”。因此，“难怪有人说无政府党是资本阶级底好朋友”①。

第二，是否需要组织和纪律。

无政府主义者鼓吹绝对的自由，不仅求人身自由，而且“求经济上政治上之绝对自由”；反对一切组织、政党和团体及其纪律，认为“有组织就有强权；所以要根本上废除强权，就不可不根本上推翻组织”，“将来之社会，各个人完全自由，无复一切以人治人之强权，是之谓‘无政府’”；甚至提出不组家庭、不入政党、不称族姓、不作官吏等，认为“无政府主义的社会，是自由组织的，人人都可以自由加入，自由退出，所以每逢办一件事，都要得人人同意。如果在一个团体之内有两派的意见，赞成的就可执行，反对的就可退出，赞成的既不能强迫反对的一定做去，反对的也不能阻碍赞成的执行”②。

马克思主义者认为：个人与组织、自由与纪律相辅相成，“原是不可分的东西”。“个人与社会，不是不能相容的二个事实，是同一事实的两方面”。“离于个人，无所谓社会；离于社会，亦无所谓个人”。“个人是群合的原素，社会是众异的组织”，一个人离开了社会，只能“完全自度一种孤立而岑寂的生活”，“断没有一点的自由可以选择”。“真实的自由，不是扫除一切的关系，是在种种不同的安排整列中保有宽裕的选择机会”，“真实的秩序，不是压服一切个性的活动，是包蓄种种不同的机会使其中的各个分子可以自由选择的安排”。所以，“我们所要求的自由，是秩序中的自由；我们所顾全的秩序，是自由间的秩序。只有从秩序中得来的是自由，只有在自由上建设的是秩序”③。批评无政府主义所主张的“人人同意自由联合”“一切生产机关委诸自由人的自由联合管理”是行不通的，认为一切社会、生产机关和交通机关等，如果“不同意便自由分裂，分裂之后不同意再分裂，分之又

① 任建树主编：《陈独秀著作选编》第二卷，上海人民出版社2009年版，第252、253、405页。

② 转引自沙健孙主编：《中国共产党通史》第一卷，湖南教育出版社1997年版，第344页。

③ 《李大钊全集》第三卷，河北教育出版社1999年版，第578、579页。

分至于个人而后止”[①]，结果是任何联合都不可能成立。“现代工业发达，一个工厂往往有数千数万人；而无政府主义要保护人人绝对自由，不许少数压多数，也不许多数压少数，九十九人赞成，一人反对，也不能执行，试问数千数万人的工厂，事事怎可以人人同意，如不同意，岂不糟极了吗？”如不同意就自由退出，一个生产团体“一日之内便不知有多少人退出，多少人加入，在事务和技术上经验上熟练上秩序上看起来，非闹到由停顿而破产为止”[②]。因此，马克思主义者嘲笑无政府主义是退化的学说，因为照他的主张实行起来，在经济上必然要回复到手工业时代，在政治上必然要回复到部落时代。

第三，关于社会主义社会的所有制和分配制度。

无政府主义者主张：“生产机关及生产的物属诸社会”，“一切生产机关委诸自由人的自由联合管理”，实行“各尽所能，各取所需”的分配制度。他们不仅主张生产资料公有，而且要求生活资料公有，攻击马克思主义和布尔什维克“将所有财产，十之七八归国家管理”，是“小资本家——个人——完全没有打消，大资本家——国家——反而完全成立”[③]。无政府主义者称：“既称为社会主义，那么，社会的物，概当属诸公有，不要为个人所私有。这才对的。马氏的集产说，以衣食房屋之类，可以私有，是明明尚有个人财产，根本上已和社会主义的定义不对。况且同一房屋，牛马的圈厩，既为公有，人居的房舍，则为私有，在理论上也说不过去。”他们批评马克思主义“主张按各人劳动的多寡，来给酬报。那么强有力的，将享最高的幸福，能力微弱的，将至不能生活；能力微弱的缘故，或关乎生理，非其人懒惰的罪，而结果如此，还说什么幸福呢？”[④]

马克思主义者反驳说：“要使各地方各职业的生产力保持均平，无论如何，非倚赖中央的权力不可”，“因为各个生产团体各个利害不同，若是没有一个统一机关用强制力去干涉调节，各个生产团体主张各个的绝对自由，这样能联合不能？无政府主义者用这种没有强制力的自

① 任建树主编：《陈独秀著作选编》第二卷，上海人民出版社2009年版，第407页。
② 任建树主编：《陈独秀著作选编》第二卷，上海人民出版社2009年版，第346、394页。
③ 转引自沙健孙主编：《中国共产党史稿》第一卷，中央文献出版社2006年版，第278页。
④ 戴逸主编：《中国近代史通鉴1840—1949》，红旗出版社1997年版，第265页。

由联合来应付最复杂的近代经济问题，试问怎么能够使中国底农业工业成为社会化？怎么能够调节生产只使不至过剩或不足？怎么能够制裁各生产团体使不至互相冲突？怎么能够转变手工业为机器工业？怎么能够统一管理全国交通机关？”[①] 因此，建立中央权威并对经济活动实行调节是必要的。

关于分配制度。无政府主义主张“各尽所能”的劳动原则和“各取所需”的分配原则，并认为这是“无政府党和马克思派争论的焦点”[②]。马克思主义者批评说，“各尽所能，各取所需”，“非待世界的产业发达到极境，不能办到。譬如今日行了社会革命明日组织新社会，而新社会都是继承旧社会的生产力继续发展的，这生产力是有一定的限制的，生产力既有限制，生产物当然也有限制了，以这有限制的生产，听各人消费的得其平等，是绝对办不到的。若果社会的生产力达到无限制的程度，生产物十分丰富，取之不尽，用之不竭，这‘各取所需’的分配原则是很可实行的。只是在生产力未发达的地方与生产力未发达的时期内，若用这种分配制度，社会的经济的秩序就要弄糟了。”[③]

第四，无政府主义是否空想。

无政府主义者说“我们并不是叔本华厌世主义的人物，我们也不是‘乌托邦’的梦想家。我们所主张的公理，是实验的，快要实行的……现在渐渐到了实现的地步，不是从前的空想了”[④]。他们还从进化论、契约论、人性本善论和科学推动经济社会不断进步等理论论证了无政府主义的可行性。

马克思主义者认为无政府主义是“一个没有办法实现的空想”[⑤]，“乃是画的饼，实际不能拿来充饥肠”，是“流于空想不能实现的方法”“空中楼阁”[⑥]，“除开他视为掌上珠，图案画，绣花衣的最美妙的理想目的以外，却空空毫无所有了”，而马克思“共产主义有目的，实行有

① 任建树主编：《陈独秀著作选编》第二卷，上海人民出版社2009年版，第346、347页。

② 蔡尚思主编：《中国现代思想史资料简编》第一卷，浙江人民出版社1982年版，第395页。

③ 《李达文集》第一卷，人民出版社1980年版，第31页。

④ 蔡尚思主编：《中国现代思想史资料简编》第一卷，浙江人民出版社1982年版，第390页。

⑤ 《短言》，《共产党》第4号，1921年5月。

⑥ 中国社科院现代史室、中国革命博物馆党史室：《“一大”前后》（一），人民出版社1980年版，第235、247页。

步骤，有手段，有方法”①。

中国早期马克思主义者和无政府主义者经过学习和研究都认识到：无政府主义同马克思主义“早已成为历史上有名的争论”，对马克思主义的批评“以无政府党为最多。这是因为他们的共产方法，与马氏的集产方法，有根本不对的缘故”②。通过论争，中国早期马克思主义者基本上把自己“所主张的共产主义和无政府共产主义区分明白了”③。当然，马克思主义者对无政府主义本质的认识并不完全清晰，相反多数人承认“无政府主义底原则……并且承认他是人类努力的最后的目标”④，认为马克思的共产主义与无政府主义“终极的政治观念都是相同的”，“终极的目的没有甚么两样”⑤。

（2）马克思主义同基尔特社会主义的论战。

基尔特社会主义，又叫工会主义，是一种资产阶级改良主义的学说。他们否定阶级斗争，鼓吹在工会基础上成立专门的生产联合会，来改善资本主义；只承认改善工人出卖劳动的条件，却不消除其根本制度，反对无产阶级专政，从而维护资本主义的根本利益；基于政治、经济二元论以及职能划分原则，主张国家与基尔特（工会）应各有各的职务与权力；国家代表消费者的利益，作为生产工具的所有者，而劳动者所组成的自治团体的基尔特则代表生产者的利益，负责生产工具的管理等。

1920年9月，英国著名唯心主义哲学家罗素应邀到中国江苏、北京和湖南等地讲学，宣扬基尔特社会主义，攻击十月革命和苏俄政权，认为中国还没有资格实行基尔特社会主义，中国改造社会的办法是发展实业，兴办教育。罗素到湖南讲学时，张东荪、吴稚晖、杨端六等陪同前往。受罗素思想的影响，1920年11月，张东荪在《时事新报》上发表《由内地旅行而得之又一教训》，宣称：“救中国只有一条路，

---

① 蔡尚思主编：《中国现代思想史资料简编》第二卷，浙江人民出版社1982年版，第172页。

② 蔡尚思主编：《中国现代思想史资料简编》第一卷，浙江人民出版社1982年版，第392、394页。

③ 中国社科院现代史室、中国革命博物馆党史室：《“一大”前后》（一），人民出版社1980年版，第251页。

④ 转引自苏智良主编：《中共建党与上海社会》，上海人民出版社2011年版，第198页。

⑤ 蔡尚思主编：《中国现代思想史资料简编》第二卷，浙江人民出版社1982年版，第169、172页。

一言以蔽之，就是增加富力……开发实业”，“就是使中国人从来未过过人的生活的都得着人的生活，而不是欧美现成的甚么社会主义、甚么国家主义、甚么无政府主义、甚么多数派主义（指布尔什维克主义——引者注）等等”①，由“平日主张社会主义”②转向反对空谈主义。

张东荪的文章一出，立即受到多方抨击，陈望道发表《评东荪君的“又一教训”》，李达发表《张东荪现原形》，邵力子发表《再评东荪君的“又一教训”》，《正报》记者爱世发表《人的生活》，陈独秀发表《致罗素先生的信》，周佛海写数信同张东荪讨论该问题等。这些文章和信阐述了在中国实行马克思社会主义的必要性和必然性。在此前后，当罗素在上海等地讲学，并宣传基尔特社会主义时，北京共产主义小组组织了公开辩论，作为其论敌发表了意见③。

受到批评后，1920 年底 1921 年初，张东荪又发表《大家须切记罗素先生给我们的忠告》《答高践四书》《长期的忍耐》《再答颂华兄》《他们与我们》《致独秀底信》和《现在与将来》等文章，继续为自己的观点辩护。尤其是 1921 年 2 月发表的《一个申说》，承认“资本主义必倒而社会主义必兴”，但是，辩称“现在各种社会主义都有缺点”，相对而言，“基尔特社会主义最晚出的，所以他在比较上是最圆满的”④。张东荪又由不主张在中国实行社会主义转而强调将来在中国应实行基尔特社会主义。与此同时，杨端六发表《与罗素的谈话》，梁启超发表《复张东荪书论社会主义运动》等呼应张东荪，反对马克思的社会主义，鼓吹基尔特社会主义。于是，陈独秀又发表《复东荪先生底信》《社会主义批评》，李达发表《讨论社会主义并质梁任公》，李大钊发表《社会主义下之实业》和《中国的社会主义与世界的资本主义》等文章，再次给予批驳。

马克思主义同基尔特社会主义的论战主要集中在五个方面：

第一，中国有没有实行社会主义的劳动阶级。

---

① 蔡尚思主编：《中国现代思想史资料简编》第一卷，浙江人民出版社 1982 年版，第 616 页。

② 蔡尚思主编：《中国现代思想史资料简编》第一卷，浙江人民出版社 1982 年版，第 699 页。

③ 中共中央文献研究室，中央档案馆：《建党以来重要文献选编》第 1 册，中央文献出版社 2011 年版，第 14 页。

④ 蔡尚思主编：《中国现代思想史资料简编》第一卷，浙江人民出版社 1982 年版，第 632 页。

张东荪等认为："社会主义所以不能实现于中国者，其总原因在于无劳动阶级。"因为"社会主义之传播与实现，不能不以劳动阶级为运动之主体，劳动阶级不存在之国家，欲社会主义之实现，其道无由"；中国"劳动阶级除了交通埠头因为少数工厂才有工人以外，简直是没有"；农民"大抵蠢然一物，较原始人所差无几"。在这种情况下，宣传社会主义，"真正的劳农主义决不会发生，而伪的劳农革命恐怕难免"。另外，"党是代表那阶级的，若他背后没有阶级，必不成立。中国现在离劳动阶级的完成与自觉尚早"①。因此，中国还不具备成立劳动阶级政党和实行社会主义的条件。梁启超也认为：游民不属于劳动者，也不能成为社会运动的主体，狭义的"劳动阶级""专指在新式企业组织之下佣工为活的人……中国则此狭义的劳动者未能成为阶级"，"吾以为社会主义所以不能实现于今日之中国者，其总原因在于无劳动阶级"，"今日中国之社会运动，当以使多数人取得劳动者地位为第一义"②。

马克思主义者认为："中国境内的资本家是国际的。全国四万万人（由某种意义说，都可算是劳动者），虽然有许多无业的游民，然而都可以叫做失业的劳动者。所以就中国说，是国际资本阶级和中国劳动阶级的对峙。中国是劳动过剩，不能说没有劳动阶级，只不过没有组织罢了"；"中国工业的发达虽不如欧美日本，而在此产业革命的时期内，中国无产阶级所受到悲惨，比欧美日本的无产阶级所受的更甚"，"加以近年来国内武人强盗，争权夺利，黩武兴戎，农工业小生产机关，差不多完全破坏"，农民和手工业者都将沦为无产者③。因此，中国劳动阶级的队伍必将日益壮大。

第二，中国开发实业应走资本主义道路还是走社会主义道路。

张东荪、梁启超等虽然主张在中国实行基尔特社会主义，也承认资本主义社会存在弊端，但又认为时下的中国必须发展资本主义，等将来有条件再实行基尔特社会主义，或者同时通过实行基尔特社会主

---

① 中共中央党校哲学教研室：《中国现代哲学史资料选辑》，中央党校出版社 1984 年版，第 84 页。

② 蔡尚思主编：《中国现代思想史资料简编》第一卷，浙江人民出版社 1982 年版，第 246、241 页。

③ 《李达文集》第一卷，人民出版社 1980 年版，第 66、67、62 页。

义"矫正""疏泄"资本主义。张东荪说："我是信服基尔特主义之一人，不过我以为基尔特主义在中国要实现为期更远"；梁启超说现在中国振兴实业、发展生产力"不能不属望于资本家"，但为了避免"生产与消费绝不想谋，酿成极端畸形之弊"，同时或将来应慢慢发展国家公营、地方公营之事业，提倡和扩充各种协社，创建"健实"的经济社会①。他们引用罗素的话说，中国的唯一病症就是贫乏，救中国只有一条路，就是增加富力，开发实业。发展实业有三个办法：①由资本家发展实业；②由国家发展实业；③由劳动阶级自身发展实业。但是，"中国政府如此腐败"，"靠不住"；劳动阶级"程度太低，不能得良好的结果"；"结果仍归到资本家"，虽然"资本制度会演出欧美今日的危险，已是不好"，但"开发实业方法之最能速成者，莫若资本主义"，尤其是在受外国资本排挤和竞争的情况下，"不以资本主义之方法，决不能竞存于现在经济制度之下"②。张东荪、梁启超等断言，资本主义和中产阶级在中国必然兴起，"与其拒之，不如希其速来"③；"资本阶级将兴于中国，其机运殆已成熟，断非吾侪微力所能抗阻"④。

马克思主义者提出："增加富力，开发实业"，我们"不但从来没有反对过，并且也认为必要……社会主义者和资本主义者不同的地方，只在用什么方法去增加富力，开发实业"⑤。但是，"只知开发物质文明，却不用有益于多数人的主义去开发，即令各省都开矿筑路，也不能使多数人得着人的生活"，"所谓不讲主义只讲发达实业，结局自然要归到资本主义上面去"；而开发实业"按资本生产制，一面固然增加财富，一面却增加贫乏"，"多数人过不着人的生活之状况，正是资本主义生产制下必然的状况"⑥；"资本主义虽然在欧洲、美洲、日本也能够发达教育及工业，同时却把欧、美、日本之社会弄成贪鄙、欺诈、刻薄、没有良心了"，"幸而我们中国此时才创造教育工业在资本制度

---

① 上海《时事新报》，1922年4月10日。

② 中共中央党校哲学教研室：《中国现代哲学史资料选辑》，中央党校出版社1984年版，第75页。

③ 林代昭、潘国华：《马克思主义在中国》，清华大学出版社1983年版，第154页。

④ 转引自雷颐：《图中日月》，山西人民出版社2002年版，第72页。

⑤ 蔡尚思主编：《中国现代思想史资料简编》第一卷，浙江人民出版社1982年版，第700页。

⑥ 中共中央党校哲学教研室：《中国现代哲学史资料选辑》，红旗出版社1986年版，第78页。

还未发达的时候，正好用社会主义来发展教育及工业，免得走欧、美、日本底错路”①。“社会主义于发展实业，实在有利无害。换言之，用资本主义发展实业，还不如用社会主义为宜。因为资本主义之下，资本不能集中，劳力不能普及；社会主义之下，资本可以集中，劳力可以普及”，“中国不欲振兴实业则已，如欲振兴实业，非先实行社会主义不可。”②

第三，中国能否跳过资本主义发展阶段。

张东荪、梁启超等机械搬用马克思主义关于人类社会发展形态理论为自己辩护，说“列宁之思想为梯阶之三段。曰贵族国家至中产国家，曰由中产国家至无产国家，曰无产国家至无国家；又曰原始经济至资本主义，曰资本主义至共产主义，曰共产主义至无产主义”，中国“资本主义方在萌芽”，“资本家必定要经过的。世界上并没有不经过此阶级而能达到社会主义的，如俄国未经过资本阶级，所以难成功。中国若想社会主义实现，不得不提倡资本主义”；“现在中国就要实行社会主义，似乎太越阶了”③。梁启超认为：“今日为改造中国社会计”，不应当“努力防资本阶级之发生”，而应当“借资本阶级的养成劳动阶级为实行社会主义之预备”④。

马克思主义者认为基尔特社会主义者的上述观点是社会发展机械论，其“最大的缺点，是忘记了现代人类底经济关系乃国际的而非国别的了。如果他断定欧美资本制度要崩溃能讲社会主义，他便不应该说中国不能讲社会主义仍要采用资本制度……各国资本制度都要崩溃，中国那能够拿国民性和特别国情等理由来单独保存他”⑤。他们举例说：“照社会主义的原则说，社会革命在资本制度发达到一定的程度的时候，自然要实现的；然而也可以用他种人为势力——非妥协的阶级斗争——促进他的速度。英美的资本制度比俄国的要发达得十数倍；英美两国的工会，比俄国的也要发达得十数倍，何以社会革命不在英美两国发生，反在俄国实现呢？这就是因为俄国社会革命党实行的力量

① 任建树主编：《陈独秀著作选编》第二卷，上海人民出版社2009年版，第303页。
② 《李大钊全集》第三卷，河北教育出版社1999年版，第617、618页。
③ 魏宏运：《中国现代史资料选编》，黑龙江人民出版社1981年版，第173页。
④ 沙健孙主编：《中国共产党通史》第一卷，湖南教育出版社1997年版，第229~230页。
⑤ 胡明：《陈独秀选集》，天津人民出版社1990年版，第140页。

比英美两国的大的原故。”① 也就是说，通过共产党和工人阶级的斗争，中国可以跳过资本主义发展阶段而直接进入社会主义。

第四，中国是否需要社会革命。

张东荪等竭力掩盖中国社会的阶级矛盾，否认工农大众受压迫的事实，鼓吹阶级调和，反对社会革命。他们说，中国人的痛苦主要是得不到工作，而不是得到工作以后受的剥削，“工人受苦固然是事实，但直接受自资本家的很少很少，而通通是受自工头的”，解决工人受苦问题，不是进行社会革命，而是“把制度逐渐改良”，缩减工人劳动时间、创办工人补习学校、推行分红制度、设立疾病保险金和老年抚养金等“温情主义”，“对于现在的中国却不能不算最适宜……在现在中国为有益于工人”；“至于农人，要晓得中国向例地主与佃户多是平分收入，甚至于佃户得六成，地主得四，所以农民对于所受地主的痛苦没有十分深刻的印象。即使废了地主，农人生活虽有变化然未必甚大。须知农业的不进实由于天灾人祸”，“至于天灾，亦大半由于农民太无知识，不知设法防御”，故“农业在现在没有速成的改良法，而只有以教育的力量救济农民的无知病……革命性的更张与农业无甚关系”。总之，“工人、农人在今天所需要的，只是取得教育与改良生活”，且其方法“总以平和的、渐行的为佳”，主要是发展教育、组织消费协社等。他们还一再强调，在今天的中国鼓吹劳农主义只能是引起伪劳农革命，“万一发生，必是纯粹破坏的，绝难转到建设方面，不过在许多内乱上加一个内乱罢了”②。梁启超一方面说“劳动阶级为将来改造社会之主体，则现在向此方面下工夫，实万不容缓，不能以其人数尚少而漠视之”，但是又说：“务取劳资协调主义，使两阶级之距离不至太甚”。“下工夫之法”是“灌输以相当之智识”，“助长其组织力”，“劝其办一两件（如疾病保险之类）……至于在今日而劝之为主义的运动，或为他种政治问题的运动，则吾殊以为不宜”③。即基尔特社会主义者

---

① 《李达文集》，人民出版社 1980 年版，第 56 页。

② 蔡尚思主编：《中国现代思想史资料简编》第一卷，浙江人民出版社 1982 年版，第 626、627、630 页。

③ 蔡尚思主编：《中国现代思想史资料简编》第一卷，浙江人民出版社 1982 年版，第 248、249 页。

只要社会改良，“蚕食式的变化”“蚕食式的渐变”[①]，反对社会革命。

马克思主义者认为：资本主义生产资料私有、剩余价值剥削和无政府生产等，导致资本家与工人的贫富悬殊、生产过剩、经济危机和军国主义争霸，消灭资本主义而实行社会主义已经成为世界的趋势。“要实现共产主义，必须以生产力十分发展为前提；要生产力十分发展，必须以改造经济组织才能实现，即只有靠社会革命才能实现。”[②]也就是说在中国发展生产力只能通过社会革命实行社会主义来实现。由于中国人的悲惨境遇，“除了中国劳动者联合起来，组织革命团体，改变生产制度，是无法挽救的”[③]。所以，中国“不得已要采用劳农主义的直接行动，达到社会革命的目的”。“俄国是农业国，中国也是农业国，将来中国的革命运动，或者有采取劳农主义的直接行动的可能性。”[④]

第五，如何反对外国资本主义的压迫。

早期马克思主义者和基尔特社会主义者都认识到，外国资本主义的掠夺和压迫是导致中国失业、贫困的重要根源，但如何反对外国资本主义的压迫，双方看法不一。张东荪认为“联络各国社会党，谋颠覆世界的资本主义，固为上策”，但我们没有这个力量，“于不得已中，唯有在外国资本势力下，乘其空隙以开发实业……造成强厚之资本主义与国家主义以与外国对抗”。中国资本家“寥若晨星”，“所处之地位已极可怜，而尚欲攻击，实为不忍……其结果则外国资本势力更为侵入”[⑤]。梁启超也认为：反对本国资本家，无异“助外国资本家张目”。相反，今日中国“不能不奖励生产事业以图救死”，而发展生产事业又“不能不委诸‘将本求利’之资本家”，本国资本主义生产事业发达后，我国公民消费所需皆由自给，失业者多数转变为劳动者，然后“新社会可以出现”[⑥]。

---

① 吕希晨、于铁梓：《中国现代资产阶级资料选辑》第三辑，第187页。

② 存统：《马克思的共产主义》，《新青年》第9卷第4号，中国书店2011年版，第376页。

③ 任建树主编：《陈独秀著作选编》第二卷，上海人民出版社2009年版，第307页。

④ 《李达文集》第一卷，人民出版社1980年版，第73页。

⑤ 高军等编：《中国现代政治思想史资料选辑》上册，四川人民出版社1983年版，第83页。

⑥ 蔡尚思主编：《中国现代思想史资料简编》第一卷，浙江人民出版社1982年版，第244、245、247页。

马克思主义者认为，在外国资本主义侵略一天比一天紧迫的情况下，中国想通过发展资本主义以抗击外国资本主义压迫的道路是行不通的，因为“中国是万国的商场，是各资本国经济竞争的焦点，是万国大战争的战场。各资本国在中国培植的经济势力，早已根深蒂固，牢不可破。当着产业万分幼稚的时代又伏在各国政治的经济的重重势力之下的中国，要想发展资本主义和各资本国为经济战争，恐怕要糟到极点”①；中国资本家都直接或间接是外国资本家的买办，只能够帮着外国资本家掠夺中国人，指望他们“发达起来能够抵制外国资本家，能够保全中国独立，再过一两个世纪也没有希望”②；“要等中国的资本主义发达到一面可以和外资抗衡，一面可以尽数吸收国内劳动者，其中要经过如何长的时日。恐怕那个时期未到，‘而我中国的四万万同胞，且相索于枯鱼之肆’了！”③ 因此，中国资本家阶级并不可靠，中外资本主义都应该反对。那么，怎样反抗强大的国际资本主义的势力和压迫呢？马克思主义者强调，劳动阶级“应该联络各国底同志作国际的改造运动”，“必须厉行国际社会主义运动，支持国际的方针，和资本阶级国际的行动挑战”，“扫灭全世界所有的资本主义”④。即联合世界各国无产阶级和被压迫人民，结成反对资本-帝国主义的国际统一战线，彻底消灭资本主义，解放全人类。

（3）马克思主义对民主社会主义的批判。

民主社会主义，又称社会民主主义，最初同马克思主义的科学社会主义没有重大原则区别。1895 年恩格斯逝世后，在伯恩施坦、考茨基等人影响下，民主社会主义逐步演变为一种在资本主义范围内通过议会道路来改良资本主义的思想主张，是一种本质上维护资本主义统治的改良主义思潮。它是世界各国社会党、社会民主党、工党等信奉的政治理论。其基本理念和基本价值追求是自由、平等、公正、合作互助，基本目标是建设政治民主、社会民主、经济民主并推进国际民主的“社会主义”，实现这一目标的政治手段也是所谓民主。

五四时期，当各种社会主义思潮涌入中国之际，民主社会主义也

---

① 《李达文集》第一卷，人民出版社 1980 年版，第 66 页。

② 任建树主编：《陈独秀著作选编》第二卷，上海人民出版社 2009 年版，第 307 页。

③ 《李达文集》第一卷，人民出版社 1980 年版，第 68 页。

④ 《李达文集》第一卷，人民出版社 1980 年版，第 70~71 页。

被介绍到中国。1919 年 9 月至 1922 年 9 月，张东荪、张君劢、俞颂华和梁启超等以《解放与改造》（1920 年 9 月起改名《改造》）为主要阵地，发表《我们为什么要讲社会主义》《德国革命论》《中国革命之前途，德国乎？俄国乎？》等文章，鼓吹民主社会主义是对马克思主义的完善和发展，宣扬中国应该走德国式的议会道路实现社会主义，反对走俄国式的革命道路和实行劳农专政。旧中国没有实行民主社会主义的社会基础和阶级基础，民主社会主义本不该在中国产生影响。但是，由于张东荪、张君劢等人的称赞，还是对一些知识分子产生了一定影响。为了回击民主社会主义者对马克思主义、俄国十月革命和劳农专政的污蔑，传播马克思主义，引导群众特别是青年走革命道路，李大钊在《平民政治与工人政治》，陈独秀在《谈政治》《社会主义批评》，李达在《社会主义底商榷》，毛泽东 1920 年底在致蔡和森的信和 1921 年在新民学会的新年会上的讲话等，都对民主社会主义给予了批判。由于民主社会主义仍打着社会主义旗号，又同马克思主义、科学社会主义等有着共同的历史渊源，因此，具有很大的欺骗性。马克思主义者对民主社会主义的批评，侧重于揭示它同马克思主义、科学社会主义的区别及其阶级本质，并进而说明它不符合中国的国情。主要论点是：

第一，民主社会主义是否是马克思科学社会主义的发展。

张东荪宣称第二国际民主社会主义是对马克思主义“经过无数的修正，无数的扩充的最后的结果”，是马克思主义的“进化”和“完善”①。马克思主义者揭露了民主社会主义对马克思主义的背叛和篡改。陈独秀说：“社会民主党，所以也叫做民主社会主义，因为他主张利用有产阶级底议会来行社会主义，所以也叫做议会派”，“马格斯底著作无一不是主张无产阶级对于有产阶级取革命的行动，没有一句主张采用议会政策的，可惜自称为马格斯派的德国社会民主党竟然忘记了”②。李大钊考察了民主社会主义与科学社会主义的历史关系，认识到从 1848 年到 1888 年“两种名词，用得非常混淆”，到十月革命后“其区别愈益明了”。他还系统地比较了民主社会主义同马克思的科学社会主

① 张东荪：《我们为什么要讲社会主义?》，《解放与改造》，第 1 卷第 7 号，1919 年 12 月。
② 任建树主编：《陈独秀著作选编》第二卷，上海人民出版社 2009 年版，第 347、348 页。

义的区别："社会党人的运动是半有产阶级的运动，共产党人的运动是无产阶级的运动"；前者的运动是"创造的进化"，后者的运动是"创造的革命"；"社会党人是中央派与右派，共产党人是极左派"；"社会党人的国际的结合是第二国际，是黄色的国际"，"共产党人的国际的结合是第三国际，是赤色的国际"①。即二者代表不同的阶级利益，革命彻底性不同、国际阵营也不同。可见，中国早期的马克思主义者对民主社会主义同科学社会主义的根本区别已有比较清醒的认识。

第二，民主社会主义是否代表广大民众的利益。

马克思主义者指出，第二国际已"变为改良主义了，他们采用议会主义，专心谋劳动者生活改善的问题，竟和资本家妥协起来了，所以在实际上并不是社会主义"②。他们已经完全背叛革命，堕落成为"中等社会"（即资产阶级）统治和压迫无产阶级的帮凶，"是残杀劳动界凶手的组织，是资本家代表的组织"③。"修正派社会主义底格言，就是：'从革命去到普通选举！从劳动专政去到议会政治！'他们自以为这是'进化的社会主义'，殊不知 Bebel（奥古斯特·倍倍尔——引者注）死后德国的社会民主党正在因此堕落了"，"想利用资产阶级据以作恶的政治、法律，来施行社会主义的政策，结果不但主义不能施行，而且和资产阶级同化了，还要施行压迫劳动阶级反对社会主义的政策"，"德国底国家社会主义，严格说起来就是普鲁士底国家社会主义，他的理想就是军国的、地主的、警察的国家"④。这就彻底揭露了民主社会主义是代表资产阶级利益的改良主义本性。

第三，中国应该学习德国社会民主党还是俄国共产党。

张东荪、张君劢等攻击苏俄共产党及其领导的劳农专政说，"财产之没收也，贫民专制之施行也，彼自有其特别之动机。然按之法治主义之大原则，无不相叛谬"。但对德国社会民主党则倍加歌颂，说什么"根基之深厚，践履之笃实，则独推崇德之社会党"，并且公然向国人推荐，"吾敢以披肝沥胆之语，告民国记者，吾国而有社会党乎？""所

① 《李大钊全集》第四卷，河北教育出版社 1999 年版，第 109、110 页。

② 《李达文集》第一卷，人民出版社 1980 年版，第 27 页。

③ 丁守和、殷叙彝：《从五四启蒙运动到马克思主义的传播》，生活·读书·新知三联书店 1979 年版，第 344 页。

④ 任建树主编：《陈独秀著作选编》第二卷，上海人民出版社 2009 年版，第 255、256 页。

当学者，厥在德社会民主党之脚踏实地，而不是蓝宁（列宁——引者注）之近功速效焉必矣。”①

马克思主义者认为，社会民主党实际上是忘记、背叛马克思主义的政党，已经堕落为代表资产阶级利益的政党。陈独秀指出，德国社会民主党“名为社会民主党，其实并不要求社会的民主主义，也不要求产业的民主化，只主张把生产工具集中在现存的国家——现存的资产阶级底军阀官僚盘踞为恶的国家——手里……这种国家社会主义的国家里面，劳动阶级底奴隶状态不但不减轻而且更要加重”；“他们反对马格斯底阶级战争说很激烈，他们反对劳动专政，拿德谟克拉西来反对劳动阶级底特权”；“只有俄国底共产党在名义上，在实质上，都真是马格斯主义，而德国底社会民主党不但忘记了马格斯底学说，并且明明白白反对马格斯，表面上却挂着马格斯的招牌。”② 李大钊批评德奥社会党在第一次世界大战中牺牲自己本来的主张，协助资本家的战争，从而背弃世界革命的信约，成为维护本国资产阶级统治的工具，唯有列宁领导的俄国共产党才是坚持马克思主义的无产阶级政党。1920年11月，陈独秀在给《共产党》月刊创刊号所写的《短言》中，也明确地号召中国的劳动者要向俄国共产党学习。他说：“要想把我们的同胞从奴隶境遇中完全救出，非由生产劳动者全体结合起来，用革命的手段打倒本国外国一切资本阶级，跟着俄国的共产党一同试验新的生产方法不可。”③ 陈独秀强调在现今世界只有俄国的共产党主张绝对的阶级战争，反对与资产阶级妥协，是彻底的革命政党。1920年9月，蔡和森在给毛泽东的信中，对俄共（布）同德社会民主党进行了比较分析，将后者归结为下列公式：“德多数社会党立足于=修正派社会主义及中产阶级的德谟克拉西之上。方法=与帝国政府通力合作（入战时内阁）；利用革命与中产阶级联盟组织政府。目的=劳资合组的德谟克拉西。结果=延长资本政治的危险，内乱，破产，反革命，压迫工人，闹个不休。”④

---

① 张君劢：《中国革命之前途，德国乎？俄国乎?》，《解放与改造》，第2卷第14号，1920年7月。

② 任建树主编：《陈独秀著作选编》第二卷，上海人民出版社2009年版，第255、256、349页。

③ 任建树主编：《陈独秀著作选编》第二卷，上海人民出版社2009年版，第298页。

④ 《蔡和森文集》，人民出版社1980年版，第64页。

第四，走议会道路还是十月革命道路。

张君劢诬蔑并认为俄国十月社会主义革命是“此可一而不可再，可偶而不可常”，是“数百载而后一偶”的历史偶然现象，并非历史发展的必然结果，是他人不可学、不能学的。俄国十月革命与劳农专政违背“民主”与“法治”精神，是“官僚集权”的国家。他主张改造中国应走议会道路，“对于劳动者地位之增进，与政权之转移，当取议会政略”①。

马克思主义者指出议会道路在中国行不通。首先，民主社会主义者所指望、利用的议会都是资产阶级的统治工具。李大钊指出：资产阶级所标榜的议会“平民政治”，“乃是中产阶级的平民政治”。他引用列宁的话说：“议会制度纯是欺人的方法。此方法的妙处，在以人民代表美名之下，使此机关仅为哓舌的机关，为中产阶级装潢门面，而特权政治则在内幕中施行”，无产阶级的彻底解放，“非打破这虚伪的议会制度必不能实现”②。毛泽东说：“社会民主主义，借议会为改造工具，但事实上议会的立法总是保护有产阶级的。”③ 陈独秀认为：“议会制度本是资产阶级专为供给及监督他们的政府财政而设立的，要拿他来帮助劳动者，来废除资本私有制度，岂不是与虎谋皮吗？”④

其次，无产阶级只有通过革命才能夺取政权，实现解放。李大钊认为“改造的事业非取革命的手段不可。革命的方法，就是无产阶级独揽政权”，那种“采取平和的手段”的改良方法，必然遇到农民、商人反动派和政府等“莫大的障碍”而归于失败⑤。毛泽东指出：“因为资本家有‘议会’以制定和保护资本家并防止无产阶级的法律；有‘政府’执行这些法律，以积极地实行其所保护与所禁止；有‘军队’与‘警察’，以消极地保障资本家的安乐与禁止无产者的要求；有‘银行’以为其财货流通的府库；有‘工厂’以为其生产品垄断的机关。如此，共产党人非取政权，且不能安息于其宇下……俄国式的革命，

① 张君劢：《中国革命之前途，德国乎？俄国乎？》，《解放与改造》第2卷第14号，1920年7月。

② 《李大钊全集》第四卷，河北教育出版社1999年版，第107页。

③ 《毛泽东文集》第一卷，人民出版社1993年版，第2页。

④ 任建树主编：《陈独秀著作选编》第二卷，上海人民出版社2009年版，第348页。

⑤ 《李大钊全集》第四卷，河北教育出版社1999年版，第107页。

是无可如何的山穷水尽诸路皆走不通了的一个变计，并不是有更好的方法弃而不采，单采要这个恐怖的方法……历史上凡是专制主义者，或帝国主义者，或军国主义者，非等到人家来推倒，决没有自己肯收场的……理想固要紧，现实尤其要紧，用和平方法去达共产目的，要何日才能成功？"[①]"非得政权则不能发动革命，不能保护革命，不能完成革命"[②]。陈独秀也认为，无产阶级"只有用阶级战争的手段，打倒一切资本阶级，从他们手抢夺来政权；并且用劳动专政的制度，拥护劳动者底政权，建设劳动者的国家以至于无国家，使资本阶级永远不至发生"，"若不经过阶级战争，若不经过劳动阶级占领权力阶级地位底时代，德谟克拉西必然永远是资产阶级底专有物，也就是资产阶级永远把持政权抵制劳动阶级底利器"[③]。

马克思主义同无政府主义、基尔特社会主义和民主社会主义的论战发生于五四运动后中国先进知识分子的分化时期，也是中国共产党的创建时期，这些论战谁胜谁负，传统的观点认为马克思主义取得完全胜利，胡绳晚年对此提出了质疑[④]。但是，无论谁胜谁负，亦或没有谁胜谁负，论战对马克思主义的传播、先进知识分子接受马克思主义、创建中国共产党和马克思主义中国化等都产生了深远的影响。

3. "主义"之自我鉴别与辩论

在五四时期和中国共产党的创立过程中，中国的一些先进知识分子在同非马克思主义思潮争论和斗争中研究、选择和传播着马克思主义，并用刚刚学来的马克思主义分析中国的具体实际，缓缓启动了马克思主义中国化的进程。与此同时，一些知识分子则是通过自我比较鉴别、同志间探讨、团体内部辩论等方式和途径，在对各种主义作比较分析后，选择了马克思主义。自我比较鉴别、志同道合者之间的探讨、团体内部的辩论等都是论争，其中自我比较鉴别是一个人大脑内各种主观认识的争论和选择。

---

① 中共中央文献研究室：《毛泽东书信选集》，人民出版社1983年版，第5~7页。

② 中共中央文献研究室：《毛泽东书信选集》，人民出版社1983年版，第15页。

③ 任建树主编：《陈独秀著作选编》第二卷，上海人民出版社2009年版，第298、256页。

④ "从五四运动到人民共和国成立"课题组：《胡绳论"从五四运动到人民共和国成立"》，社会科学文献出版社2001年版，第44页。

1920年8月，蔡和森在给毛泽东的信中说："我近对各种主义综合审谛，觉社会主义真为改造现世界对症之方，中国也不能外此。"① 周恩来1920年到欧洲后，"对于一切主义开始推求比较"②，最后坚信中国必须走科学社会主义指引的路。约在1920年九十月间，由蔡和森、李富春、向警予、李维汉等30多名留法勤工俭学学生所组建的工学世界社，在法国蒙达尼开会三天，"经过热烈的辩论，大多数社员赞成以信仰马克思主义和实行俄国式的社会革命为工学世界社的宗旨"③。1921年1月，陈独秀在《社会主义批评》一文中提出，社会主义派别众多，"我们应该择定一派，若派别不分明，只是一个浑朴的趋向，这种趋向会趋向到资本主义去；若觉得各派都好，自以为兼容并包，这种胸无定见无信仰的人也不配谈什么主义"。他对当时影响较大的五派社会主义（无政府主义、共产主义、国家社会主义、工团主义、行会社会主义）一一做了分析、批评，并在比较后认为："只有俄国底共产党在名义上，在实质上，都真是马格斯主义"，它所主张的共产主义"才还了马格斯底本来面目"，是中国革命者应该采用的主义④。1921年元旦，长沙的新民学会为解决学会的共同目的和达到目的须采用的方法等问题，接连讨论三天。何叔衡说："主张过激主义。一次的扰乱，抵得二十年的教育，我深信这些话。"毛泽东说："社会政策，是补苴罅漏的政策，不成办法。社会民主主义，借议会为改造工具，但事实上议会的立法总是保护有产阶级的。无政府主义否认权力，这种主义，恐怕永世都做不到。温和方法的共产主义，如罗素所主张极端的自由，放任资本家，亦是永世做不到的。激烈方法的共产主义，即劳农主义，用阶级专政的方法，是可以预计效果的，故最宜采用。"彭荫柏说："试以中国的国情与德英美法各国逐一比较，知法之工团主义，英之行会主义，美之I. W. W.，德之社会民主主义，均不能行之于中国。中国国情，如社会组织，工业状况，人民性质，皆与俄国相近，故俄之过激主义可以行于中国。"最后经过表决，绝大多数会员赞同采

---

① 《蔡和森文集》，人民出版社1980年版，第50页。

② 中共中央文献研究室：《周恩来书信选集》，中央文献出版社1988年版，第41页。

③ 李维汉：《回忆与研究》（上），中共党史资料出版社1986年版，第18页。

④ 林茂生等选编：《陈独秀文章选编》（中），生活·读书·新知三联书店1984年版，第92、98、95页。

用布尔什维克主义的方法，达到“改造中国与世界”的目的[①]。差不多同时，北京大学马克思研究会也“在沙滩大楼的一个大教室里，开了一次为期两天的辩论会，辩论的题目是‘社会主义是否适宜于中国?’分赞成和反对两派辩论，邀请李大钊同志作为辩论会的评判员。”辩论的结果，尤其是李大钊运用唯物史观所作的结论，“引起了大多数听众研究马克思主义的兴趣，此后不久，马克斯学说研究会的成员竟增加到数十人之多，同时其他各专校也成立了这样的研究会”[②]。

可见，五四时期的中国先进知识分子之所以作出了对马克思主义的“历史性选择，并非屈服于什么压力，更不是追逐时髦，而是从中国社会的实际需要出发，对各种学说、各种救国方案进行批判性的分析和比较研究的结果”[③]。这期间，既有同敌对势力、反动思潮的冲突和斗争，也有同志间的辩论和争鸣，还有对自我旧思想的批评和清算。这些都体现了论争在马克思主义中国化中的地位和作用。

中国早期的马克思主义者，多数是通过自我学习、研究、比较和鉴别等接受了马克思主义，相对于后来通过党的灌输而接受马克思主义的工人、青年学生和农民，他们对马克思主义的理解和把握更加自觉、深刻和坚定。当然，由于受中西文化的差异、马克思主义在中国译介和传播的状况等因素的制约，五四时期和党的创立时期，中国马克思主义者的理论水平等还非常有限，把马克思主义基本原理同中国实际相结合的程度也很有限。

（二）若干建党原则之争

如上述及，在中国共产党创立的过程中，中国早期马克思主义者在同非马克思主义者就主义的争论中，已经涉及是否需要建立政党、建立一个什么样的党等问题。与此同时，马克思主义者内部也就所要建立的无产阶级政党的组织原则、同其他政党的关系、同共产国际的

① 林代昭、潘国华：《马克思主义在中国》，清华大学出版社 1983 年版，第 186~188 页。

② 朱务善：《回忆北大马克斯学说研究会》，《“一大”前后》（二），人民出版社 1980 年版，第 120、121 页。

③ 沙健孙主编：《中国共产党史稿》第一卷，中央文献出版社 2006 年版，第 352 页。

关系、对待资产阶级的态度，以及共产党员能否到旧政府中做官等若干基本原则产生了分歧和争论。

1. 地方分权制还是中央集权制

马克思主义建党学说认为，无产阶级政党的基本组织原则是民主集中制，即民主基础上的集中和集中指导下的民主相结合。鉴于欧洲一些工人党组织涣散，内部纷争不休，导致党的战斗力低下，甚至被资产阶级政党左右和瓦解等教训，列宁的建党学说更加强调党的组织纪律性，在民主集中制原则中侧重强调集中，在中央与地方关系上，主张中央集权制。在列宁领导下，1920 年共产国际第二次代表大会通过的《第三国际的加入条件》规定："凡属于国际共产党的党，必须建筑于德莫克乃西的中央集权的原则之上。在现在内乱激烈的时候，共产党唯靠极集中的组织，铁的纪律（即采用军队的纪律）和全体战士一致给中央机关以广大的权力，过余的信任，使得执行一种不可抗辩的威权，才能成就他的职务。"①

遵循什么组织原则是一个政党创建过程中必然要遇到的问题。如前述及，1920 年至 1921 年，陈独秀、李大钊等在同区声白、黄凌霜讨论无政府主义时曾批评无政府主义不要组织和纪律的观点，认为革命和经济社会管理都需要组织，而组织运行又必须以规则相约束。陈独秀明确提出："团体底权力不集中，想和资本阶级对抗尚且不能，慢说是推倒资本阶级了"，"不但势力散漫不雄厚，并且要中资本阶级离间利用和各个击破的毒计"，所以"权力集中是革命的手段中必要条件"；针对有人在《民国日报·觉悟》上发表文章批评施存统说"中央集权的政治组织与中国的国民性不能容，马氏主义是中央集权，故我不信其能实行"，陈独秀批判说："若要迁就中国国民性和社会情形而不加以矫正，只有袁世凯、张勋一班人绝对赞成"，"我发誓宁肯让全国人骂我攻击我压迫我，而不忍同胞永远保存这腐败涣散的国民性"，因而必须建立中央集权的政治组织②。1920 年 9 月，蔡和森在致毛泽东的信

① 中共中央文献研究室、中央档案馆：《建党以来重要文献选编》第 1 册，中央文献出版社 2011 年版，第 144 页。

② 任建树主编：《陈独秀著作选编》第二卷，上海人民出版社 2009 年版，第 404、376、377 页。

中也认为要在中国组建民主集中制的无产阶级政党，说："党的组织为极集权的组织，党的纪律为铁的纪律，必如此才能养成少数极觉悟极有组织的分子，适应战争时代及担负偌大的改造事业。"① 1921年2月，在筹备建立中国共产党的过程中，陈独秀在广州起草了一份党章草案寄往上海，主张党的组织采取中央集权制，而主持上海共产主义小组工作的李汉俊看了以后，十分不满，认为陈独秀要在党内搞个人独裁，之所以反对中央集权制，理由有二：一是中央集权可流于个人专制，可使一、二野心家利用作恶的；二是中国过去都是专制的，如中共新中央采用集权制必流于覆辙②。于是自己另起草了一份党章草案，主张地方分权。陈独秀看到后，大发雷霆。陈独秀同李汉俊关系愈趋恶化。李汉俊不愿再担任上海共产主义小组的代理书记，便把党的文件以及党员名单等交给了李达，由李达接任代理书记③。这期间，何孟雄同罗章龙、施存统等之间，也就所要建立的马克思主义政党应采取集权制还是分权制产生了争论，后者主张集权制。

1921年7月，陈独秀没有出席中共一大，但是他写信让陈公博带到大会，信中主要说明他不能赴会的原因，并提出了关于党的组织与政策的四点意见，其中就有"党的民主集中制的运用"和"党的纪律"④。陈独秀关于实行民主集中制原则的意见受到大会的重视并被采纳，中共一大虽然没有明确地说要坚持中央集权制，但是，实际上确立了中央集权制原则。如《中国共产党第一个纲领》规定"接受新党员"，"如果该地区有执行委员会，应经执行委员会批准"；"地方委员会的财务、活动和政策，应受中央执行委员会的监督"。《中国共产党第一个决议》指出："每个地方组织均有权出版地方的通报、日报、周刊、传单和通告"，"一切书籍、日报、标语和传单的出版工作，均应受中央执行委员会或临时中央执行委员会的监督"⑤ 等。

---

① 《蔡和森文集》，人民出版社1980年版，第70页。

② 中国社科院现代史室、中国革命博物馆党史室：《"一大"前后》（三），人民出版社1984年版，第81页。

③ 上海党史研究室：《1921—1933：中共中央在上海》，中共党史出版社2006年版，第27页。

④ 刘家贺：《"南陈北李，相约建党"若干阶段的探讨》，《中共党史研究》2000年第5期，第56页。

⑤ 中共中央文献研究室、中央档案馆：《建党以来重要文献选编》第1册，中央文献出版社2011年版，第4、5页。

1922年6月，陈独秀在《给共产国际的报告》中，在谈到“将来计划”时，明确要求“厉行中央集权制”[①]。经过党内讨论，在共产国际代表的指导下，1922年7月，中共二大制定了《中国共产党章程》并通过了《关于共产党的组织章程决议案》，学术界一般认为“与党的一大所通过的党纲相比”，党章“明确地阐释了党的民主集中制原则”[②]。笔者认为，与其说中共二大确立了民主集中制原则，还不如说确立了中央集权制组织原则，或者说侧重强调集中的民主集中制原则。中共二大文件指出：党的“全国大会及中央执行委员会之决议，本党党员皆须绝对服从之”，“下级机关须完全执行上级机关之命令，不执行时，上级机关得取消或改组之”，“自中央机关以至小团体的基本组织要有严密系统才免得乌合的状态；要有集权精神与铁似的纪律，才免得安那其（无政府主义——引者注）的状态”[③] 等。

2. 中国共产党同其他党派的关系

辛亥革命推翻清王朝后，特别是袁世凯去世后，中国军阀连年混战，党派纷争不止，中国早期的马克思主义者对当时中国的各党派都没有什么好感。1921年3月，李大钊认为：“民国以来的政党，都是趁火打劫，植党营私，呼朋啸侣，招摇撞骗，捧大老之粗腿，谋自己的饭碗，既无政党之精神，亦无团体的组织，指望由他们做出些改革事业为人民谋福利，只和盼望日头由西边出来一样。”[④] 1921年6月《共产党》月刊的“短言”批评说：“试问南北各派政党，那（哪——引者注）一派免了鼠盗狗偷，那（哪——引者注）一派有改造中国底诚意及能力？”[⑤] 北京、广州等地共产主义小组成立后，在传播马克思主义、组织工农运动、酝酿创立中国共产党的过程中，同无政府主义政党、黄色工会、封建行会等发生过不同程度的斗争，北京、广州等地的共

---

① 任建树主编：《陈独秀著作选编》第二卷，上海人民出版社2009年版，第463页。

② 中共中央党史研究室：《中国共产党历史》第一卷上册，中共党史出版社2002年版，第103页。

③ 中共中央文献研究室、中央档案馆：《建党以来重要文献选编》第1册，中央文献出版社2011年版，第167、162页。

④ 《李大钊全集》第三卷，河北教育出版社1999年版，第614页。

⑤ 中国社科院现代史室、中国革命博物馆党史室：《“一大”前后》（一），人民出版社1980年版，第54~55页。

产主义小组还将无政府主义者清理出组织。

关于中国共产党同其他党派的关系，在中共一大上，代表们产生了短暂的争论。有代表认为，我们“不论在理论上和实践上都应该始终与其他政党作斗争”；“另一些人主张，在行动上要与其他政党合作反对共同的敌人，同时又在我们的报纸上批评他们，这并不违背我们的原则。我们自己即使不能立即夺得政权，至少可以加强自己，以利于今后的行动。”① 结果是以张国焘、刘仁静等为代表的激进派主张占了上风，会议通过的《中国共产党第一个纲领》和《中国共产党第一个决议》特地规定：“中国共产党彻底断绝同黄色知识分子阶层及其他类似党派的一切联系”，“对现有其他政党，应采取独立的攻击的政策。在政治斗争中，在反对军阀主义和官僚制度的斗争中，在争取言论、出版、集会自由的斗争中，我们应始终站在完全独立的立场上，只维护无产阶级的利益，不同其他党派建立任何关系”②。

共产国际代表马林曾参加1920年在莫斯科召开的共产国际二大，对列宁民族和殖民地问题的理论很清楚。该理论认为各殖民地半殖民地国家的马克思主义工人党应该首先同本国、本民族的资产阶级政党联合起来反对帝国主义和封建主义，且马林还有过在爪哇促成工人党与资产阶级政党联合革命的经历。为什么马林指导下召开的中共一大，在中国共产党与其他党派关系问题上通过了如此“左”倾决定呢？有人认为，这是因为马林和尼科尔斯基来华后匆忙决定召开中共成立大会，中共一大的代表们“只好参考、模仿他们得到的欧美共产党的文件，准备了大会文件草案”。另外，由于突发租界当局搜查会场事件，使大会不得不临时改变会址，并匆忙宣告闭幕，马林和和尼科尔斯基都没有出席在南湖召开的最后一天会议③。参加会议的张国焘后来回忆，这是因为马林利用共产国际的权威压人，态度专横，因而引起了

---

① 中共中央文献研究室、中央档案馆：《建党以来重要文献选编》第1册，中央文献出版社2011年版，第23、24页。

② 中共中央文献研究室、中央档案馆：《建党以来重要文献选编》第1册，中央文献出版社2011年版，第1、6页。

③ ［日］石川帧浩著，袁广泉译：《中国共产党成立史》，中国社会科学出版社2006年版，第278页。

代表们的反感，不能说服代表①。

中共一大后，中国共产党人在领导革命斗争的实践中认识到建立革命联合战线的必要性。另外，共产国际也就此提供了指导。1922 年 1 月，中共代表张国焘、国民党代表张秋白等应邀出席了在莫斯科召开的远东各国共产党和各民族革命团体第一次代表大会，领悟了列宁民族和殖民地问题的理论，并受到列宁的接见。列宁在接见国共两党代表时鼓励国共两党联合起来共同革命，这对中共建立革命统一战线思想的形成起到了推动作用。与此同时，在华工作的共产国际代表马林通过对中国革命形势的分析，特别是对孙中山及其领导的中国国民党的考察，结合自己在爪哇工作的经验，加上孙中山不愿同共产党实行党外合作，于是提出了中共党员和青年团员加入国民党，通过党内合作的方式建立国共合作的建议。中国共产党人认为建立统一战线是必要的，但必须保持党的独立性，只愿意同国民党实行党外合作。因此，马林的建议遭到中国共产党人的普遍反对。1922 年 4 月，陈独秀还特地为此写信给共产国际远东局的吴廷康（维经斯基——引者注），开列出六条反对的理由，希望共产国际讨论该事项时能代为陈述，其中说到“广东北京上海长沙武昌各区同志对于加入国民党一事，均已开会议决绝对不赞成”②。同月，为了出席并指导第一次全国劳动大会和社会主义青年团第一次全国代表大会，中共主要领导人陈独秀、张国焘和张太雷等汇集广州，前来参加社会主义青年团一大的青年共产国际代表达林同时到达广州。达林通过对中国情况的了解，也认为中国共产党必须同国民党结成反帝统一战线，并采取党内合作的方式。在达林的提议下，1922 年 4 月底 5 月初，中国共产党在广州召开了在广州的党、团负责人会议，讨论劳动大会、青年大会和国共合作等问题，关于国共合作的争论“持续了好几天”，“大多数与会者同意了（附有很多保留意见）统一战线的策略”，但没有就国共合作形式问题达成一致意见，会议决定对该问题将“继续讨论”③。

1922 年 6 月，中共中央在《第一次对于时局的主张》中提出：“无

① 张国焘：《我的回忆》第 1 册，东方出版社 1980 年版，第 132~133 页。

② 任建树主编：《陈独秀著作选编》第二卷，上海人民出版社 2009 年版，第 435 页。

③ 达林：《中国回忆录（1921—1927）》，中国社会科学出版社 1981 年版，第 65、91 页。

产阶级在目前最切要的工作，还应该联络民主派共同对封建式的军阀革命……中国共产党的方法，是要邀请国民党等革命的民主派及革命的社会主义各团体开一个联席会议，在上列原则的基础上共同建立一个民主主义的联合战线，向封建式的军阀继续战争。"① 7月，中共二大通过的《关于"民主的联合战线"的决议案》提出，共产党要"联合全国革新党派，组织民主的联合战线，以扫清封建军阀推翻帝国主义的压迫，建设真正民主政治的独立国家"，为此，"先行邀请国民党及社会主义青年团在适宜地点开一代表会议，互商如何加邀其他革新团体，及如何进行"，"在全国各城市集合工会农民团体、商人团体、职教员联合会学生会妇女参政同盟团体、律师公会新闻记者团体等组织'民主主义大同盟'"。当然，此时，中国共产党人仍坚持只同国民党等实行党外合作。《决议案》明确地说："无产阶级一方面固然应该联合民主派，援助民主派，然亦只是联合与援助，决不是投降附属与合并……一方面应该集合在无产阶级的政党——共产党旗帜之下，独立做自己阶级的运动"，"无产阶级在战争中不可忘了自己阶级的独立组织。"②

马林关于国共两党实行党内合作的建议遭到中国共产党人拒绝后，于1922年4月下旬回莫斯科向共产国际汇报工作并寻求支持。当年7月，共产国际批准了马林的建议，当月共产国际远东局的维经斯基通知中共中央："立即将驻地（中共中央办公地址——引者注）迁往广州并与菲力浦（马林——引者注）同志密切配合进行党的一切工作。"③该通知被打印在马林的衬衣上秘密带到中国传达贯彻。

1922年8月，中共中央根据马林的提议在杭州西湖召开特别会议，从当时中国革命的任务和性质、中共的处境和力量、国民党的性质和政策等方面专门讨论国共合作的方式问题。会上再次发生激烈争论，马林传达了共产国际的指示，并从国民党的现状和态度、爪哇和西欧

① 中共中央文献研究室、中央档案馆：《建党以来重要文献选编》第1册，中央文献出版社2011年版，第97、98页。

② 中共中央文献研究室、中央档案馆：《建党以来重要文献选编》第1册，中央文献出版社2011年版，第139~140页。

③ 中共中央党史研究室第一研究部：《共产国际、联共（布）与中国革命文献资料选辑》（1917—1925）第2册，北京图书馆出版社1997年版，第321页。

一些国家共产党加入社会民主党的经验等方面，阐明了国共两党实行党内合作的必要性和可能性。会上，陈独秀、张国焘和蔡和森等明确反对，认为国民党是一个资产阶级政党，其信仰的三民主义同共产党信仰的共产主义不相容；共产党员加入国民党，必然会产生纠纷，或者共产党失去自己的独立性；国民党封建意识浓厚，入党要打手模并宣誓服从孙中山本人等。马林再三地做与会者的说服工作，并提出国共两党通过党内合作的方式建立联合战线的建议符合共产国际二大的精神和列宁民族殖民地问题理论，要求中共尊重共产国际的决定。李大钊权衡利弊后，表示基本同意马林的建议，并对持反对意见的同志做疏通工作。经过争论、说服和疏导，陈独秀、李大钊等表示，如果这是共产国际不可改变的决定，可以服从，但是必须向国民党提出一定条件，如国民党取消入党时打手模、向孙中山本人宣誓等形式，依据民主主义的原则进行改组等。西湖会议决定中共有条件地加入国民党，同国民党实行党内合作。

1922 年 11 月，陈独秀、刘仁静、王荷波等代表中共出席了在莫斯科召开的共产国际四大，对列宁民族和殖民地问题的理论、无产阶级政党加入民族革命政党的必要性和可能性等有了进一步认识。1923 年 1 月，共产国际执行委员会又专门作出了《关于中国共产党与国民党的关系的决议》，再次指示中国共产党务必加入国民党。1923 年 6 月，在中共三大上，国共合作的方式问题仍是争论的热点之一。陈独秀等力主共产党员加入国民党。而张国焘、蔡和森、邓中夏、林育南等不同程度地强调国民党存在的消极性，认为国共实行党内合作将导致共产党丧失独立性，因而对共产党员加入国民党心存疑虑。张国焘还提出了只让少数共产党员加入国民党、产业工人不要加入的意见，被与会者否定。经过激烈的争论，会议表决通过了《关于国民运动及国民党问题的决议案》，决定同中国国民党建立统一战线，共产党员以个人身份加入国民党，帮助孙中山把国民党改组成民主革命联盟，同时，保持共产党在组织上和政治上的独立性。至此，中共在创立时期，关于党同其他党派关系的态度发生根本性变化，由“排斥”发展到“党外联合”，再发展到同国民党实行“党内合作”。当然，这并不是说中共内部对此已无分歧，中共广东党组织及其领导人就存在不同看法。中共三大之前，中央曾致信广东党组织，要求共产党人终止同陈炯明的合作，转向支持并同孙中山合作。中共三大后，中央再次致信广东党组织，要求广东党组织落实中共三大关于同国民党实行党内合作的决定，对其负责人谭平山、陈公博和谭植棠等过去所持国共合作态度提出批评，并以开除党籍相警告。后来，因广东党组织落实中共三大决策不力，陈公博被开除出党，谭植棠因受处分而退党，谭平山被调离工作岗位。

3. 中国共产党同共产国际的关系

中国共产党的创立是近代中国社会发展的必然产物，但共产国际扮演了“助产婆”的角色，中国共产党及其早期组织的成立和活动均得到了共产国际的帮助和指导。鉴于欧洲众多原属于第二国际的工人党在第一次世界大战期间蜕化为替资产阶级政府和政党服务的工具，第二国际实际上因而破产的教训，同时为了彻底划清同伯尔尼国际的界线，防止改良主义和社会和平主义派别的影响，1919 年列宁领导成立的共产国际特别强调“应当比第二国际组织得更加集中”。1920 年 7 月，共产国际二大通过的《第三国际的加入条件》规定：“凡属于第三国际各党的政纲，必须经过国际共产党大会或他的执行委员会批准。”[①]共产国际甚至有权修改各国共产党的决议，有权开除违反共产国际决议和原则的支部和个人，有权派出代表参加各支部的一切会议等。

来华工作的共产国际、俄共（布）等代表，对共产国际的成立背景、根本任务、组织纪律等都很了解，在帮助、指导中国共产党成立的过程中，便理所当然地按照共产国际的组织程序、规章制度等行事。但是，中国的马克思主义者既对共产国际的组织纪律不熟悉，又具有较强的独立自主意识。所以，在中共创立过程中，中国马克思主义者很快感到不愉快，认为共产国际、俄共（布）等代表对自己指手画脚、居高临下，双方发生冲突实属必然。

1921 年 6 月，马林来华不久，在与当时主持上海共产主义小组工作的李汉俊、李达会晤时，就以共产国际代表的身份，伸手向他们要工作报告，说共产国际将给予经济援助，但必须先交出工作计划和预

① 中共中央文献研究室、中央档案馆：《建党以来重要文献选编》第 1 册，中央文献出版社 2011 年版，第 144 页。

算。李汉俊和李达因拿不出工作报告颇感难堪，也对马林的态度不满。李达认为中共还没有成立，说不上工作报告和预算，是否加入共产国际还没有决定，即使加入，关系如何还待研究。“在李汉俊看来，中国共产运动应由中国共产党自己负责，共产国际只能站在协助的地位，我们站在国际主义的立场，可以接受它的理论指导，并采取一致的行动”，“共产国际派来中国的代表只能是我们的顾问，决不应自居于领导的地位。”① 他们向马林表示，共产国际如果支援我们，我们愿意接受，但须由我们支配。我们并不期望依靠共产国际的津贴来开展工作。这样，马林同李汉俊、李达等关系一开始就蒙上了一层不愉快的阴影。

中国共产党成立后，根据马林的提议，中共中央局委派包惠僧赴广州催请陈独秀回上海主持党中央工作。陈独秀 1921 年 8 月回到上海后，在与马林的会谈中，就共产国际与中国共产党关系的问题出现了分歧。马林按照第三国际当时的体制，认为第三国际是世界共产主义运动的总部，各国共产党都是第三国际的支部，中共的工作方针、计划应在第三国际的统一领导之下进行。陈独秀不同意马林的意见，认为中共尚在幼年时期，一切工作尚未开展，似无必要戴上第三国际的帽子，中国的革命有中国的国情，特别提出中共目前不必要第三国际的经济支援，暂时保持中俄两党的兄弟关系，俟我们的工作发展起来后，必要时再请第三国际援助，也免得引起中国的无政府党及其他方面的流言蜚语，对我们无事生非地攻击。分歧发生后，当时担任马林翻译的张太雷奔走于马林和陈独秀之间。张太雷倾向于马林，因他对共产国际的成立背景和组织纪律比较了解，也认为全世界的共产主义运动，都是在第三国际的领导之下，中国不能例外。陈独秀听后把桌子一拍说，各国革命有各国国情，我们中国是个生产事业落后的国家，我们要保留独立自主权力，要有独立自主的做法，我们有多大的能力干多大的事，决不能让任何人牵着鼻子走，我们可以不干，决不能戴第三国际这顶大帽子。

马林和陈独秀的分歧主要有：首先，是否接受共产国际提供经济援助。陈独秀认为革命是我们自己的事，靠别人拿钱来革命是要不得的。其次，是否应当向共产国际汇报工作。马林和尼科尔斯基几乎每

① 张国焘：《我的回忆》第 1 册，东方出版社 1980 年版，第 133 页。

周都要约陈独秀、张国焘和李达开会，听取工作报告。对此，陈独秀不能接受。“向马林汇报，在陈独秀是一件不愉快的工作。所以陈独秀汇报了一次，第二次他就不去了。后来他大发牛性，要对马林等闹独立。他说，不要国际帮助，我们也可以独立干革命，我们干我们的，何必一定要与国际发生关系，这样他一连几个星期不出来与马林等会面。”第三，马林秘密派张太雷出使日本。1921 年秋，马林没有经过中国共产党及其领导人陈独秀等人的同意，派张太雷秘密出使日本，通知日本社会主义者选派代表出席远东各国共产党及民族革命团体第一次代表大会。后来得知此事的陈独秀十分愤怒，认为这种做法“简直是藐视中共中央”，他“声言决不与马林见面，并拟要求共产国际撤换马林的国际代表职务”①。另外，尼科尔斯基根据共产国际伊尔库茨克远东书记处的指示，要求出席中共领导人召开的全部会议，也引起中国共产党人的不满和抵触，他们对共产国际、俄共（布）的监护表示愤慨。

随着对共产国际和世界民族民主革命形势了解的深入，中国共产党人对党与共产国际关系的认识，在做出重大让步并保留意见的情况下逐步明朗。1921 年 7 月，中共一大通过的《中国共产党第一个决议》答应：“党中央委员会应每月向第三国际报告工作。在必要时，应派一特命全权代表前往设在伊尔库茨克的第三国际远东书记处。”② 1922 年 7 月，中共二大专门讨论通过了《中国共产党加入第三国际决议案》，“议决正式加入第三国际，完全承认第三国际所决议的加入条件二十一条，中国共产党为国际共产党之中国支部”③。

4. 党员能否到旧政府做官及当国会议员

19 世纪 70 年代以后，欧洲各国资本主义的典型国家制度逐步确立，工人阶级也取得了一定的政治权利，如普选权、自由结社权、宣传鼓动权等。于是，利用普选权，开展议会斗争，成了革命和平发展

---

① 黄修荣：《共产国际与中国革命关系史》上册，中共中央党校出版社 1989 年版，第 97~99 页。

② 中共中央文献研究室、中央档案馆：《建党以来重要文献选编》第 1 册，中央文献出版社 2011 年版，第 6 页。

③ 中共中央文献研究室、中央档案馆：《建党以来重要文献选编》第 1 册，中央文献出版社 2011 年版，第 141 页。

时期国际工人阶级的一种重要斗争形式。工人阶级通过这一斗争形式，可以定期检阅自己的力量，通过选举直接同人民群众接触，利用议会讲坛揭露资产阶级及其政府的反动，以宣传党的纲领和主张，维护工人阶级的利益，并把议会这个欺骗人民的工具，变成争取工人解放的武器。因此，普选权、议会斗争这一崭新的斗争方式，被欧洲各国社会主义者越来越广泛地采用。但是，以伯恩施坦为代表的机会主义者却将适度的合法斗争和议会斗争，发展、扩大成合法主义和议会主义，放弃马克思主义暴力革命学说，鼓吹和热衷于走议会道路，即妄图通过议会道路和平长入社会主义。

1899 年 6 月，法国社会党人米勒兰未经党的批准，参与了卢梭组阁的资产阶级政府，任工商部长，同镇压巴黎公社的刽子手加利费将军共事。米勒兰入阁事件在法国社会主义运动内部和第二国际中引起了激烈的争论，法国社会党内部有人称赞米勒兰入阁是一个伟大的历史事件，为米勒兰辩护；有人反对米勒兰入阁，谴责米勒兰入阁是背叛行为。争论最终导致法国组成了两个对立的社会党，即以饶勒斯为首的“法国社会党”和以盖德为首的“法兰西社会党”。1900 年在第二国际巴黎代表大会上，马克思主义者都谴责米勒兰入阁是背叛行为，而机会主义者都为米勒兰辩护，认为他为了拯救共和国而履行了社会党人的义务，支持米勒兰入阁。米勒兰入阁是实践伯恩施坦主义的尝试，列宁批判说：“米勒兰在实行这种实践的伯恩施坦主义方面作出了一个极好的榜样。”①

在中共创立的过程中，中国马克思主义者就共产党员能否到旧政府中去做官和当国会议员也产生了争论。在中共一大上，“一方坚持认为，我们的党员做官没有任何危险，并建议挑选党员做国会议员，但他们必须在党的领导下进行工作”，“应当把公开工作和秘密工作结合起来”，在和平时期，利用国会引导工人为争取出版自由、集会自由等而斗争；“一方坚持认为，采纳国会制就会把我们的党变成黄色的党……就会逐渐放弃自己的原则，成为资本家阶级的一部分，变成叛

① 《列宁选集》第一卷，人民出版社 1995 年版，第 296 页。

徒，并把国会制看成是斗争和工作的唯一方式”①。争论具体到能否去南北政府做官，“有的说，北京政府不好，南方政府也不好，都是一丘之貉；有的说，我们的领袖（陈独秀——引者注）还在广州做教育厅长，由此可见南方政府比北方政府进步些”。包惠僧认为“孙中山好说大话，不择手段，广东的军事独裁致民不聊生……哪里还有一点革命的气味呢？”“董必武发了好几次言，认为孙中山与军阀不同，孙中山不是军阀。”陈潭秋“主张对北洋政府与孙中山所领导的南方政府分别对待”。李汉俊认为共产主义革命在中国既未成熟，就应该支持孙中山的革命活动。在孙中山的革命成功后，共产党人可以参加议会。刘仁静反对李汉俊的意见，认为共产党信仰共产主义，只应积极从事工人运动，不应对国民党有过多的幻想②。经讨论，多数人对共产党员到旧政府去做官和当国会议员持反对意见，尤其不能担任重要行政职务。《中国共产党第一个纲领》规定：“党员除非迫于法律，不经党的特许，不得担任政府官员或国会议员。士兵、警察和职员不受此限。”③

1922 年 7 月，中共二大上，代表们就党员能否竞选国会议员、能否到旧政府做官再次产生激烈的争论。会议通过了《关于议会行动的决议》，规定：党“应当跑入这类时常被封建的武人势力所胁迫破坏的议会中去，高声告发代谢不穷的由国际帝国主义所收买所扶植的武人政治的罪恶，酝成民主革命到最高的潮流，以期达到社会革命的目的。同时又在各级议会中，辩护无产阶级和贫苦农人经济生活的利益，以反抗本国幼稚的资产阶级对于劳动者一切的压迫”④。《决议》还对议会行动作出了若干原则规定：各级议会候选人名单由党的中央或地方执行委员会提出；议员绝对受党的中央或地方执行委员会监督和指挥；本党议员不受中央委员会监督或违犯中央委员会方针时，立即撤销其委员资格，并开除出党等。

---

① 中共中央文献研究室、中央档案馆：《建党以来重要文献选编》第 1 册，中央文献出版社 2011 年版，第 22 页。

② 转引自王功安、毛磊主编：《国共两党关系史》，武汉大学出版社 1991 年版，第 52、53 页。

③ 中共中央文献研究室、中央档案馆：《建党以来重要文献选编》第 1 册，中央文献出版社 2011 年版，第 2 页。

④ 中共中央文献研究室、中央档案馆：《建党以来重要文献选编》第 1 册，中央文献出版社 2011 年版，第 148 页。

应该说，中共二大对党员参选议员及参加议会活动的规定是比较符合马克思主义基本原理的。但是，就党员能否到反动政府中任官的问题，中共创立时期相关文件的规定并不完全正确，因为吸收党员应以对马克思主义的信仰和为民众谋利益等为标准，不能以出身和职业为限，且在特定条件下，党员隐蔽身份、打入敌人阵营等也是革命所需的。后来董必武回忆也说，关于党员能否参加议会和到旧政府做官，中共一大“通过的决议是一种‘关门’政策，使党员成为秘密的和‘纯粹’的”①。1924年国共合作并组建了国民革命军和国民革命政府后，限制党员到政府任官的规定更不正确，实际上是将自己游离于革命政权之外。如1926年12月，中共中央局给江西党组织发出指示信，批评江西一些党员干部参加政府是“腐败堕落，充分表现机会主义的倾向”，“更忘记我们的党还是一个在野党，绝不能就跑在政府中去占位置”。指示信要求江西党组织“必须急速纠正”这一严重的错误倾向，“立刻限期命令”任职者辞职，“如果过期不理立即登报公开开除”。同月，陈独秀代表中央局在中共中央汉口特别会议上的报告也强调，“我们的党还是一个在野党，处处要立在民众方面工作，不可即有对于政权的尝试，我们同志不能加入政府组织”②。到抗日战争时期，中共对该问题有了全面认识。如抗战进入相持阶段后，在国民党顽固派发动反共高潮、国内政治局势趋于紧张的情况下，1940年至1942年，中共中央和南方局多次发出指示，要求国统区的党组织和党员采取必要的疏散和隐蔽措施，努力实现职业化、社会化和合法化，使党员以一定的社会职业和合法地位，掩护自己，要利用合法的条件开展工作。

（三）中共创立中的论争与马克思主义中国化

在中共创立的过程中，中国早期的马克思主义者同各种非马克思主义者就马克思主义是否适合中国、中国发展实业应走资本主义道路

① 陈公博：《共产主义运动在中国》，中国社会科学出版社1982年版，第30页。

② 中央档案馆：《中共中央文件选集》第2册，中共中央党校出版社1989年版，第468、515页。

还是社会主义道路、中国无产阶级应该模仿德国社会党还是俄国共产党建立自己的政党等展开了论战，马克思主义者内部就所要创立政党的组织原则、党与其他党派的关系等发生了论争。这些论争呈现出递进关系。“问题与主义”之争是改造中国社会要不要主义、尤其是要不要社会主义之争；紧接着，马克思主义者同无政府主义者、基尔特社会主义者、社会民主主义者之间的“社会主义之争”是采用哪种社会主义改造中国的争论；之后，马克思主义者之间关于建党若干原则的争论，是建立一个什么样政党的论争，也是如何用马克思主义改造中国的论争。这些论争归根结底是在中国建立一个什么样政党以领导中国革命的论争，其最大的成果是在中国建立了一个以真正的马克思主义为指导的无产阶级政党——中国共产党，从而创立了马克思主义中国化的最主要的主体。概括来说，中共创立中的论争对马克思主义中国化产生的影响主要有：

第一，论争促进了马克思主义在中国的传播。

马克思主义中国化首先要求有人研究、传播马克思主义，让更多的知识分子和民众了解、接受马克思主义，进而把马克思主义基本原理同中国实际相结合，指导中国革命和建设的实践。相对于一般的著书立说、课堂教学、演讲报告等传播思想而言，争论、辩论和论战等更容易引起人们的关注和参与。在马克思主义同无政府主义、基尔特社会主义和民主社会主义的论战中，为了批驳无政府主义、基尔特社会主义和民主社会主义，李大钊、陈独秀、毛泽东、李达等马克思主义者撰写并发表了大量文稿阐述马克思主义的立场和观点，一些报刊如《新青年》等还专门出版了“马克思主义研究”专号或开设了专栏，陈独秀将自己同区声白讨论无政府主义的信、同张东荪讨论基尔特社会主义的信整理后刊登出来等，从而扩大了论争的影响，大大促进了马克思主义在中国的传播，为更多的中国人认识、接受马克思主义并实现马克思主义中国化提供了理论基础。

第二，论争提高了中国早期马克思主义者的理论水平。

同包括俄国在内的欧洲一些国家共产党创立的条件相比，中国共产党创立的理论准备是不足的。从五四爱国运动到党的创立，中国马克思主义者对马克思主义的接受、理解只是粗浅的，不全面的，对各种社会主义流派的分辨最初更不清楚。相对于一般的著书立说、课堂教学、演讲报告等对某一问题的研究，论争、辩论和论战等更能够促进并要求学者对自己的观点做出严谨、周密和深邃的思考，甚至在同对方的争论、辩论和论战中相互启发，不断修改完善自己的观点，从而促进学术思想的发展和理论水平的提高。例如，在“问题与主义”之争中，李大钊向胡适表明：《再论问题与主义》是读了胡适《多研究些问题，少谈些“主义”》后发生的“一些感想。其中有的或与先生的主张互相发明”；须“承认我们最近发表的言论，偏于纸上空谈的多，涉及实际问题的少，以后誓向实际的方面去作。这是读先生那篇论文后发生的觉悟”①。马克思主义在同无政府主义、基尔特社会主义和民主社会主义的论战中，广泛地收集资料，对各种社会主义进行了比较和鉴别。如1920年9月，蔡和森在给毛泽东的信中从“出发点”“方法”和“目的”等方面列出公式，对德俄社会党进行了比较，批评张君劢，主张仿照俄国建立共产党。1921年1月，陈独秀在《社会主义批评》中将社会主义划分为无政府主义、共产主义、国家社会主义、工团主义、行会社会主义五种，并逐一剖析了五种社会主义的主张和精神。这些既促进了马克思主义在中国的传播，也推动参与论战的马克思主义者进一步学习、研究马克思主义，从而帮助自己和其他中国马克思主义者认清了马克思主义同种种非马克思主义的原则区别，对马克思主义的基本原理、马克思主义政党的性质和宗旨等有了更正确的认识，最终提高了中国马克思主义者的理论水平。

第三，论争推动了先进知识分子对马克思主义的选择。

五四以后，中国先进知识分子选择马克思主义是由多种因素促成的，既有世界资本主义制度弊端的暴露、俄国十月革命的鼓舞等国际因素，也有马克思主义在中国传播、中国革命急需新的理论指导、中国工人运动的发展需要真正代表自己利益的政党领导等国内因素，还有先进知识分子自身的追求和辨别等个人因素。当时，各种主义纷至沓来、杂然相陈，令一些苦苦寻求真理的知识分子眼花缭乱、无所适从。马克思主义同无政府主义、基尔特社会主义和民主社会主义的论战，不仅吸引了一些先进知识分子关注并参与论战，也为一些先进知识分子选择主义提供了鉴别、比较的机会。如上述及，北京、长沙和

① 《李大钊全集》第三卷，河北教育出版社1999年版，第304、306页。

旅欧学生等都曾举办过研讨会、辩论会等，对各种主义作比较分析，其中一些先进知识分子通过鉴别最终选择了马克思主义。再如，中国早期共产主义运动的骨干，如陈延年、恽代英、吴玉章、毛泽东、周恩来等都曾信仰过无政府主义。毛泽东等不仅信仰过无政府主义，而且信奉过民主社会主义，曾主张通过议会道路建立多党制民主国家，倡导“作持续的‘忠告运动’，实行‘呼声革命’——面包的呼声，自由的呼声，平等的呼声——‘无血革命’。不至张起大扰乱，行那没效果的‘炸弹革命’、‘有血革命’”①。但经过论战、实验和对马克思主义的学习、研究，他们都逐渐成为坚定的马克思主义者。正如2011年7月李长春在纪念中国共产党成立90周年理论研讨会上所说：回望近代中国，面对山河破碎、亡国灭种的危机，无数有识之士纷纷寻求救国救民的真理。形形色色的“主义”、思潮纷至沓来、竞相登场，最终又都昙花一现。唯有马克思主义，以其无可辩驳的科学性、真理性，在同各种思想的争鸣交锋中，站到了社会思想大潮的前列。经过反复认识、比较鉴别、激烈斗争之后，先进的中国人毅然选择了马克思主义②。

第四，论争探讨了中国革命的基本问题。

如上所述，在“问题与主义”之争中，李大钊就萌生了马克思主义中国化的意识，并提出中国革命的对象是帝国主义和封建军阀，而不是像西方国家无产阶级那样要革资产阶级的命等。马克思主义同无政府主义、基尔特社会主义和民主社会主义的论战，就是关于中国出路、救国方案的争论，中国早期的马克思主义者在争论中进一步萌生了马克思主义中国化的意识。如马克思主义者批评基尔特社会主义时说：“治中国的特殊病么应当用特殊的药品，不能照画需的，以在英国方法，由经济的势力到政治的势力的方法，实行于中国”。“我们要看好了中国现社会的病症，用可能的方法一步一步的作去，不能把英国人造好了的玄想强拉到中国以来使中国社会与之相合”。③ 在论争中，马克思主义者还探讨了中国革命的指导思想、领导阶级、基本任务和

① 中共中央文献研究室、中共湖南省委《毛泽东早期文稿》编辑组：《毛泽东早期文稿》，湖南出版社1990年版，第293~294页。

② 李长春：《在纪念中国共产党成立90周年理论研讨会上的讲话》，《人民日报》，2011年7月6日。

③ 林代昭、潘国华：《马克思主义在中国》，清华大学出版社1983年版，第420、423页。

奋斗目标等基本问题，更加坚定地认识到：①中国革命必须坚持以马克思主义为指导，无政府主义、基尔特社会主义和民主社会主义等都不能解决中国问题；②中国革命必须走俄国十月革命的道路，议会道路在中国行不通；③无产阶级要实现彻底解放，必须建立无产阶级专政的国家政权；④中国发展实业、实现现代化必须走社会主义道路，而不是走资本主义道路；⑤中国革命的对象是帝国主义和封建军阀等。另外，中国早期的马克思主义者在论争中还探讨了中国革命的主要形式和步骤等问题。如 1922 年 7 月，《新青年》发表的《再论共产主义与基尔特社会主义》一文提出："我们相信惟有武力才能打破武力；惟有强权才能打破强权……所以我们主张要把呻吟的旧社会制度的多数劳动者，赶快武装起来，以他们的强权，武力，来解除旧社会中统治者阶级的武装"；"我并不是说，一经革命之后，共产党有了政权的社会便是共产主义的社会。我们以为革命不过是锯了向共产主义之路上的荆棘罢了。要实现共产主义的社会还要再向前走才行。"① 很多论著认为 1980 年邓小平首次提出了"社会主义的本质"这一概念。实际上，李达早在 1921 年 4 月的《讨论社会主义并质梁任公》一文中就使用了这一提法，他针对梁启超批评社会主义运动"专注分配而忘却生产"，说这"是梁任公误解社会主义的本质的议论"②。同年 5 月，李达在《无政府主义之解剖》中又说："个人的无政府主义，主张自我，主张改造内部的生活，主张发展心意性格……与社会主义的本质完全不对。"③ 李大钊 1923 年 1 月在答复一些人对社会主义的种种怀疑时，不仅使用了"社会主义的本质"，而且使用了"社会主义制度""社会主义的精神"④ 等概念。

在中共创建的过程中，中国早期马克思主义者坚持以马克思主义为指导，以俄共（布）为榜样，并参阅了欧美一些国家共产党的章程和纲领，起草了中国共产党第一个纲领和决议，创立了中国共产党。但是他们既没有完全照搬照抄革命导师的论述，也没有完全听从共产

---

① 林代昭、潘国华：《马克思主义在中国》，清华大学出版社 1983 年版，第 419 页。

② 《李达文集》第一卷，人民出版社 1980 年版，第 58 页。

③ 中国社科院现代史室、中国革命博物馆党史室：《"一大"前后》（一），人民出版社 1980 年版，第 238 页。

④ 《李大钊全集》第四卷，河北教育出版社 1999 年版，第 144、145 页。

国际和俄共（布）代表的意见，而是就其中党的中央与地方关系、中共与共产国际关系、中共与国内其他党派关系等若干问题的争论，认为都是对中国无产阶级建党特殊性的独立思考，并产生了一些新的认识，如陈独秀认为中共要保持独立自主性，有多大能力干多大事，决不能让任何人牵着鼻子走；中共二大决议既同意党员参与议会竞选，又坚持党对参加国会的党员进行监督和指挥等。这些新认识都是马克思主义建党理论中国化的理论成果。

尽管当年的马克思主义者对这些问题的认识很不深刻，甚至片面，如他们一味地批判资本主义、把民主社会主义等同于国家社会主义、试图直接在中国跨越资本主义实现社会主义等。但是，上述问题的探讨毕竟是初步具有共产主义觉悟的先进知识分子用刚刚学来的马克思主义分析、解决中国的实际问题，并萌生了一些比较正确的认识，为中共诞生后探索中国革命道路提供了理论先导。

第五，论争推进了中国共产党的创建。

马克思主义同无政府主义、基尔特社会主义和民主社会主义的论战，主要是各地共产党的早期组织——共产主义小组成员在创立中共过程中同非马克思主义者之间的论战。这些论战帮助中国马克思主义者初步弄清了建立一个什么样的党、以什么主义为指导、实行什么组织原则等建党基本问题。例如，李大钊、陈独秀等在批判民主社会主义时，深刻阐明了科学社会主义与民主社会主义的根本对立和原则区别，使得中国共产党在酝酿中就没有受到民主社会主义思潮太多的干扰和影响。刘少奇曾说：中国共产党始终“在思想上和组织上都没有受到欧洲社会民主党第二国际的影响”，“布尔什维克党的一些组织原则，在我们多数的党员中就能背诵出来，而社会民主党的那些传统与习惯，在我们党内是没有的”，“中国没有欧洲那样的资本主义‘和平’发展的时期，容许工人阶级和平的议会斗争，也没有欧洲那样的工人贵族阶层”①。这同中共在建立时期中国早期的马克思主义者旗帜鲜明地批判第二国际的民主社会主义思潮，也有一定的关系。

在中国共产党的创建过程中，北京、上海、广州等共产主义小组的成员最初比较复杂，很多人并不是马克思主义者，他们在反对封建

① 《刘少奇选集》上，人民出版社1981年版，第185、186页。

主义文化、传播包括马克思主义在内的各种社会主义等方面做出过一定的贡献。但是，随着各种主义在中国的传播和论争，共产主义小组内部也纷争迭起。经过争论，非马克思主义者纷纷退出了共产主义小组，使得中共早期组织更加纯洁，从而为中共的创建提供了便利条件。例如，在北京、广州等共产主义小组内部，由于无政府主义分子的混入，使得小组的活动和发展遭遇了很大障碍，但是，经过共产主义者同无政府主义者的争论，最终双方划清了界线，无政府主义分子纷纷退出共产主义小组，使中共早期组织活动得以顺利开展，也推进了中共的创立。在1921年7月中共成立大会上，北京共产主义小组的报告说：混进组织的无政府主义分子“给我们增添了不少麻烦，可是由于过分激烈的言论，才使他们自己和整个组织脱离了。他们退出以后，事情进行得比较顺利了”①。广州共产主义小组的报告说：1920年底广州“尽管组织了共产党，但是与其称作共产党，不如称作无政府主义的共产党。党执行委员会的九个委员当中，七个是无政府主义者”。“由于观点不一致”，谭平山、谭植棠、陈公博“拒绝加入这个小组”。不久，陈独秀从上海到达广州。他先后与米诺尔、别斯林、区声白等联系，研究党的组织问题。1921年1月间，当陈独秀把他起草的党纲交给他们讨论时，无政府主义者反对关于无产阶级专政等条文，“他们进行过非常热烈的争论，认为必须摆脱无政府主义者，也就在这时，无政府主义者退出了党。于是，我们开始成立真正的共产党”②。正如后来刘少奇所说：“马克思主义直至在各方面克服无政府主义以后，并与中国的工人运动、人民反帝运动结合以后，才成为中国政治生活中一个雄伟的力量。”③

与此同时，中国马克思主义者内部、中国马克思主义者同共产国际和俄共（布）代表之间就若干建党原则的争论，使得中国早期马克思主义者进一步弄清了建立一个马克思主义政党所必须遵循的基本原则，在第二国际改良主义、机会主义政党仍有相当影响的国际背景下，

① 中国社科院现代史室、中国革命博物馆党史室：《“一大”前后》（二），人民出版社1984年版，第5页。

② 中国社科院现代史室、中国革命博物馆党史室：《“一大”前后》（三），人民出版社1984年版，第10~11页。

③ 中共中央文献研究室：《刘少奇年谱》上卷，中央文献出版社1996年版，第252页。

在中国形形色色的政党和团体日益纷争的国内背景下，保证了中共在创立时就确立了坚持民主集中制、利用议会但不走议会道路等列宁主义建党原则。

第六，论争留下了马克思主义中国化的经验教训。

党的创建过程中，中国马克思主义者内部能够平等地、民主地探讨和争论若干建党问题，也不屈服共产国际、俄共（布）代表以断绝经济援助相威胁而坚持独立自主地在中国探索建党和革命工作，这些都是马克思主义中国化的成功经验。当然，中共创立时期，由于种种主客观原因，马克思主义中国化的论争也留下了一些教训，并在很长时期内没有吸取和克服，甚至愈演愈烈。如党内民主问题，特别是陈独秀的家长制作风问题，在党的创建过程中就有所显现。当时党的文件和陈独秀等领导人理解的民主集中制过分强调集中，陈独秀同李汉俊之间就中央集权制还是地方分权制的争论，导致李汉俊辞去上海共产主义小组负责工作。陈独秀、李达等在处理共产党与共产国际关系中坚持独立自主是正确的，但是，一个政党没有活动计划、工作总结、经费预算等确是自身建设的欠缺，陈独秀以发脾气、拒绝同共产国际代表会晤等方式相对抗，也似乎欠妥。再如，关于共产党同国民党合作方式的争论，党内绝大多数同志是不同意的，后来主要是屈从于共产国际的指示才同意执行，该问题在党内的争论实际上被压制了，这对中共后来正确处理国共两党关系产生了重大影响①。

① 高正礼：《论争中的觉悟——中国早期马克思主义者建党之争及其意义》，《党的文献》，2011年第5期。

二、掀起一场什么样的革命

——国民革命时期马克思主义中国化中的论争（1923.6—1927.7）

国民革命又称大革命或第一次国内革命战争，具体来说是指广东战争和北伐战争，分别以1925年五卅运动、1927年“七一五”事件为掀起和失败的标志。因国民革命是在国共两党第一次合作的条件下推进的，一般论著认为国民革命时期是指1924年1月国民党一大召开到1927年7月汪精卫背叛革命的历史阶段。本课题以中国共产党推进马克思主义中国化为视角，特别是以其处理国共关系的认知水准和政策，将1923年6月中共三大至1927年7月汪精卫背叛革命划分为国民革命时期。这期间，中国共产党内部，中国共产党人同国民党人，中国共产党人同共产国际、联共（布）及其代表等之间就国共关系、中国革命若干问题等发生了纷繁复杂的论争。国共两党的论争和斗争，实质是资产阶级同无产阶级争夺革命领导权的问题，共产党内部及其同共产国际、联共（布）代表关于中国革命基本问题的论争实际上就是在中国开展一场什么样革命的论争。

（一）国共两党关系之争

1. 反对国民党老右派的斗争

中国国民党是一个成分复杂、派别众多、组织松散的政党。学术界一般将其在国民革命时期的派别划分为左、右两派，右派又划分为新、老两派。左派以孙中山、廖仲恺、宋庆龄、何香凝等为代表，始终坚持国共合作，实行联俄、联共、扶助农工的政策。老右派以居正、邹鲁、谢持、冯自由等为代表，始终反对国共合作，后来结成西山会议派。新右派以蒋介石、戴季陶、汪精卫等为代表，最初同意国共合作，或者表面上服从孙中山，不反对国共合作，孙中山去世后，特别是工农运动兴起后，反对国共合作，直至分共灭共，并同老右派合流。

国民党老右派反对国共合作的言论和活动贯穿于国共第一次合作的始终。早在国共合作酝酿、国民党改组之际，右派分子邓泽如、谢持、冯自由等就纷纷通过上书孙中山、纠集同伙聚会等形式反对共产党员加入国民党，一些华侨也数次向孙中山发函电以示反对。孙中山力排众议，甚至提出不惜解散国民党、开除右派分子党籍等推行国民党改组，以便实行国共合作。在孙中山、廖仲恺、胡汉民等人的努力下，在共产国际和中国共产党的帮助下，国民党1922年9月着手筹备改组，1923年10月正式实施改组。经过一年多的紧张工作，国民党于1924年1月在广州召开第一次全国代表大会，完成改组，国共两党也实现了第一次合作。

然而，老右派的反共活动并没有停止。1924年1月，在国民党一大上，江苏代表茅祖权提出，如果共产党人接受国民党的纲领，就应该放弃自己的纲领，解散自己的政党，否则就不要加入国民党。上海代表何世祯提出，任何其他政党的党员，不得成为国民党党员。广州代表方瑞麟提出，在党的章程中应明确规定本党党员不得加入他党。针对右派的言论，参加国民党一大的中国共产党人李大钊、毛泽东等和国民党左派孙中山、廖仲恺等做出了猛烈的回击。经过争论和斗争，国民党一大讨论通过了由鲍罗廷起草，经汪精卫润色，最后由孙中山审定的《中国国民党第一次全国代表大会宣言》，决定容纳共产党，实行联俄、联共、扶助农工三大政策，第一次国共合作正式形成。

国共第一次合作建立后，两党关系特别是合作方式仍是争论不止的问题。国民党一大闭幕不久，冯自由、邓泽如等召集50余人秘密开会，图谋排挤共产党员出国民党，孙中山得知此事后，对冯自由等给予了严厉批评，冯自由被迫做了检讨。1924年6月，孙科、邓泽如、张继、何世祯等先后向国民党中央执行委员会和孙中山提出“弹劾共产党案”，要求共产党员退出国民党。为此，鲍罗廷应约同谢持、张继谈话，就“弹劾共产党案”同他们展开激烈争辩。7月，国民党中央执行委员会举行会议，经过争论通过了坚持国共合作的《中国国民党关于党务宣言》，提出：“兹为解免党内外之误会及隔阂起见，不能不再为郑重之声明：本党既负有中国革命之使命，即有集中全国革命分子之必要。故对于规范党员，不问其平日属何派别，惟以其言论行动能否一依本党之主义政纲及党章为断。”① 尽管如此，北京、上海、广州等地的国民党右派仍纷纷上书孙中山，要求斥退共产党员，开除跨党分子。1924 年 8 月，国民党召开的一届二中全会集中讨论了“弹劾共产党案”，经过争论，会议决定在中央执行委员会内设立“国际联络委员会”，以加强国民党同共产国际的联系，协调国共两党之间的关系。会后国民党中央执行委员会发表了《有关容纳共产分子问题之训令》，批评反对联俄容共的言论“匡谬极戾”“类于杞忧”，相信“自经此决议之后，党内共产派问题已告解决……前此争议，付之淡忘，惟相与努力于将来，以完成国民革命的工作”。② 在此前后，共产党人以《向导》《中国青年》和上海《民国日报》副刊《觉悟》等为阵地，发表了一系列文章，如陈独秀的《国民党左右派之真意义》《我们的回答》和《这是右派的行动吗，还是反革命?》、恽代英的《国民党中的共产党问题》和《国民党左派与共产党》等，对国民党右派的反共言论和攻击给予批评和答复。

1925 年初，孙中山病危和逝世后，国民党右派开始肆无忌惮地公开进行反共分裂活动，在北京成立了“国民党同志俱乐部”，后纠集成西山会议派，发布弹劾共产党宣言，破坏国共合作和国民革命。1925 年 8 月，国民党右派在广州刺杀了国民党左派代表廖仲恺。11 月，右派分子在北京西山非法召开国民党一届四中全会，通过了《取消共产派在本党之党籍案》《开除中央执行委员会之共产派谭平山等案》《顾问鲍罗廷解雇案》等，宣布“凡共产党之加入本党分子，尽数取消其在本党之党籍”，并解除李大钊、谭平山、于树德、林祖涵和毛泽东等国民党中央执行委员或候补执行委员职务，解雇鲍罗廷在国民党之一切职务等。1926 年 3 月，西山会议派又在上海非法召开国民党“二大”，进一步从事反共分裂活动并同广州的国民党中央公然对立。

针对西山会议派的反共分裂活动，中国共产党人和国民党左派开

---

① 中共中央党史研究室：《中国共产党历史》第一卷上册，中共党史出版社 2002 年版，第 154 页。

② 荣孟源、孙彩霞主编：《中国国民党历次代表大会及中央全会资料》上册，光明日报出版社 1985 年版，第 73、75 页。

展了坚决的斗争，广州、北京和上海等地的国民党组织也纷纷发出通电表示反对。1925年12月，毛泽东指出：反对西山会议派的斗争“实乃继续革命与放弃革命之争”①。1925年12月和1926年1月，国民党在广州先后召开一届四中全会和二大，在国民党左派和中国共产党人的共同努力下，会议通过了《弹劾西山会议决议案》《处分违犯本党纪律党员决议案》等，宣布西山会议及其开除李大钊、谭平山、于树德、林祖涵和毛泽东等党籍，解除李大钊、谭平山等中央执行委员或候补执行委员，解雇鲍罗廷职务等举动“纯属违法，并足以危害本党之基础，阻碍国民革命之前途，非加以严重之处分，不足以伸党纪而固吾党之团结”②。会议决定开除谢持、邹鲁等党籍，对居正、石青阳、林森和张继等提出警告。当然，会上就共产党人加入国民党问题也产生了激烈的争论。经过斗争，会议通过的《中央党务总报告决议案》再一次重申：“革命的势力集中，为促进国民革命成功之不二原则，所以承认先总理容纳共产党员加入本党，共同努力。以后凡有此类争议，须在党部指导与监督之下，用公开的形式共同讨论，务使一切误解得到合理与满意之解决。”③ 中国共产党、国民党左派为实现和维系国共合作开展的反对国民党老右派的斗争，取得了一定的成绩。但是，由于共产国际代表、陈独秀等妥协让步，以及国民党内新、老右派的阻挠等，这一斗争并没有取得完全胜利，严重影响到后来的国共合作和国民革命的发展。

中国共产党人和国民党左派同国民党老右派争论的要点主要是：

第一，国民党能不能、需不需联俄容共。

国民党老右派始终反对联俄容共，认为这将导致国民党内外受敌，性质改变，组织分裂，直至灭亡。邹鲁说联俄容共将使吾党“从国际

① 中共中央文献研究室：《毛泽东年谱（1893—1949）》（上），中央文献出版社2005年版，第146页。

② 荣孟源、孙彩霞主编：《中国国民党历次代表大会及中央全会资料》上册，光明日报出版社1985年版，第151页。

③ 荣孟源、孙彩霞主编：《中国国民党历次代表大会及中央全会资料》上册，光明日报出版社1985年版，第116页。

之仇怨”，“在国内断绝实力派之协助……使我党限于孤立无援之地”①。一些人纷纷“谓本党因有共产党员之加入，而本党主义遂以变更”“谓本党因有共产党员之加入，而本党团体将以分裂”②。一些华侨之所以致函孙中山反对国共合作，也误以为孙中山要将国民党改组成共产党。

中国共产党人和国民党左派认为，只有中国社会各革命阶级共同奋斗才能完成国民革命，而当时能够凝聚中国社会各阶级阶层的政党只有也只能是国民党，国民党“既努力于国民革命”，“凡属一切真正的革命分子，不问其阶级的属性为何，吾党皆应集中而包括之”，“包容各阶级的革命分子，一致进行，实为绝对的必要”。对于加入国民党的共产党员，只要其遵守党的章程，执行党的纲领即可，“本党章程规定：‘凡志愿接收本党党纲，实行本党议决，加入本党所辖之党部，依时缴纳党费者，均得为本党党员。’故凡党员之行动，并未违反此章程之规定者，本党殊无干涉之必要”③。

第二，共产党员加入国民党旨在革命还是利用、破坏国民党。

国民党老右派认为，共产党员加入国民党的目的就是利用国民党、分化国民党和瓦解、赤化国民党，“共产党奉着第三国际加入本党，惟一目的就是要破坏本党”④；“借国民党之躯壳，注入共产党之灵魂。”⑤ 1923年6月，中共三大通过的《关于国民运动及国民党问题的决议》等文件提出，共产党员加入国民党后仍旧保持自己组织和宣传的独立性，并努力从国民党左派中吸收具有阶级觉悟的革命分子，渐渐扩大共产党的组织。1924年6月，邓泽如、张继和谢持等在“弹劾共产党案”中附录了这些话，作为共产党分化、赤化国民党的证据。

中国共产党人一再重申，共产党员和青年团员加入国民党，旨在早日完成国民革命。在1924年1月的国民党一大上，面对国民党右派的质疑和诘难，李大钊申辩说：“我等之加入本党，是为有所贡献于本

① 何虎生、陶军谋：《孙中山大传》，中国工人出版社2001年版，第498页。

② 荣孟源、孙彩霞主编：《中国国民党历次代表大会及中央全会资料》上册，光明日报出版社1985年版，第73页。

③ 荣孟源、孙彩霞主编：《中国国民党历次代表大会及中央全会资料》上册，光明日报出版社1985年版，第90页。

④ 荣孟源、孙彩霞主编：《中国国民党历次代表大会及中央全会资料》上册，光明日报出版社1985年版，第342页。

⑤ 贾兴权：《陈独秀传》，山东人民出版社1998年版，第345页。

党，以贡献于国民革命的事业而来的，断乎不是为了取巧讨便宜，借国民党的名义作共产党的运动而来的"，"有一部分同志疑惑因为我们加入了本党，本党便成了共产党，这亦是一种的误会。我们加入本党是来接受本党的政纲，不是强本党接受共产党的党纲。试看本党新定的政纲，丝毫没有共产主义在内"，"我们加入本党，是一个一个的加入的，不是把一个团体加入的，可以说我们是跨党，不能说是党内有党"，"我们加入本党的时候，自己先从理论上、事实上作过详密的研究。本党总理孙先生亦曾允许我们仍跨第三国际在中国的组织，所以我们来参加本党而兼跨固有的党籍，是光明正大的行为，不是阴谋鬼祟的举动"①。国民党左派也纷纷批评右派的言论，廖仲恺说："如对于我们的主义能服膺，革命能彻底，则一切皆可不生问题。且加入本党的人，我们只认他个人的加入，不认他团体的加入，只要问加入的人是否诚意来革命的？此外即不必多问。此次彼等之加入，是本党一个新生命。"汪精卫也在发言中说："吴稚晖、李石曾、张傅泉诸君都是无政府党，我们已承认他们为国民党员，如何对于共产党员又不许他。这是什么道理？"② 1924年4月，面对老右派的反共言论，陈独秀反驳说：共产党员"加入国民党，是为国民革命而加入的，不是妄想赤化国民党利用国民党来做社会主义的运动而加入的"③。同年7月，恽代英说："共产党人为了要促进国民革命的早期成功而加入国民党，他们自然要有种种计划，用种种机会，影响一切比较进步的国民党员，帮助而且督促国民党员切实做国民革命的工作。"④

当然，对于"共产党利用国民党"的言论，应作具体的分析，共产国际代表鲍罗廷等在一定意义上予以承认，认为国共两党是相互利用，且"两相利用之结果""国民党更多得利益"⑤。至于吸收左派国民党人加入共产党的问题，共产党人也承认，但明确指出其为数甚少，而共产党员加入国民党则人数众多。如1924年9月，陈独秀反问道：

---

① 《李大钊全集》第四卷，河北教育出版社1999年版，第330~332页。

② 中国第二历史档案馆：《中国国民党第一、二次全国代表大会会议史料》（上），江苏古籍出版社1986年版，第56页。

③ 任建树主编：《陈独秀著作选编》第三卷，上海人民出版社2009年版，第257页。

④ 《恽代英文集》上卷，人民出版社1984年版，第572页。

⑤ 戴逸主编：《中国近代史通鉴（1840—1949）》，红旗出版社1997年版，第793页。

“为什么只许共产党党员加入国民党，而不许国民党党员加入共产党呢？”1925 年 8 月，他又指出：“据我所知，年来由国民党员加入的 C. P.（共产党的英文缩写——引者注）的很少很少，比较 C. P. 加入国民党的大约不及百分之二，比较由 C. P. 介绍加入国民党的大约不及千分之五。”①

第三，国民党是否党内有派。

国民党右派否认党内有派，反对把国民党划分为左、中、右派，认为这完全是共产党分化、瓦解国民党的阴谋。他们说共产党为了破坏、消灭国民党，对国民党“强分”派别，借以“挑拨”“中伤”，“将整个的国民党分为左派、右派、中派。却借着帮助左派的话，今天指甲为右派，认为反革命、不革命，拿乙做左派去消灭甲。明日又指乙为右派，认为反革命、不革命，拿丙做左派去消灭乙。层剥不穷，国民党就不能不自消灭”。共产党这一阴谋将“使本党剥蕉似的一重一重剥去”②。

早在中国共产党人帮助国民党改组、酝酿和实现国共第一次合作的过程中，就通过对国民党内阶级成分的分析，尤其是他们对待革命态度差别的判断，将国民党划分为左、中、右派，并进而制定了应对不同派别的政策。国民党一大后不久，中共中央和青年团中央就指示党团员：“对于国民党比较不接近我们的分子，应多方加以联络，以逐渐改变他们的态度”，“对他们中间极腐败的分子，亦宜取敬而远之的态度，须尽力避免不必要的冲突”，对于右派，应“采种种策略化右为左”③。1924 年 5 月，中共中央执行委员会在上海召开的扩大会议通过的《共产党在国民党内的工作问题决议案》指出：“所谓国民党左右派之争，其实是我们和国民党右派之争……假使现在我们因为巩固扩大国民党起见而取调和左右派的政策，那就是一种错误”，所以我们要“在国民运动的根本问题上指摘右派政策的错误”，“用种种方法于思想上和组织上巩固左翼”④。这表明中共执行的是揭露批判右派、支持巩

① 任建树主编：《陈独秀著作选编》第三卷，上海人民出版社 2009 年版，第 360、509 页。

② 荣孟源、孙彩霞主编：《中国国民党历次代表大会及中央全会资料》上册，光明日报出版社 1985 年版，第 342、351 页。

③ 中共中央文献研究室、中央档案馆：《建党以来重要文献选编》第 2 册，中央文献出版社 2011 年版，第 18 页。

④ 中共中央文献研究室、中央档案馆：《建党以来重要文献选编》第 2 册，中央文献出版社 2011 年版，第 60、61 页。

固左派的政策。同年7月，鉴于孙科、邓泽如、张继、何世祯等先后向国民党中央执行委员会和孙中山提出“弹劾共产党案”，北京、广州、澳门等地右派分子也纷纷上书孙中山，要求斥退共产党员，开除国民党中共产党员的党籍，中共中央发出了《中央通告第十五号——对国民党右派的斗争》。从通告标题就可以看出，中共中央对右派态度和政策由“敬而远之”到“指摘”错误，又发展到“斗争”。通告指出：“我们为图革命的势力联合计，决不愿分离的言论与事实出于我方，须尽我们的力量忍耐与之合作。然为国民党革命的使命计，对于非革命的右倾政策，都不可隐忍不加以纠正”，并提出了具体的斗争方式方法，即“对于国民党中央执行委员会表示不满于右派的意见”；“在国民党各级党部开会时提出左右派政见不同之讨论”；“凡非表示左倾的分子，我们不应介绍他入国民党”；“努力获得或维持‘指挥工人农民学生市民各团体的实权’在我们手里，以巩固我们在国民党左翼之力量，尽力排除右派势力侵入这些团体”① 等。1925年1月，中共四大再次明确了扩大左派、争取中派和反对右派的策略方针。

针对国民党老右派就共产党上述策略的攻击，共产党人给予了申辩和澄清，认为国民党内部分成左、中、右派并不是共产党人所希望的，也不是共产党人主观划分的，而是客观事实。国民党右派妄图把共产党员排挤出国民党，或者要共产党放弃自己的组织，这些都是不可能的。共产党人支持和扩大左派，反对右派，就能够推动国民党不断革命化，早日实现国民革命。相反，否认派别划分，掩盖差别，就起到了掩盖矛盾、庇护落后分子的作用，使国民党不能进步，重蹈过去革命半途而废、政党涣散无力的覆辙。他们明确指出：“凡是一个大党，内中总难免含有若干派别……这是主义及政策实施时自然的结果”，“一个党的左右派分化，不但是应有的现象，而且或者是进步的现象”②；“国民党内有派别之分，其右派是倾向反革命，这不是‘向导周报’主观‘强分’，而是半年来种种事实使他不得不作如此结论”，“国民党应当是个团结一致的革命党，内部有派别之分当然不是我们希

① 中共中央文献研究室、中央档案馆：《建党以来重要文献选编》第2册，中央文献出版社2011年版，第104、105页。

② 任建树主编：《陈独秀著作选编》第三卷，上海人民出版社2009年版，第256、382页。

望有的现象……国民党中央诸君，对于党内派别的唯一责任，只有依据党的纲领和纪律来评判党员之言动……若只知遮掩否认，结果只有使派别的界限加深，党的组织愈趋松懈……吾人今敢明白答复诸君：诸君只知否认派别的态度，实际即不啻包庇违反党纲及纪律之背叛分子而奖励之；表面好似站在卫护党的地位，实际上却遮盖耳目，任其暗中腐败而不可作为，其结果不仅不是卫护国民党，反而是破坏国民党！"[①] 恽代英、陈独秀等认为，国民党分化不仅是自然的现象，而且是国民党进步、进化的表现。1924 年下半年，恽代英说：国民党"左、右派的分化，是国民党自身的一种进化，是国民党改组以后大大的吸收了一般革命性青年分子的自然结果，共产党员的加入，不过促成这种活动而已"[②]。陈独秀说："在国民党内成立一个左派，直算是进步，不是破坏。"[③]

第四，国共合作促进还是阻碍了国民党和国民革命的发展。

国民党老右派认为，共产党员加入国民党"只见有害。不见有利"；国共两党主义、性质不同，"不如分道扬镳"，"两无阻碍"；"社会对于吾党之疑虑，及吾党同志间之纠纷"等，皆"因容纳中国共产分子加入本党之故"[④]。一些右派甚至把国民党内部的派别纷争、帝国主义及其在华代理人对广东革命势力的敌视和破坏、各派军阀的反动活动、境内外众多派别和人士对国民党"赤化"的误解等，都归罪为国共合作及国民党制定的"联俄、联共、扶助农工"政策，因而叫嚣必须"清共"。

共产党人和国民党左派认为，国共合作促进了国共两党组织的发展和国民革命的兴起。1925 年 7 月，国民党《关于共产党员加入本党之训令》明确指出，国民党改组和国共合作使国民党在宣传、组织和国内外影响等方面获得的发展"实至多而且大"，具体表现为："宣传能力之增强，与宣传事业之扩大""本党同志及全国民众，认识本党主义及政策的程度，均有突飞的进步""民众受本党之感化，其民族的，

---

① 《向导》92 期，1924 年 11 月 19 日。

② 《恽代英文集》上卷，人民出版社 1984 年版，第 606 页。

③ 任建树主编：《陈独秀著作选编》第三卷，上海人民出版社 2009 年版，第 360 页。

④ 荣孟源主编：《中国国民党历次代表大会及中央全会资料》上册，光明日报出版社 1985 年版，第 88 页。

政治的，经济的觉悟日渐明了”“国内青年因受本党之感化，而得一新觉悟，认识革命救国之必要，相携加入本党，本党得此无数的革命后继者，前途益更光明”“全世界革命的民众，一致注意本党，认本党为领袖最大的压迫民族而为革命奋斗之唯一的政党”。[①]

第五，共产党员应否以党团形式在国民党中活动。

国民党老右派反对共产党和国共合作，反对联合苏联，反对阶级斗争，认为对国民党最大威胁是，加入国民党的共产党员和青年团员在国民党内以党团的形式搞派别活动，最终将导致国民党四分五裂。1924 年 6 月，邓泽如、张继、谢持在“弹劾共产党案”中向孙中山和国民党中央执行委员会提出：本案“非反对或排斥共产党员社会主义青年团之加入本党为党员者之个人”，而是反对“共产党在本党中之一种党团作用”，因该党团作用“已失其为本党党员之实质与精神”；“为本党生存发展起见”，“认为绝对不宜党中有党”，加入国民党的共产党员和青年团员，“党团行于内。言论发于外。本党根本。未有不动摇者矣”[②]。同月，谢持、张继在同鲍罗廷就国共关系争论时也强调：“组织上最重要问题”“乃共产党在国民党内之党团问题”，我们并非绝对主张国共分离，“惟党团作用万不能容许耳”[③]。

共产国际和中国共产党在酝酿和实现国共合作时就一再强调，共产党员和青年团员以个人名义加入国民党，同时要保持共产党和青年团在组织上、宣传上的独立性，加入国民党的共产党员和青年团员要接受共产党的领导，在言行上保持一致。因此，以党团形式活动是自然的，也是必须的。另外，共产国际代表和共产党人认为，国民党成分复杂，为了推动国民党不断进步并胜任国民革命领导工作，也需要加入国民党的共产党员和青年团员以党团形式活动。1924 年 6 月，鲍罗廷答复谢持、张继说：国民党及其中央软弱无力，“并有许多右派分子加杂其中。乃不得不组织党团”[④]。同年 8 月，在国民党一届二中全

① 荣孟源、孙彩霞主编：《中国国民党历次代表大会及中央全会资料》上册，光明日报出版社 1985 年版，第 88 页。

② 中共四大史料编纂委员会：《中国共产党第四次全国代表大会》，中共党史出版社 2004 年版，第 110 页。

③ 戴逸主编：《中国近代史通鉴 1840—1949》，红旗出版社 1997 年版，第 793 页。

④ 戴逸主编：《中国近代史通鉴 1840—1949》，红旗出版社 1997 年版，第 793 页。

会讨论“弹劾共产党案”时，瞿秋白作长篇发言对右派言论予以有力驳斥：“所谓党团作用之嫌疑，实在惹起此次纠纷之端……国民党外，既然有一共产党存在，则国民党内便不能使共产派无一致之行动”，在共产党员加入国民党的情况下，“共产党之发展即系国民党中一部分之发展，何用疑忌？”①

共产党人不仅对国民党老右派的反动言论给予了批驳，而且指出共产党和国民党左派同右派争论的实质和真相并不是国共两党之争，也不是两党主义之争，而是是否革命之争。1924 年 9 月，陈独秀指出：右派“攻击我们的总口号虽然是所谓‘共产党破坏国民党’，而归纳他们所举的证据，明眼人当知道实际争点完全和他所呼号的口号不符，乃是因为他们的主张和我们的主张不同”，“实际的争点，没有一件是共产党的共产主义和国民党的三民主义之争，更不是共产党与国民党之争；实在是……国民党内革命派与不革命派之争”，这就是“此次争论的真相”②。

2. 国共合作方式之内争

如前所述，在党的创立时期，中国共产党内、中国共产党人同共产国际和俄共（布）代表之间等曾就中国共产党同国民党的合作方式问题产生过争论，最终中国共产党人服从共产国际的指示，在国民党答应实行改组的前提下愿意同国民党实行党内合作。但是，该问题并没有最终解决，在国民革命时期，除了国民党新老右派反对国共合作，尤其是反对两党实行党内合作外，中国共产党和共产国际内部、中国共产党人同共产国际驻华代表之间等仍就国共合作的方式问题多次发生争论。

1923 年 6 月，中共三大正式确定以“党内合作”的方式同国民党建立统一战线，但是，一些党员仍然持不同意见甚至拒绝执行党的决定。如前述及，中共广东党组织负责人陈公博、谭植棠等对联合孙中山持异议。1924 年 1 月，当选为国民党一大代表的中共党员到达广州后，张国焘仍就共产党员加入国民党后的困难和问题向鲍罗廷提出质

---

① 姚守中：《瞿秋白年谱长编》，江苏人民出版社 1993 年版，第 148 页。

② 任建树主编：《陈独秀著作选编》第三卷，上海人民出版社 2009 年版，第 363~364、361 页。

疑，鲍罗廷承认张国焘问得有理，但强调时下是国民党的时代，且必须执行共产国际关于国共实行党内合作的指示。[①] 第一次国共合作实现后，尤其是共产党员、青年团员加入国民党的问题引起国民党新老右派的反对和攻击时，一些中共党人即萌生了退出国民党的念头，共产国际内部以托洛茨基为代表的反对派也提出了要求中国共产党员退出国民党的想法。中国共产党内主张共产党员退出国民党的，以陈独秀为代表。从 1925 年秋到 1927 年夏，他多次提议共产党员退出国民党，由共产党单独或同国民党通过党外合作开展国民革命运动。

国共两党第一次合作从酝酿开始，一直受到国民党老右派的反对，1925 年 3 月，孙中山逝世后，国民党老右派更是肆无忌惮地反对国共合作，新右派也开始形成并制造事端，他们特别反对国共两党实行党内合作，并挑起了一系列磨擦和斗争。在这种情况下，1925 年 10 月，陈独秀在中共四届二次扩大执行委员会会议上提出，共产党员应该随时准备退出国民党而独立，以保持共产党的政治面目，使自己领导群众革命活动不为国民党政策所牵制，当然共产党员退出国民党后，国共两党仍保持党外合作。但是，该建议受到党内同志的反对，会议通过的《中国共产党与中国国民党关系决议案》规定："共产党现在的职任，便是更加应当继续与国民党合作的政策而与绝大多数群众接近，竭力赞助他的左派，使他进行发展革命运动的工作。"该《决议案》还指出："全党党员都应当知道，现在我们对国民党的政策，是反对右派而与左派结合密切的联盟，竭力赞助左派和右派斗争"，"实行这种策略的最重要的一个方法，便是到处扩大巩固我们的党……非必要时，我们的新同志不再加入国民党，不担任国民党的工作，尤其是高级党部"[②]。尚在国民革命兴起阶段，面对国民党新老右派的反共分裂言论和活动，陈独秀等就提议共产党员和青年团员退出国民党，"不担任国民党的工作，尤其是高级党部"，这是一种妥协退让行为，不利于国民革命和中国共产党自身的发展。当然，陈独秀等此时提议共产党员退出国民党，只是一种预案，且仍坚持同国民党实行党外合作，并着力

① 王功安、毛磊主编：《国共两党关系史》，武汉大学出版社 1991 年版，第 116 页。

② 中共中央文献研究室、中央档案馆：《建党以来重要文献选编》第 2 册，中央文献出版社 2011 年版，第 535、536 页。

"到处扩大巩固"中共自身组织，这对保持中共的独立性、预防国民党右派的反动等具有一定的进步意义。1927年4月，陈独秀在中共五大的政治报告中也认为：1925年10月中央第二次全会的决议强调，"一方面，我们应当反对戴季陶的理论，另一方面，应当联合国民党左派以反对右派。同时，还应当进行独立的工作，一旦国民党离开我们，我们好有所准备……现在当我们考察这个决议时，我们可以看到，其中有正确的成分，也有不正确的成分。发展和巩固国民党左派以反对右派，这点是正确的；而准备退出国民党，这种策略则是不正确的。毫无疑义，我们没有理由退出国民党，我们应该留在国民党内做工作。我本人在这个问题上犯了错误，共产国际代表的态度不明确，只有蔡和森同志非常坚决地反对"①。

1926年3月和5月，以蒋介石为首的国民党新右派先后制造"中山舰事件"和"整理党务案"等限制中国共产党，破坏国共合作，反对工农运动。在这种背景下，陈独秀多次提出变国共"党内合作"为党外联盟，但都遭到部分中国共产党人和共产国际的反对。"中山舰事件"后，陈独秀明确向共产国际提出了共产党员退出国民党的建议，理由是"党内合作"之下共产党不能执行自己的独立政策以获得群众的信任。而共产国际在《真理报》上发表布哈林的文章，批评这一主张是错误的，并派遣维经斯基来华纠正这一错误。1926年7月，在中共四届三次扩大执行委员会会议上，陈独秀和彭述之等又提出了共产党员退出国民党、国共实行党外合作的建议，认为只有这样共产党才能摆脱国民党的控制，制定并执行真正的独立领导工农的政策。然而，该提议还是受到包括维经斯基在内的多数与会者的反对，会议通过的《中国共产党与国民党关系问题决议案》认为："如果有些同志认为共产党应当与国民党完全脱离组织上的关系……以为共产党已经就能独自领着无产阶级，使其他被压迫民众跟着他，来完成资产阶级的民主革命，那么，这种观点是完全不对的，完全看错了中国民族解放革命的远景。主张现在就与国民党脱离组织关系而仅仅和他合作的理由，其实和国民党右派及新右派（中派）要求共产派退出国民党的理由是

---

① 中共武汉市委党史研究室、中共五大会址纪念馆：《中国共产党第五次全国代表大会》，中共党史出版社2007年版，第41页。

一样的。”[①] 1926年12月，斯大林在共产国际执行委员会第七次扩大会议上提出：“共产党应该离弃国民党的这种主张，乃是错误的。中国革命发展的全过程、其性质和前途都要求共产党人留在国民党内，并在其中加强自己的工作。”[②]

“中山舰事件”，尤其是“整理党务案”发生后，蒋介石反动本性基本暴露，并对中国共产党的独立性给予严厉控制，而此时中国共产党的自身力量、南方多省工农运动已经有了初步发展，影响也在扩大，共产党员退出国民党虽然对国民革命不利，但是，有利于中国共产党放手发展自己，独立领导工农运动。因此，陈独秀、彭述之等在1926年下半年提议共产党员退出国民党，国共实行党外合作，该建议具有较强的合理性。

1927年春夏之交，国民革命步入紧急关头，继蒋介石、李济深分别在上海和广州发动“四一二”“四一五”反革命政变后，5月又发生了夏斗寅叛变和“马日事变”，湖北、湖南工农运动遭到极大摧残，汪精卫集团假“左”面目也已暴露无遗。在这危急时刻，1927年5月，陈独秀感到中共与国民党左派的合作已陷入绝境，因此，建议中共退出国民党，重新估计形势，独立地制定自己的政策。同年6月，陈独秀在致共产国际的电报中提出：“在最近的将来，继续留在国民党内在客观上大概是不可能的。”[③] 他认为现在摆在共产党面前的只有两条路，要么放弃领导权，要么同国民党决裂。然而，该提议仍然得不到共产国际的批准。在中共中央政治局的两次会议上，陈独秀也连续提议共产党员退出国民党，认为：武汉的汪精卫集团已经开始跟着蒋介石走，共产党如果还不改变政策，就要重蹈在上海遭到蒋介石镇压的覆辙。然而，与会的中共领导人，只有任弼时表示同感，周恩来表示退出国民党后，工农运动方便得多，可是军事运动要大受损失，其他人都以沉默的态度回答陈独秀的提议。在此前后，陈独秀还私下同瞿秋白和

① 中共中央文献研究室、中央档案馆：《建党以来重要文献选编》第3册，中央文献出版社2011年版，第275~276页。

② 中国社科院近代史所：《共产国际有关中国革命的文献资料（1919—1928）》第1辑，中国社会科学出版社1981年版，第292页。

③ 罗伯特·诺思、津尼亚·尤丁编著，王淇等合译：《罗易赴华使命》，中国人民大学出版社1981年版，第325页。

鲍罗廷等商谈了共产党员退出国民党的问题，瞿秋白的回答是：宁可让国民党开除我们，也不可由自己退出。鲍罗廷的回答更是耐人寻味：你这个意见我很赞成，但是我知道莫斯科必不容许。①

1927年5月，共产国际第八次执行委员会专门讨论了中国革命问题，国共关系问题在会上引起激烈争论。托洛茨基、特伦等赞同陈独秀的意见，提出应敦促中国共产党员退出国民党并立即实行发动工农武装暴动、没收地主土地、成立苏维埃政权等政策。而斯大林、布哈林等坚决反对中国共产党员退出国民党，强调“目前形势恰恰是要求无产阶级政党维护无产阶级在国民党内的领导作用，国民党是中国无产阶级直接同小资产阶级和农民合作的特殊组织形式”②，共产党要在国民党内通过支持国民党左派，继续北伐。会议通过的决议强调：“共产国际执行委员会最坚决地反对那退出国民党的要求，反对那根本上必然弄到退出国民党的态度……无产阶级的政党恰要在国民党内，确定无产阶级的领导作用。中国国民党是中国固有的组织形式，是无产阶级和小资产阶级与农民合作的党。”③

在国民党右派不断制造反革命事件、汪精卫集团也已明显反动的紧急关头，国共党内合作已经名存实亡。中国革命的形势瞬息万变，远在莫斯科的共产国际根本不可能及时掌握这一瞬息万变的形势并进而指导中国革命。国民党自身是一个内部成份非常复杂的政党，自其二大后基本上由代表地主和买办资产阶级的新老右派掌权，而共产国际却将蒋介石叛变后的国民党看做工农小资产阶级的政党，汪精卫是小资产阶级的代表，坚持要求中国共产党留在国民党内依靠以汪精卫为首的武汉国民党和国民政府继续革命。从多方面看，共产国际的想法都是幼稚的、错误的。因此，1927年春夏之交，陈独秀、彭述之等提议共产党员退出国民党，由共产党独立探索、领导中国革命的主张基本上是正确的，至少能够争取主动，避免后来被汪精卫集团“清除”出国民党。令人匪夷所思的是，到1927年夏，共产国际指示中国共产

① 徐光寿：《大革命时期陈独秀三次要求退出国民党》，《党史纵览》，2003年第11期。

② 中国社科院近代史所：《共产国际有关中国革命的文献资料（1919—1928）》第1辑，中国社会科学出版社1981年版，第327页。

③ 孙武霞、许俊基主编：《共产国际与中国革命资料选辑（1925—1927）》，人民出版社1985年版，第427页。

党员退出日益反动的武汉国民政府，辞去在政府中所担任的职务，却要求共产党继续保持同国民党实行党内合作。汪精卫集团发动“七一五”反革命政变后，共产国际仍要求中共坚持同国民党实行党内合作，打着国民党的旗号发动武装起义，开展土地革命。1927 年 9 月，毛泽东等在领导武装起义的过程中主动地放弃国民党旗号，自发地打出了工农革命的旗帜。直到此时，共产国际才承认国共合作结束，同意共产党打着工农革命、苏维埃政权的旗帜独立领导中国革命。

3. 反对国民党新右派的斗争

如上所述，国共合作自酝酿始，国民党内就一直有人反对国共合作。在国民党左派和中共的共同努力下，1925 年年底和 1926 年年初，国民党一届四中全会和二大，反对以西山会议派为代表的国民党老右派的斗争取得了较大的胜利。但是，该斗争并没有取得彻底胜利，相反国民党内又滋生出以蒋介石、戴季陶等为代表的国民党新右派。

1925 年 3 月，孙中山逝世后，不仅国民党老右派反共分裂活动日趋猖獗，新右派的反共分裂活动也不断升级。1925 年 4 月，在蒋介石的纵容、支持下，贺忠寒、缪斌发等在黄埔军校组建起“孙文主义学会”，同共产党员和青年团员蒋先云、周逸群等组织的“青年军人联合会”相对抗。1925 年年底至 1926 年年初，上海、广州、北京、四川和长沙等地也相继成立“孙文主义学会”，“假借三民主义的招牌，提出阶级妥协的口号，来反对阶级斗争，反对共产党，并反对国民党左派，甚至于反对国民政府”①。

1925 年 5 月，戴季陶在国民党一届三中全会上抛出《关于共产党员加入本党之训令》，提出孙中山的三民主义是国民党“最高原则”，要求包括共产党员在内的所有国民党员都必须“确实信守”，如有不尊奉者，“一律以纪律制裁之”。6 月和 7 月，又先后发表《国民革命与中国国民党》和《孙文主义之哲学的基础》等，炮制出系统的反共反人民的戴季陶主义，为右派的反共分裂活动提供了理论依据。该主义一出笼立即受到国民党右派的吹捧和响应，而中国共产党人则给予了有力的回击。陈独秀发表《给戴季陶的一封信》、瞿秋白发表《中国国民

① 任建树主编：《陈独秀著作选编》第三卷，上海人民出版社 2009 年版，第 550 页。

革命与戴季陶主义》、萧楚女发表《国民革命与中国共产党》和《戴季陶拥护掠夺弱小民族的国际资本帝国主义》等同戴季陶主义就三个主要问题展开了争论。

第一，三民主义的哲学基础是传统道统还是唯物史观。

戴季陶宣称：三民主义与共产主义，“在哲学基础上，完全不同”，三民主义“不是故意的排斥共产主义，而实在是三民主义本身，具备有更深刻而博大的思想基础”，它“完全渊源于中国正统思想的中庸之道”，“民生主义，是以中国固有之论理哲学的和政治哲学的思想为基础”；中山先生的三民主义“完全是中国的正统思想，就是继承尧舜以至孔孟而中绝的仁义道德的思想”①。

瞿秋白、萧楚女等认为，三民主义的哲学基础是唯物史观。瞿秋白批驳说：戴季陶“所谓孙中山三民主义的哲学基础，竟只是仁慈忠孝的伟大人格，竟只是继承尧、舜、禹、汤、周、孔的道统”，这“是一种唯心论的道统说”，“完全是想把革命当做慈善事业，当做孙中山、戴季陶等一些‘君子’爱民的仁政。其实，三民主义是很简单明了的中国一般民众——各阶级所共同的政治要求……中国的资产阶级、小资产阶级、农民、工人等一致要求民族独立、民权政治及所谓民生问题的解决（经济及生活的改善），很明显的是因为帝国主义军阀的压迫和侵略，是因为中国国内资本主义的发展，所以各阶级要求脱离共同的束缚，而有这一联合战线的共同政纲，这是唯物史观对于中国状况明切的解释”②。

第二，国民革命是否需要阶级斗争。

阶级斗争问题是中国共产党人同戴季陶主义斗争的中心问题，戴季陶自己也承认他同共产党人“争辩的中心就是阶级争斗这一问题”③。戴季陶从国民革命的形式、中国社会的阶级关系、革命道德的基础和人性等方面反对将马克思主义阶级斗争学说应用于国民革命，说：“民生主义与共产主义，在实行的方法上，完全不同”，“共产主义以无产阶级之直接的革命行动为实行方法……民主主义，是以国民革命的形

---

① 蔡尚思主编：《中国现代思想史资料简编》第2册，浙江人民出版社1982年版，第599、601、609、599、602页。

② 《瞿秋白文集（政治理论编）》第三卷，人民出版社1989年版，第321页。

③ 中共中央书记处：《六大以前——党的历史材料》，人民出版社1980年版，第346页。

式”，而国民革命是各阶级的联合革命，不是劳工阶级一阶级的革命；“阶级的对立，是社会的病态，并不是社会的常态……中国的革命与反革命势力的对立，是觉悟者与不觉悟者的对立，不是阶级的对立”，既然中国还没有很清楚的阶级对立，就不能采取“阶级对立的革命方式”；“仁爱是革命道德的基础”“仁爱是人类的生性”，只要“治者阶级的人觉悟了”，就会“为被治者阶级的利益来革命”。因此，革命只需通过诱发统治阶级觉悟自己的仁爱本性即可，不需要阶级斗争。①

陈独秀、瞿秋白等认为，国民革命必须有工农参加才有力量，才能取得胜利，而组织工农为维护自身利益向敌对阶级作斗争又是发动工农的唯一途径，因此，国民革命需要阶级斗争，尤其是发动工农起来革命。陈独秀一针见血地指出：戴季陶的“根本错误，乃是只看见民族争斗的需要而不看见阶级争斗的需要……因为要完成国家和民族的需要，便抹煞阶级争斗的需要”，这“是一个极大的错误。这种错误观念，不但抹煞了阶级争斗的利益，并且使民族争斗之进行要受极大的损失”，因为“国民革命之成功，当以工农群众的力量之发展与集中为正比例；而工农群众的力量，又只有由其切身利害而从事阶级的组织与争斗，才能够发展与集中。因此，在殖民地半殖民地主张停止阶级争斗，便是破坏民族争斗之主要的力量”。他还批评戴季陶所谓可以通过诱发地主资本家的仁爱之心，就能使地主资本家“尊重工农群众的利益。这简直是欺骗工农群众的鬼话！”，是“幻想的策略”②。瞿秋白说戴季陶认为“只要诱发‘资本家仁爱的性能’和知识阶级‘智勇兼备以行仁政’的热诚，来替农工民众革命。这不但是纯粹的空想主义，而且是要想暗示工农民众停止自己的斗争，听凭上等阶级的恩命和指使，简单些说，便是上等阶级要利用农工群众的力量来达到他们的目的，却不准农工群众自己有阶级的觉悟”③。

第三，是否需要通过确立“共信”建立一个纯粹的国民党。

戴季陶宣扬团体具有“排拒性”，共产党和国民党信仰不同主义，共产党员加入国民党，就使国民党内有了两个中心，两种信仰，“共信

① 蔡尚思主编：《中国现代思想史资料简编》第2册，浙江人民出版社1982年版，第599、601、603页。

② 任建树主编：《陈独秀著作选编》第三卷，上海人民出版社2009年版，第503~506页。

③ 《瞿秋白文集（政治理论编）》第三卷，人民出版社1989年版，第321页。

不立、互信不生；互信不生，团结不固；团结不固，不能生存"，"现在我们中国需要的是三民主义的国民革命，就要老实做信奉三民主义，老实是以国民革命为目的。心里想的，口头说的，手上做的，都要一样，才可以取得国民的同情，结合国民的力量。如果心里想的是共产革命，口里说的是半共产革命，手上做的是国民革命，让一般国民看不出真象，认不清需要。共产的条件既不会因空想而具备，国民革命又因此生出许多障碍"。所以，他提出国民党"在组织上凡是高级的干部，不可跨党"。戴季陶还诬蔑共产党员加入国民党是"寄生政策，不把国民革命当做真实目的，不把三民主义认作正当的道理，只借中国国民党的躯壳，发展他自己本身的组织"；是共产国际"在中国所行""齐天大圣对牛魔王的策略"①。因此，要求共产党员退出国民党，以建立一个纯粹的国民党。

瞿秋白等揭露说：戴季陶借口所谓团体的"排拒性"要求共产党员退出国民党，"事实上是资产阶级排拒无产阶级。资产阶级要求政治思想'独立'，不受无产阶级的'牵制'……根本上要消灭 C. P.，消灭无产阶级的政党"。② 陈独秀指出："中国国民党既非一阶级的党，而是各阶级联合的党，那么，于共信（即共同利害所产生的政治理想共同点）之外，便应该有别信（即各别阶级利害所产生的政治理想各别点）存在。若以为这别信存在有害于党的理想统一与组织强固，主张全党只许有一个共信，不许有别信存在，这分明是想把全党中各阶级的分子成为某一阶级化。"③ 针对戴季陶所说共产党利用国民党的躯壳发展自身组织的谬论，瞿秋白指出："这句话是很错误的。事实上 C. P. 是无产阶级的政党，有自己的'躯壳'，何必借国民党的？两年来的事实，只是 C. P. 同志在国民党中工作，努力替国民党增加了不少真实党员，其中有许多是并没有进 C. P. 的。"④ 1926 年 1 月，恽代英在国民党二大上发表演说，指出：国共合作"两年以来最妨害本党的进展的就是什么主义之争。比方有些人常说那班人是共产党员，那班

① 蔡尚思主编：《中国现代思想史资料简编》第 2 册，浙江人民出版社 1982 年版，第 586~588 页。

② 《瞿秋白文集（政治理论编）》第三卷，人民出版社 1989 年版，第 329~330 页。

③ 任建树主编：《陈独秀著作选编》第三卷，上海人民出版社 2009 年版，第 507 页。

④ 《瞿秋白文集（政治理论编）》第三卷，人民出版社 1989 年版，第 332~333 页。

人是纯粹国民党员。这种分门别户的方法是一点好处都没有的，只有使党员之间生出很大的隔阂”。我们加入国民党，既不是想做官，也不是想认识某要人，“完全是因为国民党能反对帝国主义、军阀，为被压迫农工利益而奋斗所以来的……不要管我是不是共产派，只要问我是不是实行三民主义”①。

中国共产党人反对戴季陶主义的争论，揭露了国民党新老右派的反动本质，打击了新老右派的反共分裂活动，阐述了共产主义与三民主义的关系，维护了国共合作和推进了国民革命的发展。

4. 对待国民党右派态度之内争

国民革命时期，中国共产党为实现和维护国共合作，推动国民革命，对国民党新老右派的反共分裂活动总体上是持斗争政策，但有时态度坚决，有时态度犹豫，且党内及其同共产国际之间时常存在不同意见的争论。

1926 年 1 月，国民党二大后，新右派的反共分裂活动不断升级。当年 3 月，蒋介石发动“中山舰事件”，逮捕代理海军局局长、中山舰舰长、共产党员李子龙，包围省港罢工委员会，收缴工人武装，包围、监视苏联顾问和共产党机关，撤销国民革命军第一军党代表，并将共产党员驱逐出第一军。5 月，在国民党二届二中全会上，蒋介石又抛出了《整理党务案》，以“消除疑虑，杜绝纠纷”为借口，要求共产党将加入国民党的“党员之名册，交本党中央执行委员会主席保存”，“凡他党党员之加入本党者，在高级党部（中央党部、省党部、特别市党部）任执行委员时，其额数不得超过各该党部执行委员总数三分之一”。“凡他党党员之加入本党者，不得充任本党中央机关之部长”，成立国共两党联席会议处理两党的纠纷，但联席会议“以国民党代表五名、共产党代表三名组织之”②。1927 年春，蒋介石在赣州、九江、安庆等制造了一系列反共事件。从 1925 年夏至 1927 年 4 月和 7 月蒋介石、汪精卫集团相继背叛革命止，部分中国共产党人和国民党左派人

① 《恽代英文集》下卷，人民出版社 1984 年版，第 777、779 页。

② 荣孟源、孙彩霞主编：《中国国民党历次代表大会及中央全会资料》上册，光明日报出版社 1985 年版，第 232、233 页。

士，同以蒋介石、汪精卫为代表的新右派展开了持续的抗争。但是，由于以陈独秀为代表的中共中央和共产国际、苏联顾问等退让，蒋介石、汪精卫限共反共阴谋不断得逞。这期间，中国共产党内部及其同共产国际之间等就对待国民党右派的政策和态度发生了不同意见之争。

陈独秀虽然批判戴季陶主义，但又认为以冯自由为代表的老右派“乃是代表帝国主义、军阀官僚及奸商买办阶级利益的……已成为中国民族运动中之反革命派”，而以戴季陶为首的“新右派，他们不但要反对军阀，并且要反对帝国主义……他们对于联俄联共政策只要求加以修正，并不主张根本上反俄反共”。又说“新右派只算是少数人一种理想，还未能形成独立的一派”①。瞿秋白却不这么看，他认为：戴季陶的“中心思想，实际上是反对左派，反对阶级斗争，反对 C. P. 的跨党，甚至于反对 C. P. 的存在”，“完全是要想把国民党变成纯粹资产阶级的政党”②。相比来看，陈独秀对新右派反共本性及其力量的估计显得不足。

1926 年 1 月，国民党在广州召开二大，会议的一项重要任务是处理西山会议派。在大会召开前，周恩来、陈延年和鲍罗廷商议决定，在这次会议上要通过批评西山会议派，严厉打击右派，开除戴季陶、孙科等人的国民党党籍，发展和壮大国民党左派的力量，在国民党中央执行委员会的选举中，多选共产党员和国民党左派，争取共产党员占三分之一。但是，陈独秀、张国焘等主张对国民党右派持退让政策，在上海约请一度参加过西山会议派的叶楚伧、邵元冲、孙科等举行会谈，向他们表示中共没有包办国民党事务的企图，中共已通知各地党部，多推选国民党员出席国民党二大，也不希望在国民党中央执行委员会的选举中增加中共党员的人数，并规劝他们回广东参加国民党二大。同时，陈独秀写信给中共广东党组织，要求广东党组织欢迎这些右派回广东参加大会，并在国民党中央执行委员会的选举中尽可能把各方面的人物都包罗进去，以便巩固统一战线。随后又派张国焘到广州出席并担任国民党二大的中共党团书记，指导中共代表在大会期间的活动。张国焘到广东后，召集中共广东区委负责人和鲍罗廷等开会，

① 任建树主编：《陈独秀著作选编》第四卷，上海人民出版社 2009 年版，第 14 页。
② 《瞿秋白文集（政治理论编）》第四卷，人民出版社 1989 年版，第 320、337 页。

要求在国民党二大上对国民党右派实行退让政策，但受到中共广东区委负责人和鲍罗廷的反对。鲍罗廷提出："为甚么广东方面将那些阴谋破坏革命的国民党右派分子驱逐出去了，现在却又要将他们请回来?""国民党左派与中共仍应向右派势力进攻，以期广东局面获得进一步的巩固；此时决不应退让，因为退让政策会助长右派的气焰。"①广东区委的多数负责人同鲍罗廷持相同态度，反对向右派让步，批评陈独秀以中共中央名义同叶楚伧、邵元冲、孙科等签订协议是退让行为。但是，张国焘坚持要求对国民党右派实行退让政策，认为孙科等是国民党中派，中共中央同国民党中派签订协议是必要的和合理的，既然已经签订协议，中途自然不能变更。张国焘还向汪精卫等表示，在选举国民党中委时，可以减少中共的名额。由于执行了陈独秀、张国焘的退让政策，国民党二届中央执行委员会、中央监察委员会选举的结果是中共党员和国民党左派占少数，国民党右派占据多数。

1926年3月，蒋介石制造"中山舰事件"。在广州的中共领导人毛泽东、陈延年、周恩来等都主张对蒋介石采取进攻的策略。当时，蒋介石在国民党和国民革命军中的地位并不巩固，同汪精卫、胡汉民等有矛盾，同国民革命军其他几个军的军长李济深、程潜、谭延闿等关系不和，蒋制造事端受到国民党左派代表宋庆龄、何香凝等指责，共产党在工农群众中已有较大影响，"如果这时党中央的政策是给蒋介石以有力的回击，毫无疑问，事情是有办法的"。但是，以陈独秀为首的中共中央和当时在广州的苏联顾问团，对蒋介石"却采取了继续退让的政策"②。陈独秀不仅为蒋介石开脱罪行，认为事变是右派分子和帝国主义的反共宣传，还称赞"蒋介石是中国民族革命运动中的一个柱石"③，明确表示共产党决不会推翻他。中共中央决定"维持汪蒋合作的局面，继续对蒋采取友好的态度"，并把主张反击右派的正确意见看做"左"倾错误，要"纠正广州同志们的一些拖延未解决的左倾错误"。陈独秀派张国焘从上海到广州执行退让政策，要求广州同志不论事出何因，"总应该采取让步的妥协态度来，稳定广州的局势"。张国

① 张国焘：《我的回忆》第2册，东方出版社1980年版，第70~71、77页。

② 《周恩来选集》上卷，人民出版社1980年版，第120、121页。

③ 任建树主编：《陈独秀著作选编》第四卷，上海人民出版社2009年版，第11页。

焘还同蒋介石举行会谈，对蒋表示："中共始终支持他，希望彼此仍能精诚无间的合作"。[①] 当时在广州的苏联布勃诺夫使团虽然认识到中山舰事件是蒋介石针对俄国顾问和中共发动的事变，但是，强调事变的起因是苏联顾问和中共对国民党事务干涉过多、偏重军事工作和宗派主义等，解决事变的对策是检讨自身"错误"，迁就蒋介石。

1926年5月，蒋介石在国民党二届二中全会上制造"整理党务案"。鲍罗廷继续执行共产国际和苏联自中山舰事件以来对蒋介石的退让政策，担心反蒋会导致国共合作破裂，要求中国共产党接受《整理党务案》，支持蒋介石领导北伐。事前已得知《整理党务案》基本内容的鲍罗廷派张国焘、谭平山去见蒋介石，向蒋透露了中共不反对《整理党务案》的态度。参加国民党二届二中全会的谭平山、林祖涵等共产党员也只"采取了保留的容忍态度。他们声称自己不能做主，须待中共中央处理"[②]。为了讨论和确定对待国民党右派的政策，中共中央派彭述之、张国焘指导出席国民党二届二中全会的中共党团。"在党团会上，讨论了接不接受整理党务案。彭述之引经据典地证明不能接受。问他不接受又怎么办？他一点办法也没有，只说大家讨论好了。但当有人提出意见时，他又引经据典地说这个不行，那个错误。如此讨论了七天，毫无结果。后来张国焘用了非常不正派的办法要大家签字接受。"[③]

北伐战争胜利进军到长江流域后，在帝国主义的收买下，在大地主大资产阶级的支持下，蒋介石集团反动本质公开暴露，在赣州、九江、安庆等制造了一系列反共反人民的事件，以瞿秋白、李立三、毛泽东等为代表的中国共产党人主张通过发动和依靠工农、团结国民党左派打击国民党右派。但是，共产国际和苏联顾问、以陈独秀为首的中共中央顽固执行右倾退让政策，妄想通过退让换取蒋介石集团的进步，通过欢迎汪精卫回国来制约蒋介石，以彻底完成反帝反封建的国民革命。结果事与愿违，蒋介石制造了四一二政变，大肆屠杀共产党员和工农革命干部，彻底背叛革命。四一二政变发生后，共产国际、

① 张国焘：《我的回忆》第2册，东方出版社1980年版，第99、106页。
② 张国焘：《我的回忆》第2册，东方出版社1980年版，第122页。
③ 《周恩来选集》上卷，人民出版社1980年版，第123页。

苏联及其在华代表、中共党内就东征讨蒋还是继续北伐产生了激烈的争论。周恩来、李立三、赵世炎和陈延年等在给中共中央的信中、在中共五大的发言中都主张东征讨蒋，而共产国际、联共（布）及其在华代表鲍罗廷和陈独秀等都主张继续北伐，这实际上是扩大革命还是深入革命的争论。最后，中共决定支持和依靠国民党左派继续北伐。但是，到了1927年6月，在武汉革命形势逆转、汪精卫日趋右倾的情况下，陈独秀、鲍罗廷等又热衷推行“东征讨蒋”策略，妄想利用汪蒋矛盾，换取汪精卫、唐生智等同共产党继续合作。

四一二政变后，武汉地区的革命形势不断恶化，革命阵营内部的汪精卫集团日益右倾，庇护和纵容夏斗寅、许克祥等叛乱，限制和打击工农运动，国民革命进入生死抉择的紧要关头。面对急剧变化、错综复杂的中国革命形势，共产国际和联共（布）内部也就中国革命的对策争论不休，中国共产党内部同样是纷争不止。以斯大林为首的联共（布）和共产国际仍把汪精卫看做是小资产阶级的代表，属于国民党左派，要求中国共产党执行妥协退让政策，团结汪精卫集团、依靠国民党左派，继续北伐，反对以托洛茨基为代表的关于中共应退出国民党并立即成立苏维埃的主张。在中共党内，瞿秋白、蔡和森、毛泽东、任弼时等主张对国民党右派实行进攻政策，但是，以陈独秀为首的中共中央却一直对汪精卫抱有幻想，也把汪精卫看做国民党左派，坚持走依靠汪精卫集团继续国民革命的道路。1927年5月，共产国际给中共发来应对危局的“五月紧急指示”，要求中共深入开展土地革命，组织自己可靠的军队，组织革命军事法庭惩办反动军官等。共产国际这一指示有些措施虽然难以实施，但是，它表明共产国际对待国民党右派的政策有所改变，而陈独秀和鲍罗廷等认为指示“荒唐可笑”，决定“暂缓执行”。1927年6月，中共中央政治局颁布《关于国民党和共产党关系的决议》，要求“从最高级机关到最下级机关”的国共联席会议上，共产党人提出的具体建议“将不是以工农最高要求为基础，而是依开展国民革命和加强国民党左派之需要而定”，“在国民党内工作的共产党员，要服从国民党的纪律，执行国民党的政策”，“共产党员要辞去那些在革命现阶段没有必要由他们担任的国民党党内职务，而让国民党员去担任”。[1] 7月，在中共中央扩大会议上，陈独秀认为中国共产党只有实行退却以便留在国民党内这一条路可走。会议通过的《对国民党关系方面的退却纲领》规定：“共产党人必须留在国民党内，帮助国民党在三项原则的基础上重新组织革命”，“共产党人必须尽一切力量支持国民党”，“工农群众组织必须受国民党的领导”，“工农纠察队必须置于国民政府的监督之下”。[2]

在1927年6月9日的中央政治局会议和7月3日的中央扩大会议上，蔡和森、毛泽东、任弼时等要求对汪精卫集团的反共政策进行揭露和反击，反对中央无原则的退让政策，但是遭到陈独秀右倾机会主义的压制。结果，坐待汪精卫集团发动“七一五”反革命政变，公开宣布取缔中国共产党，对共产党和革命群众进行血腥屠杀，最终导致国共两党第一次合作破裂，国民革命以失败而告终。

（二）反对国家主义派的斗争

国家主义是一种鼓吹民族主义的资产阶级社会思潮。最早鼓吹国家主义的是18世纪末和19世纪初德国主观唯心主义哲学家费希特。第一次世界大战以后，该思潮演变为法西斯主义，对外宣扬“民族优胜论”，蛊惑本民族与其他民族的对立，以掠夺别民族人民，并反对国际工人运动，尤其是共产主义运动；对内打着“国家之上”口号压制阶级斗争，以欺骗本国劳动人民服从剥削者的统治。

五四运动后，中国新文化运动的阵营不断分化，随着马克思主义在中国的传播及其影响的扩大，反马克思主义的势力也不断组合，国家主义派就是其中的一个党派。1921年7月，少年中国学会在南京召开年会，邓中夏、高君宇等倡议将学会改为信奉社会主义的组织，遭到李璜、左舜生、曾琦等人的竭力反对。1923年12月，受少年中国学会的委托，陈天启草拟的《何谓新国家主义》提出：“就中国目前之现状与其在世界之地位，中华民族之将来，各方面从长计议，则采取国

① 中央档案馆：《中共中央文件选集》第3册，中共中央党校出版社1989年版，第291、292页。

② 中央档案馆：《中共中央文件选集》第3册，中共中央党校出版社1989年版，第292、293页。

家主义实为目前之急务。”同时，在法国的李璜、曾琦等在巴黎正式成立了信奉国家主义的中国青年党，并创办了《先声》周报，作为自己的舆论阵地。关于建党的动机和目的，曾琦后来毫不隐讳地承认：“时中国共产党已成立，得俄之援助，大肆活动于国内外，而国民党孙中山又有联俄容共之议。余深知大乱将作，国命或为之斩，图决意另组新革命党。”① 1924年7月，曾琦、李璜等回到国内，同左舜生、陈天启等合流，在上海成立了青年党总支部，发表《释国家主义》一文，对国家的含义、要素和起源等作了唯心史观的阐释，并创办《醒狮周报》，发动所谓醒狮运动，宣称要用国家主义来唤醒中国这头睡狮。1925年秋，中国青年党总部从法国巴黎迁到上海，并在湖南、四川、广东和安徽等十多个省及天津、武汉等大城市建立了省市党部，其反共反国民革命言论和行径甚嚣尘上，尤其是对一批青年人产生重大影响。曾琦、李璜等国家主义派在法国的活动，就曾受到中国共产党旅法组织的反对，任卓宣、周恩来等以《赤光》为阵地，同国家主义派展开了争论。国民革命兴起后，为了揭露国家主义派的反动本质，推动国民革命的发展，中国共产党和青年团除了在组织上、实际行动上同国家主义派展开了斗争，还以《向导》和《中国青年》为阵地，对国家主义的种种谬论进行了批驳。据不完全统计，从1924年至1927年2月，仅《中国青年》发表的批驳国家主义的文章就达七十多篇。② 双方斗争的主要焦点是：

第一，国家是否具有阶级性。

国家主义派宣扬所谓全民政治、全民福利的资产阶级超国家观，否认国家的阶级性，反对无产阶级专政。李璜提出：国家主要由领土、人民、主权、精神或灵魂等组成，“国家主义者主张全民政治，而反对独夫或一阶级的专制”，“国家者全国人之国家，不是几个人或一个阶级的人所能私有的。既不应私有，则国家的利益即是全国人的利益”③。中国共产党人坚持马克思主义国家观，强调国家具有阶级性，国家是阶级统治的工具。萧楚女接连质问：在现今的资本主义国家中，资本

① 转引自沙健孙主编：《中国共产党史稿》第二卷，中央文献出版社2006年版，第267页。

② 沙健孙主编：《中国共产党史稿》第二卷，中央文献出版社2006年版，第269页。

③ 蔡尚思主编：《中国现代思想史资料简编》第2册，浙江人民出版社1982年版，第642页。

家不仅拥有工厂、森林、银行、矿山和报馆，而且可以“垄断舆论”“收买国会中若干议席”“利用海陆军和警察压迫个人对于他的罢工”，“劳动者主张权利是反叛”等，“请问：这不是资本家欺骗群众、剥削工人的工具是什么？现在的英、美、日、法、意、德……那一国不是如此？那一国不是在德谟克拉西面具之下，实行第三阶级——资本主义的专政？”[①] 恽代英、萧楚女等指出：共产党人既致力于救国运动和民族解放，又“注意力求”“农工阶级的解放”，为建立无产阶级专政的政治目标而奋斗，因而“我们心目中的国家，是为抵御国际资本主义的压迫而存在的；我们心目中的政府，是为保障无产阶级平民的利益而存在的”[②]。

第二，中国是否存在劳资对抗，中国革命是否需要阶级斗争。

国家主义派以中国产业落后为由，认为中国不存在阶级斗争，特别是劳资矛盾，鼓吹全民革命，反对工农革命，认为阶级斗争会削弱对外反侵略的力量。李璜认为：现今的中国社会，距实业发展、工作自由、资本集中这个阶段还很远，哪里便能说劳资两方已成对立的形势，哪里便能去讲共产主义？“主张阶级战争者，算是药不对症，于国事有损无益”[③]。陈天启也认为：“中国劳工与资本家，现在尚不必分别显明”，“假使提倡共产主义，分明了工人与资本家的界限，更足以引起两方面的争端”，二者将“专门从事你死我活的争斗，减少内求统一外求独立的力量”[④]。恽代英、萧楚女等通过例举资本家剥削工人，尤其是剥削妇女和童工的数据和事例，说明中国存在包括劳资矛盾在内的阶级斗争是客观的事实，国家主义者漠视其客观存在是唯心论。他们还指出：共产党人强调阶级斗争不仅不会削弱反对帝国主义的力量，而且能够动员民众参加革命，防止不坚定分子的动摇，增强革命的力量。萧楚女说：“私有财产制不废除，资本生产制不改变……阶级一日存在，阶级斗争便一日不会消灭”；针对国家主义派说“中国还没有劳资对立的阶级”，萧楚女例举了北洋政府农商部1918年所统计的工人数、上海公共租界工部局对上海童工的统计和生存状况的调查结果等，

① 蔡尚思主编：《中国现代思想史资料简编》第2册，浙江人民出版社1982年版，第565页。
② 《恽代英文集》下卷，人民出版社1984年版，第684页。
③ 蔡尚思主编：《中国现代思想史资料简编》第2册，浙江人民出版社1982年版，第642页。
④ 蔡尚思主编：《中国现代思想史资料简编》第2册，浙江人民出版社1982年版，第674页。

反问国家主义派“到底中国有没有了劳资阶级？……劳资斗争还没有到你死我活的地步么？”[①]。恽代英说：“我们相信革命的实力究竟在更多的无产阶级之参加，我们为要使更多的无产阶级之参加，尤其要注意无产阶级自己利益的争斗”，且“只有无产阶级革命势力强大，有时还可以减少那些上层怕革命危险的心理，使他们比较易于参加国民革命”[②]。

第三，中国革命是否需要立即反对帝国主义。

国家主义派虽然标榜“外抗强权，内除国贼”，并例举出军阀、官僚、政党、政客、财阀等十种国贼及其实行武力、文化、经济和宗教等四类侵略政策的强权，但不同意提出并立即执行打倒帝国主义的口号和政策，说什么“革命”是“先行对内，而不是即时主张甚么反帝国主义”，并公然坦言“在革命期中，我们对于外国一切之既成条约，均照旧遵守，俟实力充足之后，再来收回一切主权，取消一切不平等条约”。更为荒谬的是，国家主义派竟然认为：“所谓‘打倒国际资本帝国主义’一语，乃自实行共产主义之苏俄发出”；“打倒国际资本帝国主义一语，含有干涉他国内部组织之意”。[③] 中国共产党人批判国家主义派只是口头上“外抗强权”，“是只说着玩而不实行的”，同段祺瑞的“外崇国信”是一丘之貉。揭露国家主义派所谓“外抗强权”就是要外抗社会主义国家苏联，抵制共产主义，“反对俄国赤化中国”；国家主义派所谓“内除国贼”就是要内除中国共产党和革命人民，污蔑共产党人是“受俄国津贴”赤化中国的工具。国家主义者的“内不妥协，外不亲善”，就是内不与共产党妥协，外不与苏俄亲善。[④] 沈雁冰通过对杭州、苏州等地国家主义者的社会成分和言行剖析后著文说：“那些半老的先生们为什么忽然谈起国家主义……原来国家主义是躲避革命高潮的好盾牌！”他们大谈国家主义“既免得被民众骂为不革命”，“并且因为国家主义者特别的色彩是专门反苏俄与共产党，所以……还

① 蔡尚思主编：《中国现代思想史资料简编》第2册，浙江人民出版社1982年版，第566、570页。

② 《恽代英文集》下卷，人民出版社1984年版，第656、657页。

③ 蔡尚思主编：《中国现代思想史资料简编》第2册，浙江人民出版社1982年版，第549、550页。

④ 蔡尚思主编：《中国现代思想史资料简编》第2册，浙江人民出版社1982年版，第549～552页。

可以献媚于英美日法帝国主义与其所勾结的军阀"①。

马克思主义者在国内反对国家主义派的斗争，同反对以戴季陶为代表的国民党右派的斗争差不多同时进行，争论的主要问题也很相近。如国家主义派和国民党右派都反对共产主义，叫嚣马克思主义不适合中国；都不承认中国存在阶级对立，反对阶级斗争；都反对无产阶级专政等。另外，关于革命的指导思想，国家主义派和国民党右派都把自己的主义看做中国传统文化发展的正统。如前述及，戴季陶鼓吹三民主义是完全渊源于中国正统思想的中庸之道，国家主义派也强调："国家主义在中国历史上并不是从外国贩进来的。从来儒家的忠孝思想就是一种中国式的国家主义的结晶。"②

马克思主义反对国家主义的斗争，对于宣传马克思主义、推动国民革命、探讨中国革命的基本问题等发挥了重要作用。当然，中国共产党人同国家主义派的斗争并没有结束，后来国家主义派同国民党反动派相勾结，继续反共反人民。中国共产党人同国家主义派在大陆的斗争一直持续到新民主主义革命的胜利。

（三）中国革命基本问题之争

国民革命时期，中国共产党、共产国际和联共（布）及其在中国的代表或顾问等之间，在探索中国革命道路的过程中，就中国革命若干基本问题产生了争论，并在争论中提出了一系列关于中国革命的正确认识，从而推进了马克思主义中国化。由于以陈独秀为首的中共中央长期在上海，革命的中心先在广州，后在武汉，中共党内的争论又集中表现在：先是"广东和中央的对立"，后来"转移到武汉和中央的争论"③。

1. 中国革命的领导权

中共创立时对其他政党采取"排斥"态度，执行的是独立领导中

① 蔡尚思主编：《中国现代思想史资料简编》第2册，浙江人民出版社1982年版，第709～710页。

② 蔡尚思主编：《中国现代思想史资料简编》第2册，浙江人民出版社1982年版，第666页。

③ 中央档案馆：《中共党史报告选集》，中共中央党校出版社1982年版，第240页。

国革命的政策。1922 年 8 月，杭州西湖会议后，特别是 1923 年 2 月第一次工人运动的高潮被镇压后，在酝酿、实现国共合作及进行国民革命的过程中，共产国际和联共（布）及其在华代表、以陈独秀和彭述之等代表一些中国共产党人，提出了国民革命应当由资产阶级领导的思想，而以瞿秋白、蔡和森和毛泽东等为代表的中国共产党人，坚持认为国民革命应当由无产阶级领导的思想，双方就革命领导权问题一直存在争论。

共产国际和联共（布）及其在华代表、以陈独秀和彭述之等代表一些中国共产党人，在第一次国共合作酝酿和国民革命的很长时间内，都认为中国革命既然是资产阶级民主革命，革命当然应该由资产阶级领导，具体来说就是由中国国民党领导。如 1923 年 4 月，陈独秀提出："资产阶级的民主革命若失了资产阶级的援助，在革命事业中便没有阶级的意义和社会的基础"，中国国民党应"统率革命的资产阶级，联合革命的无产阶级，实现资产阶级的民主革命"①。1923 年 6 月，中共三大通过的《关于国民运动及国民党问题的决议案》强调："依中国社会的现状，宜有一个势力集中的党为国民革命运动之大本营，中国现有的党，只有国民党比较是一个国民革命的党，同时依社会各阶级的现状，很难另造一个比国民党更大更革命的党……以产业落后的原故，中国劳动阶级还在极幼稚时代，多数劳动群众之意识，还停顿在宗法社会……工人阶级尚未强大起来，自然不能发生一个强大的共产党—— 一个大群众的党，以应目前革命之需要。"② 此后，针对国民党右派发动中山舰事件、整理党务案、镇压工农革命等反动事件，共产国际和联共（布）及其在华代表、陈独秀等屡屡执行退让政策，本质上都是放弃国民革命的领导权。

1926 年 12 月，中共中央在汉口召开特别会议，陈独秀在政治报告中虽然认识到：北伐军攻下九江、南昌后，国民革命联合战线又有发生危险的倾向，"这个危险倾向的由来：一因江西战胜后，军事势力有离民众而往右走之倾向；二因工农运动之发展，使资产阶级恐惧；三

① 任建树主编：《陈独秀著作选编》第三卷，上海人民出版社 2009 年版，第 35、37 页。

② 中共中央文献研究室、中央档案馆：《建党以来重要文献选编》第 1 册，中央文献出版社 2011 年版，第 258~259 页。

因帝国主义改用新的分离政策；四因我们之失策”，根据“过去的经验，国民党每次得到一点军事胜利，便马上向敌人妥协而右倾，而失败，现在的右倾大部分也是为了要与敌人（帝国主义者及国内封建势力）谋妥协”。但是，报告没有就如何克服军事势力的右倾、帝国主义分离政策等提出有效应对举措，却严厉批评所谓“看不起国民党”“包办国民党”“包办民众运动”“误解党的独立”“应付中小商人的政策不好”等党内“左稚病”，把资产阶级的动摇和右派的反动归罪于共产党及其领导的工农运动，把制止国民党右派继续反动的希望寄托在“扶助左派建立以汪精卫为领袖的文人派政府”，“防止党内的‘左’倾”，强调“一切群众组织和运动，尽可能的和国民党合作，尤其要援助左派的势力发展，使左派领袖获得群众”[①]，实际上是反对共产党放手发动和领导工农运动，要求共产党放弃对国民革命的领导权，幻想通过妥协退让换取国民党右派继续革命。会议通过的《关于国民党左派问题决议案》也规定：“要努力巩固和发展国民党左派的势力，帮助他们获得党的和政府的领导地位（不是独占），并且帮助他们获得他们的群众（革命的城市小资产阶级、知识分子和农民）。”[②] 1927 年上半年，面对汪精卫集团的右倾，陈独秀仍执行通过退让换取右派继续革命的策略。

与此同时，以彭述之为代表的一部分中国共产党人，虽然认识到国民革命“是混合各阶级的力量而进行的”，“必得有个主要的进步的阶级作中坚、作领导者，才能使各阶级的意识比较集中，各阶级的力量集中，不致为某一反动阶级的私利所乱”。但是，他们考察了中国银行资产阶级、商业资产阶级、华侨、工业资产阶级、工人阶级等阶级力量和政治态度后认为：银行资产阶级和商业资产阶级都是买办阶级，“绝不愿意推翻帝国主义与打倒军阀……是反国民革命的法西斯蒂”；接受辛亥革命没有得到什么好处的教训，以及害怕国内无产阶级的抬头，“华侨已经不是革命者了”；工业资产阶级“确有革命之必要”，但“它的力量太薄弱……要它公然出头来领导国民革命，来与最凶猛可怕

① 中共中央文献研究室、中央档案馆：《建党以来重要文献选编》第 3 册，中央文献出版社 2011 年版，第 494~500 页。

② 中共中央文献研究室、中央档案馆：《建党以来重要文献选编》第 3 册，中央文献出版社 2011 年版，第 506 页。

的帝国主义和其走狗军阀宣战，这自然是没有的事”；工人阶级“在数量上超过资产阶级数倍”，“认识它的敌人——帝国主义与军阀，比任何阶级要明确，要深刻”，“在各方面对于反帝国主义与反军阀的表现，都是极明显而极坚决的。这完全是由于它那种天然反帝国主义与反军阀的客观条件所规定。反过来说，中国工人阶级之反帝国主义与反军阀的革命性与觉悟力都是天然的。所以中国工人阶级天然是国民革命的领导者”①。也就是说，中国革命的领导权“天然”地落到了无产阶级身上，不存在也不需要去争取、去斗争，这同样是一种错误的、有害的右倾思想。正如1945年4月，周恩来在中共七大上对此批评所说：“领导权要用力量来争，因为领导权是有人和无产阶级争，和共产党争的。不但大资产阶级争，自由资产阶级也争，小资产阶级也争”②，不承认、不努力争夺无产阶级领导权，其结果也是放弃和出让革命的领导权。

在第一次国共合作酝酿和国民革命时期，以李大钊、瞿秋白、邓中夏、毛泽东和周恩来等为代表的中国共产党人在众多场合提出了国民革命应该由无产阶级领导的主张，并为此不仅同国民党新、老右派展开了激烈的斗争，而且同党内的陈独秀、彭述之等展开了不同程度的论争。

如上所述，1923年2月，第一次工人运动的高潮被镇压后，在酝酿国共合作的过程中，陈独秀等产生了低估工人阶级力量的右倾机会主义，在中共三大前后提出了国民革命由资产阶级及其政党领导的思想。但是，李大钊、瞿秋白、邓中夏等一直认为无产阶级是国民革命的领导者。1923年6月，李大钊在中共三大上说：“一、过去和将来国民运动的领导因素都是无产阶级，而不是其他阶级。二、由于这个原因，我们不要害怕参加国民运动，我们应站在运动的前列。”③ 瞿秋白为中共三大起草的党纲草案说：国民革命中，“只有无产阶级是唯一的、最现实的、最先进的，（应为“、”——引者注）最彻底的力量，因为其余的阶级，多为列强的经济所束缚，一时不易免除妥协的倾向”。大会后，陈独秀对党纲又作了修改后再付印，将上面的话改为“无产阶级却是一种现实的最彻底的有力部分，因为其余阶级……”。

---

① 蔡尚思主编：《中国现代思想史资料简编》第2册，浙江人民出版社1982年版，第645~653页。

② 《周恩来选集》上卷，人民出版社1980年版，第216页。

③ 《李大钊全集》第四卷，河北教育出版社1999年版，第237页。

陈独秀之所以这么改，就是“承认资产阶级应当领导革命”[①]。1923 年 9 月，瞿秋白更明确地提出：“落后的国家之无产阶级参加民权革命之职任愈大。资产阶级性的革命却须无产阶级领导才能胜利。”[②] 1924 年 2 月，李大钊又说：“现在中国是在资本帝国主义压迫之下，试看全国的资产阶级、小资产阶级、知识阶级谁能反抗？只有无产阶级。在国民革命中当先锋的亦只有无产阶级。”[③] 1924 年 11 月，邓中夏提出：“中国将来的社会革命的领袖固是无产阶级，就是目前的国民革命的领袖亦是无产阶级”，“只有它配做国民革命的领袖”，因为“只有无产阶级有伟大集中的民众，有革命到底的精神”。同时，他还提出了不同于彭述之无产阶级“天然领导权说”的思想，说：“我们对于国民革命，即为了取得政权而参加的”，且“政权不是从天外飞到我们工人手中的，是要我们从实际政治斗争中去一点一滴的以至全部取得”，“政权我们不取，资产阶级会去取的”，只有无产阶级争取革命政权，才能“防范资产阶级在革命之中妥协软化，并制止在革命后之政权独裁”[④]。邓中夏在这里虽然是说要争取政权，但内在地包含了争取革命的领导权思想。

1925 年 1 月，中共四大在总结国共合作一年经验的基础上首次向全党明确提出了无产阶级革命领导权思想，指出：“最受压迫而最有集合力的无产阶级是最有革命性的阶级”，“中国的民族革命运动，必须最革命的无产阶级有力的参加，并且取得领导的地位，才能够得到胜利”[⑤]。大会还就党如何加强对工人、农民、青年和妇女等运动的领导提出了各项方针和政策。1925 年 12 月，在总结近几年中国革命斗争实践经验的基础上，毛泽东不仅认识到“工业无产阶级人数虽不多，却是中国新的生产力的代表者，是近代中国最进步的阶级，做了革命运动的领导力量”，而且分析其原因一是集中，二是经济地位低下，“受着帝国主义、军阀、资产阶级的极残酷的待遇，所以他们特别能战

---

① 《瞿秋白文集（政治理论编）》第二卷，人民出版社 1988 年版，第 116~117 页。第四卷，人民出版社 1993 年版，第 489 页。

② 《瞿秋白文集（政治理论编）》第二卷，人民出版社 1988 年版，第 193 页。

③ 《李大钊全集》第四卷，河北教育出版社 1999 年版，第 334 页。

④ 《邓中夏文集》，人民出版社 1983 年版，第 129、130 页。

⑤ 中共中央文献研究室、中央档案馆：《建党以来重要文献选编》第 2 册，中央文献出版社 2011 年版，第 218、219 页。

斗”①。这就不仅从历史上看到了无产阶级对革命运动的领导作用，而且从阶级特性上分析了无产阶级能够担当革命领导者的原因。

1926年7月，中共四届三次中央扩大会议不仅再次强调要争夺革命领导权，而且就如何争夺领导权提出了设想。会议提出：党应该“一方面努力拉住小资产阶级，使之接近工农群众……以与资产阶级争此革命运动的领导地位，以防其将来之妥协”；“一方面极力巩固各阶级的联合战线，促进资产阶级之革命化”，“和左派国民党结合强大的斗争联盟，以与资产阶级争国民运动的指导”②。然而，1926年底和1927年初，共产国际和陈独秀等右倾机会主义却不断发展，危害日益显现，党内反对的声音也明显增强，以至分歧和争论走向公开化。

1927年2月和5月，瞿秋白先后发表《中国革命中之争论问题》《中国革命之三大问题》等文章，指出：无产阶级“取得革命领导权，是中国革命胜利的先决条件”，“中国革命只有无产阶级能领导到胜利的道路上去”，且“争取无产阶级对于国民革命的领袖权之客观条件是具备的”。因此，“工人阶级要以自己做主干，集合农民、兵士及一般反帝国主义的革命分子于国民党，使国民党成为中国革命的中心，而自己努力做这一革命中心的元核——领导者”。他批评党内机会主义“实在是孟塞维克主义者中国之化身”，其“策略上的总原则是：唯恐新右派生气，唯恐联合战线中没有了新右派，唯恐新右派不能参加政府及国民党之指导机关”，“几乎要将革命的命运交给右派资产阶级！”③即机会主义者对国民党右派和资产阶级只讲联合、不敢斗争，把国民革命的希望寄托在资产阶级和国民党右派身上，危害极大。瞿秋白还对彭述之“天然革命领导权说”给予了批驳，指出：彭述之认为工人阶级天然是国民革命的领导者，就是说革命领导权“自然用不着再去力争”，事实并非如此，国民党右派和资产阶级正在争革命领袖权，以造成他们同帝国主义及地主阶级妥协之资格，把中国变成世界资本主义的附庸。所以，“彭述之虽然口头上高叫‘革命领导权天然是工人阶

① 《毛泽东选集》第一卷，人民出版社1991年版，第8页。

② 中共中央文献研究室、中央档案馆：《建党以来重要文献选编》第3册，中央文献出版社2011年版，第270、275页。

③ 《瞿秋白文集（政治理论编）》第四卷，人民出版社1993年版，第517、528、501、520、537、530、539页。

级的'，实际上却是双手拱送领导权于资产阶级"[①]。

1926年底和1927年上半年，在中国革命处于危急关头，共产国际多次开会研究中国革命的对策，对包括革命领导权在内的中国革命基本问题作了有益的探索。1926年12月，斯大林在共产国际执行委员会第七次扩大会议上提出：由于"中国民族资产阶级的软弱是中国革命特有的事实之一……由此应该得出结论，中国革命的倡导者和领导者，中国农民的领袖，必不可免地要由中国无产阶级及其政党来担任"[②]。1927年5月至7月，共产国际在给中国共产党接连发出的指示中，虽然仍要求中国共产党继续保持同国民党的合作，通过发展国民党左派制止右派的分裂和反动，但也要求中国共产党："改组国民党中央执行委员会，在中央执行委员会中增加更多的新的工农领袖"；"武装二万中国共产党员"，"挑选五万工农积极分子加入国民党军队，使国民党军队得以彻底改造"；"用一切办法加强在无产阶级群众中间的工作，建立群众性的工人组织，巩固工会，准备到工人群众去进行坚决的行动，领导无产阶级的日常斗争"；"开展土地革命，继续用'平民'式的方式，即用在无产阶级领导下的工人、农民、城市贫民联盟之革命行动，为完成资产阶级民主革命而斗争；有系统地武装工人和农民"[③]等。这表明共产国际对中国共产党如何实现革命领导权问题的认识已经有所改变，并朝着有利于中国革命发展的方向前进。但如前述及，鲍罗廷、陈独秀等认为这些指示无法执行，没有积极采取有效措施挽救危局。1927年7月，根据共产国际指示组建的中共临时中央常委，虽然仍执行共产国际的要求，继续坚持同国民党合作，但已明确提出：中国革命已经"进到一个新阶段——土地革命的阶段"，"这一过程的进展，需要一个无产阶级领导的工农小资产阶级的民主政权和工农武装"，前一阶段革命受挫的原因之一就是"无产阶级的领导尚不强健"，

① 《瞿秋白文集（政治理论编）》第四卷，人民出版社1993年版，第474、496页。

② 中国社科院近代史所：《共产国际有关中国革命的文献资料（1919—1928）》第1辑，中国社会科学出版社1981年版，第264页。

③ 孙武霞、许俊基主编：《共产国际与中国革命资料选辑（1925—1927）》，人民出版社1985年版，第465、535页。

不能“成为唯一的领导群众斗争的核心”①。在共产国际的指导下，在吸取历史教训的基础上，中共临时中央对革命领导权问题的认识也有了提高，临时中央常委据此制定和执行了发动工农运动、筹备秋收起义等政策，真正地开始独立领导中国革命。

2. 中国革命的性质和前途

由于种种原因，1921 年 7 月，中共一大通过的纲领规定，党要“推翻资本家阶级的政权”，“承认无产阶级专政”，“消灭资本家私有制，没收机器、土地、厂房和半成品等生产资料，归社会公有”②。即直接在中国进行社会主义革命，实现无产阶级专政。这并不符合中国具体国情，具有机械地照搬照抄马克思主义的成分。在初步总结党成立后领导工农运动的经验，特别是在列宁民族殖民地问题理论的指导下，1922 年 7 月，中共二大提出了民主革命纲领：“（1）消除内乱，打到军阀，建设国内和平；（2）推翻国际帝国主义的压迫，达到中华民族的完全独立。”③ 在酝酿国共两党第一次合作的过程中，中国共产党人不仅对国民党的改组给予了帮助，而且对其不足之处给予了善意的批评，并在批评中探讨了中国革命的性质和前途等问题。如蔡和森在 1923 年 5 月《中国革命运动与国际之关系》一文中批评国民党“常常缩头缩脑不敢出面领导群众，有时且故意躲避”；“因为避‘赤化’的嫌疑——恐怕外国报纸指他为‘过激化’，对于被军阀与洋资本家压迫工人的事情一声不响”；对吴佩孚最近大肆屠杀京汉铁路工人“还是一声不响”等，并提出：“中国革命运动之性质与历程必与从前欧美资产阶级的民主革命大不相同。当此世界资本主义和民主主义业已开始崩坏之时，当此被压迫民族与无产阶级同为最少数帝国主义者的奴隶之时，殖民地的革命运动已不是纯粹资产阶级民主革命的问题。”④

从 1923 年 6 月中共三大召开到 1927 年 7 月国民革命失败，中国共

① 中共中央文献研究室、中央档案馆：《建党以来重要文献选编》第 4 册，中央文献出版社 2011 年版，第 357、362 页。

② 中共中央文献研究室、中央档案馆：《建党以来重要文献选编》第 1 册，中央文献出版社 2011 年版，第 1 页。

③ 中央档案馆：《中共中央文件选集》第 1 册，中共中央党校出版社 1989 年版，第 62 页。

④ 《蔡和森文集》，人民出版社 1980 年版，第 274、272 页。

产党、共产国际和联共（布）等基本上认为中国革命的性质是反帝反封建的资产阶级民主革命，当然，间或也发生一些意见分歧。如中共党内不时存在“两派似是而非的倾向：一、乱叫社会革命；二、只管经济斗争”[①]，在革命步骤问题上的“一次革命论”内在地包含了混淆革命任务和性质的倾向。在1927年5月共产国际第八次执行委员会上，托洛茨基、特伦等提出了中国革命应实行彻底的土地革命、立即成立苏维埃政府等主张，实际上要中国立即进行社会主义革命，这一主张因受到斯大林、布哈林等人的反对，当时没有对中国革命产生多大影响。

关于中国革命的前途。国民革命时期，共产国际、联共（布）和中国共产党等在较长时间内对该问题的认识一直不太明确，并夹杂不同意见之争。以陈独秀为代表的右倾机会主义认为，国民革命胜利后将在中国建立一个资产阶级专政的国家。1923年4月，陈独秀提出：“民主革命的成功诚然是资产阶级的胜利”，幼稚的无产阶级只在此胜利之奋斗中“获得若干自由及扩大自己能力之机会”，民主革命“完全成功时，社会阶级分化究竟至何程度，那时对于革命的性质究竟如何解释，我们现在还不知道，现在也没有求其知道的必要”[②]。1926年9月，陈独秀还说：直到国民革命成功，都不会发生共产党“与国民党左派争政权”的事，“共产党取得政权，乃是无产阶级革命时代的事”；“国民革命成功后之建设时期，也必然是革命的民主的民众政权，而不是无产阶级专政，并且还不是工农政府”[③]。然而，随着工农运动的发展和中国共产党力量的壮大，毛泽东、瞿秋白等中国共产党人对国民革命胜利后应该建立一个什么样的国家政权作了深入思考，认为国民革命的前途是非资本主义的。1925年1月，中共四大在提出无产阶级革命领导权思想的同时，也进一步探讨了革命的前途问题，指出：无产阶级参加民族运动，不仅使这一运动增加了新的力量，而且使这一运动有了“新的意义”，无产阶级“不是附属资产阶级参加，乃以自己阶级独立的地位与目的而参加”，“是为了推翻全世界资本帝国主义之

① 《瞿秋白文集（政治理论编）》第二卷，人民出版社1988年版，第206页。
② 任建树主编：《陈独秀著作选编》第三卷，上海人民出版社2009年版，第37、35页。
③ 任建树主编：《陈独秀著作选编》第四卷，上海人民出版社2009年版，第123页。

压迫，推翻外国的资本主义，同时也反对本国的资本主义，并且要由民族革命引导到无产阶级的世界革命”，国民革命虽然“是一个资产阶级性的德谟克拉西革命”，但“在政治上是含有社会革命的种子……是和世界的无产阶级革命运动——推翻世界资本主义建设共产主义运动相联结的”，“是十月革命后，广大的世界革命之一部分”，革命胜利后，“能否接着就是无产阶级的革命，是否必须经过资产阶级民主制度，必得无产阶级在民族革命中自己阶级的革命准备至何种程度及那时的社会的客观条件定之，那时的世界政治状况也有很大的影响”。[①]即中共四大已从中国革命所处的时代、民主革命与社会革命的关系、无产阶级的觉悟程度和力量准备等方面认识到，国民革命胜利后，中国未必建立一个资产阶级专政的国家。

1925年冬，毛泽东经过对中国革命的分析研究认识到：中国的国民革命同18世纪末至19世纪中期欧、美、日本资产阶级民主革命“性质完全不同”，同辛亥革命“性质也不相同”。英、法、德、美、日本资产阶级民主革命是“资产阶级一阶级的革命”，“其目的是建设国家主义的国家即资产阶级一阶级统治的国家”，中国的国民革命“乃小资产阶级、半无产阶级、无产阶级这三个阶级合作的革命”，“其目的是建设一个革命民众合作统治的国家”。[②]毛泽东对中国革命动力的认识排除了民族资产阶级，并不科学，但他已提出国民革命成功后应建立几个革命阶级联合统治的国家，可谓是建立新民主主义共和国思想的萌芽。

1926年11月至12月，共产国际执委会第七次扩大会议着重讨论了中国革命问题，斯大林、布哈林等在会上的讲话及会议通过的《关于中国形势问题的决议》都认为：“现阶段的中国革命是资产阶级民主主义性质的，但它应该具有更广泛的社会运动的性质。中国革命的结果并非一定要造成导致国家向资本主义发展的社会政治条件”，革命成功后建立的国家，“将不是纯粹资产阶级民主国家。这个国家将是无产阶级、农民和其他被剥削阶级的民主主义专政。这将是向非资本主义

① 中共中央文献研究室、中央档案馆：《建党以来重要文献选编》第2册，中央文献出版社2011年版，第216~217、222页。

② 《毛泽东文集》第一卷，人民出版社1993年版，第24、25页。

（社会主义）发展的过渡时期的反帝革命政府"，"中国共产党应该竭尽全力争取最终实现过渡到非资本主义发展轨道的这种革命前途"[①]。

1927年上半年，一方面北伐战争节节胜利，工农运动蓬勃发展；另一方面接连发生了蒋介石、李济深等镇压工农运动、屠杀共产党人的倒行逆施。面对这一错综复杂的局面，共产国际和中国共产党内关于中国革命问题的争论更加明显化。1927年2月，根据共产国际的指示精神，瞿秋白在批评"彭述之式的'永续革命'"和"不应当加入政权，恐怕这要吓退了民族资产阶级"等观点后提出：中国革命"胜利的前途，不能不超出资产阶级性的范围，而过渡于非资本主义的发展——直达社会主义"，否则就会"发生必须中国有第二次革命的思想……认为中国无产阶级只要利用国民革命得些自由，做些经济斗争，准备第二次无产阶级革命"[②]。1927年5月，中共五大讨论了应对时局的问题，但会议并没有提出有效对策，关于中国革命若干重大问题也没有取得统一认识。会议受共产国际和斯大林关于中国革命"三阶段论"的影响，认为中国革命已经发展到一个新的阶段，即"建立一个工农小资产阶级的民主独裁制"的阶段，共产党"已成为群众的党了"，"在过去的二年，工人阶级在国民革命运动中站在最主要的地位上。如今他已取得斗争的领导权。工人阶级在中国革命中这样的地位，足以保证革命的前途，将来不会开出一个资本主义发展的时期，而是直接走到社会主义建设的斗争"。会议提出党要"引导革命向非资本主义之发展"，建立一个"以无产阶级作领导"[③]的政权。关于国民革命的前途问题，瞿秋白的观点和中共五大的认识都有"一次革命论"的倾向，并不适合于中国革命道路。但是，从探索中国革命基本问题的视野看，"非资本主义前途"的认识具有一定理论和历史价值。

3. 中国革命的动力

工人、农民、小资产阶级和民族资产阶级是中国革命的动力。国

① 中国社科院近代史所：《共产国际有关中国革命的文献资料（1919—1928）》第1辑，中国社会科学出版社1981年版，第278页。

② 《瞿秋白文集（政治理论编）》第四卷，人民出版社1988年版，第486~487页。

③ 中共中央文献研究室、中央档案馆：《建党以来重要文献选编》第4册，中央文献出版社2011年版，第175、176页。

民革命时期，一些中国共产党人除了认识到中国革命必须由无产阶级领导外，还着重对农民、民族资产阶级同国民革命的关系作了探讨，并对党内外错误观点作了批判。

（1）关于农民阶级和土地问题。

农民阶级是中国革命的主力军，农民问题是中国革命的根本问题，其中心问题又是土地问题。国民革命初期，中国共产党和共产国际内部对农民问题的认识分歧不大，甚至连国民党在一定时期内也默认发动农民运动。1924 年 1 月，国民党一大后成立了中央农民部和农民运动委员会。不久，在中国共产党推动下，国民党中央决定发动农民组织农民协会和农民自卫军，并开办农民运动讲习所，为农民运动培养干部。1923 年 11 月，中共三届一中全会认识到："农民在中国国民运动中是最大的动力。"[①] 会议要求各级共产党组织应深入农村开展农民运动。1924 年 5 月，中共中央扩大会议再次要求党员到农民中开展反帝反封建宣传，并决定在中共中央和各省（区）委中，设立领导农民运动的机构，选派干部去乡村领导农民斗争。在林伯渠、毛泽东、彭湃等中国共产党人的领导下，广东农民运动得到迅速发展。

1925 年 1 月，中共四大明确地认识到建立工农联盟的必要性，会议指出："农民问题在中国尤其在民族革命时代的中国，是特别的重要"，党"务必在反帝国主义反军阀的民族革命时代，努力获得最大多数农民为工人阶级之革命的同盟"，否则，"我们希望中国革命成功以及在民族运动中取得领导地位，都是不可能的"[②]。同年 2 月，邓中夏指出："中国不革命则已，欲革命，我们不教育、煽动、领导这占人口大多数的农民积极参加，哪有希望？"因此，必须帮助并联合农民开展斗争，"假使没有这种努力，我们希望中国革命成功以及在国民革命中取得领导地位，都是不可能的"[③]。

随着农民运动的兴起和发展，农民已不满足减租减息，自发地要

① 中共中央文献研究室、中央档案馆：《建党以来重要文献选编》第 1 册，中央文献出版社 2011 年版，第 349 页。

② 中共中央文献研究室、中央档案馆：《建党以来重要文献选编》第 2 册，中央文献出版社 2011 年版，第 239、244 页。

③ 《邓中夏文集》，人民出版社 1983 年版，第 129、130 页。

求没收地主、公有等土地分给农民，推翻由地主、劣绅把持的乡村政权，建立农民政权。起初，共产国际和中国共产党对农民的土地要求都给予支持，内部分歧也不大。1925 年 10 月，中国共产党在《中国现时的政局与共产党的职任决议案》和《告农民书》中提出："没收土地的问题是革命中的重要问题"，"解除农民的困苦，根本是要实行'耕地农有'的办法"，"如果农民得不着他们最主要的要求——耕地农有，他们还是不能成为革命的拥护者"，党的土地政纲"其最终的目标，应当没收大地主军阀官僚庙宇的田地交给农民"；为了把农民组织起来，使农民革命化，"政府须承认由农民组织的农民协会代替非农民的劣绅所包办的农会"，"乡村自治机关，应以普通选举法直接选举之，不得由绅士包办"；"由农民协会组织自卫军，并要求政府发给枪弹，以防土匪及兵灾"① 等。同年 12 月，李大钊在《土地与农民》一文中也提出应唤起农民组织农民协会、自卫军等捍卫农民利益。

1926 年 2 月，中共中央在北京召开特别会议，着重讨论了北伐战争与农民的关系问题，认为"'五卅'以后国民革命中工人阶级的孤立隔离，更证明农民斗争的奋起，是国民革命成功所必不可少的条件，是工人阶级最需要最靠得住的同盟军"，党"现时最主要的职任……就是加紧的在农民之中工作，尤其是在北伐的过程中，以建筑工农革命联合的基础，而达到国民革命的全国范围内的胜利"②。1926 年 3 月，共产国际执委会第六次扩大全会《关于中国问题的提纲》也提出：农民问题是"中国民族解放运动命运攸关的基本问题"，"农民反对不同帝国主义的政权和反对旧官僚残余势力而掀起的有组织的起义和遍布各地的游击战争将是推翻中国军事封建制度的决定性因素"③。会议通过的《关于中国问题的决议》明确指出："中国民族解放运动的基本问题是农民问题"，中共应"想方设法帮助扩大和深化广州政府所实行的国家民主化的工作，应在各地组织地方的民主机构，实行土地

① 中共中央文献研究室、中央档案馆：《建党以来重要文献选编》第 2 册，中央文献出版社 2011 年版，第 514、504 页。

② 中共中央文献研究室、中央档案馆：《建党以来重要文献选编》第 3 册，中央文献出版社 2011 年版，第 106、108 页。

③《共产国际执委会第六次扩大全会关于中国问题的提纲》，《苏联问题研究资料》，1987 年第 6 期。

改革"[1]。

然而，农民运动的发展引起了地主、官僚和军阀等反动势力的恐慌，他们不遗余力地阻挠和破坏农民运动，污蔑农民运动"糟得很"，是"惰农运动"。国民党右派也露出反动面目，并勾结军阀、地主捣毁农会，残害农民领袖。中国共产党内以陈独秀、彭述之等代表的右倾机会主义，担心农民运动会引起国民党右派退出国民革命联合战线，因而，不敢放手发动农民运动，甚至不惜压制农民运动以换取国民党右派继续革命。1926 年 7 月，陈独秀主持召开的中共四届三中全会通过的《农民运动决议案》，虽然也强调农民"将成为民族解放运动之主要势力"，党要领导中国革命取得胜利，必须"取得农民运动的指导权"，但是对农民运动又给予了不恰当的限制，提出"现在农民协会的组织，尚不能带有阶级的色彩"，"不可简单的提出打倒地主口号"；"当地主与贫农有冲突时，应设法使旧农会居调停地位"；农民武装"不要超出自己的范围（如干涉行政、收缴民团枪械等）"，"不可有常备的组织"，以免"因权力关系而时引起与各方面的冲突"[2] 等。1926 年 12 月，中共中央在汉口召开特别会议，陈独秀指责党内主张解决农民土地问题的意见是急性病，认为"目前中国大多数农民群众所争的还是减租减息，组织自由，武装自卫，反抗土豪劣绅，反抗苛捐杂税这些问题，而不是根本的土地问题，他们都还未能直接了解到这个根本问题"，"若是马上拿农民群众还未能直接了解的土地问题做争斗口号，便是停止争斗"。这实际上就是反对土地革命，反对"耕地农有"[3]。会议期间，陈独秀还找中共湖南省委负责人谈话，要求他们对湖南农民的"幼稚""过火"行为加以制止。

但是，从 1926 年下半年开始，以毛泽东、彭湃和瞿秋白等为代表的中国共产党人认为，国民革命必须满足农民获得土地、组织政权和自卫军等愿望，这是防止国民党右派反动的最好办法，党的农运政策

---

① 中国社科院近代史所：《共产国际有关中国革命的文献资料（1919—1928）》第 1 辑，中国社会科学出版社 1981 年版，第 139、136 页。

② 中共中央文献研究室、中央档案馆：《建党以来重要文献选编》第 3 册，中央文献出版社 2011 年版，第 300~304 页。

③ 中共中央文献研究室、中央档案馆：《建党以来重要文献选编》第 3 册，中央文献出版社 2011 年版，第 497 页。

不是一味退让妥协，而是要通过发动工农、壮大左派的力量同右派斗争。因此，他们在农民运动和土地问题上不仅同地主反动势力、国民党右派展开了斗争，而且在党内同以陈独秀、彭述之等为代表的右倾机会主义展开了论争。

1926年8月，瞿秋白在《国民革命中之农民问题》演讲中提出："中国国民革命是要解决农民问题、土地问题"，"国民政府能够得到农民，则国民政府才能巩固，反对帝国主义的斗争才能得到胜利；真实拥护工农的党，才能够领导中国革命"，"忠实于革命的党人，要即刻拿出决心来制裁地主、买办、土豪、劣绅"。他还提出了"耕地农有""武装农民，组织农民自卫军""乡村的政权归农民，城市的也要有农民代表"① 等解决农民问题的具体办法。9月，毛泽东在总结农民运动经验的基础上提出："农民问题乃国民革命的中心问题，农民不起来参加并拥护国民革命，国民革命不会成功"，"所谓国民革命运动，其大部分即是农民运动"，② 解决农民问题已经不是宣传的问题而是要立即实行的问题。

1926年底，共产国际对中国革命中的农民问题的认识也发生变化。1926年10月，共产国际还指示中共："在占领上海以前，暂时不应加强土地运动"。但是，1926年12月，在共产国际执行委员会第七次扩大会议上，针对中国共产党、苏联共产党和共产国际一些人害怕发动农民运动会破坏国民革命统一战线的顾虑，斯大林批评"这是极端荒谬的"，相反，"把中国农民卷入革命愈迅速愈彻底，中国反帝国主义的战线就愈有力愈强大"③。根据斯大林的见解，会议做出的《关于中国形势问题的决议》指出："在目前革命发展的过渡阶段中，土地问题尖锐起来。这是目前形势的中心问题。对于这个基本问题持坚决态度并能给予彻底回答的那个阶级，将成为革命的领导者"。"为彻底消灭军阀，必须把占人口绝大多数的农民的经济和政治斗争作为反帝斗争的一部分来进行。担心农村阶级斗争的尖锐化会削弱反帝统一战线，这是没有根据的"。"惧怕资产阶级的某一部分势力会不坚决、不真诚

① 《瞿秋白文集（政治理论编）》第四卷，人民出版社1993年版，第393、394页。

② 《毛泽东文集》第一卷，人民出版社1993年版，第37、38页。

③ 中国社科院近代史所：《共产国际有关中国革命的文献资料（1919—1928）》第1辑，中国社会科学出版社1981年版，第270页。

地合作，而拒绝在民族解放运动的纲领里把土地革命问题提到显著地位，这是不对的。这不是无产阶级的革命策略。”① 虽然共产国际的指示没有明确指出没收地主土地分给农民，且把解决土地问题的希望仍主要寄托在国民政府身上，但是，毕竟提出了解决农民土地问题的重要性，并批评了以陈独秀、彭述之为首的中共中央的右倾机会主义错误。

然而，1927 年 1 月，中共中央在讨论共产国际这一指示时，发生了争辩。彭述之认为：“共产国际的指示同中央的政策，一般来说，区别不大!”彭述之的讲话引起一些“中央委员和瞿秋白同志的强烈反对，他们认为共产国际的指示和中央的活动根本不同。一部分同志表示强烈反对和不赞成机会主义的中央和某些负责工作人员”②。1927 年 2 月，瞿秋白在《中国革命之争论问题》一文中认为，共产国际《关于中国形势问题的决议》“不但引起许多中国革命里之根本问题的辩论，不但指示现时及将来的政策，而且也引起对于过去策略的研究”③。正是通过对当时和过去策略的研究，瞿秋白就中国革命若干基本问题提出了独创性看法。比如，他对 1926 年 7 月中共四届三中全会和 1926 年 12 月中共中央汉口会议反对发动和武装农民、禁止没收地主土地等错误政策给予了严厉批评，指出：“中国革命中的中枢是农民革命”，“耕地农有的基本口号是非常重要的”，“农民佃户亦许自己就要动手占据耕地。这种‘暴动’不是革命党人所怕的”；“农民委员会应当力争参与县政府之创造”，“是行动的权力机关”；“农民自己的武装现在更成紧急的问题了……在这革命斗争急遽的时期，决不可以机械的主张农民自卫军不可有常备军”；“和民族资产阶级的共同行动（联合战线），应当以不破坏农民中的工作为限度，过此限度，便有与民族资产阶级分道扬镳的天职”④。这就充分肯定了发动、组织和武装农民，彻底解决农民问题的必要性和紧迫性，并且在处理农民运动与统一战线关系方面，批评了党内一些人牺牲农民运动换取统一战线的右倾机会

① 中国社科院近代史所：《共产国际有关中国革命的文献资料（1919—1928）》第 1 辑，中国社会科学出版社 1981 年版，第 279、280 页。

② 中央档案馆：《中共党史报告选编》，中共中央党史出版社 1982 年版，第 239 页。

③ 《瞿秋白文集》（政治理论编）第四卷，人民出版社 1993 年版，第 434 页。

④ 《瞿秋白文集》（政治理论编）第四卷，人民出版社 1993 年版，第 512~515 页。

主义，针锋相对地提出了通过发展农民运动巩固统一战线、为了农民利益可以不惜同民族资产阶级分道扬镳的看法。

1927年3月，毛泽东通过对湖南农民运动的考察，写成了《湖南农民运动考察报告》，《报告》分析了中国各阶级对待国民革命的态度，特别强调了贫农的革命作用，指出："贫农大群众，合共占乡村人口百分之七十，乃是农民协会的中坚，打倒封建势力的先锋，成就那多年未曾成就的革命大业的元勋。没有贫农阶级（照绅士的话说，没有'痞子'），决不能造成现时乡村的革命状态，决不能打倒土豪劣绅，完成民主革命。"《报告》用大量的事实驳斥了地主、官僚和大资产阶级对农民运动的歪曲和诬蔑，不仅热情地赞扬了农民"组织农会""打击地主""建立农民武装""推翻土豪劣绅的封建统治""禁赌""清匪"和"修道路，筑塘坝"等14件大事，而且提出了彻底开展土地革命的必要性，指出："目前我们对农民应该领导他们极力做政治斗争，期于彻底推翻地主权力。并随即开始阶级斗争，期于根本解决贫农的土地及其他经济问题。"① 然而，毛泽东的报告并没有受到中共中央的重视，党的机关刊物《向导》还因陈独秀、彭述之等干涉没能将报告全文发表。但是，毛泽东的报告在中共湖南区委机关刊物《战士》周刊上得以全文刊载，瞿秋白给予高度评价。报告以《湖南农民革命》为名出版了单行本，瞿秋白为之作序。

1927年春夏之交，国民党右派和反动军官纷纷背叛革命使国民革命处在危急关头，共产国际和陈独秀为首的中共中央虽然已认识到发动农民革命、满足农民土地要求的必要性，但仍只执行有限的、不彻底的土地革命政策。1927年5月，陈独秀在中共五大的报告中说："目前，农民运动已经到了解决土地问题的时刻"，但"目前就没收一切地主的土地，毕竟是太激进了"，"过去，我们党限制了农民运动，而现在必须没收大地主和中等地主的土地。不过对于小地主的土地是不能动手没收的。在国民革命中，我们需要小资产阶级。小地主属于小资产阶级，因此，我们必须向他们作某些让步"②。中共五大经过激烈的

① 《毛泽东选集》第一卷，人民出版社1991年版，第21、33页。

② 中共武汉市委党史研究室、中共五大会址纪念馆：《中国共产党第五次全国代表大会》，中共党史出版社2007年版，第49页。

争论，通过了《政治形势与党的任务议决案》和《土地问题议决案》，指出："广东之失去，表现出革命只扩大而不深入的危险"，"为农民问题之解决"，必须"无代价的没收地主租与农民的土地，经过土地委员会，将此等土地交诸耕种的农民"。但是，决议又规定："属于小地主的土地不没收"；"革命军人现时已有的土地可不没收"[①]。同月，共产国际《关于中国问题决议案》及其给在华鲍罗廷、罗易等"五月紧急指示"也仍然强调"对手工业者、商人和小地主作出让步是必要的，同这些阶层联合是必要的。只应没收大、中地主的土地，不要触及军官和士兵的土地。如果形势需要，暂时可以不没收中地主的土地"[②]。直到 1927 年 7 月，根据共产国际指示改组成立的中共临时中央常委才认识到："我们的党只有坚决的站在这个土地革命的立场，才能领导这一革命潮流前进"，并提出和要求实施"没收大地主土豪劣绅及反革命的土地""实现耕者有其田""打倒土豪劣绅""实现乡村农会政权""实行农民武装"[③] 等口号。

(2) 对待资产阶级的态度。

中国的资产阶级划分为官僚买办资产阶级和民族资产阶级两部分，前者是革命的对象，后者是革命的动力之一，既具有革命性，又具有妥协性和动摇性。无产阶级应当联合民族资产阶级共同革命，同时又要对其妥协性和动摇性展开斗争。中国共产党诞生时，将资产阶级一概当做革命的对象。1922 年 7 月，中共二大提出反帝反封建民主革命纲领时，对资产阶级开始笼统地实行联合政策。1923 年 2 月，陈独秀认识到中国的资产阶级划分为三部分："(一) 是革命的资产阶级，他们因为封建军阀及国际帝国主义妨碍大规模的工商业发展而赞成革命……(二) 是反革命的资产阶级，他们因为素来是依靠外人的恩惠及利用国家财政机关与军阀官僚势力，造成了畸形的商业资本，专以卖国行为增加他们货币的富，他们自然而然要依附军阀管理及帝国主

① 中共中央文献研究室、中央档案馆：《建党以来重要文献选编》第 4 册，中央文献出版社 2011 年版，第 181、194 页。

② 中共中央党史研究室第一研究部：《共产国际、联共（布）与中国革命档案资料丛书》第 4 册，北京图书馆出版社 1998 年版，第 299 页。

③ 中共中央文献研究室、中央档案馆：《建党以来重要文献选编》第 4 册，中央文献出版社 2011 年版，第 358 页。

义的列强而反对革命，他们也可以叫做官僚的资产阶级……（三）是非革命的资产阶级，他们因为所营的工商业规模极小，没有扩大的企图，没有在政治上直接的需要，所以对于民主革命恒取消极的中立态度，这种小工商业家，在小资产阶级的中国社会居最大多数”。这一分析是比较科学的，可惜的是，陈独秀没有进一步指出无产阶级应当对三部分资产阶级分别实行什么样的政策，而是指出中国国民党“应该一方面容纳革命的资产阶级，为他们打倒妨碍工商业发展的一切军阀，并且为他们排除援助军阀而又压迫中国工商业的国际帝国主义者……一方面也应该提携中立的小资产阶级，引导他们上革命的路，增加革命的势力；至于那班反革命的官僚资产阶级，实是中国真正资产阶级发展之障碍，绝对不可和他们妥协”①。这一认识对于促进国共合作，推动国民党改组和革命具有重要价值。然而，由于国民党基本上是一个资产阶级政党，改组后的国民党虽然是工人、农民、小资产阶级和民族资产阶级的联盟，还不乏地主和官僚买办资产阶级，且实权仍掌握在资产阶级手中，陈独秀提出国民党对三类资产阶级应分别采取不同政策，避而不谈无产阶级的政策，实际上是对革命领导权的忽视。

国共合作促进了国共两党的发展，开创了国民革命的新局面。同时，革命阵营内部的斗争也不断升级，尤其是国民党新老右派的分裂活动日趋严重。而共产国际和中国共产党占主导地位的指导思想是对资产阶级实行退让政策，把国民革命的希望寄托在国民党身上。针对当时党内存在的右倾机会主义，1925 年 12 月，毛泽东发表《中国社会各阶级的分析》一文，对中国资产阶级做出了精辟的分析，认为地主阶级和买办阶级，特别是大地主阶级和大买办阶级“代表中国最落后的和最反动的生产关系，阻碍中国生产力的发展……是极端的反革命派”；中产阶级，即民族资产阶级，“对于中国革命具有矛盾的态度：他们在受外资打击、军阀压迫感觉痛苦时，需要革命，赞成反帝国主义反军阀的革命运动；但是当着革命在国内有本国无产阶级的勇猛参加，在国外有国际无产阶级的积极援助，对于其欲达到大资产阶级地位的阶级的发展感觉到威胁时，他们又怀疑革命”；小资产阶级的右翼“对于革命取怀疑的态度”，大概占小资产阶级人数一半的中间力量对

---

① 任建树主编：《陈独秀著作选编》第三卷，上海人民出版社 2009 年版，第 36 页。

革命“取了中立的态度，但是绝不反革命”，小资产阶级的左翼则是革命的。因此，无产阶级是革命的领导力量，“一切勾结帝国主义的军阀、官僚、买办阶级、大地主阶级以及属于他们的一部分反动知识界，是我们的敌人”，小资产阶级“是我们最接近的朋友。那动摇不定的中产阶级，其右翼可能是我们的敌人，其左翼可能是我们的朋友——但我们要时常提防他们，不要让他们扰乱了我们的阵线”①。毛泽东不仅对资产阶级的经济地位及其革命态度作了划分，而且指出了无产阶级对待不同资产阶级应采取的不同政策。这比较系统地初步探讨了中国革命由谁领导、依靠谁、团结谁、革谁命等问题。遗憾的是，毛泽东的正确主张并没有立即被共产国际驻华代表和中共中央接受。从1926年初到1927年4月，共产国际和中共中央对国民党新老右派仍执行的是右倾退让政策。

1927年4月，蒋介石发动“四一二”反革命政变后，共产国际和中共中央仍没有对资产阶级作出科学的划分，进而制定出正确的政策，都认为“四一二”反革命政变是整个资产阶级背叛革命的标志，并根据苏联革命的经验和斯大林的革命三阶段理论，认为中国革命已进入新的阶段，新阶段的革命是工人、农民和小资产阶级的联合革命，资产阶级已成革命对象。5月，在中共五大上，共产国际代表罗易强调：资产阶级已“背离了革命阵线，并转而反对革命”，“已经脱离革命，客观上已沦为帝国主义的工具”，工人、农民和小资产阶级“已成了社会主义斗争的力量”②。陈独秀在五大上所作的报告中虽然说：“买办和民族资产阶级就是资产阶级的右翼和左翼”，二者对待革命和工农运动的态度是不同的，“因此，我们对资产阶级的策略是很复杂的”，蒋介石发动“四一二”反革命政变后，“我们不能确切地肯定说，是否整个资产阶级都脱离了革命，但有一点是清楚的……大部分资产阶级背叛了革命”、“百分之九十九的资产阶级脱离了革命”③。会议通过的《宣言》和《职工运动议决案》说：“蒋介石及其部下的行动”“决非个人

---

① 《毛泽东选集》第一卷，人民出版社1991年版，第4~9页。

② 罗伯特·诺思、津尼亚·尤丁编著，王淇等合译：《罗易赴华使命》，中国人民大学出版社1981年版，第222、224页。

③ 中共武汉市委党史研究室、中共五大会址纪念馆：《中国共产党第五次全国代表大会》，中共党史出版社2007年版，第47、48、50页。

的行动，乃是代表了一个阶级——民族资产阶级”，“‘中国资产阶级’已经背叛了”，“中国的国民革命已经冲破了资产阶级式的民权主义之限制”，因此决定采取坚决抛弃、完全与资产阶级决裂的政策，“要极力从政治上经济上向资产阶级勇猛的进攻，一直到要求没收一切银行、矿山、铁路、轮船、大企业、大工厂等归国有的实现”①。

可见，国民革命后期，共产国际和中共中央在对待资产阶级的问题上，没有能够真正区分官僚买办资产阶级和民族资产阶级，把代表官僚买办资产阶级的蒋介石集团当做整个资产阶级的代表，因而把蒋介石背叛革命看做整个资产阶级背叛革命，进而把整个资产阶级当做革命对象。同时，把同是代表资产阶级的汪精卫集团当做小资产阶级的代表，把国民革命的希望转而寄托在以汪精卫为首的武汉国民党中央和国民政府身上。

1927 年春夏之交，汪精卫集团日渐反动，共产国际和中共中央继续执行妥协退让政策，甚至不惜以退出国民政府、限制工农运动等换取汪精卫集团进步和继续革命。瞿秋白、蔡和森、毛泽东和任弼时等一再向中共中央提出，通过放手发动和武装工农群众、深入开展土地革命、回击夏斗寅和许克祥叛乱等，制止汪精卫集团的动摇和倒退，但是，这些正确主张一直没有被共产国际和中共中央采纳，直至国民革命失败。

4. 中国革命的规律和发展阶段

中国革命必须分“两步走”，第一步是新民主主义革命，第二步是社会主义革命，前者是后者的必要准备，后者是前者的必然趋势，两次革命之间是新民主主义共和国，而不是资产阶级共和国。中国共产党对这一规律和发展阶段的认识经历了曲折的探索。1921 年 7 月，中共一大通过的第一个纲领提出，党的任务是推翻资产阶级的政权，实行无产阶级专政。1922 年 7 月，中共二大制定了反帝反封建的民主革命纲领，认识到中国革命的第一步是民主主义革命。但是，对中国革命的前途、领导力量及其同未来社会主义革命的关系等没有做出深入

① 中共中央文献研究室、中央档案馆：《建党以来重要文献选编》第 4 册，中央文献出版社 2011 年版，第 218、220、196、197 页。

的分析。之后，关于民主革命与社会主义革命关系的认识在共产国际、中共党内等一直存在争议。

在酝酿国共两党第一次合作期间，尤其是1923年2月“二七”惨案发生后，以陈独秀为代表的中共中央，对工人阶级力量的估计过于悲观，进而把中国民主革命的希望寄托在以中国国民党为代表的资产阶级身上，主张由国民党“统率革命的资产阶级，联合革命的无产阶级，实现资产阶级的民主革命”，并认为“民主革命的成功诚然是资产阶级的胜利”，“幼稚的无产阶级目前只有在此胜利之奋斗中……获得若干自由及扩大自己能力之机会”，等到在资产阶级统治下劳资矛盾激化时，共产党再领导工人阶级推翻资产阶级的统治，建立无产阶级专政。[①] 这就是中国革命步骤问题上的“二次革命论”。在一段时间内，这是中共党内比较有代表性的看法。如1926年蔡和森曾回忆说：第一次工人运动的高潮掀起后，“我党同志当时都抱乐观态度，以为可以不经过国民革命而无产阶级革命可以马上成功……但‘二七’失败却不同了，马上在工人阶级中引起失望，特别是京汉的工人，因此影响到党内的思想发生变化，实现悲观，对劳动运动怀疑”；1930年2月，李立三也回忆说：“党从第一次大会到‘二七’运动是一个段落，这一时期中党的政治口号是社会革命万岁，主张直接无产阶级革命”，“‘二七’运动的失败，给党一个大的转变”。[②] 1924年12月，彭述之在《谁是中国国民革命之领导者?》一文中坚持无产阶级“天然领导权说”，同时强调：无产阶级“一方面须极力领导国民革命，推进国民革命到底；另一方面又须准备将来之无产阶级革命”[③]。这一看法，在革命领导权和步骤问题上，实质上也是“二次革命论”。

而以瞿秋白为代表的中国共产党人始终坚持毕民主革命和社会主义革命于一役的“一次革命论”，或接连完成的“不断革命论”。1923年9月，瞿秋白以“中国国民革命与世界社会革命合流直达社会主义”为标题，探讨了“中国现时的状况究竟在社会进化史上占何等阶段，社会运动的趋势和民权革命的方向及两者之间的关系”等问题，提出：

---

① 任建树主编：《陈独秀著作选编》第三卷，上海人民出版社2009年版，第37页。

② 中央档案馆：《中共党史报告选编》，中共中央党校出版社1982年版，第46、216、217页。

③ 蔡尚思主编：《中国现代思想史资料简编》第2册，浙江人民出版社1982年版，第658页。

中国资产阶级性质的国民革命“非借重国际的及国内的无产阶级不可”，“劳工阶级在国民革命的过程中因此日益取得重要的地位，以至于指导权”，“劳工阶级的最后目标在社会主义，那么，到国民革命的最高度，很可以与世界革命合流而直达社会主义”①。

1926年底，共产国际执行委员会第七次扩大会议研究了中国革命问题，对中国革命的领导力量、基本动力和主要形式等提出了若干正确意见。1927年1月，在共产国际指示的启发下，瞿秋白、蔡和森等在中共中央政治局扩大会议上同陈独秀、彭述之等右倾机会主义展开了争论，经过“详细的讨论和辩难之后”，中共中央承认：“在今日以前，我们有一个根本错误，乃死守着数千年以来形式逻辑头脑的错误，即是我们自己头脑中，把国民革命和无产阶级革命之间划了很大的‘天然的不可以人力逾越的’一道鸿沟，以为今天只能做国民革命，无产阶级革命至快也要到明天早晨……仿佛多做一点便违反了革命铁律”，但是，如果“把国民革命和无产阶级革命截然划分为毫不衔接的两个时期”，以为“我们的革命还在将来，现在只是参加或帮助他们资产阶级的革命”，那么，争取无产阶级的领导权“都成了好听的一句空话”，必然“断送国民革命”。中国革命的时代、性质、领导力量和主体等决定“中国国民革命前途之发展，得超过资产阶级的民主革命……不必再造成发展资本主义的政治环境，而是要造成从资本主义过渡到非资本主义（社会主义）之政治环境；即是不断的努力，由现在的国民政府做到工人农民及其他被压迫阶级的民主独裁制，集中铁路、航业、矿山、大工业于国家机关支配之下，以行向社会主义”②。如前述及，共产国际指示和中共中央对共产国际指示的解释，虽然批评了“二次革命论”，批评了认为无产阶级只是帮助资产阶级革命的错误观点，强调无产阶级的革命领导权，指明了中国革命的非资本主义前途。但是，共产国际和中共中央仍坚持一切革命活动均要国共合作、依靠国民党中央和国民政府来实现，实际上还是陷入空想。同时，并没有认清资产阶级民主革命与社会主义革命必须分“两步走”的关系，

① 《瞿秋白文集（政治理论编）》第二卷，人民出版社1988年版，第210、211、221页。

② 中共中央文献研究室、中央档案馆：《建党以来重要文献选编》第4册，中央文献出版社2011年版，第19~20页。

提出“革命是活的，不像演剧和做影戏，必须演完这一幕才能开演那一幕”。这表明共产国际和中共中央还没有完全摆脱“二次革命论”的束缚，就陷入了毕民主革命和社会主义革命于一役的“一次革命论”的误区。

之后，一些中国共产党人继续探索中国革命规律和发展阶段问题，也取得了一些成果，但是，直到国民革命失败，始终只在“一次革命论”和“二次革命论”中作选择。如1927年2月，瞿秋白在《中国革命之争论问题》中批评了彭述之的“永续革命说”，也就是陈独秀的“二次革命论”，认为该学说是“必须中国有第二次革命的思想”，提出：“中国革命既以农地革命为中枢，又系反帝国主义的强有力的军队，自然应当从国民革命生长而成社会革命——就是‘一次革命’直达社会主义，‘从民权主义到社会主义’！可见中国现时的革命，既是资产阶级的，又不是资产阶级的，既不是社会主义的，又的确是社会主义的，这‘一次革命’的胜利终究是社会主义。”[①] 1927年5月，瞿秋白在《中国革命之三大问题》中又说：“如果无产阶级取得革命领导权，则将保证资产阶级民权革命之过程中的一切任务可以得到彻底的解决，同时，更保证这一革命能直接转变到社会主义的革命。”[②] 中国共产党人对中国革命步骤问题，即民主革命与社会主义革命关系问题的认识，直到抗日战争时期才达到科学水平。

5. 中国革命的主要形式

半殖民地半封建的中国外无主权，内无民主，革命没有走和平的、合法的议会道路的可能，只能走暴力夺取政权的道路。因此，武装斗争是中国革命的主要形式，这也符合马克思主义暴力革命的学说。如前述及，在中国共产党创立的过程中，马克思主义者内部曾就中共党员能否到旧政府中任官、能否参与议会等发生过争论，这实质上也是革命形式之争。1921年7月，中共一大通过的纲领提出：“革命军队必须与无产阶级一起推翻资本家阶级的政权。”[③] 这里虽然没有明确提出

---

① 《瞿秋白文集（政治理论编）》第四卷，人民出版社1993年版，第487、484页。

② 《瞿秋白文集（政治理论编）》第四卷，人民出版社1993年版，第590页。

③ 中共中央文献研究室、中央档案馆：《建党以来重要文献选编》第1册，中央文献出版社2011年版，第1页。

无产阶级必须建立并掌握军队，但是，包含着武装夺取政权的思想。此后，中国共产党人对中国革命主要形式的认识在波折探索中前行。1922年8月，中共杭州特别会议后，中国共产党在坚持以武装斗争推翻帝国主义和封建军阀反动统治的前提下，也曾赞同和支持利用议会推进国民革命，并把召开国民会议和掌握武装的希望寄托在中国国民党身上。如1923年6月，直系军阀曹锟发动政变，驱逐傀儡总统黎元洪，实行独裁统治，引起全国人民的强烈反对。国内各政治派别纷纷提出“拥护黎元洪”“拥护段祺瑞”“国会南迁及制宪”“西南联省自治”和“借助列强”等政治主张。8月，中国共产党发表第二次《对于时局之主张》，提出：“只有国民会议才能代表国民，才能够制定宪法，才能够建立新政府统一中国”，并主张“由负有国民革命使命的国民党，出来号召全国的商会、工会、农会、学生会及其他职业团体，推举多数代表在适当地点，开一国民会议”，成立新的国民政府，“以真正国民革命的势力，扫荡全国军阀及援助军阀的外国势力”①。1924年10月，冯玉祥在北京发动政变，囚禁了直系总统曹锟，电邀孙中山北上共商国是。全国人民强烈要求召开国民会议，制定宪法，建立民主共和政权。中国共产党和国民党都认为解决时局的办法是召开国民会议，并在全国掀起国民会议运动。11月，中国共产党发表的第四次《对于时局之主张》提出：“挽救此迫在目前的危机之方法……乃是本党去年北京政变时所主张的及中国国民党现在所号召的国民会议”，“我们希望国民党领袖们努力号召全国人民的团体，促成此国民会议”，成立“临时国民政府——号令全国的唯一政府”②。差不多同时，陈独秀提出：“这个会议无论将来成功或失败，眼前便给我们以民众的政治活动之机会”，不过“中国的一切政治局面，都是各帝国主义者及各派军阀暗斗明争循环起伏的局面，只有革命的大民众之长期的暴动，打破此循环仍旧的局面，别开一新局面，是唯一出路……宣传群众，组织民众，训练民众，领导民众，对于一切帝国主义一切军阀，不放过

① 中共中央文献研究室、中央档案馆：《建党以来重要文献选编》第1册，中央文献出版社2011年版，第289页。

② 中共中央文献研究室、中央档案馆：《建党以来重要文献选编》第2册，中央文献出版社2011年版，第169、170页。

每个争斗；这是国民党的政治态度所应取之上策"[1]。

这期间，部分中国共产党人因痛恨军阀混战、突出强调宣传动员群众的重要性等，表现出轻视军事运动的倾向，认为军事运动是夺取革命最后胜利阶段才要做、才能做的事。如1924年10月，林根在《军事运动与革命》一文中说："就我们中国的现状看来，我们的革命运动离军事行动尚远，我们目前的急务不是在军事运动，而是在向被压迫的民众宣传"，"军事运动是革命势力将要成就的时候的事，革命将待爆发，接着于是有乘机而起的直接的军事运动"[2]。1924年11月，恽代英在《军事运动问题（通信）》中说："多做宣传、组织、训练工作，是比军事运动十百倍重要的事。"[3] 在《怎样进行革命运动》一文中批评一些青年参加军事运动是性急行为，说"有些性急的青年，愿意去运动军队……要参加大刀会，参加反直系的战争"，"愿意去抛炸弹，行暗杀……然而事实又每证明这完全是空想"[4]。

国民革命的绝大多数时期内，中国共产党、共产国际、联共（布）和中国国民党都持武装推翻帝国主义和封建军阀在中国统治的主张，即对中国革命主要形式是武装斗争的看法分歧不大。分歧在于由谁来领导和掌握武装。国民党各派别自然主张由国民党掌握军权。以陈独秀为首的中共中央和共产国际也认为，中国当下的革命是资产阶级民主革命，理当由资产阶级通过国民党领导武装，无产阶级夺取政权的阶段还没有到来，党无需直接掌握军队，应当以主要精力去从事民众运动；党员可以而且应当到军队里去做政治工作，帮助国民党搞好军队建设，但自己不能担任军官，否则有变成"新军阀"的危险。但是，毛泽东、陈延年、周恩来、瞿秋白等中国共产党人在国民革命中逐渐认识到无产阶级直接掌握武装的必要性，并同国民党右派、陈独秀右倾机会主义进行了斗争。

1926年1月，国民党在广州召开二大时，陈延年、周恩来等"计划给蒋介石以回击"，要求撤出国民革命军第一军的共产党员，另外成

---

① 任建树主编：《陈独秀著作选编》第三卷，上海人民出版社2009年版，第395、393页。

② 中共中央书记处：《六大以前——党的历史材料》，人民出版社1980年版，第195、196页。

③ 郝赫：《恽代英年谱新编》，中国文史出版社2005年版，第107页。

④ 《恽代英文集》上卷，人民出版社1984年版，第594页。

立“国共两党合作的军队”①。3月，中山舰事件发生后，毛泽东等主张依靠共产党领导的叶挺独立团，联合其他国民革命军，武力讨蒋。但是，这些设想都因受到共产国际、联共（布）在华代表和陈独秀等人的反对而未果。1926年5月至9月，毛泽东主持第六届农民运动讲习所时，要求学员注重研究中国革命的基本问题——农民问题，并拟定地租率、抗租减租、主佃关系等36个调查题目，让学员进行专门研究。毛泽东十分强调用武装斗争思想教育学员，军事学习和训练时间占全部课时的三分之一。

1926年12月，在共产国际执行委员会第七次扩大会议上，斯大林提出：“中国的革命军队是中国工农争取自身解放的极重要的因素”，“在中国，和旧政府的军队对抗的，不是没有武装的人民，而是以革命军队为代表的武装的人民。在中国，是武装的革命反对武装的反革命。这是中国革命的特点之一和优点之一”②。斯大林虽然仍坚持认为中国革命的武装应由国民党和国民政府掌握，但这一思想对正在探索中国革命道路的一些中国共产党人以深刻的启发。1927年2月和5月，瞿秋白在《中国革命中之争论问题》《中国革命之三大问题》中不断强调工农掌握武装的必要性，提出：“革命军队应当由工人阶级去努力争取：因为只有这个方法最有利于造成‘自上而下’的协助农民运动之发展”；“军队是民族资产阶级手中最有力的工具，劳农平民决不能放任他永久的握住这些武力；劳农平民应当取得这些武力，然后能直接建立革命的独裁制。至于工人自己的武装，也已经非常之需要”；“以前所谓领导权仅仅指群众运动中的领导权，政权和军权是在无产阶级领导之外的……现在无产阶级应当参加革命的政权，应当指导革命中的武力”。③

1927年5月，在中共五大上，不顾党内一些同志的反对，陈独秀等仍主张中国共产党不要直接掌握军队。他虽然也说“今后我们需要大大加强用无产阶级分子来补充军队的工作”，应当“改组军队”，但他所谓

---

① 《周恩来选集》上卷，人民出版社1980年版，第119页。

② 蔡尚思主编：《中国现代思想史资料简编》第2册，浙江人民出版社1982年版，第266、267页。

③ 《瞿秋白文集（政治理论编）》第四卷，人民出版社1993年版，第523、524、594页。

的改组军队只是动员和组织工农加入军队，以减少军队中流氓无产者和地主分子的比重，实现军队革命化，“不是把大多数左派和共产党员派到军队里去”① 掌握军队。遗憾的是陈独秀的意见被中共五大接受。

1927 年 5 月，共产国际和联共（布）在“五月紧急指示”中要求中国共产党“消除对不可靠将领的依赖性。要动员两万共产党员，再加上来自湖南、湖北的五万革命工农，组建几个新军。要利用军校学员做指挥人员，要组建自己可靠的军队”②。这同过去只允许共产党人“研究军事”、在军队专做政治工作相比，大大前进了一步。但是，此时，共产国际和联共（布）仍把中国革命的希望寄托在以汪精卫为首的武汉国民党中央和国民政府身上，反对中国共产党退出国民党独立领导中国革命。同月，夏斗寅叛乱发生后，蔡和森等建议扩大工人纠察队，并要求国民党中央发给枪支，汪精卫曾口头答应发枪 2 000 支，中共湖北省委也计划扩大工农武装。但是，陈独秀等认为这将造成工人力量同国民政府的对立，不同意扩大工农武装，也拒绝接受武器。不久，“马日事变”发生，中共湖南临时省委决定调动长沙附近 10 余县农民武装进攻长沙，但是，以陈独秀为首中共中央和鲍罗廷等选择了依靠武汉国民党和国民政府和平调解事变的方针，农民军被迫撤退，并遭受反革命武装的摧残。6 月 4 日，在罗易和其他一些中国共产党人的要求下，中共中央致信武汉国民党中央，要求国民政府“明令宣布长沙叛徒许克祥等所组织之委员会系反革命，并令军队联合革命的民众共同推翻之”，“明令宣布工农组织及共产党在湖南得享完全的自由”，“武装农民以防御反革命叛乱之发生”③ 等。6 月 28 日，中共中央政治局开会讨论应对李品仙、何健等反动军官要求共产党员退出国民党和国民政府、解散一切工农武装和组织的对策，会上发生了激烈的争论，最终鲍罗廷和陈独秀等妥协主张占据上风，会议决定解散工人纠察队和童子团等民众武装。

中国共产党的忍让和妥协，换来的不是国民党右派、地主、军阀

---

① 中共武汉市委党史研究室、中共五大会址纪念馆：《中国共产党第五次全国代表大会》，中共党史出版社 2007 年版，第 52、54 页。

② 中共中央党史研究室第一研究部：《共产国际、联共（布）与中国革命档案资料丛书》第 4 册，北京图书馆出版社 1998 年版，第 299 页。

③ 中共中央文献研究室、中央档案馆：《建党以来重要文献选编》第 4 册，中央文献出版社 2011 年版，第 287 页。

的觉醒和进步，而是反动派对共产党人和工农群众更加疯狂的屠杀和迫害。面对危急的革命形势，瞿秋白、蔡和森、毛泽东和李立三等越发认识到武装反抗国民党右派和反动军阀背叛革命、屠杀工农的必要性和紧迫性，中国共产党高层的争论也趋于白热化。1927 年 6 月中旬，毛泽东在会见革命群众时提出，城市站不住，就到农村去，山区的人上山，滨湖的人上船，拿起枪杆子进行斗争，武装保卫革命。7 月初，在中共中央会议上，他又提出了农民武装上山保存革命力量的思想，指出："上山可以造成军事势力的基础"，"不保存武力则将来一到事变我们即无办法"。随后，毛泽东又同蔡和森讨论后认为，武汉形势已十分危急，不能坐以静待人家来处置，于是致信中共中央政治局常委："提议中央机关移设武昌，同时中央及军部应即检查自己的势力，做一军事计划，以备万一"①。但是，这些意见都没有受到陈独秀和中共中央的足够重视，使得一些中国共产党人争取武装斗争的努力失败。1927 年 7 月中旬，根据共产国际指示改组成立的中共临时中央常委毅然决定武装保卫革命力量、武装反抗国民党反动派，制定并着手发动了南昌起义和秋收起义等，踏上了武装夺取政权的革命道路。

（四）国民革命中的论争与马克思主义中国化

国民革命时期，中国共产党、共产国际和联共（布）内部，及其同国民党新老右派、国家主义派等就国共两党关系、改造中国之主义、中国革命基本问题等产生的争论错综复杂。从马克思主义中国化和中国共产党成长的角度看，这些论争表现出以下阶段性特点：一是论争围绕国共关系展开。共产党如何处理同其他党派的关系，尤其是在资产阶级民主革命中怎样处理同资产阶级政党的关系，是马克思主义政党面临的普遍性课题，在中国具体表现为怎样处理国共关系。国民革命时期，不论是国共之间还是马克思主义者内部，争论基本是围绕国共两党关系展开的。而国共两党关系的论争，实质是由谁来领导中国革命的论争；马克思主义者反对国家主义派的论争，实质也是由谁来

① 中共中央文献研究室：《毛泽东年谱（1883—1949）》（上），中央文献出版社 2005 年版，第 203、205 页。

领导中国革命的论争。该问题是区分新旧民主革命的根本性问题，内在地包含了革命的指导思想、任务和前途等。二是论争具有明显的两面性，甚至负面影响大于积极作用。国民革命时期的众多论争对马克思主义中国化既产生了积极的作用，也造成了负面的影响，是导致国民革命失败的原因之一。概括来说主要有：

第一，论争推动了马克思主义的研究和传播。

关于国共两党关系、中国革命基本问题等争论，不论发生在中国共产党内，还是发生在中国共产党同共产国际、联共（布）、国民党新老右派和国家主义派之间，为了说服对方，中国共产党人都努力学习马克思主义，运用马克思主义基本原理来分析中国革命实际，并通过发表文章、举行演讲、发布通告等多种形式阐明自己的主张，剖析和批驳对方的观点。这就极大地推动了中国马克思主义者学习和研究马克思主义，不仅提高了自身的马克思主义理论素养，而且在中国传播了马克思主义。如上所述，为了揭露国家主义派代表大地主和买办资本家的阶级本质，马克思主义者和共产党人努力学习研究并用马克思主义阶级斗争学说分析中国劳资关系和阶级对立，在《赤光》和《向导》等刊物发表了大量批评国家主义派对文章。再如，中国共产党人在国民党代表大会、中央全会等场合批驳国民党右派，实际上是在国民党内宣传了马克思主义，使更多的中国国民党人了解了马克思主义，甚至接受马克思主义。1927 年夏，国民革命失败后，徐特立、朱德等国民党人选择了加入中国共产党、反抗国民党反动统治的革命道路，这同他们在国民革命时期对共产党政治主张和马克思主义的认识密不可分。中国共产党人在反对国家主义、戴季陶主义的过程中，阐明了唯物史观、阶级斗争、工农民主专政等马克思主义基本原理。另外，共产国际、联共（布）及其来华代表为了指导中国革命和说服中国共产党人、批评国民党右派等，也将马克思列宁主义、斯大林主义等介绍到中国，从而推动了马克思主义在中国的传播。

第二，论争维系了国共合作并推进了国民革命的发展。

国民革命是中国共产党诞生后，中国共产党人以马克思主义指导中国革命的一次大尝试，也是马克思主义中国化的实践运动。国共合作是国民革命统一战线的基础，也是国民革命兴起和发展的组织条件。国民革命时期，中国共产党、共产国际和国民党左派等反对国民党新老右派的斗争，就是维护国共合作、反对右派反共分裂活动的斗争。尽管国民革命最终因国民党右派背叛革命、帝国主义从中破坏和共产党力量弱小等原因而失败，但是，在一定历史阶段内，中国共产党和国民党左派的不懈斗争，驳斥了国民党右派对中国共产党党员、青年团员加入国民党动机的污蔑，制止了国民党右派，特别是西山会议派分裂国共合作的阴谋，从而维系了国共两党在孙中山逝世、廖仲恺遇刺之后的继续合作，推进了广东革命根据地的统一和巩固、南方工农运动的复兴和北伐战争的胜利进军。即通过论争、斗争维系并发展了以国共合作为基础的国民革命统一战线，进而推进了国民革命的阶段性发展。

中国共产党和中国共产党人是马克思主义中国化的主体。国共两党第一次合作既推动了国民党组织的大发展，也促进了中国共产党及其队伍的壮大。1923 年 6 月至 1927 年 7 月，中国共产党党员人数由约 420 人发展到近 6 万人。更重要的是，在同国民党右派的斗争中，涌现出瞿秋白、毛泽东、萧楚女、恽代英等一大批善于运用马克思主义分析解决中国革命实际问题，且具有实践斗争经验的中共领导人，为当时和后来的马克思主义中国化培育了骨干力量。

国家主义派成立中国青年党的目的就是要反共反苏，同共产党争夺革命群众，尤其是革命青年。中国共产党人揭露国家主义派反共反苏的本质，教育和争取了群众，尤其是革命青年。早在国家主义派酝酿形成阶段，少年中国学会会员、留法勤工俭学学生、马克思主义者和中国共产党人等同国家主义派的斗争，就曾帮助很多青年摆脱了国家主义派的迷惑，转而选择了三民主义或社会主义。1925 年以后，中国共产党人同国家主义派的斗争和争论，揭露了国家主义派的反动本质，使很多革命群众和青年支持国民革命，甚至加入中国共产党，既削弱了敌对势力，又增强了革命力量，同样推动了国民革命的发展。

第三，论争提出了新民主主义革命的基本思想。

中国革命的领导权、动力、任务、性质和前途等问题是中国革命的基本问题。国民革命时期，中国共产党、共产国际和联共（布）在领导中国革命的过程中，在同国民党新老右派、国家主义派的争论和斗争中，对这些基本问题都进行了有益的探索。例如，在批驳国家主义派和戴季陶主义所谓“共产主义不适合中国”“三民主义同共产主义不相容”等论调时，探讨了中国革命必须坚持以马克思主义为指导的必要性，以及共产主义和三民主义、共产党人近期目标与最终目标、资产阶级民主革命与社会主义革命的关系等。在批驳国家主义派和戴季陶主义所谓“全民革命”“中国没有劳资对立”等论调时，再一次阐明了阶级斗争学说的科学性，中国革命的领导权、动力和前途等。同时，中国共产党内反对陈独秀右倾机会主义的争论，也探讨了中国革命的性质、任务、前途、领导权和对象等基本问题。

国民革命时期，经过中国共产党党内外的争论，以瞿秋白、毛泽东、蔡和森等为代表的中国共产党人认识到：中国革命的领导阶级只能是工人阶级；农民阶级是工人阶级天然的同盟军，是中国革命人数最多的动力，工人阶级应领导农民成立协会，建立武装，夺取乡村政权，开展土地革命；小资产阶级中的左翼和中派也是革命的动力，右翼有参加革命的可能；资产阶级可以划分为官僚买办资产阶级和民族资产阶级，前者是革命的对象，后者既具有革命性又具有妥协性；中国革命的对象是帝国主义、封建军阀和官僚买办资产阶级；革命的性质是资产阶级民主主义革命；革命的前途是非资本主义的，是革命大众的联合专政。这些思想尽管并不完善，也没有在中共中央占据统治地位，但是，它们已经初步构成了新民主主义革命的基本思想，对后来的土地革命战争的兴起发挥了指导作用。新民主主义革命基本思想的提出和初步形成，标志着马克思主义中国化第一次历史性飞跃的开始，中国化的马克思主义第一个阶段性理论成果——毛泽东思想已经萌芽。

第四，论争遗留了新民主主义革命的深刻教训。

国民革命时期，中国共产党人对待国民党右派态度、关于国共两党关系等争论在推进国民革命、促进马克思主义中国化不断取得理论成果的同时，也留下了深刻的教训。譬如：以陈独秀为代表的中共中央试图通过让步妥协换取右派的进步、陈独秀多次提议共产党退出国民党独立领导中国革命的意见都没有被共产国际批准、陈独秀对待党内不同意见常常采用家长制手段予以压制、中国共产党还不能妥善处理独立自主与听从共产国际指挥的关系等，这些对国民革命时期的马克思主义中国化产生了诸多不利影响。当然，总结并吸取历史教训，以史为鉴又是后来推进马克思主义中国化的因素之一。

鉴于共产国际代表和陈独秀右倾机会主义压制党内不同意见，导致国民革命失败，大批共产党人和工农干部被惨遭杀害的深刻教训，使得部分中国共产党人认识到建立自己武装和政权，走武装夺取政权道路的必要性，也认识到处理同资产阶级关系时，特别是同其建立统一战线时，必须保持自己组织和宣传的独立性，并争夺统一战线的领导权。因此，国民革命失败后，面对国民党反动派的血腥屠杀政策和白色恐怖统治，中国共产党立即领导工农群众选择了武装革命的道路；抗日战争时期，尽管王明有共产国际支持的背景，但是，他的右倾机会主义在不到一年的时间里就被以毛泽东为代表的中国共产党人所否定；还是在抗日战争时期，蒋介石千方百计地削弱共产党及其领导的抗日力量，也想从组织上吞并共产党，但是，都受到中国共产党针锋相对的斗争，共产党及其领导的抗日武装始终保持了自身的独立性。这些都是在吸取国民革命时期的教训，尤其是争论的教训而实现的。例如，仅从《毛泽东选集》所收入的文稿看，毛泽东在抗战时期每讲到共产党及其领导的武装必须坚持独立自主、争取统一战线的领导权、对国民党顽固派实行以斗争求团结的政策时，都强调以史为鉴，提醒全党要牢记国民革命失败的教训。

第五，论争制约了中国共产党和国民革命的发展。

国民革命时期，中国共产党、国民党左派反对国民党右派的争论和斗争一方面实现和维系了以国共合作为基础的国民革命统一战线，推动了国共两党和国民革命的阶段性发展。但是，由于缺乏解决这些争论、斗争的机制和途径，从国民革命最终失败的结果看，国共两党之间的斗争、中国共产党内部的一些论争等又严重制约了中国共产党和国民革命的发展。由于国民党右派攻击共产党员加入国民党是“寄生”政策，宣扬三民主义与共产主义不相容，加上陈独秀右倾机会主义的退让等，一些共产党组织和共产党人在一段时期内，不敢大力发展自身力量，不敢发动工农革命，不去争夺革命领导权，致力于辅助国民党领导国民革命，实际上为他人做了嫁衣。另一方面，因共产党及其领导的工农革命力量发展受限，使得蒋介石、汪精卫集团敢于背叛革命，敢于分共反共、镇压工农运动并得逞。

同时，中国共产党、共产国际和联共（布）关于中国革命基本问题的争论虽然提高了中国共产党人对中国革命规律的认识，但是，占据中共中央统治地位的始终是以陈独秀为代表的右倾机会主义，瞿秋白、毛泽东和蔡和森等关于中国革命领导权、基本动力和土地革命等问题的正确和比较正确的认识，没有被共产国际和中共中央采纳，更谈不上付诸实践。相反，当时的中共党内民主和制度建设严重滞后和缺失，家长制和极端民主化并存。一方面，陈独秀、张国焘等利用职权压制党内民主，不接受甚至不允许讨论瞿秋白、毛泽东和任弼时等关于中国革命的正确主张，共产国际及其在华代表往往也居高临下，强制推行并不完全适合中国国情的政策；另一方面，在一些讨论中国革命问题的会议上，因中共中央对问题的看法没有主见，权威也受到挑战，问题争论来争论去，常常无果而终。如在北伐前，苏联顾问加仑请周恩来转问中共中央，在北伐中是帮助蒋介石还是削弱蒋介石，陈独秀叫大家开会讨论。在中共中央召开的会议上，代理主席张国焘说："北伐中我们的方针就是：是反对蒋介石，也是不反对蒋介石。"[①] 国民革命后期的中共中央，由于思想认识不统一，以致"组织上中央成为各种意见的总和"，"中央开会可以争论几天得不到结论"[②]。这无疑影响了党的凝聚力和战斗力，也对国民革命的发展产生不利影响。

① 《周恩来选集》上卷，人民出版社 1980 年版，第 124 页。

② 中央档案馆：《中共党史报告选编》，中共中央党校出版社 1982 年版，第 251 页。

三、选择一条什么样的道路

——土地革命战争时期马克思主义中国化中的论争（1927.8—1937.6）

从1927年8月南昌起义到1937年7月“卢沟桥事变”前的十年，是中国共产党独立领导中国革命的十年，因土地革命是这一时期革命的主要内容，故称为土地革命战争时期。土地革命战争时期，中国共产党、共产国际和联共（布）内，以及国民党统治区的思想文化界等就中国社会的性质，中国革命的性质、形势、道路等发生了激烈的争论。

（一）中国社会性质和革命形势、性质之争

1. 中国社会的性质

国民革命失败后，以蒋介石为首的国民党反动派在南京建立了代表大地主大资产阶级利益的政权，经过讨伐和收编一系列军阀，1928年底实现了形式上的国家统一。南京国民政府对内实行独裁专制，对外妥协投降，只是新军阀代替旧军阀的统治，中国社会仍然是一个半殖民地半封建的社会。但是，从1927年到1937年，在中国共产党、共产国际和联共（布）内，在国民党统治区的思想文化界等，就中国社会性质的判断发生了持续十年的争论。

1926年底和1927年春，在中国国民革命处于高潮阶段，共产国际和联共（布）内曾就中国社会性质和革命性质的问题产生过争论，托洛茨基、季诺维也夫、拉狄克等认为中国已经是一个资本主义国家，中国农村已经没有封建势力存在，农民斗争与其说是反对封建残余，不如说是反对资产阶级。而斯大林等认为中国是受帝国主义牵制的半

殖民地，还有许多封建制度残留，中国革命就是反帝反封建。[①] 国民革命失败后，中国共产党、共产国际和联共（布）内就围绕中国国民革命失败的原因、中国社会的性质和共产党人今后斗争策略等发生争论。关于中国国民革命失败的原因，除了中外反动势力强大、国民党右派叛变革命、中国共产党幼稚等共识外，以斯大林为代表的共产国际主流派及其指导下的中国共产党认为："革命失败底主要原因，就是当时无产阶级底先锋——共产党指导机关底机会主义政策"[②]，即陈独秀右倾机会主义。而以托洛茨基为代表的共产国际非主流派将革命失败的主观原因归罪于共产国际机会主义的领导，也就是斯大林指导的失误。关于国民革命失败后中国社会的性质，以斯大林为代表的共产国际主流派及其指导下的中国共产党认为："中国并没有从帝国主义之下解放出来"，"地主阶级的私有土地制度并没有推翻，一切半封建余孽并没有肃清"，国民党反动统治"是地主、军阀、买办、民族资产阶级的国家政权"[③]。虽然这一判断将民族资产阶级列入反动统治阵营是不对的，也没有明确地说中国社会的性质是半殖民地半封建社会，但是它对中国基本国情的认识基本上是正确的，肯定地认为中国革命的任务没有完成，中国社会的性质没有变。而以托洛茨基为代表的共产国际非主流派，以及以陈独秀为代表的中国托洛茨基派认为："中国封建制度之崩坏""比欧洲任何国家都早"，"商品的生产与消费及货币经济，连穷乡僻壤都达到了，自然经济已扫荡殆尽"，"资本主义的作用及其特有的矛盾形态，不但占领了城市，而且深入了乡村"，因此资本主义经济关系在中国已经占据"绝对优势"。经过辛亥革命和国民革命，资产阶级在政治上"已经掌握政权"[④]。总之，"中国目前是个资本主义社会"。[⑤]

国民革命失败后，陈独秀等坚持认为中国是资本主义社会的国家。

① 高军主编：《中国社会性质问题论战（资料选辑）》上册，人民出版社1982年版，第4页。

② 中共中央文献研究室、中央档案馆：《建党以来重要文献选编》第5册，中央文献出版社2011年版，第382页。

③ 中共中央文献研究室、中央档案馆：《建党以来重要文献选编》第5册，中央文献出版社2011年版，第377页。

④ 任建树主编：《陈独秀著作选编》第四卷，上海人民出版社2009年版，第438页。

⑤ 高军主编：《中国社会性质问题论战（资料选辑）》上册，人民出版社1982年版，第8页。

1929年苏联驱逐托洛茨基并镇压托派活动后，随着留苏参加托派活动的中国共产党人的回国，以及托洛茨基关于中国社会性质、矛盾和中国革命任务、策略等思想传入中国，中国托派势力得到增强，思想也趋向理论化和系统化。1929年2月，李立三撰写的《中国革命的根本问题》一文，批驳了其关于中国社会性质和革命性质的错误观点。1929年7月、8月和10月，陈独秀、彭述之等多次致书中共中央，申述他们对中国社会和革命等基本问题的看法，批评中共六大路线和党的若干方针政策，并在一些共产党人中作公开宣传，构成反党的小组织活动。8月和10月，中共中央发出通告和做出决议，号召开展反对托洛茨基派的斗争。这期间，共产国际代表、周恩来和向忠发找陈独秀等多次谈话，希望他们改弦更张，在认识和行动上同中共中央保持一致。但陈独秀等坚持认为中国目前无封建阶级，南京政府完全是资产阶级政府，双方发生激烈争论，各持己见，谁也没有说服谁。[①] 同时，中共中央写信给陈独秀，指派他在中央担任编辑工作，并希望他改正错误。共产国际也曾写信给陈独秀，希望他到共产国际讨论有关问题，但是都遭到拒绝。1929年11月，中共中央政治局做出了开除陈独秀党籍并批准江苏省委开除彭述之等党籍的决定。此后，陈独秀、彭述之等同中国共产党人关于中国社会性质的争论仍在继续，只是由党内转变为党外。

20世纪二三十年代，在国民党统治区，以陶希圣为代表的国民党“新生命派”、以汪精卫为代表的国民党改组派、以胡适为代表的资产阶级知识分子、以潘东周和王学文等代表的地下共产党人及进步文人组织的“新思潮”派等也就中国社会性质问题发生了争论。国民党改组派、资产阶级知识分子虽然对以蒋介石为首的国民党反动统治不满，勉强承认中国社会的封建性，但不承认中国社会的殖民性，过分夸大中国社会的资本主义性，都只主张改良运动，反对中国共产党所领导的土地革命。1929年11月，在中共中央文化工作委员会的指导下，一批地下共产党人创办了《新思潮》月刊，潘东周和王学文先后发表《中国经济的性质》《中国资本主义在中国经济中的地位其发展及其前

① 中共中央文献研究室：《周恩来年谱（1898—1949）》（修订本），中央文献出版社1998年版，第166页。

途》等文章，明确提出："中国是半殖民地的国家，帝国主义在中国经济中握有最高的统治权"，"在中国的全国国民经济中，封建关系仍然占着极强度的优势"①。差不多同时，李达在《中国产业革命概况》《社会之基础知识》等文稿中也提出："中国一面是半殖民地的民族，同时又是半封建的社会。所以为求中国的生存而实行的中国革命，一面要打倒帝国主义，一面要铲除封建遗物，前者是民族革命的性质，后者是民主革命的性质，其必然的归趋，必到达于社会革命，而与世界社会进化的潮流相汇合。"②

土地革命战争时期，以谭平山为代表的"中国国民党革命行动委员会"、以梁漱溟为代表的乡村建设派和以黄炎培为代表的职业教育社等中间势力，也认为北伐战争后，中国社会性质已发生根本变化。他们虽然反对国民党的独裁统治，强调继续革命，但不赞同共产党的暴力革命道路。梁漱溟就曾说："我始终同情共产党改造社会的精神。但我又深深反对共产党不了解中国社会，拿外国办法到中国来用。我认定北伐后，老社会已崩溃，只须理清头绪来建设社会，没有再事暴动破坏的必要。这里有两句话：'从进步达到平等；以建设完成革命。'这是我的信念。不断地暴动与破坏只有妨碍建设，梗阻进步，延迟革命之完成，实在要不得。"③

中国共产党内部及其同托洛茨基派、国民党改组派、民主党派、自由知识分子等关于中国社会性质的论争，后又发展到关于中国农村社会性质、中国古代社会历史等论争。这既是对中国基本国情的探究，也是关于中国是否需要继续革命的争论。"所有这一切，都是为了决定未来方向而生出彻底清算过去和现在的要求"。在这些论争的基础上，包括中国共产党人在内的多数中国人认识到中国是一个半殖民地半封建社会的国家。这一结论"并非一朝一夕得来"，而是由社会各界"在刻苦的研究，分析，论辩中而得的"④。对中国半殖民地半封建社会性质的正确判断为中国共产党人探索中国革命道路奠定了基础。

---

① 高军主编：《中国社会性质问题的论战（资料选编）》上册，人民出版社1984年版，第203、209页。

② 《李达文集》第一卷，人民出版社1980年版，第558页。

③ 李渊庭、阎秉华：《梁漱溟先生年谱》，广西师范大学出版社2003年版，第137页。

④ 何干之：《中国社会性质问题论战》，上海书店1937年版，第4、5、1页。

2. 中国革命的形势

国民革命失败后，在中外反动势力的联合镇压下，中国共产党党员由六万人下降到一万人，工会会员由三百万人下降到七万人，农会会员由一千万人下降到几乎为零，民族资产阶级附和了大地主大资产阶级的反动统治，一部分上层小资产阶级也由动摇而离开了革命阵营，中国革命的形势陷入低潮。但是，由于中国社会的性质和主要矛盾没有变，中国革命的任务没有完成，以蒋介石为首的南京国民政府对内实行法西斯独裁统治，对外出卖国家利益，中国的内外矛盾必将激化，革命的高潮迟早会到来。然而，由于种种原因，中国共产党、共产国际和联共（布）内部当时对中国革命这一形势的认识产生很大分歧，且有过多次反复。

（1）瞿秋白“左”倾盲动主义的判断及其纠正。

从 1927 年 7 月到 1928 年 2 月，以瞿秋白为首的中共临时中央和共产国际都不承认中国革命形势已经进入低潮，认为“现时全中国的状况是直接革命的形势”，“中国革命是高涨而不是低落”，[①] 并据此要求各地工农群众发动武装暴动，但绝大多数武装暴动以失败而告终。1928 年 2 月，共产国际认识到中国革命形势的低落，指出：中国工农“革命运动的第一个浪潮已经过去”，“目前，在全国范围内还没有出现群众革命运动的新高潮”[②]。在共产国际的指导下，中国共产党停止了瞿秋白“左”倾盲动主义在中央的统治。然而，中国共产党内一些人仍不承认革命形势处于低潮。1928 年 6 月和 7 月，在中共六大及其之前的酝酿会议上，中国革命形势问题成为与会者争论的焦点之一。6 月 9 日，在有瞿秋白、向忠发、周恩来、李立三等部分中共六大代表参加的“谈话会”上，斯大林指出：“目前，我们不能说中国革命已经处于高潮”，“广州起义不是革命高潮的开始”，而是“革命暂时低落时期的事件”，“在现阶段苏维埃革命还没有开始发展”。因此，“目前不能同意你们关于新的革命高潮即将到来的观点”，“革命高潮是将来的事，

---

① 中共中央文献研究室、中央档案馆：《建党以来重要文献选》第 4 册，中央文献出版社 2011 年版，第 622、686 页。

② 蔡尚思主编：《中国现代思想史资料简编》第 2 册，浙江人民出版社 1982 年版，第 350、351 页。

而不是眼前的事"[1]。针对李立三说"现在还是高潮，因为各地还存在工人、农民的斗争"，斯大林劝导说："在低潮时也有几个浪花。"[2]

当然，斯大林、共产国际等对中国革命形势的判断总体上还是存在"左"的倾向。斯大林虽然不同意革命高潮"即将到来"的观点，但仍持革命形势不断高涨、革命高潮很快到来的观点。并且，这一看法被中共六大接受。瞿秋白在中共六大的政治报告中说："苏维埃旗帜飘扬于穷乡僻壤，农民更自觉地与不自觉地参加革命。固然这不能说是革命高潮，但亦是新高潮的象征"；"革命客观上是走向高潮……许多高潮将到的象征已经可见"[3]。经过争论，中共六大通过的《政治决议案》指出：当前的政治形势是处于两个革命高潮之间，工农运动的"第一个革命浪潮已经因为历次失败而过去了，而新的浪潮还没有来到"。但是，"新的广大的革命高潮是无可避免的"，"最初的薄弱的新的革命高潮之征象，已经可以看见"[4]。据此，大会规定，中国共产党当前的总路线不是马上组织全国性的武装起义，而是争取群众，准备武装暴动。即就全国范围来说，目前党的任务不是进攻，不是普遍地组织起义，而是争取群众，武装起义暂时还只是宣传口号。

中共六大纠正了瞿秋白"左"倾盲动主义，对当时的中国革命形势的判断及党的任务的规定基本上是正确的，但是，会议对中国革命的长期性和革命形势由低潮转向高潮的长期性仍缺乏足够的认识。而与此同时，毛泽东、贺龙、方志敏等在农村革命根据地从事革命实践斗争的中国共产党人，则深切地体会到革命形势的低落及其对革命斗争的影响。1928 年底，毛泽东向中共中央报告："我们一年来转战各地，深感全国革命潮流的低落……红军每到一地，群众冷冷清清，经过宣传之后，才慢慢地起来。和敌军打仗，不论哪一军都要硬打，没有什么敌军内部的倒戈或暴动……我们深深感觉寂寞，我们时刻盼望

① 斯大林：《关于中国革命问题》，《党的文献》，1998 年第 1 期。

② 《周恩来选集》上卷，人民出版社 1980 年版，第 175 页。

③ 《瞿秋白文集（政治理论编）》第五卷，人民出版社 1995 年版，第 571、577 页。

④ 中共中央文献研究室、中央档案馆：《建党以来重要文献选》第 5 册，中央文献出版社 2011 年版，第 390、388 页。

这种寂寞生活的终了。”① 相对于共产国际和中共中央对中国革命形势的判断，毛泽东、贺龙等来自斗争实践的认识更加理性和客观。

（2）右倾悲观情绪及其克服。

中共六大之后的一段时期内，特别是1929年初，由于中国共产党领导的城市工人暴动没有成效，包括井冈山在内的各农村革命根据地的发展也屡遭挫折，在这种情况下，对中国革命形势的悲观失败情绪一度占据了中共中央的支配地位。1929年1月和2月，中共中央先后致信以贺龙为书记的湘鄂西前委、以毛泽东为书记的红四军前委和以彭德怀为首的红五军党委等，认为“根据于目前全国的政治形势”，毛泽东、朱德、贺龙、彭德怀等“留在部队中目标既大，徒惹敌人更多的注意”，因此要求他们离开红军来中央工作，并将红军分编成小股部队分散到各乡村发动群众开展土地革命，以“避免敌人目标的集中和便于给养与持久的政策”②。中共湘鄂西前委、红四军前委等召开会议研究中央来信后，向中共中央回信，认为中央的意见不符合红军斗争的实际，贺龙、毛泽东、朱德等不能离开部队，在环境恶劣的条件下，红军不宜分散行动，相反应当集中以应对敌人的进攻。4月，毛泽东在给中央的回信中说：“中央此信对客观形势及主观力量都太悲观了”，1929年年初湘赣军阀对井冈山的第三进攻“表示了反革命的最高潮。然至此为止，往后便是反革命高潮逐渐低落，革命高潮逐渐生长。我党的战斗力组织力虽然弱到如中央所云，但在反革命潮流逐渐低落形势之下，恢复一定很快，党内干部分子的消极态度也会迅速消灭。群众是一定倾向我们的……我们感觉党在从前犯了盲动主义极大的错误，现时却在一些地方颇有取消主义的倾向了”③。与此同时，红军内部也有人产生了悲观失望的情绪，提出了“红旗到底能打多久？”的疑问。为此，毛泽东于1928年10月至1930年5月，在《中国的红色政权为什么能够存在？》《井冈山斗争》《反对本本主义》和《星星之火，可以燎原》等文章中对中国革命形势做出了辩证的分析，强调既要承认

① 《毛泽东选集》第一卷，人民出版社1991年版，第77、78页。

② 中共中央文献研究室、中央档案馆：《建党以来重要文献选》第6册，中央文献出版社2011年版，第36~37页。

③ 《毛泽东文集》第一卷，人民出版社1993年版，第54页。

中国革命的形势处于低潮，又要坚信中国革命正在向前发展，革命的高潮迟早会到来，但又不是立即到来。

国民革命失败后，以陈独秀为代表的少数共产党人，在党内结成小宗派，直至发展为托洛茨基派，他们过高地估计了国民党的反动统治，基于中国社会性质的错误判断和对马克思主义关于人类社会形态发展理论的机械理解，认为资本主义社会在中国将经历一个长期的、和平稳定的发展阶段，将来的社会主义革命只有等到工人阶级同资产阶级矛盾激化后才成为可能，也就是说中国革命形势高潮的到来将经历一个很长的历史发展阶段。他们一再批评中共中央“始终不认识现在是列宁所谓‘革命二个波间过渡期’”，存在对“革命高潮过分的估量与宣传”[①]。这同样表现出对中国革命形势的悲观情绪。如前述及，中国共产党对陈独秀、彭述之等进行了批评教育和争取，但是，以陈独秀为代表的托洛茨基派拒不改正错误，后被开除党籍。之后，中国的托洛茨基派继续宣扬革命低潮论，攻击中国共产党领导的工农暴动、土地革命和武装割据，实际上起到了挫伤部分工农群众、知识分子革命积极性等消极作用，不自觉地援助了国民党反动统治。

（3）李立三“左”倾盲动主义的判断及其纠正。

1930年上半年，世界资本主义危机加剧，国内的国民党军阀之间爆发了空前规模的混战。同时，经过两年多努力，中国共产党领导工农群众建立了十几块革命根据地，红军达到7万多人，共产党员再次发展到6万多人，革命形势得到初步复兴。在这种背景下，中共中央和共产国际又过分地夸大了帝国主义和中国反动统治的危机，进而对中国革命形势做出了错误的判断。1930年6月，李立三主导下的中共中央政治局会议通过了《目前政治任务的决议》，认为“中国新的革命高潮已经逼近到我们的前面了”，现在中国革命形势已是“马上可以形成革命高潮——直接革命的形势”，中国革命的首先爆发还将“掀起全世界大革命”[②]。根据对中国革命形势的错误判断，中共中央制定了组织全国暴动和调动红军攻打中心城市的计划，结果给刚刚复兴的中国革命

① 中共中央文献研究室：《周恩来年谱（1893—1949）》（修订本），中央文献出版社1998年版，第173页。

② 中共中央文献研究室、中央档案馆：《建党以来重要文献选》第7册，中央文献出版社2011年版，第259、261、260页。

造成重大创伤。

李立三“左”倾冒险主义对中国革命形势的判断，很快受到以周恩来、毛泽东、何孟雄等为代表的务实派中国共产党人的抵制和批评。早在1929年年底，在中共中央政治局数次会议上，在讨论革命形势和是否组织暴动等问题时，周恩来就同李立三发生了分歧和争论，李立三否认革命发展的不平衡性，认为革命高潮与直接革命形势是一个东西，而直接革命形势就是举行总同盟罢工和武装暴动，主张目前就应采取行动，布置各地的武装暴动。周恩来则认为，“新的革命高潮与直接革命形势是不同的，现在正走向新的高潮，但还不是直接革命形势。强调在反对主要危险右倾的同时，必须反对‘左’倾盲动。不同意布置一些地方轻率举行不顾主客观条件的武装暴动”①。1930年春夏，何孟雄、林育南等在一系列场合上，甚至当做李立三的面批评说，中共中央对革命形势作了夸大的分析，认为革命只是刚刚复兴，还不是“成熟的复兴”，党的策略应该是“准备进攻”，而不是“直接进攻”；“对革命日益接近高潮的估计是过分的”②。以毛泽东为首的红四军前委尽管受到李立三的点名批评，中共中央还特地派涂振农到中央根据地，督促红四军执行立三路线，去攻打南昌、九江等中心城市。但是，毛泽东、朱德等根据对革命形势和敌我力量的分析，拒绝攻打南昌和九江，并劝说彭德怀等放弃了继续攻打长沙的行动，后又说服了中共中央和长江局派到红一方面军传达指示的周以栗，既不回攻长沙，也不立即进攻南昌，而是攻打吉安，在吉水、新干和泰和等地继续扩大游击战争。1930年6月前后，李立三亲自兼任江苏省总行委书记，策划“南京兵暴”，但担任暴动计划总指挥的曾中生认为，仅凭学兵营兵力根本不可能占领南京，如果非要起义，起义后必须把部队拉出城去打游击。然而，李立三坚持暴动必须以占领南京为目标，批评曾中生是右倾逃跑主义，强行发动“南京兵暴”，实际上暴动没有真正发动就遭失败。

李立三“左”倾冒险主义不仅受到来自白区和苏区中共党内的抵制、在实践中遭受挫折，也超出了共产国际及其驻华代表的承受力。

① 中共中央文献研究室：《周恩来年谱（1893—1949）》（修订本），中央文献出版社1998年版，第175页。

② 沙健孙主编：《中国共产党史稿》第三卷，中央文献出版社2006年版，第263页。

当时共产国际远东局驻华代表罗伯特因对一些具体问题有不同看法，不同意中共中央下发1930年6月政治局扩大会议通过的决议，并通过远东局致函中共中央重申这一要求。但是，向忠发、李立三等一意孤行，不仅批评共产国际关于在中国建立苏维埃根据地的割据观念，要求共产国际动员世界各国共产党支援中国革命，而且向共产国际远东局提出抗议，要求撤换罗伯特，表示决议及其执行有什么问题由中共中央负责，甚至口出狂言：待红军拿下武汉、南京等大城市后再同共产国际远东局及其驻华代表等理论。7月下旬，共产国际致信中共中央，再次要求停止下达6月中央政治局扩大会议的决议，但向忠发、李立三等仍不予理睬，继续部署发动全国暴动。

1930年9月，在共产国际的指导下，从莫斯科回国的周恩来、瞿秋白主持中共六届三中全会批评了李立三"左"倾冒险主义对中国革命形势的错误估计，制止了试图继续发动全国暴动的计划，结束了李立三"左"倾冒险主义对中共中央的统治。

（4）王明"左"倾冒险主义的判断及其纠正。

1930年9月，中共六届三中全会批评并结束李立三"左"倾冒险主义在中共中央的统治后不久。1931年1月，在共产国际的干预下，以王明、博古为代表的"左"倾冒险主义再次占据中共中央的统治地位，并且比李立三"左"倾冒险主义"更坚决，更'有理论'，气焰更甚，形态也更完备"①。关于中国革命的形势，王明"左"倾冒险主义同样抱革命形势的高涨观，过分夸大国民党统治的危机和工农革命力量的壮大，坚持城市暴动和红军攻打中心城市的进攻路线，认为"革命势力急速发展与反革命统治的日益崩溃"表明了"全中国成熟着的革命危机"，这"很明显的映出了争取革命在一省与数省首先胜利的前途"②。对于毛泽东、刘少奇、邓小平、罗明等反对盲目举行城市暴动、反对红军攻打中心城市的中国共产党人给予排斥和打击，将其一概批判为右倾机会主义、取消主义，是对革命的悲观失望或迷恋农村的游击主义、农民观念等。王明"左"倾冒险主义统治中共中央长达4年

① 《毛泽东选集》第三卷，人民出版社1991年版，第963页。

② 中共中央文献研究室、中央档案馆：《建党以来重要文献选编》第8册，中央文献出版社2011年版，第555页。

之久，使中国共产党、中国革命和中国红军等差不多遭受灭顶之灾。1935年1月，在毛泽东、张闻天、周恩来等斗争下，遵义会议结束了其在中共中央的统治地位。同时，因日本侵略中国及法西斯主义对世界和平的威胁，国际国内局势发生了深刻变化，在1935年12月瓦窑堡会议上，中国共产党制定并开始执行抗日民族统一战线政策。当然，中国共产党全党对王明“左”倾冒险主义及其危害的全面、客观认识，则是延安整风之后才取得的。

土地革命战争的十年里，共产国际和中共中央在绝大多数时期内都对中国革命，乃至世界无产阶级革命的形势做出了过高的估计，而以陈独秀、彭述之、林彪等代表的中国共产党人（陈独秀、彭述之等开除党籍后则转为党外）在不同阶段内又对中国革命形势产生了悲观情绪，以毛泽东、贺龙、刘少奇等为代表的中国共产党人，在探索和领导农村革命根据地、城市工人运动等斗争实践中，根据对敌我力量、中国经济社会发展状况、工农觉悟和组织程度等分析，既艰难地顶住了中共中央的一次次压力和批判，又耐心地说服了革命内部的一阵阵犹豫和怀疑，对中国革命形势做出了基本正确的判断，即国民革命失败后中国革命形势处于低潮，中国革命具有长期性和不平衡性，中国革命的高潮在不久的将来必然会到来。

3. 中国革命的性质和发展阶段

1927年夏国民革命失败后，关于中国革命的性质和发展阶段问题，中国共产党、共产国际和联共（布）内存在不同的看法。托洛茨基、陈独秀和彭述之等基于中国民主革命任务已经完成、中国社会性质是资本主义社会、南京国民政府是资产阶级专政等判断，认为中国革命的任务是反对资产阶级专政，因此，中国革命的性质是社会主义革命。以瞿秋白、毛泽东等为代表的中国共产党人对此给予了批驳，认为：中国反帝反封建的国民革命“并没有完成而是中断，根本上无所谓‘第二次’的革命”，也就不存在“从此开始了第二次的纯粹的社会主义革命”①。在1927年11月的中共临时中央政治局扩大会议上，“彭述之提出革命是

① 《瞿秋白文集（政治理论编）》第五卷，人民出版社1995年版，第66、67页。

社会主义的革命，中央并未采纳”①。1929年以后，陈独秀、彭述之等结成所谓中国共产党左派反对派，即托洛茨基派，继续攻击中共中央犯了路线错误，坚持认为中国革命应是无产阶级领导的社会革命。

与此同时，另外一些共产党人由于急躁冒进，基于中国革命目标是直接建立无产阶级专政政权的“左”倾认识，从而提出：“国民革命的时期过去，中国革命便已经变成纯粹社会主义的革命了”，“中国的苏维埃已经是无产阶级独裁制”。瞿秋白等对此观点也给予了批驳，指出：“苏维埃在欧美资本主义国家中如果能组织起来，那就必然要是无产阶级独裁制”，“但是，论到中国的苏维埃政权已经是无产阶级独裁制，那便不正确了”；“中国资产阶级民主主义的革命并没有完结”，中国的苏维埃“可以是”“而且必定是工农革命民权独裁制”；只有“苏维埃革命在全中国，或者极大的范围以内胜利，有着巨大的无产阶级中心，然后中国革命才从这一苏维埃的工农革命进于社会主义的革命”②。在共产国际的指导下，1928年6月至7月，在莫斯科召开的中共六大明确指出：“中国革命现在阶段的性质是资产阶级性的民权主义革命，如认中国革命目前阶段为已转变到社会主义性质的革命，这是错误的。”③ 但是，中共六大之后，共产国际、中国共产党内等仍有人坚持认为中国革命性质是社会主义革命。

同革命性质密切相关的问题是中国革命的发展阶段和前途问题。国民革命失败后，中国共产党和共产国际因受斯大林关于中国革命“三阶段理论”的影响，认为蒋介石、汪精卫集团相继叛变革命分别是资产阶级和小资产阶级先后背叛革命，中国革命进入了只有工人和农民参加的新阶段，并认为：“无产阶级农民来实行的资产阶级民权革命，反抗中外的资产阶级的革命，能够而且应当直接的生长而成社会主义的革命”，从民主主义革命到社会主义革命的“转变始终将要是一个无间断的过程”；中国“资产阶级民权主义革命，与社会主义革命之间，并没有截然分为两段的界线……所以我们现在就应当在党的机关

① 《瞿秋白文集（政治理论编）》第五卷，人民出版社1995年版，第595~596页。

② 《瞿秋白文集（政治理论编）》第五卷，人民出版社1995年版，第229~234页。

③ 中共中央文献研究室、中央档案馆：《建党以来重要文献选编》第5册，中央文献出版社2011年版，第377页。

报与劳动群众之中开始宣传苏维埃的意义，以便到了必要的时期，立即可以开始组织苏维埃”[①]。他们以此为指导，在革命实践中不同程度和范围地执行了反对资本主义剥削、限制工商业发展等过左政策，超越了民主主义革命的范畴。

土地革命兴起阶段，瞿秋白虽然承认：“中国革命之所以是资产阶级民权主义的，最主要的是因为他的现时客观上的任务是要解决土地问题，——土地革命根本就是肃清资本主义前期的封建式的社会关系和生产关系。”但是，在革命发展阶段问题上，他往往混淆民主主义革命和社会主义革命的界线，基本上奉行的是“无间断革命论”，认为：“中国革命，可以说是马克思所称为‘无间断的革命’之模范。亦就是所谓‘由民权主义革命生长而成社会主义’的模范”，“工农兵代表苏维埃……即是保证工农民权独裁制直接进于无产阶级社会主义独裁制的政权形式”[②]。1927 年 11 月，瞿秋白主持的临时中央政治局会议也认为：“中国革命带着长期的性质，但是是无间断的性质……是马克思所称为‘无间断的革命’”，“中国革命进展的过程中决不能有民权革命自告一段落的局势（所谓二次革命的理论）”，“现在的革命斗争，已经必然要超越民权主义的范围而急遽的进展；中国革命的进程，必然要彻底解决民权主义任务而急转直下的进于社会主义的道路”[③]。

1928 年 2 月，共产国际执委会第九次会议通过的《关于中国问题的决议》批评了瞿秋白“左”倾盲动主义，也批评了关于中国革命是社会主义性质革命的观点，以及中国革命发展的“无间断论”，指出：“目前中国革命所处的时期是资产阶级民主革命时期”，“认为现阶段的中国革命已经转变为社会主义革命的看法是不正确的。同样地，认为现阶段的革命是‘不断革命’的看法（这是共产国际执委会驻中国代表的观点），也是不正确的”[④]。1928 年 4 月，中共中央发出了接受共产

① 中共中央文献研究室、中央档案馆：《建党以来重要文献选编》第 4 册，中央文献出版社 2011 年版，第 472、477 页。

② 《瞿秋白文集》（政治理论编）第五卷，人民出版社 1995 年版，第 232、234 页。

③ 中共中央文献研究室、中央档案馆：《建党以来重要文献选编》第 4 册，中央文献出版社 2011 年版，第 622、623 页。

④ 中国社科院近代史所：《共产国际有关中国革命的文献资料（1919—1928）》第 1 辑，中国社会科学出版社 1981 年版，第 350 页。

国际决议的通告，承认中国革命将“直接进于社会主义的革命。这种观点……是显然不正确的”，但又辩解说：1927 年 11 月中央政治局扩大会议决议案认为“中国革命是无间断的革命，只是要指出：中国之反对帝国主义、豪绅、资产阶级统治的‘资产阶级民权革命’是有确定的生长而成社会主义革命的趋势与前途”①。

1928 年 6 月和 7 月，在莫斯科召开的中共六大经过讨论后指出：“如认中国革命目前阶段为已转变到社会主义性质的革命，这是错误的，同样，认为中国现时革命为‘无间断革命’也是不对的。”中国革命现阶段的中心任务是：驱逐帝国主义者，达到中国的真正统一；实行土地革命，彻底废除地主阶级土地私有制度；发动群众和武装斗争，推翻国民党反动统治政权，建立工农兵代表苏维埃政权。会议还指出：“中国革命的动力已经只有无产阶级和农民……这就可以开辟中国革命将来发展的道路，使他有非资本主义的前途，亦就是社会主义的前途”，“以苏维埃为国家政权形式的工农民权独裁，就可以成为转变到无产阶级独裁的出发点”②。可见，中共六大虽然批评了关于中国革命是社会主义性质革命、不间断革命的观点，对中国革命的性质和任务有了比较明确且正确的认识。但是，对中国革命的前途、民主主义革命和社会主义革命的关系等认识仍然不符合中国革命的实际，还不懂得新民主主义革命胜利后将建立一个新民主主义共和国。

之后的很长时期内，共产国际、中国共产党等对新民主主义革命的前途和步骤问题的认识都没有达到比较科学的水平，仍坚持“无间断革命论”，甚至混淆民主革命与社会主义革命的任务和界线，毛泽东也不例外。譬如，1930 年 5 月，毛泽东在《反对本本主义》一文中仍说：“我们的斗争目的是要从民权主义转变到社会主义。我们的任务第一步是，争取工人阶级的大多数，发动农民群众和城市贫民，打到地主阶级，打到帝国主义，打到国民党政权，完成民权主义革命。由这种斗争的发展，跟着就要执行社会主义革命的任务。”③ 这些仍是不间

① 中共中央文献研究室、中央档案馆：《建党以来重要文献选编》第 5 册，中央文献出版社 2011 年版，第 155 页。

② 中共中央文献研究室、中央档案馆：《建党以来重要文献选编》第 5 册，中央文献出版社 2011 年版，第 377、379 页。

③ 《毛泽东选集》第一卷，人民出版社 1991 年版，第 115 页。

断革命的思想。1930年6月，李立三“左”倾冒险主义统治下的中共中央认为：“现在无产阶级已是唯一的革命的领导阶级，资产阶级已经是反动联盟的一部分，因此民主革命的彻底胜利，与推翻资产阶级的统治不可分离，并且必然是无产阶级领导的巩固与苏维埃政权建立的胜利，这就决定了民主革命的胜利必然转变为社会主义的胜利”；同时，“为着对付顽强的反革命的进攻……必然需要从工农专政进到无产阶级专政。革命转变主要是阶级关系的转变，无产阶级专政便已经是社会主义政权的性质。所以革命胜利的开始，革命政权建立的开始，就是革命转变的开始，中间决不会有丝毫间隔的”①。1931年8月，共产国际指示中共中央对国民党统治实行进攻路线，并强调：“在苏维埃政权的革命过程中，不仅要把一切外国企业彻底收归国有，而且首先要没收那些具有全民意义的本国资本的企业（银行、铁路、军火企业，大规模的海运与河运、电站以及其他市政企业等）”；“所有这一切，连同土地、河流和灌溉设施”等均须实行国有化，以便将来“由无产阶级和农民这两个阶级的专政，向社会主义革命阶段的直接过渡”②。1934年1月，王明“左”倾冒险主义统治下的中共中央甚至提出：粉碎国民党第五次“围剿”将“会更加发展资产阶级民主性的反帝国主义土地革命到达社会主义革命。在我们已将工农革命民主专政推广到中国重要部分的时候，实行社会主义革命将成为共产党的基本任务”③。

经过一段时期的实践探索和经验总结，以毛泽东为代表的中国共产党人，对中国民主主义革命和社会主义革命的关系做出了更深入的思考，认识也不断迈向科学化。1935年12月，毛泽东根据国际国内形势的新变化，在批评“左”倾冒险主义和教条主义的基础上指出：“革命的转变，那是将来的事。在将来，民主主义的革命必然转变为社会主义的革命。何时转变，应以是否具备了转变的条件为标准，时间会要相当地长。不到具备了政治上经济上一切应有的条件之时，不到转

① 中共中央文献研究室、中央档案馆：《建党以来重要文献选编》第7册，中央文献出版社2011年版，第266页。

② 中国社科院近代史所：《共产国际有关中国革命的文献资料（1929—1936）》第2辑，中国社会科学出版社1982年版，第164页。

③ 中共中央文献研究室、中央档案馆：《建党以来重要文献选编》第11册，中央文献出版社2011年版，第50页。

变对于全国最大多数人民有利而不是不利之时，不应当轻易谈转变。怀疑这一点而希望在很短的时间内去转变，如像过去某些同志所谓民主革命在重要省份开始胜利之日，就是革命开始转变之时，是不对的。这是因为他们看不见中国是一个何等样的政治经济情况的国家，他们不知道中国在政治上经济上完成民主革命，较之俄国要困难得多，需要更多的时间和努力。"① 这表明毛泽东等已认识到中国革命的长期性，以及民主主义革命向社会主义革命转变的长期性。1936 年 12 月，毛泽东就"革命前途问题"答复党内一些同志的疑问时进一步指出：民主主义革命和社会主义革命好比"两篇文章，上篇与下篇，只有上篇做好，下篇才能做好。坚决地领导民主革命，是争取社会主义胜利的条件"，"我们是革命转变论者，不是托洛茨基主义的'不断革命'论者。我们主张经过民主共和国的一切必要的阶段，到达于社会主义。我们反对尾巴主义，但又反对冒险主义和急性病"②。这就对中国革命的步骤做出了分"两步走"的基本回答。当然，此时毛泽东虽然指出了民主主义革命和社会主义革命之间将经历一个民主共和国的"必要的阶段"，但是还没有对这个共和国的政治、经济、文化制度和政策做出系统而完整的回答，中国革命"分两步走"思想还没有达到成熟阶段。直到抗日战争进入相持阶段后，中国共产党人关于中国革命"分两步走"的思想才达到科学水平。

（二）中国革命道路的论争

半殖民地半封建社会的国情，决定了领导革命的中国共产党必须在很长时期内把工作的重心放在农村，紧紧依靠农民积蓄革命力量，并从一开始就建立绝对接受自己领导的人民军队，以武装斗争为革命的主要形式，走农村包围城市、武装夺取政权的革命道路。这同法国巴黎公社运动、俄国十月革命等所走的路不同，后者是以城市为工作重心，以工人阶级为主力，通过长期的宣传和组织，最后发动武装暴动，一举夺取政权，再将革命由中心城市向全国农村发展。二者虽然

---

① 《毛泽东选集》第一卷，人民出版社 1991 年版，第 160~161 页。

② 《毛泽东选集》第一卷，人民出版社 1991 年版，第 276 页。

都是暴力革命道路，但一个是长期的武装斗争，一个是长期的宣传组织工作；一个是先占领农村，一个是先占领城市；一个是以农民为主力，一个是以工人为主力。当然，中国革命道路的探索是一个艰难、复杂、曲折的过程，土地革命战争时期，中国共产党、共产国际和联共（布）内等在探索中国革命道路的过程中，就中国革命的重心、主要形式和特点等发生了持续的争论。

1. 革命重心在城市还是乡村

由于缺乏革命经验及对中国国情的深入了解，在1927年7月国民革命失败后的相当长的时期内，中国共产党和共产国际一直以俄国十月革命的“城市中心论”指导中国革命，把工作重心放在城市，以夺取中心城市为革命的首要目标。1927年9月，中共中央指示：“苏维埃的组织，首先应当在那些中心的地方如广州、长沙等……当这些中心地点还没有被革命暴动占据以前，在小县城里面要坚决的拒绝组织苏维埃。”① 同年11月，中共临时中央政治局扩大会议强调：“城市工人暴动的发动是非常之重要；轻视城市工人，仅仅当做一种响应农民的力量，是很错误的……暴动的城市能成为自发的农民暴动的中心及指导者。城市工人的暴动是革命的胜利在巨大暴动内得以巩固而发展的先决条件。”② 1928年2月，共产国际执委会第九次全会通过的《关于中国问题的决议》也认为：中国共产党“在领导个别省份自发的农民游击队行动时，应当看到，只有这些行动同各无产阶级中心的革命新高潮结合起来，才能成为全民起义的胜利起点”③。

1927年下半年，中共领导的南昌起义、秋收起义和广州起义等都以夺取中心城市为目标。但是，当起义遭受挫折时，起义部队是继续夺取、坚守大城市，还是转入乡村？这在中共中央和起义部队内部产生了不同意见的争论。如1927年9月，毛泽东主持的秋收起义前委会

---

① 中共中央文献研究室、中央档案馆：《建党以来重要文献选编》第4册，中央文献出版社2011年版，第508页。

② 中共中央文献研究室、中央档案馆：《建党以来重要文献选编》第4册，中央文献出版社2011年版，第625~626页。

③ 中国社科院近代史所：《共产国际有关中国革命的文献资料》第1辑，中国社会科学出版社1981年版，第352页。

议，经过激烈的争论，否定了余洒度等坚持原定计划“取浏阳直攻长沙”的意见，决定将起义部队拉向敌人力量薄弱的山区，以寻求落脚点。同年同月，中共中央在致广东省委的信中，对广东省委暴动计划中说起义部队要同敌人“避免正面战斗”，“在乡村中迂回作战”而不去夺取城市等提出严厉批评，指责这是军事投机，是“胆小”“怕牺牲”和“恐惧心理”[①]。1927 年 12 月，广州起义的当天晚上，叶挺、聂荣臻等提出，应趁粤军主力尚未回到广州之际，将起义军迅即撤离广州，以保存革命力量，但该建议遭到共产国际代表纽曼的拒绝。在起义总指挥部召开的会议上，叶挺分析形势认为，敌我力量悬殊，起义军最好不要再坚守广州，应当主动撤离广州，以避敌锋芒，转到海陆丰保存实力。但是，纽曼教条主义地认为，搞起义只能进攻，不能退却，甚至声色俱厉地批评叶挺等要将部队撤出广州是想当土匪，是政治上的“动摇”，还说马克思主义武装起义的原则是不断进攻，广州起义军必须“进攻进攻再进攻”[②]，绝不允许退却等。

以毛泽东、朱德、贺龙、方志敏等为代表的中国共产党人，虽然在筹划和发动武装起义时也奉行“城市中心论”，但是，在敌强我弱的形势下，为了保存革命力量，他们被迫而又明智地选择了建立农村革命根据地、开展土地革命的道路，即将革命重心转向乡村的道路。随着各农村革命根据地的扩大和红军力量的壮大，中共中央、共产国际和联共（布）等对农村革命根据地重要性的认识也有所提高。如 1928 年 6 月至 7 月召开的中共六大就原则上肯定了在农村开展游击战争、建立苏维埃政权的必要性和可能性。但是，中共六大对中国民主革命的长期性、无产阶级领导农民战争、建立和发展农村革命根据地、党的工作重点应由城市转移到农村等问题的认识仍缺乏足够重视，在革命重点和道路问题上还是坚持“城市中心论”。6 月 9 日，在有瞿秋白、向忠发、周恩来、李立三等部分中共六大代表参加的“谈话会”上，斯大林虽然做出了中国革命形势仍处于低潮的正确判断，但又说：“农民游击战争得不到最重要的城市的支援，它决不会使社会制度的性质

① 中共中央文献研究室、中央档案馆：《建党以来重要文献选编》第 4 册，中央文献出版社 2011 年版，第 510 页。

② 聂荣臻：《聂荣臻回忆录》上册，战士出版社 1983 年版，第 87~88 页。中共中央文献编辑委员会：《周恩来选集》上卷，人民出版社 1980 年版，第 174 页。

发生变化”，“即使我们承认有革命高潮。那末注意力也需要放到我们应该而且可能夺取城市的问题上”①。在中共六大上，布哈林批评中国共产党在一些地区“重视农民，甚于重视工人”；有代表指责采取“乡村对中心城市取包围形式的暴动策略”是“带有农民意识”的表现；张国焘认为“不能再有用农村革命包围大城市的革命形式的观念”②。

以毛泽东、朱德、贺龙、方志敏等为代表的中国共产党人，在总结土地革命斗争实践经验的基础上，于1928年底，首次将武装斗争、农村根据地建设和土地革命三者结合起来，明确地提出了“工农武装割据”的思想。毛泽东在写给中共中央的报告——《井冈山的斗争》中不仅阐明了“工农武装割据”的客观必然性，系统地答复了“红旗到底能打多久”的疑问，而且提出了“工农武装割据”的各项政策。与此同时，瞿秋白、周恩来等也越来越重视农村革命根据地、红军的地位和作用。1929年6月，中共六届二中全会指出：“土地革命彻底的完成固然要在全国工农暴动夺取政权的胜利以后，但是如果以为全国工农暴动没有胜利以前便没有农村的土地革命斗争，实在是一个错误的观念。相反的，在现在这样客观政治经济条件之下，农民土地革命斗争的发展，同时在土地革命过程中建立红军，是推进革命高潮决定全国工农最后暴动胜利的主要条件之一。”③

当然，1928年年底和1929年年初，毛泽东、周恩来等还没有形成农村包围城市、武装夺取政权的思想，只是回答了能否在农村扎住根、站住脚的问题，还没有对党的工作重心必须由城市转入农村做出明确而系统的回答，还没有认识到农村包围城市是夺取全国革命胜利的必由之路。如1929年4月，毛泽东在给中共中央的回信中说：“农村斗争的发展，小区域苏维埃之建立，红军之创造与扩大，亦是帮助城市斗争、促进革命潮流高涨的条件。所以抛弃城市斗争沉溺于农村游击主义是最大的错误。”④ 同年7月，周恩来修改的中共中央给鄂东北特委的信，批评鄂东北特委“在斗争口号及工作方法上，都完全充满了原

① 斯大林：《关于中国革命问题》，《党的文献》，1998年第1期。

② 沙健孙主编：《中国共产党史稿》第三卷，中央文献出版社2006年版，第163、164页。

③ 中共中央文献研究室、中央档案馆：《建党以来重要文献选编》第6册，中央文献出版社2011年版，第278页。

④ 《毛泽东文集》第一卷，人民出版社1993年版，第55页。

始的农民意识的精神”，强调要特别注意“由农民意识转变到无产阶级的策略，由单纯的乡村转变到着重城市”①。

到1929年下半年及1930年年初，毛泽东、周恩来和陈毅等对中国革命道路的认识发生了质的飞跃，正式提出了农村包围城市、武装夺取政权的革命新道路理论。1929年9月，根据中共中央和周恩来的意见、由陈毅执笔的中共中央给红四军前委的指示信，即“九月来信”指出：“先有农村红军，后有城市政权，这是中国革命的特征，这是中国经济基础的产物”，农村根据地和红军发展的“伟大意义是我们不能否认的，继续努力下去，将必然要成为全国革命高潮的动力之一”②。1930年1月，毛泽东在《星星之火，可以燎原》一文中提出：“红军、游击队和红色区域的建立和发展，是半殖民地中国在无产阶级领导之下的农民斗争的最高形式……并且无疑义地是促进全国革命高潮的最重要因素。”③ 也就在此前后，以毛泽东为书记的红四军前委提出了“‘农村工作是第一步，城市工作是第二步’的理论”④。1930年4月，周子敬在写给中共中央机关刊物《红旗》的信中也提出：“现今就全国看来，农民运动的发展比较城市的工人运动要快得多……在这一情势之下，若我们仍然将大部分的力量都用在城市中，实不如用在农村为好，在农村一定得的效果更大。若用革命势力占据了广大农村之后，它还是可以联合起来包围城市，封锁城市，用广大的农村革命势力以向城市进攻，必然可以得着胜利。”⑤

虽然以毛泽东为代表的中国共产党人在1930年初提出了农村包围城市、武装夺取政权的新革命道路理论，但是，中共中央、共产国际，尤其是李立三和王明“左”倾冒险主义统治下的中共中央，仍坚持“城市中心论”，把工作重心放在准备城市起义和白区工作方面。1930年2月，根据共产国际的指示，中共中央发出七十号通告，认为：“目

---

① 中共中央文献研究室：《周恩来年谱（1898—1949）》（修订本）中央文献出版社1998年版，第166、167页。

② 《周恩来选集》上卷，人民出版社1980年版，第32、33页。

③ 《毛泽东选集》第一卷，人民出版社1991年版，第98页。

④ 中共中央文献研究室、中央档案馆：《建党以来重要文献选编》第7册，中央文献出版社2011年版，第276页。

⑤ 转引自沙健孙主编：《中国共产党史稿》第三卷，中央文献出版社2006年版，第165页。

前全国危机是在日益深入，而革命新浪潮是在日益开展”，“目前革命形势的发展，很明显的可以看出一省或几省首先胜利的前途，特别是武汉及其邻近的省区，表现着更多的可能”，强调“扩大红军向着中心城市发展以与工人斗争汇合”，批评党内农村游击战争的主张，“一切分散红军、逃避敌人‘进剿’、向偏僻地区发展的观念”等都是“极端错误的取消观念”①。同年4月，中共中央军事委员会制定的军事工作计划，要求红三军团进攻长沙，红一军团进取南昌和九江，红二军团进逼武汉，红七军攻打柳州和桂林，粤闽桂红军朝广州方向发展，以实现“会师武汉，饮马长江”，进而夺取全国政权。1930年6月，在中共中央政治局会议上，李立三继续“强调在中心城市暴动，认为爆发革命高潮有最大可能的地方是上海或武汉”，批评“妨碍红军发展的两个障碍，一是苏维埃区域的保守观念，一是红军狭隘的游击战略，最明显的是四军毛泽东同志，他有整个的路线，他的路线完全与中央不同”，“他对红军的发展，仍是保持游击战争的观念”，而“游击战术是不适合于现代的需要”，“现在则是需要夺取中心城市，向敌人主力进攻，向交通中心发展”。会议通过的由李立三起草的决议同样强调：“没有工人阶级的罢工高潮，没有中心城市的武装暴动，决不能有一省与几省的胜利。不特别注意城市工作，想‘以乡村包围城市’，‘单凭红军来夺取城市’，是一种极错误的观念。”② 李立三还形象地比喻说：乡村是统治阶级的四肢，城市才是他们的头脑和心腹，单只斩断了他的四肢，而没有斩断他的头脑，炸裂他的心腹，还不能致他最后的死命。随后，中共中央制定了以武汉为中心的全国总暴动和集中红军攻打中心城市的计划，还特地致信红四军前委，批评前委：“中央过去曾经屡次把新的路线传递给你们……可是这一个路线，直到现在你们还完全没有懂得，还是在固执你们过去的路线”，“你们过去的路线是对的，的确也获得了成功，但是你们在今天还固执过去的路线，完全是错误了！因为革命形势已经转变。同时你们过去也有错误，这些错误在今天表现着尤为严重：你们现在完全反映着农民意识，在政治上表现

① 中共中央文献研究室、中央档案馆：《建党以来重要文献选编》第7册，中央文献出版社2011年版，第47、49、53页。

② 中共中央文献研究室：《毛泽东年谱（1893—1949）》（上），中央文献出版社2005年版，第308、309页。

出来机会主义的错误”，“你们的割据观点，这同样是一个农民观点”[①]。

1931年1月后，王明“左”倾冒险主义统治下的中共中央认为：“过去正确的不占取大城市的策略，现在是不同了”，现在“各苏区的红军必须更有计划的互相呼应，互相配合”，“以造成占领南昌与包围武汉的形势”[②]。中央批评建设农村革命根据地的思想是“对革命力量估计的不足，对积极向敌人进攻，迅速的夺取中心城市与实现一省数省首先胜利……的迟疑和等待”，“更加助长了（农）民中落后意识与保守观念的发展”。[③] 1931年12月，周恩来离开处在白区的中共中央前往苏区中央革命根据地工作，临行前，中共临时中央负责人告诉他：进攻中心城市已经可能，到达中央革命根据地之后要组织红军攻打中心城市。次年1月，中共临时中央指示中央革命根据地红军攻打中心城市，首先是占领南昌。接到指示的周恩来、毛泽东等认为，此时红军攻打中心城市有困难，因而要求推迟行动，但遭到临时中央的拒绝。经同中共临时中央协商，周恩来、毛泽东等只得做出让步，被迫命令红一方面军攻打赣州。然而，历时33天的赣州之战，红军不仅没有打下赣州，反而遭受重大伤亡，后被迫放弃攻打计划。可是，中共临时中央并不汲取教训，1932年6月又向各苏区红军发出军事训令，要求红军攻打中心城市，其中规定中央红军要占领赣州、吉安和樟树，进而攻取南昌。此时的中共苏区中央局被“左”倾冒险主义所左右，毛泽东遭到排挤，中共苏区中央局根据临时中央的指示要求中央苏区红军继续与敌人决战，“夺取赣河流域的南昌、九江、抚州、吉安、赣州、萍乡等中心城市，以实现江西及其邻近省区革命的首先胜利”[④]。10月，中共苏区中央局宁都会议“集中批评了毛泽东，把他反对攻打赣州等中心城市，在赣州战役失利后主张红军向敌人统治较弱、党和群众力量较强的赣东北发展的意见，指责为对‘夺取中心城市’方针

---

① 中共中央文献研究室、中央档案馆：《建党以来重要文献选编》第7册，中央文献出版社2011年版，第275、276、277页。

② 中共中央文献研究室、中央档案馆：《建党以来重要文献选编》第9册，中央文献出版社2011年版，第40、320页。

③ 中央档案馆：《中共中央文件选集》第8册，中共中央党校出版社1991年版，第215页。

④ 中共中央文献研究室、中央档案馆：《建党以来重要文献选编》第9册，中央文献出版社2011年版，第300页。

的‘消极怠工’”[①]。可见，土地革命战争时期，共产国际和中共中央始终都没有放弃“城市中心论”，而以毛泽东为代表的中国共产党人同“城市中心论”进行了长期斗争。

2. 是否建立巩固的农村革命根据地

中国革命是否需要建立巩固的农村革命根据地的争论，同革命重心是乡村还是城市的争论紧密相联。“城市中心论”自然否定或轻视建立巩固的农村革命根据地。历史经验表明，在敌强我弱的情况下，中国革命必须建立巩固的农村革命根据地，以此为依托发展革命势力，而无根据地的流寇式作战，必然导致失败。但是，由于种种原因，中国共产党、共产国际和联共（布）内对中国革命是否需要建立巩固的农村革命根据地，在很长时期内存在不同看法。

1927 年 10 月，毛泽东率领秋收起义的部队被迫转移到敌人力量薄弱的湘赣边界罗霄山脉，最初只是想为部队的休养和整顿找个临时落脚点。到 1927 年年底，毛泽东却有了建立军事“大本营”，即建立农村根据地的思想。然而，此时“井冈山的同志们中有些人提出‘红旗到底打得多久’这个疑问”，这既表现出对革命前途的悲观情绪，又表现出不安于扎根农村的流寇思想。为了回答这一疑问，毛泽东在 1928 年 5 月召开的中共湘赣边界第一次代表大会上，提出了深入土地革命、巩固和扩大革命根据地的任务。[②] 同年 10 月和 11 月，毛泽东在为中共湘赣边界第二次会议起草的决议和给中共中央的报告中，首次提出了把武装斗争、根据地建设和土地革命三者结合起来的“工农武装割据”思想，并指出：在全国革命形势继续向前发展的情况下，“不但小块红色区域的长期存在没有疑义，而且这些红色区域将继续发展，日渐接近于全国政权的取得”[③]。这就有了将农村割据同夺取全国政权联系起来的思想。

1929 年年初，为了解决井冈山革命根据地的经济困难并粉碎湘赣

① 中共中央文献研究室：《毛泽东年谱（1893—1949）》（上），中央文献出版社 2005 年版，第 389、390 页。

② 《毛泽东选集》第一卷，人民出版社 1991 年版，第 188 页。

③ 《毛泽东选集》第一卷，人民出版社 1991 年版，第 50 页。

两省敌人对井冈山革命根据地的“会剿”，毛泽东、朱德率领红四军开辟了赣南、闽西革命根据地。在斗争实践中，毛泽东进一步认识到建立巩固的农村革命根据地的重要性。1929 年 3 月，根据红四军前委扩大会议对时局和红军行动方针讨论的意见，毛泽东在向中共中央和福建省委汇报红四军下一步行动计划时说：红四军“须看湘赣战局的形势从有利于红军的发展及有利于工农群众发展的标准上去决定行动，或再回闽边；或在赣南作较久时间的游击；或往吉安去接近国民党的战区。唯闽西赣南一区内之由发动群众到公开割据，这一计划是决须确立，无论如何，不能放弃，因为这是前进的基础”。报告还就党在全国的一般计划和工作重心提议说：“在全国范围内要猛力地夺取群众……红军小区域苏维埃使个数加多，这不仅在湘赣粤闽等地，江苏北皖鄂北豫南直隶，都应有红军及小区域苏维埃之创立。”① 这说明，毛泽东、朱德等此时已经有了在闽西赣南建立巩固革命根据地的思想，不准备立即回井冈山革命根据地。同年 4 月，毛泽东在致中共中央的信中不仅坚持要求红四军在闽西、赣南“用游击战术从发动群众以至群众的公开割据，深入土地革命，建设工农政权”，而且提出要将闽西、赣南“割据与湘赣边之割据连接起来，形成一坚固势力，以为前进的根基”，“建议中央在国民党混战的长期战斗中间，我们要和蒋桂二派争取江西，同时兼及闽西、浙西，在三省扩大红军的数量，造成群众的割据”②。这表明毛泽东已有了在全国更多更大范围内建立农村革命根据地的思想。5 月，在江西瑞金召开的中共红四军前委扩大会议上，“林彪等人对时局和革命前途发表悲观言论，不相信革命高潮有迅速到来的可能，在行动上只赞成在粤赣边界区域的流动游击，不赞成在游击区域实行毛泽东的建立巩固根据地的主张。毛泽东对这种错误观点进行了批评”③。6 月，毛泽东在给林彪的回信中再次批评了不要建立巩固根据地的流寇思想，指出：“流寇思想历来在红军中是很利害的”，“影响到政治方面的最明显的表现，就是罗霄山脉中段政权问题的不同

---

① 《毛泽东军事文集》第一卷，军事科学出版社、中央文献出版社 1993 年版，第 53~54 页。中共中央文献研究室：《毛泽东年谱（1893—1949）》（上），中央文献出版社 2005 年版，第 269~270 页。

② 《毛泽东文集》第一卷，人民出版社 1993 年版，第 58 页。

③ 中共中央文献研究室：《毛泽东年谱（1893—1949）》（上），中央文献出版社 2005 年版，第 275 页。

的见解”，“一部分同志时时刻刻要脱离边界的斗争”。流寇思想产生于四军中的游民成分，“党与这种思想曾经作过许多的斗争，但它的尾巴至今还存在”，这种思想“同时影响到城市政策与红军军纪”①，必须作坚决的斗争。1930 年 1 月，毛泽东在《星星之火，可以燎原》一文中进一步批评了“不相信革命高潮有迅速到来的可能……只赞成在福建、广东、江西之间的三个边界区域的流动游击，同时也就没有用这种红色政权的巩固和扩大去促进全国革命高潮的深刻的观念”，指出：“单纯的流动游击政策，不能完成促进全国革命高潮的任务，而朱德毛泽东式、方志敏式之有根据地的，有计划地建设政权的，深入土地革命的，扩大人民武装的……政权发展是波浪式地向前扩大的，等等的政策，无疑义地是正确的”②。这就进一步明确地论述了建立巩固的农村革命根据地思想，成为具有中国特色的农村包围城市、武装夺取政权新革命道路理论的重要内容。

土地革命战争的很长时间内，中共中央和共产国际、联共（布）等由于坚持“城市中心论”，对建立和发展巩固的农村革命根据地总体上是不重视的，甚至是反对的。虽然 1928 年 6 月至 7 月的中共六大曾认识到：“发展苏维埃的根据地。夺取新的区域，巩固新的区域，这种区域是要成为更大发展的基础的。”③ 但这只是对农村革命根据地建设和发展的原则肯定，而且仅仅是在“党在苏区底任务”中提出的，并没有建立和发展巩固的农村革命根据地的思想。1930 年 6 月，中共中央致信周恩来并转共产国际主席团，强调中共“中央不同意建立苏维埃根据地等类的割据观念”，要求共产国际确认中共中央已定的“争取一省与几省的首先胜利”④ 路线，并动员各国共产党支部支援中国革命。

3. 土地革命的路线和政策

国民革命后期，中国共产党和共产国际顺应南方各省农民的要求，

---

① 《毛泽东文集》第一卷，人民出版社 1993 年版，第 69 页。

② 《毛泽东选集》第一卷，人民出版社 1991 年版，第 97、98 页。

③ 中共中央文献研究室、中央档案馆：《建党以来重要文献选编》第 5 册，中央文献出版社 2011 年版，第 397 页。

④ 中央档案馆：《中共中央文件选集》第 6 册，中共中央党校出版社 1989 年版，第 136 页。

决定在中国实行土地革命，但又因害怕国民党右派和军官的反对，只要求没收大地主和公有的土地，不没收中小地主的土地，不没收国民党军官和士兵的土地，并要求土地革命必须在国民党领导下进行。这就决定了当时的“土地革命”实际上只是中国共产党一般的宣传口号，几乎没有付诸行动。

1927 年 7 月，中共临时中央常委根据中国革命形势的发展，尤其是工农革命群众的要求，明确提出了开展土地革命的方针，即“没收大地主土豪劣绅及反革命的土地”，“没收祠堂庙宇等及一切公共土地”，“实现耕者有其田”① 等。但是，在酝酿南昌起义的过程中，能否把土地革命列入行动纲领、起义后要不要没收大地主的土地仍在中共内部发生了争论。在九江会议上，李立三、恽代英、邓中夏等明确提出要实行土地革命，而谭平山等认为这样做必然会引起反动势力的联合和革命军队内部的分化，故反对立即实行土地革命。中共前敌委员会书记周恩来到达九江后，认为“应该以土地革命为主要的口号”②，经说服才统一了大家的认识。

此后，在是否需要进行土地革命，尤其是没收大地主、祠堂庙宇和一切公共土地问题上，中国共产党内基本不再存在争论。但是，在如何对待中小地主、富农和中农土地的问题上，党内及共产国际内部仍存在争论。

（1）是否没收小地主的土地。

1927 年 7 月，中共临时中央常委会发布的通告提出：南方湘鄂赣粤等省的革命势力应“以佃农自耕农贫农为中心，团结一切农村穷苦民众以至于小地主，进行严重的打击土豪劣绅贪官污吏……没收豪绅大地主反革命及一切祠堂庙宇的土地，以开展土地革命”，在建立农民协会领导的政权时，要将“对农会表同情之小地主”“联合在农民协会之内”③。即土地革命对小地主要实行团结和保护的政策。而同年 8 月，

① 中共中央文献研究室、中央档案馆：《建党以来重要文献选编》第 4 册，中央文献出版社 2011 年版，第 358 页。

② 中共中央文献研究室：《周恩来年谱（1998—1949）》（修订本），中央文献出版社 1998 年版，第 121 页。

③ 中共中央文献研究室、中央档案馆：《建党以来重要文献选编》第 4 册，中央文献出版社 2011 年版，第 359 页。

在八七会议讨论《最近农民斗争的决议案》时，毛泽东提出："小地主问题是土地革命的中心问题，困难的是在不没收小地主的土地，如此，则有许多没有大地主的地方，农协则要停止工作，所以要根本取消地主制，对小地主应有一定的办法，现在应解决小地主问题，如此方可以安民。"① 他还建议将划分大、中地主的标准由过去的100亩降低为50亩，50亩以上的土地不管肥瘦通通没收。但是，指导并参加会议的共产国际代表罗米那兹拒绝毛泽东的提议，说该问题用不着再讨论了，使得毛泽东的建议没有被与会者接受，会议仍坚持土地革命只"没收大地主及中地主的土地"，"没收一切所谓公产的祠族庙宇等土地"，并将没收的土地分给佃农或无地的农民，"对于小田主则减租"，"本党不提出没收小田主土地的口号"②。

八七会议后，毛泽东受中共中央的指派到湖南领导秋收起义，在筹备起义的过程中，他在长沙县找农民、手工业者和教师等召开了为期两天的调查会，掌握了群众对待土地革命的基本要求和主张。于是，在中共湖南省委会议讨论土地问题时，毛泽东提出："中国大地主少，小地主多，若只没收大地主土地，不能满足农民对土地的要求，因此必须没收整个地主阶级的土地分配给农民。"③ 8月19日，毛泽东为中共湖南省委草拟了"土地纲领"并致信中共中央，主张没收一切土地，包括没收小地主和自耕农的土地。8月23日，中共中央回信湖南省委，强调："土地问题这时主要口号是'没收大地主土地'，对小地主则提出减租的口号，'没收小地主土地'的口号不提出……更不要提出'没收自耕农土地'的口号"④。应该说，当时的中共临时中央常委和八七会议在土地革命问题上，不同意没收小地主的土地，表现出土地革命问题上的不彻底性，毛泽东主张没收小地主的土地，符合中国国情，并表现出土地革命问题上的彻底性。当然，毛泽东提出没收自耕农土

① 中共中央文献研究室：《毛泽东年谱（1893—1949）》（上），中央文献出版社2005年版，第208页。

② 中共中央文献研究室、中央档案馆：《建党以来重要文献选编》第4册，中央文献出版社2011年版，第442、443页。

③ 中共中央文献研究室：《毛泽东年谱（1893—1949）》（上），中央文献出版社2005年版，第210页。

④ 中央档案馆：《中共中央文件选集》第3册，中共中央党校出版社1989年版，第353页。

地是欠妥的。

到1927年9月，中共中央对待小地主的土地政策发生转变，在致广东省委的信中已明确地说："对于小地主的土地必须全部没收，实现'耕者有其田'的原则。"① 1927年11月，中共临时中央政治局扩大会议进一步提出："土地革命的主要口号应当是：完全没收一切地主的土地"，坚决反对"减租、没收大地主、打到劣绅恶地主"土地等改良主义的口号，"一切地主的土地无代价的没收"②。此后的土地革命战争时期，各革命根据地都对小地主土地实行了没收政策，党内关于土地革命是否没收小地主土地的争论基本结束，这对于深入土地革命、调动农民革命积极性等具有重要意义。

（2）联合富农还是消灭富农。

土地革命战争时期，中国共产党和共产国际内部就中国土地革命中对待富农态度的意见分歧一直存在，并不断反复。土地革命兴起阶段，中共中央对小地主实行的是保护政策，对富农更是如此。但是，在认识和实践上，中共党内对此都存在分歧。如毛泽东等经过调查研究认识到，由于"富农往往与小地主利害联在一起。富农土地在土地总额中占少数，但与小地主土地合计，则数量颇大"③，因此，强调在土地革命中消灭富农。毛泽东领导的井冈山革命根据地的土地革命，执行的是没收包括富农土地在内的一切土地分给农民的政策。同时，湘鄂西等其他农村革命根据地在推行土地革命的实践中也对富农实行了消灭政策。1928年6月至7月，中共六大讨论了对待富农的态度和政策问题。蔡和森在会上提出："从整个战线看，整个富农他似可能维持中立，但另方面必须见到其危险，即土地革命急剧进行，他有迅速反动的可能。"④ 会议经过讨论和研究，批评了党内一些同志所谓加紧反对富农的主张，决定在现阶段对富农实行中立的政策，以减少敌人的力量，但是，当富农反革命时，要像对待地主豪绅一样同其开展斗争。

---

①. 中央档案馆：《中共中央文件选集》第3册，中共中央党校出版社1989年版，第372页。

② 中共中央文献研究室、中央档案馆：《建党以来重要文献选编》第4册，中央文献出版社2011年版，第629、664页。

③ 《毛泽东选集》第一卷，人民出版社1991年版，第69页。

④ 中央档案馆：《第二次国内革命战争时期土地革命文献选编》，中共中央党校出版社1987年版，第62~63页。

1928年10月，中共中央致信毛泽东、湘赣边特委和红四军军长等，强调指出：党的农村工作总策略是“反对地主阶级，联合富农，故意加紧反对富农的斗争是不对的。斗争的口号应当是没收地主阶级的土地”①。此时，毛泽东在井冈山革命斗争实践中也认识到：富农因“在革命高涨时受到打击，白色恐怖一来，马上反水”，“全国革命低潮时，割据地区最困难的问题，就在拿不住中间阶级。中间阶级之所以反叛，受到革命的过重打击是主因”②。于是，毛泽东等开始赞同土地革命中对富农实行联合、中立的政策。

1929年2月，中共中央在关于农民运动的通告中，对富农提出了分别对待、既联合又斗争的政策，通告指出：“我们的策略，要看当时富农的态度来决定。还同情革命的富农，必须吸引到反地主阶级的战线之内。已经反革命的，必须在反地主反军阀的斗争中同时反对富农。摇摆于革命与反革命之间的，那就不必故意加紧对他的斗争，而使之中立……所以一方面要吸引富农到革命战线之内来，同时又要与富农积极的斗争……领导雇农贫农对富农的斗争，巩固贫农在这统一战线中的领导，防止富农的反动。”③ 中共中央关于对待富农要实行又联合又斗争的策略是符合中国农村革命斗争实际的，也是农村革命统一战线思想的重要发展。在中共中央的指导下，结合土地革命斗争的实践经验，1929年7月，毛泽东在闽西提出：“对富农在革命初期时间——向豪绅斗争最激烈时间，不没收其土地，并不派款，不烧契，不废除其债务”，“富农田地自食以外的多余部分在贫农群众要求没收时应当没收”④。这实际上就是中立富农的政策。

由于中国土地革命是前无古人的事业，国际国内革命形势又瞬息万变，阶级关系错综复杂，加上受苏联国内农村阶级关系和土地改革政策演化的影响，在土地革命战争时期，共产国际和联共（布）及其指导下的中共中央对待中国富农的政策不断发生变化。1929年6月，共产国际向中共中央发来指示信，认为中国的富农“多是封建地主剥

① 中共中央党史研究室：《土地革命纪事》，求实出版社1982年版，第105页。

② 《毛泽东选集》第一卷，人民出版社1991年版，第69、70页。

③ 中共中央文献研究室、中央档案馆：《建党以来重要文献选编》第6册，中央文献出版社2011年版，第22页。

④ 中共福建省委党校：《红四军入闽和古田会议文献资料》，福建人民出版社1979年版，第83页。

削制度底代表人”，批评中国共产党“正是在这个问题上犯了最重大的错误”，要中共中央“极坚决地克服在富农问题中最有害的机会主义的动摇”，“不要害怕富农‘退出革命’”，“甚至在这类富农参加抗税运动或反军阀运动的时候，也不应该向富农让步”[①]。这表明共产国际关于中国土地革命对待富农的政策已由中立转变为消灭。8月，中共中央做出决定，接受共产国际关于富农问题的指示信，提出今后在乡村中要加强对富农的斗争。1931年8月，共产国际又指示中共中央：土地革命中，“原属于富农的土地则应分给贫农、中农、雇农、苦工和红军战士。未参加反对苏维埃武装斗争的富农，只能得到自耕的份地，但不能分好地”[②]。在这一精神指导下，中共在其领导的农村革命根据地开始实行“地主不分地，富农分坏地”的政策。除了共产国际和中共中央的指导政策发生变化外，1930年前后，包括毛泽东领导的闽西革命根据地在内，很多根据地依据自身的情况，对富农也实行了消灭政策。如1930年6月，中共红四军前委和闽西特委尽管认识到富农问题“在共产党里都还是一个争论未决的问题”，但经研究认为：“坚决的和富农斗争树立贫农雇农的绝对领导于农村之中，乃是保障革命胜利的重要条件”[③]。因此共产党及其领导的红军要坚决地赞助贫农雇农没收富农的土地，废除富农的债务。同月，中国革命军事委员会颁布的《苏维埃土地法》也规定：“没收一切私人的或团体的——豪绅、地主、祠堂、庙宇、会社、富农——田地、山林、池塘、房屋，归苏维埃政府公有，分配给无地、少地的农民及其他需要的贫民使用。”[④]

20世纪30年代初，苏联开始实行严厉的消灭富农的政策，受共产国际和联共（布）指示和政策的影响，李立三和王明“左”倾冒险主义更强调在中国实行彻底地消灭富农的政策，并对以毛泽东为代表的一些中国共产党人曾经实行过的“中立富农”“保存富农”等政策给予

① 中共中央文献研究室：《周恩来年谱（1898—1949）》（修订本），中央文献出版社1998年版，第164页。

② 中国社科院近代史所：《共产国际有关中国革命的文献资料（1929—1936）》第2辑，中国社会科学出版社1982年版，第160页。

③ 江西省档案馆、中共江西省委党校党史教研室：《中央革命根据地史料选编（下）》，江西人民出版社1982年版，第402页。

④ 江西省档案馆、中共江西省委党校党史教研室：《中央革命根据地史料选编（下）》，江西人民出版社1982年版，第415页。

无情的批判。1931 年 11 月，由中共中央提出并经中华苏维埃第一次全国代表大会通过的《中华苏维埃共和国土地法令》规定："中国富农的特性是兼地主或高利贷者，对于他们的土地应该没收……富农在被没收土地后，可以分得较坏的劳动份地，不过有一个条件，就是他必须用自己的劳动力去耕种这些土地。"①

可见，在土地革命战争时期，共产国际、联共（布）、中共中央以及中共领导的各农村革命根据地等对待富农的政策不断变化，共产国际、联共（布）和中共中央基本态度是由中立富农转向消灭富农，而各革命根据地则一般由消灭富农转向中立富农，后又由中立富农转向消灭富农。众多论著认为，土地革命战争时期，以毛泽东为代表的中国共产党人制定的土地革命路线，实行的是"限制富农"政策。笔者认为，既然富农的土地、债权等被没收和废除，分得的土地较坏且须自耕，从经济关系上来看，富农阶级就是被消灭，不是限制。土地革命兴起阶段，中共中央要求保存富农、中立富农，毛泽东等在农村革命根据地也曾一度实行中立富农的政策，但是，从各农村革命根据地土地革命实践及其执行的时间段来看，各农村革命根据地在绝大多数时间内实行的都是消灭富农政策。

（3）是否没收中农的土地。

土地革命战争初期，毛泽东、朱德等领导红军在创立井冈山、湘赣革命根据地的过程中，在土地改革问题上执行了没收中农、自耕农土地等"左"倾政策。1928 年 12 月，井冈山《土地法》第一条就规定"没收一切土地归苏维埃政府所有"②。后来的实践证明，这一政策侵犯了中农利益，扩大了打击面，不利于团结农村中的大多数、孤立地主阶级、恢复和发展农业生产。当时，中共临时中央常委主张不没收中农土地。1928 年 6 月，中共六大再次强调土地革命不是"没收一切土地"，而只是"没收一切地主的土地"。1929 年 2 月，中共中央发出的《中央通告第二十八号——农民运动的策略》指出：目前革命阶段"农运的策略是建立农民反地主阶级的统一战线，而没收一切的土

① 中共中央文献研究室、中央档案馆：《建党以来重要文献选编》第 8 册，中央文献出版社 2011 年版，第 731 页。

② 《毛泽东文集》第一卷，人民出版社 1993 年版，第 49 页。

地是触犯一切富农甚至中农和少块土地的贫农，使农村阶级战线凌乱，削弱了土地斗争的力量”，“模糊了农民反对地主的阶级意识”[①]。同时，中共中央还先后致信浙江省委、湘赣边界特委、鄂西特委等，要求纠正“没收一切土地”的做法，坚持只“没收地主阶级土地”的方针。

在中共六大和中共中央指示精神的指导下，各农村革命根据地先后纠正了土地革命中没收一切土地的错误做法。如1929年4月，根据中共六大的精神、中央指示和井冈山革命根据地土地革命的经验，毛泽东主持制定的兴国《土地法》将“没收一切土地”改为“没收一切公共土地及地主阶级的土地”[②]。当然，后来一些根据地又有反复。如1930年6月，中共红四军前委和闽西特委又提出：“‘没收地主阶级土地’和‘废除高利贷’两个口号是不适当了”，“毫无疑义‘没收一切土地’‘废除一切债务’要在南方各省的任何时候任何地方公开的正面的提了出来，‘否认’固然是极端错误，‘追认’也是尾巴主义”[③]。同时，皖西北、鄂东、赣东北、鄂豫皖等根据地也都提出了“平分一切土地”的口号，并在执行中不同程度地侵犯了中农的利益。为此，1931年12月，中共中央特地做出《关于“平分一切土地”的口号的决议》，强调：“土地革命中的中心口号仍旧是‘没收地主、教堂、寺院以及大私有财产者的一切土地。’富农的土地也在没收之列，但在富农不参加反革命、自愿耕种土地的条件下，仍可分得坏的土地”，“中农的土地绝对不能没收”，“中央认为有些苏区的党部，如赣东北、中央区等，只是机械的去平分一切土地，以为不实行平分一切土地，就是富农路线，就是机会主义。这种观念是完全错误的。他们在这种了解之下，完全忘记了中农，侵犯了中农的利益”[④]。就在此前的11月，中华苏维埃第一次全国代表大会通过的《土地法草案》也明确规定对中农土地不予没收。之后，在土地革命的实践中，虽然仍有一些农村革命根据地发生了侵犯中农利益的现象，但是，在理论和政策上，“联合

① 中共中央文献研究室、中央档案馆：《建党以来重要文献选编》第6册，中央文献出版社2011年版，第23页。

② 中共中央文献研究室：《毛泽东农村调查文集》，人民出版社1982年版，第38页。

③ 江西省档案馆、中共江西省委党校党史教研室：《中央革命根据地史料选编》，江西人民出版社1983年版，第403页。

④ 中共中央文献研究室、中央档案馆：《建党以来重要文献选编》第8册，中央文献出版社2011年版，第792页。

中农”已在中国共产党内取得共识。

（4）分配土地的标准是人口还是劳动力。

红军和革命群众没收所得土地要分给农民，但按什么标准分配土地？如何分配土地？在土地革命的过程中，中国共产党人对这些问题的探索，也经历了一个磨合的过程。1927 年 8 月，毛泽东受中央指派到湖南领导秋收起义。在筹备起义的过程中，他经过调研，在为中共湖南省委草拟的“土地纲领”中提出：“没收一切土地，包括小地主自耕农在内，归之公有，由农协按照‘工作能力’与‘消费量’（即依每家人口长幼多寡定每家实际消费量之多寡）两个标准公平分配于愿得地之一切乡村人民”，“土地分配以区为单位不以乡为单位，人口多于土地之乡，可以移于人口少于土地之乡”①。即按劳动力和人口两个标准分配土地。这一设想并没有付诸实施，但不失为分配土地方法的有益探索。

1928 年上半年，毛泽东领导的井冈山革命根据地将分配土地的标准改为：一般以乡为单位，“所有乡村中男女老幼，一律平分”。即只按人口一个标准分配土地，且社会单位由区改为乡。而就在此时，中共中央提出了土地革命中土地分配应以劳动力为标准的方针。鉴于此，1928 年年底，井冈山革命根据地的土地分配“依中央办法，改以劳动力为标准，能劳动的比不能劳动的多分一倍”②。尽管如此，毛泽东实际上并不赞成只按劳动力标准分配土地，1928 年 12 月，由他主持制定的井冈山《土地法》执行的是按人口和劳动力双重标准分配土地，且以人口标准为主。井冈山《土地法》规定：“分配土地的数量标准：（一）以人口为标准，男女老幼平均分配。（二）以劳动力为标准，能劳动者比不能劳动者多分土地一倍。以上两个标准，以第一个为主体。有特殊情形的地方，得适用第二个标准。”毛泽东之所以补充了按劳动力分配的标准，除中央指示外，是因为当时虽然感到以劳动力为标准不妥，“而同志中主张者不少，所以这样规定”③。

以毛泽东为书记的中共红四军前委在井冈山、赣南和闽西等农村

① 中共中央文献研究室：《毛泽东年谱（1893—1949）》（上），中央文献出版社 2005 年版，第 211 页。

② 《毛泽东选集》第一卷，人民出版社 1991 年版，第 71 页。

③ 《毛泽东文集》第一卷，人民出版社 1993 年版，第 49、51 页。

革命根据地探索土地分配标准和办法的同时，湘鄂西、鄂豫皖、赣东北等农村革命根据地的中共党组织，在中共中央的指导下，也依据当地的实际制定了各自的土地分配政策和方法。如赣东北和鄂豫皖根据地采取了人口与劳动力相兼顾的分配土地原则；湘鄂赣、鄂豫皖等根据地实行了中立富农的政策；赣东北、鄂豫皖、左右江等根据地执行了严格保护中农利益的措施等。当然，由于种种原因，包括井冈山、鄂豫皖等根据地在内的众多根据地，不同程度地发生过侵犯中农、消灭富农、破坏私人工商业、烧杀地主等“左”倾错误。

关于土地分配的标准和方法，中国共产党人在争论中继续探索。1929 年 7 月，在毛泽东的指导下，中共闽西第一次代表大会正式确立了以原耕为基础、抽多补少分配土地的办法。1930 年 6 月，毛泽东在中共红四军前委和闽西特委联席会议上，在“抽多补少”办法的基础上，又提出了“抽肥补瘦”的方法。经过几年的摸索，到 1930 年年底和 1931 年年初，以毛泽东为代表的中国共产党人在不断总结经验教训的基础上，提出了适合中国国情的土地分配的标准和方法。这就是：以乡为单位，按人口平均分配土地；在原耕的基础上，抽多补少，抽肥补瘦。但是，这一标准和方法并没有被中共中央认可，也没有在各农村革命根据地普遍实施，甚至连毛泽东领导的农村革命根据地也没有实现不折不扣地执行。正如 1930 年 11 月毛泽东在《赣西南土地分配情形》中所记载：“以村为单位进行土地分配的较多，以乡为单位进行土地分配的较少。以人口为标准平均分配土地的地区较多，但也有一些地区是按生产力、劳力等标准分配土地的。”① 1931 年 11 月，中华苏维埃第一次全国代表大会通过的《土地法令》也规定：“地方苏维埃政府应根据各个乡村当地情形，选择最有利于贫农、中农的原则来分配土地，或按照每家有劳动力之多少，同时人口的多少即混合原则进行分配”，同时，“分配土地不仅应计算土地的面积，而且应估计土地的质量”②。这一规定以劳动力和人口混合标准分配土地，存在操作上的困难，但它坚持了土地革命满足贫农土地要求的根本原则，并保护中

① 中共中央文献研究室：《毛泽东年谱（1893—1949）》（上），中央文献出版社 2005 年版，第 324 页。

② 中共中央文献研究室、中央档案馆：《建党以来重要文献选编》第 8 册，中央文献出版社 2011 年版，第 731、732 页。

农利益；土地分配单位是乡还是村，根据各个乡村实际情形而定，不求一律；分配方法吸收了“抽多补少，抽肥补瘦”的经验等。这在总体上是符合中国国情的。

（5）土地所有权归政府还是个人。

土地是农民最基本的生产资料，中国农民对土地有着特别的依赖和情感。新民主主义革命的任务是反帝反封建，并不反对一般的资本主义和私有制，农民拥有土地是合情合理的要求。但是，土地革命战争兴起后，中国共产党和共产国际等在指导中国土地革命中推行的是土地公有，甚至土地国有的政策。1927 年 5 月，共产国际执委会第八次全会提出：“土地革命，包括没收土地和土地国有，是中国革命新阶段基本的、内在的社会经济内容。”① 同年，在八七会议上，共产国际代表罗米那兹不顾中国的国情，照搬照抄苏联的土地革命政策，强调“土地的根本问题是土地国有”②。根据共产国际的指示和罗米那兹的意见，八七会议提出了“土地国有”的“左”倾方针，认为“本党之农民革命问题上的行动纲领，在这一整个的时期中本是‘耕者有其田’这一极通俗的口号，足以引起农民革命运动，一直发展到土地国有及完全重新分配土地”③。同年 11 月，中共临时中央政治局扩大会议进一步提出：一切地主、寺院教会、祠产旗产、官荒沙田湖田和“一切私有土地完全归组织成苏维埃国家的劳动平民所公有”，农民只有“土地之实际使用权”④。之后一段时间内，土地归苏维埃政府所有一直是中国共产党及其领导的各革命根据地的基本政策。1928 年和 1929 年，毛泽东先后主持制定的井冈山《土地法》和兴国《土地法》都规定没收地主、公有等土地归苏维埃政府所有，农民只有使用权，没有独立的所有权，也不能买卖。但是，这期间，中共党内对该问题有着不同意见的争论。

---

① 中国社科院近代史所：《共产国际有关中国革命的文献资料》第 1 辑，中国社会科学出版社 1981 年版，第 325 页。

② 中共中央文献研究室：《毛泽东年谱（1893—1949）》（上），中央文献出版社 2005 年版，第 209 页注释［1］。

③ 中共中央文献研究室、中央档案馆：《建党以来重要文献选编》第 4 册，中央文献出版社 2011 年版，第 443 页。

④ 中共中央文献研究室、中央档案馆：《建党以来重要文献选编》第 4 册，中央文献出版社 2011 年版，第 664 页。

在1928年夏的中共六大上，蔡和森提出："讲到土地分配和政权问题，我不同意国涛（指张国焘——引者注）的意见，土地分配不一定要有全国形式，农民打倒劣绅，夺取乡村政权，可没收土地，部分的政权建立和部分的没收土地，在斗争过程中是可能的，而且是必须的，在没有全国工农政权建立或几省的政权建立，国有土地是不可能的，因而禁止土地买卖的问题现在无提出之必要。"① 1930年9月，周恩来在中共六届三中全会上也指出："土地国有问题，现在是要宣传，但不是现在已经就能实行土地国有……不能将土地归苏维埃公有即解释为国有"，"禁止土地买卖，目前是不需要的口号，这只是增加了农民的恐慌心理"②。尽管蔡和森只是从全国政权或几省政权还没有建立的视角否定土地国有，周恩来只是区分了土地归苏维埃公有同土地国有的差别，但他们毕竟不同意立即实行土地国有和禁止土地买卖的"左"倾政策，把土地革命的长远目标与行动纲领作了区分，不失为积极主动地探索适合中国国情的土地革命政策。

经过一段时间的实践探索和经验总结，中共一些党组织和更多的共产党人逐步否定了在中国实行土地公有的政策。1931年2月，中共苏区中央局提出：在目前争取全国苏维埃胜利的斗争中，土地国有只是宣传口号，尚未到实行的阶段。农民参加土地革命的目的，不仅要取得土地的使用权，而且要取得土地的所有权。因此，必须使广大农民在革命中取得他们渴望的土地所有权，方能加强他们对于土地革命和争取全国苏维埃胜利的热烈情绪，才能使土地革命更加深入。③ 当年同月，毛泽东以中央革命军事委员会总政治部主任名义，写信给江西省苏维埃政府主席曾山等同志，提出："田没有分定一层，在现在红色区域是个大问题。过去田归苏维埃所有，农民只有使用权的空气十分浓厚，并且四次五次分了又分，使得农民感觉田不是他们自己的，自己没有权来支配，因此不安心耕田"，所以要变原有的土地公有制为

① 中央档案馆：《第二次国内革命战争时期土地革命文献选编》，中共中央党校出版社1987年版，第62~63页。

② 中共中央文献研究室、中央档案馆：《建党以来重要文献选编》第7册，中央文献出版社2011年版，第416页。

③ 中共中央文献研究室：《毛泽东年谱（1893—1949）》（上），中央文献出版社2005年版，第334页注［1］。

农民私人所有制，各地各级政府要向农民“说明过去分好了的田（实行抽多补少、抽肥补瘦的）即算分定。得田的人，即由他管所分得的田，这田由他私有，别人不得侵犯……租借买卖，由他自主”①。紧接着，江西、闽西等苏维埃政府通令各地，明确肯定了农民对土地的所有权。

在总结历史经验的基础上，共产国际对中国土地革命若干政策的认识也趋于理性，不再坚持土地国有政策。1931 年 8 月，共产国际执委会主席团在《关于中国共产党的任务的决议》中提出：“党应当防止有人过早企图颁布土地国有化的法令。只有当苏维埃革命在全国各主要地区取得胜利，而且基本农民群众拥护这一措施时，才能实际实行土地国有化。”② 共产国际虽然坚持土地国有化的方向，但是，已经反对在革命没有基本取得胜利、土地国有化没有得到农民拥护的情况下过早实施这一政策。根据共产国际主席团的指示精神，1931 年 11 月，中华苏维埃第一次全国代表大会通过的《土地法令》规定：“土地与水利的国有……就是转变农村经济达到高度的社会主义发展的必经步骤。不过实际实行这个方法，必须在中国重要区域土地革命胜利与基本农民群众拥护国有条件之下才有可能。在目前革命阶段上，苏维埃政府应将土地与水利国有的利益向农民解释，但现在仍不禁止土地的出租与土地的买卖。苏维埃政府同时应严禁富农投机与地主买回原有土地。”③ 这实际上承认了土地归农民所有，允许土地买卖和出租，土地国有只是宣传的口号，同时又严禁地主和富农买回原有土地，以巩固土地革命的成果，防止封建土地所有制的复活。同共产国际主席团指示一样，中华苏维埃第一次全国代表大会通过的《土地法令》虽然没有放弃土地国有的口号，存在“左”的倾向，但是，土地所有权及允许土地适度流转的规定比较切合中国实际。

① 中共中央文献研究室：《毛泽东年谱（1893—1949）》（上），中央文献出版社 2005 年版，第 335 页。

② 中国社科院近代史所：《共产国际有关中国革命的文献资料（1929—1936）》第 2 辑，中国社会科学出版社 1982 年版，第 161 页。

③ 中共中央文献研究室、中央档案馆：《建党以来重要文献选编》第 8 册，中央文献出版社 2011 年版，第 733 页。

4. 对待民族资产阶级和小资产阶级的态度

国民革命失败后，民族资产阶级附和了大地主大资产阶级的反动，脱离了革命阵营。但是，以蒋介石、宋子文、孔祥熙、陈果夫和陈立夫为首的官僚资产阶级对外妥协投降，承认帝国主义及外国资本主义继续在中国享有自鸦片战争以来所掠夺的各项特权；对内严厉压迫和剥削工农群众，并采用政治、经济等各种手段排挤、吞并民族资本主义，使得民族资本主义不仅得不到发展，反而有所萎缩。因此，民族资产阶级很快表现出对南京国民政府反动统治的不满，并由不满走向反抗，实际上成为新民主主义革命的动力之一。小资产阶级本身就是劳动阶级，在国民党反动统治下日益破产，故其一直站在革命阵营内，也是新民主主义革命的动力之一。

然而，斯大林关于中国革命“三阶段理论”认为，蒋介石、汪精卫集团是分别代表民族资产阶级和小资产阶级的政治派别，1927 年 4 月和 7 月，二者先后背叛革命分别代表民族资产阶级和小资产阶级脱离革命阵营，中国革命进入了只有工人阶级和农民阶级参加的第三阶段。受这一理论指导的影响，国民革命失败后，中国共产党在一个较长的时期内，都把民族资产阶级和小资产阶级排除在革命阵营之外，甚至把他们当做革命的对象，在土地革命中执行了没收民族资产阶级和部分小资产阶级的生产资料，消灭资产阶级、限制小资产阶级的过左政策。如 1927 年 8 月，中共中央认为民族资产阶级的“各种成分，甚至其中最急进的分子，都已完全走入了反革命的营垒，而成为反革命之最积极的动力之一”，“中国的民族解放及资产阶级民权革命之任务，现在已经完全放到工农运动身上”，只有工农“与国际帝国主义、封建地主阶级以及一切资产阶级直接斗争……方能履行这一任务”①。1927 年 9 月和 10 月，中共中央在致广东省委的信和致全党的通告中甚至提出：“肯定小商人的选举权利”“不没法［收］工厂作坊”等保护小资产阶级的政策都是“不正确的”；工农政权不仅“要没收中外大企业及银行”，而且“对小企业手工工场等厉行澈［彻］底的劳动法，对于不

① 中共中央文献研究室、中央档案馆：《建党以来重要文献选编》第 4 册，中央文献出版社 2011 年版，第 469、470 页。

遵劳动法的店东厂主严厉的处置，一直到没收”[①]。1927年11月，中共临时中央政治局会议认为：“中国民族资产阶级完完全全投降了外国资本，他已经抛弃废除一切不平等条约的斗争”，“绝对的背叛了民族解放运动”，并与军阀地主结盟。因此，“中国革命要推翻豪绅地主阶级，便不能不同时推翻资产阶级”，“工人阶级自身既是革命的领袖阶级，他便不能不在革命斗争之中，力争自身利益的保障，反对资本主义的剥削”[②]。会议同时认为小资产阶级现时也已经不是革命的力量，而是革命的障碍，提出“工厂归工人管，厉行劳动法，如果小厂主怠工闭厂，便也没收他的工厂”[③]。1928年7月，中共六大指出：“中国革命的动力已经只有无产阶级和农民”，中国“现在的政权，是地主、军阀、买办、民族资产阶级的国家政权”，革命就是要推翻“帝国主义的统治和地主军阀及资产阶级国民党的政权，建立苏维埃的工农民权独裁制在无产阶级的领导之下”[④] 的政权。

土地革命战争初期，以毛泽东、彭湃等为代表的创建农村革命根据地的中国共产党人，在革命实践中也曾一度执行消灭资产阶级、排斥小资产阶级的政策，根据地甚至发生了禁止贸易、没收商店、焚烧账簿等现象。但是，经历了挫折和教训后，他们逐渐认识到团结民族资产阶级和小资产阶级的必要性，进而改变了对待民族资产阶级和小资产阶级的态度。1929年年初，毛泽东、朱德率领红四军在开辟赣南、闽西革命根据地的过程中，开始实行联合民族资产阶级和小资产阶级的政策，以共同打击帝国主义、地主阶级和国民党政府。毛泽东为红军起草的布告指出：“城市商人，积铢累寸，只要服从，馀皆不论。”[⑤]；“共产党对城市的政策是：取消苛捐杂税，保护商人贸易。在革命时候对大商人酌量筹款供给军需，但不准派到小商人身上。城市反动分子

---

① 中央档案馆：《中共中央文件选集》第3册，中共中央党校出版社1989年版，第372、373、403页。

② 中共中央文献研究室、中央档案馆：《建党以来重要文献选编》第4册，中央文献出版社2011年版，第619、688页。

③ 中共中央文献研究室、中央档案馆：《建党以来重要文献选编》第4册，中央文献出版社2011年版，第629页。

④ 中共中央文献研究室、中央档案馆：《建党以来重要文献选编》第5册，中央文献出版社2011年版，第379、377页。

⑤ 《毛泽东文集》第一卷，人民出版社1993年版，第52页。

（军阀的走狗，贪官污吏，国民党指导委员，工贼，农贼，学贼）的财物要没收……至于普通商人及一般小资产阶级的财物，一概不没收。但普通商人及一般小资产阶级应该赞助工农革命，服从工农阶级的指导，齐心一致向打倒帝国主义、打倒地主阶级、打倒国民党政府三大任务上努力。"① 1929年7月，中共闽西第一次代表大会提出："对城乡小商人绝对不要没收商店，焚烧账簿和废除帐目。"②

然而，共产国际和中共中央一直推行的是反对民族资产阶级和上层小资产阶级等中间势力的"左"倾关门主义政策。1929年10月，共产国际给中共中央发来指示信，认为"中国已进入深刻的全民族危机的时期"，要求中共"现在就可以而且应该开始让群众做好准备，以便用革命的手段推翻资产阶级和地主联盟的政权"，并应积极开展和扩大反对国民党改组派（汪精卫、陈公博等人）、第三种力量等。③ 1930年1月，中共中央做出了接受共产国际指示信的决议，认为代表中等资产阶级的改良主义是"目前革命复兴中之最危险的敌人"，"党必须以最大努力，最坚决的发动群众的直接斗争，去破坏改组派的一切影响与领导，去揭露改组派的反革命的面目"，对以谭平山、邓演达等为首的"第三党的一切活动也要如此"④。1930年6月，中共中央政治局会议提出：中国革命"是对帝国主义地主买办的战争，同时就是对资产阶级的战争"，因此，经济上"不只是要没收帝国主义的银行、企业、工厂……而且要没收中国资产阶级的工厂、企业、银行"；政治上"必然需要更集中独裁的政权，这就必然需要从工农专政进到无产阶级专政"⑤。同时，中共中央致信红四军前委，对其实行的保护民族工商业政策提出严厉批评，指责红四军前委"对于资产阶级更完全是一种机会主义

① 中共福建省委党校：《红四军入闽和古田会议文献资料》，福建人民出版社1979年版，第23页。

② 中共福建省委党校：《红四军入闽和古田会议文献资料》，福建人民出版社1979年版，第88页。

③ 中国社科院近代史所：《共产国际有关中国革命的文献资料（1929—1936）》第2辑，中国社会科学出版社1982年版，第81、82页。

④ 中共中央文献研究室、中央档案馆：《建党以来重要文献选编》第7册，中央文献出版社2011年版，第20、21页。

⑤ 中共中央文献研究室、中央档案馆：《建党以来重要文献选编》第7册，中央文献出版社2011年版，第266页。

的路线”，如“提出保护大小商人的口号”[①] 等。

1931 年九一八事变后，中日民族矛盾上升，国内阶级关系发生重大变化，民族资产阶级和上层小资产阶级由附和大地主大资产阶级统治，转向反对国民党反动统治，尤其是反对南京国民政府的对日妥协政策。但是，王明“左”冒险主义统治下的中共中央无视民族矛盾和阶级矛盾关系的变化，仍然推行关门主义，坚持认为第三党、改组派等“在野派别”“是最危险的敌人，应该以主要的力量来打击这些妥协的反革命派”[②]。1932 年 1 月，毛泽东在江西瑞金主持召开苏区中央局会议，并在会上提出：九一八事变以来，“日本帝国主义灭亡中国的大举侵华，势必引起全国人民的抗日高潮，国内阶级关系必将发生变化”。然而，该主张被中共中央代表团批评为“典型的右倾机会主义”[③]。会议中途不得不更换主持人。

1931 年底，通过发指示、调换干部、派遣巡视员等多种途径，王明“左”倾冒险主义开始在各农村革命根据地付诸实践，苏区“许多城市的商店、作坊中提出了过高的经济要求，机械地执行只能适用于大城市的劳动法，使企业不能负担而迅速倒闭……在年关斗争中，许多城市到处举行有害苏区经济流通的总同盟罢工”[④]。对待民族资产阶级和小资产阶级的“左”倾政策给苏区经济社会发展造成了严重破坏，既制约了根据地群众生活水平的提高，也削弱了巩固和扩大革命根据地的经济基础。

以毛泽东为代表的中国共产党人对待民族资产阶级和小资产阶级的政策，尽管受到“左”倾教条主义的错误批评和指责，但他们在总结斗争实践经验的基础上，同“左”倾教条主义开展了不同程度的斗争，对民族资产阶级、上层小资产阶级继续实行团结和争取的政策。如 1934 年 1 月，毛泽东在第二次全国苏维埃代表大会上提出：“对于私人经济，只要不出于政府法律范围之外”，不但不加阻止，而且是“加

① 中共中央文献研究室、中央档案馆：《建党以来重要文献选编》第 7 册，中央文献出版社 2011 年版，第 277 页。

② 中央档案馆：《中共中央文件选集》第 8 册，中共中央党校出版社 1991 年版，第 41 页。

③ 中共中央文献研究室：《毛泽东年谱（1893—1949）》（上），中央文献出版社 2005 年版，第 365 页。

④ 《陈云文选》第一卷，人民出版社 1996 年版，第 9 页。

以提倡和奖励”；发展国营经济和合作社经济，“应该与奖励私人经济发展同时并进”①。

土地革命战争时期，共产国际和中国共产党排斥小资产阶级在干部政策上的重要表现，就是一再强调中共党组织各级领导干部的工农化。1927 年 11 月，中共临时中央政治局扩大会议认为：中国共产党在组织上的主要特点之一“就是本党领导干部并非工人，甚至于非贫农而是小资产阶级智识分子的代表”，这是“武汉反动以前本党政策机会主义布尔塞维克主义（应为孟塞维克主义——引者注）的策源地”；“最近许多正确的彻底革命的党的决议案和方针……往往在各地并不执行，谬解而成机会主义的实际行动，这是因为实行这些决议的分子，仍旧是那些小资产阶级的机会主义代表的旧干部”，因此，“中国共产党最重要的组织任务是——将工农分子的新干部替换非无产阶级的智识分子之干部”②。1928 年 6 月至 7 月，在莫斯科召开的中共六大同样强调党的机关工人化，参加六大的 84 名正式代表中，工人代表达 44 人；大会选出的 36 名中央委员中，工人成份达 21 人；工人出身的向忠发被选为中央委员、中央政治局委员、中央政治局常委、中央政治局主席兼中央常委主席，但因其工作能力和思想理论水平有限，根本不能胜任工作。正如后来周恩来所说，六大的错误之一是“太重视工人成份”，“不认识中国阶级关系变化的复杂性，没有把策略观点着重放在争取中间阶级上”③。1930 年 6 月至 9 月，1931 年 1 月至 1935 年 1 月，李立三和王明“左”倾冒险主义统治下的中共中央更是大力推行以工人“改造充实各级领导机关”的活动，强调党的各级领导机关，必须引进新的干部，尤其要求工人的积极分子来做指导工作，以至发展到“钦差大臣”满天飞，甚至对所谓“右倾机会主义”者给予“残酷斗争”“无情打击”④。

---

① 中共中央文献研究室：《毛泽东年谱（1893—1949）》（上），中央文献出版社 2005 年版，第 422 页。

② 中共中央文献研究室、中央档案馆：《建党以来重要文献选编》第 4 册，中央文献出版社 2011 年版，第 635~637 页。

③ 《周恩来选集》上卷，人民出版社 1980 年版，第 185、186 页。

④ 《毛泽东选集》第三卷，人民出版社 1991 年版，第 963、986 页。

应该说，中共自诞生以来就一直强调各级领导和党员成分的工人化，土地革命战争时期将之推向了极致，以毛泽东为代表的中国共产党人虽对此作了斗争，但该问题当时并没有得到解决，直到抗日战争时期，经历了延安整风和全党学习研究中共党史之后，全党才对土地革命战争时期的“左”倾错误，尤其是王明“左”倾教条主义政治、干部路线的错误进行了彻底的批判和清理。

5. 武装斗争问题

国民革命的失败，国民党反动派的白色恐怖统治，尤其是对共产党员、工农干部的血腥屠杀，使得中国共产党人进一步认识到建立并掌握强大武装力量的必要性。1927 年夏，在中国革命和中国共产党处于生死存亡的紧急关头，中共临时中央常委和八七会议做出了武装反抗国民党反动派的总方针。在要不要进行武装斗争、敢不敢进行武装斗争的问题上，中国共产党内虽然还存在一些争论，如张国焘曾阻挠发动南昌起义；中共中央在讨论湖南秋收暴动计划时，有常委对毛泽东提出的“应以百分之六十的精力注意军事运动，实行在枪杆子上夺取政权”给予批评；中共中央在写给湖南省委的信中，批评省委的暴动计划错误之一是“偏重于军力，其结果只是一种军事冒险”①；以陈独秀为代表的一些共产党人鼓吹合法主义，强调“在没有革命局势的现阶段，应力争彻底民主的国民会议”，武装暴动“在目前只是教育宣传口号，而不是行动口号”②，走上了取消革命的道路等。但是，总的说来，在中国共产党、共产国际和联共（布）内，对中共必须武装反抗国民党反动统治、中国革命必须走武装夺取政权的道路等意见分歧并不大，分歧主要体现在军队建设的原则、游击战争的战略战术和红军反“围剿”的作战方针等。

（1）党指挥枪还是枪指挥党。

1924 年 5 月，在中国共产党和共产国际的帮助下，国民党兴办黄埔陆军军官学校，培养军事骨干，在此基础上继而组建了国民革命军，

① 中共中央文献研究室：《毛泽东年谱（1893—1949）》（上），中央文献出版社 2005 年版，第 210、212 页。

② 任建树主编：《陈独秀著作选编》第四卷，上海人民出版社 2009 年版，第 440、441 页。

并借鉴苏联红军的经验，实行了党代表制和政治工作制度。国民革命时期，由于国民党右派的反对和中国共产党右倾机会主义的退让，国民革命军不仅军事权掌握在国民党手中，其政治权也由国民党掌握，各军的党代表都由国民党党员担任，共产党员只是担任了部分军的副党代表和政治部主任，即便如此，也是在国民党许可并以国民党名义开展工作，共产党在军队中的影响很有限。

国民革命失败的教训使中国共产党深刻认识到建立党自己领导的武装力量的重要性。但是，国民革命失败后，参加南昌起义、秋收起义和广州起义等部队，除工农武装外，均来自原国民革命军，旧军阀的思想和生活作风等在军队中遗毒很深，长官意识、司令部对外等传统观念也在起义部队中根深蒂固。起义部队开辟农村革命根据地后，由于参加红军的绝大多数人出身农民，红军又长期处于被敌人分割包围的农村，绝对平均主义、自由主义等非无产阶级思想在军队中盛行。正是因为上述种种原因，关于红军的建军思想和建军原则，在中国共产党和红军内部产生了分歧，“毛泽东和朱德对一些问题的看法也不尽一致”①。

在中国共产党内，毛泽东较早地认识到，要完成反帝反封建的革命任务，迫切需要加强党对军队的领导，克服红军中的各种非无产阶级思想和作风。1927 年 9 月，他在江西永新三湾村对参加秋收起义的部队进行改编时，开始在部队中建立各级党组织，党的支部建在连上，班、排有党小组，连以上设党代表，营、团建立党委。同时，在部队中推行民主改革，在连以上建立各级士兵委员会，实行官兵平等、民主管理等。三湾改编从组织上确立了党对军队的绝对领导，是建设新型人民军队的开端。之后，毛泽东等又为部队制定了三项任务、三大纪律和六项注意（后发展为八项注意）等，有效地推动了新型人民军队的成长。与此同时，贺龙领导的湘鄂西红军、方志敏领导的赣东北红军等也都在加强党对军队的领导、克服红军中的非无产阶级思想和封建军阀残余等方面取得了重大进步。

但是，在土地革命战争很长一段时间内，由于坚持“城市中心论”，机械地照搬苏联红军建设的做法，加上交通阻隔、对根据地军队情况不明等原因，中共中央和共产国际等仍将工作重心放在发动城市

① 金冲及主编：《周恩来传》上卷，中央文献出版社 1998 年版，第 235 页。

工人暴动上，对农村革命根据地的军队建设没有给予足够重视，甚至提出了一些完全不符合中国红军建设实际的意见。如1927年10月，中共中央认为“既名为民众武装暴动，那就必须是民众的。工农群众奋起抢夺敌人的武装，兵士土匪群众举起武器来干”①，即武装暴动应由民众自发进行。这显然没有认识到，中国革命要靠建立共产党领导的强大武装并同敌人进行长期斗争才能取得胜利的道理。同年11月，中共中央还不切实际地提出：“工农革命军组织上的主要原则，便是志愿兵制度。”② 1928年5月，中共中央又提出：“职业化的军队制度必须废除，军队要定期退伍，逐渐改为志愿兵制，以至于征兵制，极力减少军队中的机械生活，废除薪饷等差制度”，“红军应当定期退伍，每六个月退伍三分之一”③。1928年7月，中共六大通过的《军事工作决议（草案）》规定：红军建设的原则包括“士兵必须按征兵制由工农份子充之”“官长工人化，关于这些军事官长的造就，现在即应开始（派人至国外由兄弟党办理）”“红军在各方面都应服从当地最高苏维埃政权的命令和指挥”④ 等。中共中央关于红军建设的上述意见，机械照搬了苏联红军在革命取得胜利后的做法，完全脱离中国实际。

如何处理军队中党的领导与军事长官指挥之间的关系，这一问题在红四军内也产生了分歧。从1928年11月毛泽东写给中共中央的报告《井冈山的斗争》来看，当年中共在根据地的组织机构设置序列是：前委—边界特委—县委—特别区委—区委—支部；中共在红军中的组织机构设置序列是：前委—军委—团委—营委—支部—小组。“特委及军委统辖于前委”⑤，前委除指挥红军之外，还对地方党组织工作进行指导。1929年1月，红四军下井冈山后的一段时间内，军队和根据地建设处于极其艰难的局面，根据地党和红军内部就红军中党的领导、民

① 中共中央文献研究室、中央档案馆：《建党以来重要文献选编》第4册，中央文献出版社2011年版，第581页。

② 中共中央文献研究室、中央档案馆：《建党以来重要文献选编》第4册，中央文献出版社2011年版，第631页。

③ 中共中央文献研究室、中央档案馆：《建党以来重要文献选编》第5册，中央文献出版社2011年版，第212、219页。

④ 中央档案馆：《中共中央文件选集》第4册，中共中央党校出版社1989年版，第490、491页。

⑤ 《毛泽东选集》第一卷，人民出版社1991年版，第77页。

主集中制、军事与政治的关系等问题不断发生争论。因红四军下井冈山后“每日行军和作战”，前委的主要精力已运用于领导军事工作，毛泽东为首的前委“感觉军委之重迭，遂决议军委暂时停止办公，把权力集中到前委”[①]，由前委直接领导军内各级党委。

1929年5月，中共中央派遣刚从苏联回国的刘安恭来到宁都，参加红四军领导工作。因此时红四军已经开辟赣南根据地，红四军前委既管军队工作，又管地方工作，往往兼顾不过来，于是红四军前委决定恢复红四军军委，并委任刘安恭为军委书记兼政治部主任。刘安恭不了解中国国情，尤其是红军的发展历史和斗争环境，居然照搬苏联红军的很多做法指导红四军建设，并说脱离生产的红军不能存在，宣扬红军的取消主义。他还指责毛泽东自创体系，不服从中央指示，并散布毛泽东同朱德不和、分派等言论。更为严重的是，他主持红四军军委会议做出了“前委只讨论行动问题，不要管军事”[②]的决定，以限制前委的领导权，从而加剧了红四军党内的矛盾。使红四军党内围绕前委与军委、军事与政治关系、个人领导与党的领导、流寇思想与反流寇思想的争论更加激化，其中争论的焦点是红四军要不要设立军委，其实质就是党和军队关系问题的争论。

1929年5月底，中共红四军前委在福建永定湖雷召开会议。会上，就个人与党的领导、前委与军委分权等问题发生激烈争论。一种意见要求保留军委，认为“既名四军，就要有军委”，保留军委是完善党的组织系统，指责前委“管的太多”，“权力太集中”“代替了群众组织”，是“书记专政”，有“家长制”倾向；一种意见认为，党的工作的重心还在军队，“军队指挥需要集中而敏捷”，由前委直接领导和指挥更有利于作战，不必设重叠的机构，并批评硬要保留军委实际上是“分权主义”[③]。争论结果未能统一认识，前委的领导不能得到贯彻，书记难以继续工作。6月8日，中共红四军前委在白砂召开扩大会议，会议就是否保留军委、党的工作范围、支部工作等继续展开争论。毛泽东在会上提出书面意见，认为如果前委、军委分权，“前委不好放手工

① 沙健孙主编：《中国共产党史稿》第三卷，中央文献出版社2006年版，第202、203页。

② 中共中央文献研究室：《朱德年谱》（新编本）上卷，中央文献出版社2006年版，第144页。

③ 中共中央文献研究室：《毛泽东年谱（1893—1949）》（上），中央文献出版社2006年版，第276~277页。

作，但责任又要担负，陷于不生不死的状态”；指出一些人“对于决议案没有服从的诚意，讨论时不切实争论，决议后又要反对且归咎于个人，因此，前委在组织上的指导原则根本发生问题”；表示“我不能担负这种不生不死的责任，请示马上调换书记，让我离开前委”。会议以36票对5票的压倒性多数通过了撤销军委的决定，刘安恭军委书记一职被自然免除，兼任的政治部主任改由陈毅担任。[①] 会议同时决定，原由毛泽东所担任的前委书记改由陈毅代理，将召开中共红四军第七次代表大会讨论红四军和红四军党的建设等问题。

在中共红四军前委白砂扩大会议之前，红四军党内的争论还引起一些领导人之间的误解。红四军第一纵队司令员林彪在会前写信给毛泽东，含沙射影地攻击朱德，说：“现在四军里实有少数同志的领袖欲望非常高涨，虚荣心极端发展。这些同志又比较在群众中是有地位的。因此，他们利用各种封建形成一无形结合（派），专门吹牛皮地攻击别的同志。这种现象是破坏党的团结一致的，是不利于革命的。”[②] 6月14日，毛泽东就红四军党内的争论问题在给林彪的回信中，系统地梳理了争论的发生过程、根本原因、主要论点、解决对策和奋斗目标等，指出：“现在争论的问题，不是个人的和一时的问题，是整个四军党的和一年以来长期斗争的问题。”批评“党代替了群众的组织”“四军党内有家长制”等论调是不考虑实际需要的形式主义，而“形式主义之来源是由于唯心主义，唯心主义之来源是由于游民、农民与小资产阶级成分中产生出来的个人主义，这与小团体主义、流寇思想、单纯军事观点等等是在一条路线基础上的，只是一个东西。这种思想发展的另一方面必定是分权主义——也是代表游民、农民、小资产阶级的一种思想，而与无产阶级的斗争组织（无论是阶级的组织——工会，与阶级先锋队的组织——共产党，或它的武装组织——红军）不相容的”，“这种思想是不利于党的团结和革命的前途的，是有离开无产阶级革命立场的危险。我们必须和这种思想（主要的是思想问题，其余是小节）奋斗，去克服这种思想，以求红军彻底改造，凡有障碍腐旧思想之铲除和红军之改造的，必须毫不犹豫地反对之，这是同志们今

① 中共中央文献研究室：《朱德年谱》（新编本）上卷，中央文献出版社2006年版，第148页。
② 中共中央文献研究室：《朱德年谱》（新编本）上卷，中央文献出版社2006年版，第148页。

后奋斗的目标"[1]。6月15日，朱德致信林彪，就红四军组织领导问题阐明了自己的看法，表示不同意"党管理一切"为最高原则，如果真要实行此口号，必然使党脱离群众，使党孤立，此口号是违背党的无产阶级专政的主张。"一切工作归支部，此原则我是极端拥护的。党的生命，就在此原则的实行。巩固党的基础，要打破家长制及包办制。一切实际工作集中于前委，前委开联会开了数日，各级党部坐等命令到来，以便遵照办理，这样何尝有工作归支部呢?"当然，朱德在信中也批评和劝说林彪等：我们反对"党管理一切"口号，"是因为拥护共产党的组织最高原则，恐被人曲解"，"斗争之结果，必然是好的，请你不要消极，不要绝望，各个同志积极的斗争，使党内一切不正确的一切错误，都要全部洗除，努力建设新生命的党"[2]。在这里，毛泽东已经提出，红四军党内之争，主要是思想认识的争论，不是权利之争，更不是反对党的领导之争，相反是为了更好实现党的领导。

1929年6月，中共红四军第七次代表大会在福建龙岩举行，代表们围绕井冈山斗争以来各方面的问题展开了争论，前委把各方面的争论意见原文印发给各党支部，并号召"大家努力来争论"。会议做出了不设红四军军委、地方武装和红军武装应同样扩大等正确的决定，肯定了毛泽东对偏于军事观点的批评，认定以刘安恭为书记的军委规定前委只讨论行动问题是错误的，并批评了刘安恭、林彪等散布党内不团结的言论。但是，会议也否定了毛泽东关于反对不要根据地的流寇思想、必须坚持党的集权制领导原则、通过总结过去斗争经验以达到党内认识统一等主张，并批评了毛泽东、朱德等，认为毛泽东对争论负有重大责任，故给予其党内严重警告处分。会议对红四军党内争论的主要问题未能完全分清是非、统一认识，会议还改选了前委，毛泽东、朱德、陈毅等13人当选为前委委员，选举前委书记时，原由中共中央指派的前委书记毛泽东落选，陈毅当选为前委书记。

1929年7月底，毛泽东离开红四军主要领导岗位，到上杭、永定等农村养病，并指导闽西军民开展反"围剿"斗争和土地革命。陈毅

---

① 《毛泽东文集》第一卷，人民出版社1993年版，第64、71、74、75页。

② 中共中央文献研究室：《朱德年谱》（新编本）上卷，中央文献出版社2006年版，第150、151页。

到厦门向中共福建省委汇报工作，接着转回上海向中共中央汇报工作并参加中共中央召开的军事会议。中共红四军前委书记由朱德代理。由于毛泽东、陈毅等离开红四军前委，前委机关不健全，一切问题都摆在会场上让大家争论，往往争议终日都得不到一个结论，因此应付不开，政策上发生许多失误，党和红军组织松懈、工作停滞。为了解决中共红四军第七次代表大会争论未决的问题，1929 年 9 月下旬，在朱德的主持下，中共红四军第八次代表大会在上杭召开，由于解决问题的时机不成熟，加上会议准备不充分，会上没有拿出一个意见就让大家讨论，结果，会议开了三天，七嘴八舌，毫无结果。

1929 年 8 月，中共中央政治局召开会议，讨论了中共红四军七大的文件、毛泽东给林彪的信、毛泽东与朱德之间的意见分歧等问题，并给红四军前委发出指示信，初步就红四军党内争论的问题做出了答复，要求毛泽东、朱德遵守中共红四军七大的决定，一致地努力工作，调刘安恭来中共中央工作。9 月底，中共中央听取和研究了陈毅关于红四军历史和现状、毛泽东与朱德的争论等问题报告后，再次向红四军前委发出了指示，即“九月来信”，指示信明确了建立、发展红军和根据地的重要性，指明了红军的性质和任务，对红四军及其党内存在的各种错误思想的根源、表现、危害等进行了分析，着重指出：“只有加强无产阶级意识的领导，才可以使之减少农民意识”；对于红四军中存在的取消观念、分家思想、离队观念、极端民主化等思想，“前委应坚决以斗争的态度来肃清之”；必须坚持党对军队的绝对领导，“党的一切权力集中于前委指导机关，这是正确的，绝不能动摇。不能机械地引用‘家长制’这个名词来削弱指导机关的权力，来作极端民主化的掩护”；“经过前委会议，朱毛两同志诚恳接受中央指示后，毛同志应仍为前委书记，并须使红军全体同志了解而接受”①。

在中共中央“九月来信”精神的指导下，经过毛泽东、朱德、陈毅等充分准备，1929 年 12 月，中共红四军在福建上杭古田召开了第九次代表大会，会议讨论通过了关于纠正党内的错误思想、党的组织问题、党内教育问题、红军军事系统与政治系统关系等决议案，指出：

① 中共中央文献研究室、中央档案馆：《建党以来重要文献选编》第 6 册，中央文献出版社 2011 年版，第 517、521、520、522 页。

"红军是一个执行革命的政治任务的武装集团"；军事和政治是不可分离的，更不是互相对立的，"军事只是完成政治任务的工具之一"；必须坚持党对军队的绝对领导，"党对于军事工作要有积极的注意和讨论。一切工作，在党的讨论和决议之后，再经过群众去执行"，军事机关的一切命令，"政治委员须副署"，"在高级地方政权机关没有建设以前，红军的军事机关与政治机关，在前委指导下，平行地执行工作"① 等。

古田会议决议对红四军党内乃至整个中国共产党内长期以来争论不休的军队和根据地建设、军事与政治关系、民主与集中关系等作了系统地解答，初步回答了在党员以农民为主要成分的情况下、在农村进行革命战争的环境下，如何加强党的建设和军队建设等一系列问题，是中国共产党和红军建设的纲领性文献，不仅丰富和发展了马克思主义，而且对中国共产党、红四军和其他红军的成长发挥了重要指导作用。但是，古田会议的决议后来又遭到王明"左"倾冒险主义的冲击，在1931年11月召开的中共中央苏区第一次代表大会上，由任弼时、王稼祥和顾作霖等组成的中央代表团批评"党对军队的绝对领导"是"党包办了一切"，"是国民党'以党治国''党权高于一切'理论的遗毒"，会议提出"打破党的包办主义，把在红军中超过政治委员政治部的职权的各级党的委员会取消，党的一切组织都应该在政治部管理之下"②。会议决定设立中央革命军事委员会，取消红一方面军总政委、总前委书记的名义，毛泽东被排挤出中央苏区红军的主要领导岗位。毛泽东军事思想对红军的指导地位也被严重削弱。经过毛泽东、朱德、周恩来和王稼祥等争取，1932年7月，中共苏区中央局会议决定，组建由周恩来任主席，成员包括毛泽东、朱德和王稼祥的最高军事会议，负责前线的行动方针和作战计划，毛泽东任红一方面军总政委，后方的中央局不干涉前方的军事行动等。这多多少少有利于红军摆脱"左"倾冒险主义的控制。1935年1月，遵义会议重新恢复了毛泽东对红军的指挥地位，经过长征途中反对张国焘分裂主义的斗争后，中共中央更

① 《毛泽东文集》第一卷，人民出版社1993年版，第79、80、115、113页。

② 中央档案馆：《中共中央文件选集》第7册，中共中央党校出版社1991年版，第466、489页。

加肯定了党指挥枪的原则性，党对军队绝对领导的原则逐渐牢固确立。

（2）游击战争扩大与深入之争。

在敌强我弱的半殖民地半封建中国，革命不仅要走武装夺取政权的道路，而且是长期的游击战争。关于红军游击战争的基本原则，在中国共产党和共产国际、联共（布）内曾出现两种相对立的看法，一是分散游击，侧重土地革命根据地的扩大，并避免引起敌人更多注意而遭消灭；一是集中主义的军事观念，侧重土地革命根据地的深入。

由于轻视农村革命根据地的作用和对中国红军力量估计的不足，1928 年 6 月中共在莫斯科召开六大时，共产国际书记处书记布哈林提出：红军“只能分散存在，如果集中，则会妨害老百姓利益，会把他们最后一只老母鸡吃掉，老百姓是不满意的”[①]。受布哈林意见的影响，加上对革命形势的悲观估计，1929 年 2 月，中共中央政治局讨论毛泽东、朱德领导的红四军退出井冈山后的行动方针时，有同志主张红四军应集中行动，但多数同志主张军队分开，朱德、毛泽东应该离开部队，以减少敌人的目标。[②] 会后，中共中央致信毛泽东、朱德并转湘赣边特委：“中央依着六次大会的指示”和“根据于目前全国的政治形势”，要求“你们应有计划地有关联地将红军的武装力量分成小部队的组织，散入湘赣边境各乡村中进行和深入土地革命……采取这一避免敌人目标的集中和便于给养与持久的政策”[③]。差不多同时，中共中央致信湘鄂西的贺龙、驻守井冈山的彭德怀等，也向他们提出了同样的要求。

1929 年 4 月，根据红四军前委会议研究的意见，毛泽东在给中共中央的回信中提出了不同意中央要求红军分散行动的看法，信中强调：“以连或营为单位单独行动，分散在农村中，用游击的战术发动群众，避免目标，我们从前年冬天就计划起，而且多次实行都是失败的。”这是因为：“红军不是本地人，与地方武装的赤卫队来说完全不同”，“分开则领导机关不健全，恶劣环境中应付不来”，分散“容易被敌人各个

① 《周恩来选集》上卷，人民出版社 1980 年版，第 184 页。

② 中共中央文献研究室：《毛泽东年谱（1893—1949）》（上），中央文献出版社 2005 年版，第 264 页。

③ 中共中央文献研究室、中央档案馆：《建党以来重要文献选编》第 6 册，中央文献出版社 2011 年版，第 36 页。

击破”，“愈是恶劣环境，部队愈须集中，领导者愈须坚强奋斗，方能应付敌人，只有在好的环境里才好分兵游击，领导者也不如在恶劣环境时刻不能离。”毛泽东还在信中总结一年多游击战争的经验后指出，红军“用的战术就是游击的战术。大要说来是：‘分兵以发动群众，集中以应付敌人。’‘敌进我退，敌驻我扰，敌疲我打，敌退我追。’‘固定区域的割据，用波浪式的推进政策。’‘强敌跟追，用盘旋式的打圈子政策’”，“这种战术正如打网，要随时打开，又要随时收拢，打开以争取群众，收拢以应付敌人”①。与此同时，以贺龙为书记的湘鄂西前委研究并回信中央，同样反对红军分散游击，坚持发展壮大红军，建立巩固的根据地；已到江西瑞金的彭德怀也致信中共中央，提出：“在反革命高潮时不宜分兵”，“集中力量作盘旋式的游击，才能度过难关，万万不能采藏匿躲避政策”，“敌人虽多他是没有办法的，若分很小，一定是消灭，这是我们多次得来的经验”②。1929 年 6 月，中共六届二中全会接受了毛泽东、贺龙等意见，承认过去关于红军游击战争的策略是错误的，认为关于红军的斗争的策略问题，“中央以前曾提出‘分开以深入农民群众’的路线，因为客观政治形势的发展与农村斗争的激烈和红军组织的成分等的条件，以前的决定的原则的确是不适合的，所以现在改变为‘集中游击以发动群众’的策略”③。

1930 年 3 月，中共红四军前委在江西赣州颁布《前委通知》（第三号），总结红四军开辟赣南、闽西革命根据地以来的经验，着重阐明了红四军在赣南、闽西地区实行大规模的分兵争取群众的工作路线，强调根据地建设必须采取“同时扩大同时深入”和“伴着发展”（即“波浪式的向前扩大”）的工作路线，批评了那种主张红军绝对集中主义的单纯军事观点和在根据地建设上只求扩大不求深入的错误方针。④在此前后，中共中央不仅认可了红四军创造的游击战争的战略战术，而且将其介绍给湘鄂西、鄂豫皖等党和红军，对全国各农村革命根据地和红军的发展发挥了重要示范作用。

① 《毛泽东文集》第一卷，人民出版社 1993 年版，第 55、56 页。

② 井冈山革命根据地编写组：《井冈山革命根据地》上册，上海人民出版社 1977 年版，第 295 页。

③ 中央档案馆：《中共中央文件选集》第 5 册，中共中央党校出版社 1990 年版，第 158 页。

④ 沙健孙主编：《中国共产党史稿》第三卷，中央文献出版社 2006 年版，第 96 页。

当然，红军游击战争的战略战术，其形成过程充满曲折，贯彻落实和发展历程艰难坎坷，1931 年以后又遭受王明“左”倾冒险主义的严重冲击。1931 年 11 月，在中共中央苏区第一次代表大会上，毛泽东关于红军建设和游击战争的战略战术等受到“左”倾教条主义者的严厉批判，会议的决议认为：“红军中狭义的经验论，在实际工作中生了不小影响，根本（否）认马克思列宁主义的理论，单凭自己的狭小经验和短小眼光来分析各种问题，这完全是农民的落后思想，事实上会要走到错乱的非阶级路线的前途上。”① 1932 年和 1933 年，中共临时中央、中共苏区中央局一再批评中央苏区红军犯了狭隘经验论、把行动中心放在“打土围子”和“创造新战场”的等待敌人进攻的右倾机会主义，并剥夺了毛泽东对中央红军的指挥权。“左”倾教条主义对红军游击战争战略战术的错误批判，给红军和农村革命根据地的发展造成恶劣影响，是红军第五次反“围剿”失败的重要原因之一。

1936 年 12 月和 1938 年 11 月，毛泽东在回顾总结土地革命战争时期红军开展游击战争经验教训的基础上，先后撰写了《中国革命战争的战略问题》《战争和战略问题》等文章，系统地概括了游击战争的战略战术思想。1941 年 2 月，毛泽东应延安军政杂志社之请，出版了《中国革命战争的战略问题》一书，他在为该书出版所写按语中称：关于红军游击战争的战略战术，“这是一场大争论的结果，是表示一个路线反对另一个路线的意见”②。即红军游击战争的战略战术也是经历了激烈的争论、在论争中逐渐形成的。

（3）红军反“围剿”的作战方针。

“围剿”和反“围剿”是“中国内战的主要形式”，“十年的红军战争史，就是一部反‘围剿’史”，“中国内战的特点，是‘围剿’和反‘围剿’的长期地反复和攻防两种战斗形式的长期地反复”③。从南昌起义开始，中国共产党创建的人民军队一直面对着敌人的“围剿”，包括某省军阀的“进剿”、几省军阀的“会剿”和国民党中央统一指挥的“围剿”等。1930 年 10 月至 1935 年 10 月，国民党蒋介石调集大规

① 中央档案馆：《中共中央文件选集》第 7 册，中共中央党校出版社 1991 年版，第 487 页。
② 《延安整风运动》编写组：《延安整风运动纪事》，求实出版社 1982 年版，第 31 页。
③ 《毛泽东选集》第一卷，人民出版社 1991 年版，第 192、193、194 页。

模军队对中央、鄂豫皖、湘鄂西、湘赣等革命根据地发动了多次“围剿”，红军进行了长达5年的反“围剿”战争。其中，1930年10月至1931年1月，1931年2月至5月，1931年6月至9月，中央革命根据地红军在毛泽东、朱德等领导下，先后成功地粉碎了国民党10万、20万和30万军队的三次“围剿”，并创造了“诱敌深入”“集中优势兵力，各个歼灭敌人”“避敌主力，打其虚弱”等红军反“围剿”战争的作战方针。1932年底，周恩来、朱德又据此指挥红军粉碎了敌人对中央革命根据地的第四次“围剿”。与此同时，鄂豫皖革命根据地红军在反“围剿”斗争中，提出了“集中主力，在运动中消灭敌人”，避免打消耗战，“赚钱就干，赔本不干”等作战方针；闽浙赣革命根据地红军形成了“出敌不意，攻敌不备，声东击西，避实就虚，集中兵力，争取主动，打不打操之于我，扎口子，打埋伏，打小仗，吃补药，吃得下就吃，吃不下就跑”的“五十三字诀”。这些方针是马克思主义军事理论的丰富和发展，也是符合中国实际的游击战争的战术原则。

但是，1930年6月至9月、1931年1月至1935年1月，李立三和王明“左”倾冒险主义者“不懂得中国内战的持久性，因此看不出中国内战发展中‘围剿’又‘围剿’、打破又打破的这种长期反复的规律”[①]。尤其是在1933年开始的第五次反围剿中，“左”倾冒险主义者完全不顾中国的具体国情，全盘否定毛泽东、贺龙和徐向前等在反“围剿”战争中积累、提炼的战略战术，犯了进攻中的冒险主义、防御中的保守主义、退却中的逃跑主义等错误。

还在1932年4月，中共临时中央就提出了“一寸苏区不让帝国主义及国民党军队蹂躏”的口号，并指示各革命根据地必须通过扩大苏区、争取将临近苏区联成一片和一省数省的首先胜利“来粉碎敌人的进攻与进行革命的进攻”，批评“不相信工农的力量能够战胜帝国主义，不了解红军的积极行动的必要”等主张将“陷于庸俗的保守主义”，“实际上这是对于帝国主义国民党完全的投降”[②]。在福建漳州前线的毛泽东接到由中共苏区中央局转来的指示后，不同意中共中央死守苏区、不失苏区一寸领土的意见，并于5月致电苏区中央局：“中央的政治估量和军事战略，完全是错误的”，“我们的军事战略，大规模

① 《毛泽东选集》第一卷，人民出版社1991年版，第195页。

② 中央档案馆：《中共中央文件选集》第8册，中共中央党校出版社1991年版，第198、201页。

上决不应再采取防御式的内线作战战略，相反要采取进攻的外线作战战略……在现时的敌我形势下，在我军的给养条件下，均必须跳出敌人的圆围之外，采取进攻的外线作战，才能达到目的”[①]。但是，中共苏区中央局不仅不接受毛泽东的意见，反而向中共临时中央自责犯了一贯的右倾机会主义错误，承认中央红军不积极进攻敌人、不主动攻占中心城市是迟疑和等待主义，助长了落后的农民意识和保守观念。这同毛泽东关于红军粉碎敌人新围剿的作战方针是相悖的。

因中共临时中央多次指示各苏区必须开展反对红军中的右倾机会主义，并要求红军对敌采取积极的进攻路线、夺取中心城市，在这种情况下，各苏区都掀起了所谓反对右倾机会主义的斗争，以往行之有效的红军反“围剿”方针被否定，一大批久经考验的红军干部遭受排挤甚至迫害。1932 年 10 月，中共苏区中央局召开宁都会议，会议“开展了中央局从未有过的反倾向的斗争”，批评毛泽东不同意红军离开苏区出击强敌的主张是“对革命胜利与红军力量估计不足”的“等待观念”；过去反“围剿”中实行的“诱敌深入”方针是对敌人大举进攻的恐慌动摇，“专去等待敌人进攻的右倾”[②] 等。会议要求红军主动出击以粉碎敌人的大举进攻，进而夺取中心城市，实现江西及邻近省区的首先胜利，并决定红一方面军总政委由周恩来代理，毛泽东回后方负责中央政府工作。

1933 年 1 月，中共福建省委代理书记罗明向刚刚迁入苏区的中共中央局提出：福建红军应向敌人薄弱的农村发展，苏区的中心县区与边界县区的工作方式应有所区别，红军应通过积极的向外游击打破敌人的进攻等。中共中央局认为这些主张同中央的进攻路线是对立的，决定在全党开展一场反“罗明路线”的斗争，批评“罗明路线”是机会主义的、取消主义的逃跑退却路线，反映了动摇懦弱的、无气节的小资产阶级悲观失望情绪。罗明、刘晓、张鼎臣、谭震林、邓子恢等福建党政军主要领导人都被撤销职务。反“罗明路线”的斗争，在其他革命根据地也很快发动起来，其中以江西开展的所谓反对“江西罗

---

① 《毛泽东军事文集》第一卷，军事科学出版社、中央文献出版社 1993 年版，第 271 页。

② 中共中央文献研究室：《毛泽东年谱（1893—1949）》（上），中央文献出版社 2005 年版，第 389、390 页。

明路线”的斗争最为典型。1932 年 11 月，敌人大举进攻江西会昌、寻邬、安远，时任三县中心县委书记的邓小平鉴于敌我力量悬殊，及时组织革命群众和武装撤退，中共中央局认为这背离了党的“进攻路线”，是在敌人进攻面前的悲观失望和退却逃跑，是会昌、寻邬、安远的“罗明路线”，决定以此为突破口在江西开展反对右倾机会主义斗争，这就是反对邓小平、毛泽覃、谢唯俊和古柏的反“江西罗明路线”运动。

1933 年 5 月，蒋介石调动 100 万军队对红军实施第五次“围剿”，其中 50 万军队用于“围剿”中央革命根据地。掌握着红一方面军指挥权的博古和李德，执行“左”倾的错误方针。6 月，将红一方面军划分为中央军和东方军，中央军在抚河、赣江之间作战，东方军入闽作战，妄想两面出击，夺取抚州、南昌等中心城市。9 月，又命令红军主力向“围剿”中央革命根据地的国民党北路军发动进攻，致使红军损失惨重并陷入被动。红军反“围剿”受挫后，指挥者由冒险进攻转为保守防御。11 月，参与“围剿”红军的国民党第十九路军将领蔡廷锴、蒋光鼐、陈铭枢等发动抗日反蒋的“福建事变”，且主动同红军联络，与红军签订了共同抗日反蒋的协定。但是，“左”倾教条主义者不信任蔡廷锴、蒋光鼐等，担心其中有诈，静观蒋介石调“围剿”部队入闽镇压“福建事变”，而不抓住机遇举行反攻。此时，毛泽东向中央建议，红军主力应乘机向以浙江为中心的苏浙皖赣地区出击，突破敌军的封锁线，以粉碎敌人的“围剿”。周恩来、朱德致电博古、李德，要求红军侧击国民党入闽部队，援助福建人民政府。但是，博古、李德等既不履行同福建方面签订的协议夹击蒋介石部队，也不接受毛泽东所提出的主动向敌人后方进攻的建议，丧失了粉碎敌人第五次“围剿”的难得机遇。

1934 年 1 月，镇压“福建事变”后，国民党重新部署军队继续“围剿”中央革命根据地。此刻，毛泽东、张闻天等多次提议红军应在运动中消灭敌人、变内线防御为外线进攻以打破敌人的封锁，但是博古、李德等拒绝采纳这些建议，指挥红军处处设防，以阵地防御结合“短促突击”抵挡敌军的进攻，同强敌打阵地战、消耗战，其中以广昌和建宁保卫战最为惨烈，红军遭受重大伤亡。7 月，敌人分六路向中央革命根据地的中心地区发动全线进攻，博古、李德等采取六路分兵、全线抵御的方针，要求红军用一切力量继续捍卫苏区，实际上置红军于被动挨打的境地。到 10 月，红军主力被迫撤离中央革命根据地，实行长征。由于准备和动员不足，红军主力仓促撤离中央革命根据地，行动方向、转移路线、物资供应等各方面均混乱不堪，表现出撤退中的逃跑主义。

在中央革命根据地因“左”倾教条主义错误指挥而导致红军第五次反“围剿”失败的同时，其他革命根据地红军也先后不同程度地因“左”倾教条主义的瞎指挥而出现反“围剿”失败。如 1932 年 6 月，蒋介石调集 30 万部队对鄂豫皖革命根据地发动第四次“围剿”，中共临时中央过高估计革命形势，指示红四方面军扩大和巩固鄂东苏区，越过京汉铁路，进攻黄陂，威逼武汉。张国焘执行临时中央的指示，率领红四方面军先是攻打麻城、黄陂不下，后又同强大的敌人在黄安、七里坪等展开阵地争夺战。遭受重创后，张国焘致电临时中央请示对策，临时中央将信转至在中央革命根据地前线的周恩来、毛泽东等。1932 年 9 月，周恩来、毛泽东等复电张国焘，认为“红四方面军目前应采取相当的诱敌深入到有群众工作基础的、地形便利于我们的地方，隐蔽我主力目标，严格的执行群众的坚壁清野，运用广大的游击队，实行四面八方之扰敌、截敌、袭敌与断绝交通等等动作，以疲劳与分散敌人力量，而不宜死守某一点，以便利敌之分进合击”，“在运动中选择敌人薄弱部分，猛烈打击与消灭敌人一点后，迅速转至另一方，以迅速、果敢、秘密和机动求得各个击破敌人”[①]。但是，张国焘并没有接受这一建议，而是率领红四方面军主力撤离了鄂豫皖革命根据地，留下红二十五军在鄂豫皖坚持游击战争。在这种情况下，1933 年 3 月，中共临时中央仍指示坚守鄂豫皖革命根据地的红二十五军去夺回黄安、七里坪、红安等地，再一次进攻麻城、新集等城市。“左”倾冒进的后果是红二十五军由 1 万余人减为 2 千余人。

再如，1931 年 3 月，中共中央指派夏曦担任中共湘鄂西中央分局书记，王明“左”倾冒险主义路线推行到湘鄂西革命根据地。夏曦上任伊始就批评游击战争是保守主义、右倾机会主义，要求红三军同敌展开大规模平地战、城市战，攻打中心城市。1932 年夏，国民党调集

① 中共中央文献研究室：《周恩来年谱（1898—1949）》（修订本），中央文献出版社 1998 年版，第 232 页。

10万部队“围剿”湘鄂西革命根据地，贺龙主张集中红军主力转到外线作战，在运动中各个歼灭敌人，但是，夏曦拒绝接受该主张，先令红军冒险向敌人进攻，失利后转为单纯防御，最终导致洪湖根据地全部丧失。

从1934年下半年开始，红一、四军方面军、红二十五军和红二、六军团先后被迫长征。长征是红军反“围剿”战争的继续，这期间，中国共产党内关于红军反“围剿”方针的争论仍在继续，其中以随红一方面军长征的中共中央内部的争论最为激烈。周恩来后来回忆说：从中央红军到达湘桂黔交界处开始，毛泽东、王稼祥和张闻天等就不断批评博古、李德的军事路线，一路开会争论。从老山界到黎平，在黎平争论尤其激烈。[①] 1935年1月，遵义会议经过争论和斗争，彻底纠正了王明“左”倾冒险主义错误军事路线，形成了以毛泽东为核心的中共第一代中央领导集体，毛泽东军事理论取得了对红军的指导地位。当然，这并不意味着中国共产党内围绕红军反“围剿”方针争论的结束。如遵义会议后，林彪等人反对中央红军实行迂回、机动的作战方针，要求以彭德怀取代毛泽东、朱德指挥红军，1935年5月，在会理召开的中央政治局扩大会议纠正了林彪等人的错误主张；1935年6月，红一、四方面军会师后，张国焘不同意红军北上，另立中央，虽然主要表现为组织分裂，但也包含反“围剿”方针之争。1936年底，几路红军最终会师陕北，胜利地打破了敌人的“围剿”，用事实宣告了以毛泽东为代表的中国共产党人创造的红军反“围剿”方针的科学性，也是对王明“左”倾军事路线的胜利。

（三）白区工作之争

这里的白区工作是指土地革命战争时期中国共产党领导的国民党统治区的革命斗争。如前所述，土地革命战争时期，共产国际、中共中央和联共（布）因始终坚持“城市中心论”，很长时段内将中国革命的重心放在中心城市，加上对中国革命和世界革命形势做出了过高的估计，又囿于法国巴黎公社革命和俄国十月革命的模式，白区工作执

① 沙健孙主编：《中国共产党史稿》第三卷，中央文献出版社2006年版，第395页。

行了“左”倾冒险主义和关门主义等方针。以刘少奇、周恩来、李铁夫等为代表的中国共产党人，在探索白区工作的实践中，在总结白区工作经验教训的基础上，就中国共产党在白区工作的形势、策略和对黄色工会的态度等提出了不同主张。

1. 白区工作的路线是进攻还是退守

土地革命战争时期，先后占据中共中央统治地位的三次“左”倾机会主义对中国革命的形势都做出了过高的估计，并执行了冒险的进攻策略，这其中既包括红军行动方针和土地革命政策的冒进，也包括白区城市工人运动的冒进。这期间，三次“左”倾冒险主义，尤其是王明“左”倾冒险主义盲目强调“必须坚持执行进攻的路线”，“斗争高于一切，一切为了斗争”，“不断地扩大和提高斗争”，“拒绝实行必要的退却和防御的步骤，拒绝利用一切合法的可能，而继续采取为当时情况所不允许的进攻的形式，组织庞大的没有掩护的党的机关和各种脱离广大群众的第二党式的所谓赤色群众团体，经常地无条件地号召和组织政治罢工、同盟罢工、罢课、罢市、罢操、罢岗、游行示威、飞行集会以至武装暴动等不易或不能得到群众参加和支持的行动”①。这些“左”倾盲动和冒险导致中共在白区的组织因公开暴露而屡遭破坏，白区工作也因一再失败而陷入孤立和萎缩。

瞿秋白和李立三“左”倾错误发生时，中共党内对中国革命形势和策略的判断虽然有分歧，但全党总体倾向是“左”，共产国际和斯大林也是如此。瞿秋白和李立三“左”倾错误的纠正主要是在共产国际指导下完成的，但是，二者错误并没有得到彻底纠正，以致后来发生了更“左”的王明冒险主义。关于中共在白区的工作方针，瞿秋白和李立三“左”倾错误发生时，中共党内分歧尚不够明显，而到王明“左”倾冒险主义统治中共中央时，中共党内分歧趋向明显化。

1931年秋，刘少奇从苏联回到上海，任中共临时中央职工部部长兼中华全国总工会党团书记。不久，在中央职工部会议讨论工人斗争形势和策略等问题时，刘少奇同其他同志发生意见分歧。10月，他通过对工人斗争形势的分析，致信中共临时中央，认为“总的来说，低

① 《毛泽东选集》第三卷，人民出版社1991年版，第981页。

潮的形势并没有根本改变，工人斗争还属于防御的性质”，那种认为中国工人斗争“决不是防卫的，而是反攻的与进攻的”看法，是不符合实际的。但是，临时中央不接受刘少奇的意见，并对他作了一个“总的批评”，认为他“有右倾机会主义的倾向”，派人两次同他谈话，要他对是否接受中央的批评即刻表态。刘少奇对临时中央的批评不能理解，认为其中“恐言语的传达或有出入”，当月再次给临时中央写了《关于工运问题》的信，重申自己的观点。①

然而，1931 年 11 月，临时中央通过的《关于职工运动决议案》仍坚持认定当时中国工人运动“带着很多进攻的性质”②，要求组织同盟罢工。这表明，中共临时中央继续对白区工作的形势持过于乐观的看法，继续执行进攻路线。之后，“左”倾冒险主义多次要求在中心城市发动工人举行总同盟罢工或武装暴动，刘少奇均表示反对。如 1932 年 1 月，日本发动“一二八事变”，上海工人发起反日大罢工，中共临时中央认为“工人斗争的形势是进攻的”，而刘少奇认为“工人斗争形势是防御的反攻的”③，结果再次受到批评。1935 年 12 月，中共中央召开的瓦窑堡会议纠正了王明“左”倾冒险主义的政治路线，中共中央对白区工作形势和路线的判断也逐步得到纠正。

2. 对待黄色工会的态度和政策

黄色工会是指被资产阶级收买、控制的工会，是资产阶级同无产阶级争夺群众的重要手段和形式。在一般情况下，共产党领导的赤色工会应当同黄色工会开展坚决的斗争，揭露其本质，瓦解其组织，变黄色工会为赤色工会。但是，在不同国家和地区，在不同历史时期，共产党人对待黄色工会的态度和政策又必须因地因时制宜。土地革命战争时期，共产国际对中国共产党工会工作的指导具有机械主义倾向，中国共产党在对待黄色工会问题上犯了严重错误，如何对待黄色工会的问题在共产国际和中国共产党内发生了分歧。

---

① 陈绍畴：《刘少奇在白区》，中共党史出版社 1992 年版，第 88、89 页。

② 中共中央文献研究室、中央档案馆：《建党以来重要文献选编》第 8 册，中央文献出版社 2011 年版，第 672 页。

③ 中共中央文献研究室：《刘少奇年谱（1898—1969）》上卷，中央文献出版社 1996 年版，第 116 页。

（1）是否公开组织同黄色工会对立的赤色工会。

1929年8月，共产国际执委会通过了关于中国共产党工会工作的决议，指示中共在赤色工会问题上必须同党内各种取消主义倾向作坚决的斗争，要求中共“应全力争取罢工与联合的自由，力求赤色工会可以不顾国民党法律，无需经官方许可就能合法存在”[①]。9月，中共中央政治局会议讨论共产国际指示时，周恩来提出疑问，认为目前客观形势不容许共产党及其领导的工会安稳地公开活动，只有在黄色工会之下才能争取多数群众转入赤色工会，无法同黄色工会公开对立争取群众。[②]

1930年8月，赤色职工国际第五次代表大会在莫斯科举行，共产国际派驻赤色职工国际的领导人根据德国职工运动的经验，“不顾各国不同的实际情况，要求一律在黄色工会里公开搞赤色反对派，变黄色工会为赤色工会”。参会的刘少奇反对这一做法，“认为中国和一些亚洲国家与欧洲资本主义国家的实际情况不同，在黄色工会势力很大而赤色工会处于非法的情况下”，企图在黄色工会里“公开建立赤色反对派是不可能的”[③]。刘少奇的主张被赤色职工国际领导人指责为“反决议”，并扣上“右倾机会主义”帽子。尽管中国没有组建公开的赤色工会的条件，周恩来、刘少奇等也不同意在中国组织公开的赤色工会反对黄色工会，但是中共中央仍遵循共产国际的指示，试图组织同黄色工会公开对立的赤色工会。如1931年11月，中共临时中央制定的《关于职工运动决议案》提出：“赤色工会应利用一切的可能跳出目前的秘密状态，应组织群众的力量来争取赤色工会的公开。”[④]

近代中国是一个半殖民地半封建国家，对外没有独立的主权，内部没有基本的民主，无产阶级还没有争取到自由言论、集会、结社等权利。在国民党蒋介石集团白色恐怖统治之下，共产国际及其指导下的中共党内“左”倾主义者，机械地把一些欧洲国家工人运动的做法

① 中国社科院近代史所：《共产国际有关中国革命的文献资料（1929—1936）》第2辑，中国社会科学出版社1982年版，第32页。

② 中共中央文献研究室：《周恩来年谱（1893—1949）》（修订本），中央文献出版社1998年版，第171、172页。

③ 中共中央文献研究室：《缅怀刘少奇》，中央文献出版社1988年版，第2页。

④ 中共中央文献研究室、中央档案馆：《建党以来重要文献选编》第8册，中央文献出版社2011年版，第678页。

照搬到中国来，而这些国家的无产阶级经过长期斗争已经取得了公开建立工会、言论自由等民主权利，这显然不符合中国实际。

（2）是否反对国民党反动派解散、改组黄色工会。

1931年，国民党南京政府出台反动的工厂法、工会法等，强迫“改组”一切工会，禁止工人罢工、集会、结社和言论等自由，实际上是反动统治者向工人阶级发动进攻，连黄色工会也要解散。上海邮务、报界等黄色工会发表宣言和告工友书，提出“反对改组，维持现状”等口号，在一定程度上展开了反对国民党反动统治的斗争。然而，中共领导的中华全国总工会静观国民党反动派解散黄色工会。全总负责人表示：我们不能反对国民党改组黄色工会，否则帮助了黄色工会。尚在莫斯科的刘少奇尽管在赤色职工国际五大上受到批评，但他不迷信权威，不畏惧压力，于1931年夏给赤色职工国际写了题为《最近中国职工运动，国民党工厂法、工会法与赤色工会目前的任务》的报告，提出：“国民党及其政府来解散工会改组工会干涉工会的一切行动，我们无条件的是应该反对的，不管他解散的是赤色工会或者是黄色工会”；批评那种“认为国民党解散赤色工会我们就反对，解散黄色工会我们就不反对，这是狭隘的宗派主义”；认为中华全国总工会的“口号总是‘组织工人自己的赤色工会’，‘打倒黄色工会’”，并把各种纪念节的工作当作赤色工会的中心工作，且该工作的目的不是“提高群众的情绪，建立赤色工会基础，争取群众”，而是“把纪念节工作的目的，当作游行示威”，这些都是错误的。[①] 刘少奇关于反对国民党解散黄色工会、努力建立工会联盟等主张没有被赤色职工国际及其指导下的中华全国总工会接受，但是它为刘少奇回国后领导白区工作奠定了认识基础。

（3）加入还是退出黄色工会。

关于赤色工会反对黄色工会、同黄色工会争夺群众等策略，共产国际和“左”倾冒险主义统治下的中共中央同样照搬欧洲一些国家的经验，要求中国共产党人动员群众退出黄色工会，加入赤色工会。如前述及，1929年9月，周恩来就曾认识到，在中国不容建立公开的赤

---

① 中共中央文献研究室、中华全国总工会：《刘少奇论工人运动》，中央文献出版社1988年版，第45、48、49页。

色工会以反对黄色工会，革命党人只有渗透到黄色工会中去，才能争取群众反对黄色工会。1930 年夏，刘少奇在给赤色职工国际的报告中也指出，赤色工会目前的任务是“宣传群众，组织群众，与黄色工会的群众建立统一战线……揭破黄色工会领袖的欺骗和叛卖，与黄色工会领袖争取对工人运动的领导权”[①]。这也就是主张革命党人应加入黄色工会，利用合法身份争取群众，提高群众觉悟，待条件成熟时，才变黄色工会为赤色工会。1928 年 7 月的中共六大、1930 年 9 月的中共六届三中全会等有关决议案也是这样规定的。然而，这些正确的主张和决定，后来均受到“左”倾冒险主义的冲击和干扰。如 1931 年底，上海大东书局工人举行罢工，国民党改组派控制的出版业工会发表宣言，表示支持。大东书局的工头为了破坏罢工，带领书局工人退出黄色工会，并进行复工。这表明，反动统治者、黄色工会内部矛盾重重，并不是铁板一块，革命党人和群众可以利用黄色工会为工人阶级权益而斗争，一味地反对黄色工会、瓦解黄色工会的策略是错误的。可是，当大东书局的工头带领书局工人退出黄色工会时，一些中共党组织的负责人从简单反对黄色工会的“左”倾观点出发，也赞同书局工人退出黄色工会，认为这将帮助书局工人摆脱出版业工会的领导，而另一些中共党组织的负责人反对书局工人此时推出黄色工会，由此引发了中共白区党内关于“革命群众应不应该退出黄色工会”的争论。

刘少奇当时反对书局工人退出黄色工会，并于 1932 年 1 月写了《批评“退出黄色工会”的策略》《在黄色工会里面建立什么?》等文章，对党内一些同志提出的工人退出黄色工会的种种理由，如“革命反动派虽然在整个黄色工会之中还是少数，但在一个工厂占了大多数”，就应该退出并“成立这一个工厂的赤色工会，与黄色工会对立”；“工人退出黄色工会之后，可以不再受黄色工会的欺骗”；“从黄色工会的‘泥坑’中退出来，以便保留自己的‘清白’，做个‘模范’”等一一作了答复，认为退出黄色工会“就是要使我们脱离黄色工会下面的群众，让这部分群众去受黄色工会领导的欺骗和愚弄，结果也就是维持了黄色工会的存在”，“实际上是一种分裂政策”；“黄色的总工会

① 中共中央文献研究室：《刘少奇年谱（1898—1969）》上卷，中央文献出版社 1996 年版，第 108~109 页。

是否应该加入呢？我们只问：在这个总工会里面是不是有群众？我们是不是到里面去能够接近他们下面的群众，做自己的宣传？如果是的，那我们就应该加入”[①]。这就对为什么要加入黄色工会、在什么情况下要加入黄色工会、在黄色工会里要做些什么等问题做出了初步的理论回答。

1936年4月，刘少奇系统总结土地革命战争时期党的白区工作经验，进一步完善了中共党人对待黄色工会的理论和策略，更加强调不是简单反对黄色工会而是利用黄色工会开展工人运动的必要性和可能性，指出：在白色恐怖统治的中国，必须利用黄色工会作掩护开展工人运动，即使“在黄色工会中我们的工作得到了全部的胜利，群众与领导机关都转到了我们的领导之下，我们亦不应该立即将这个黄色工会转变为赤色工会（因为这在国民党统治下是不能存在的），仍应保持表面上的黄色工会的原状……应尽力巩固我们已得的阵地，实现工人更多的利益，培养大批的干部。只有到了革命爆发时，我们不需要黄色工会之外表的掩护了，这些工会才能公开转变成为赤色工会”[②]。

3. 经济斗争与政治斗争的关系

工人阶级反对帝国主义、资本主义和封建主义的斗争有经济斗争、政治斗争、军事斗争和文化斗争等多种形式。一般说来，初期的工人运动多以经济斗争为主，且容易产生工联主义，止步于经济斗争和改良要求，不愿或者不能自觉走上政治斗争的道路。共产党人应当引导工人阶级通过经济斗争走上政治斗争的道路。但是，土地革命战争时期，“左”倾冒险主义统治下的中共中央往往不顾工人的经济利益，一味强调政治斗争，总认为中国工人运动“带着浓厚的政治性质”，一再强调“应该用种种方法使罢工政治化，使经济罢工转变为政治罢工”[③]。刘少奇在领导白区工作中特别强调应把工人的经济斗争和政治斗争结合起来，反对不顾群众经济利益而进行空洞的政治宣传，盲目地要求“斗争！斗争！”认为赤色工会要“最忠实的拥护群众的切身利益”，

① 《刘少奇选集》上卷，人民出版社1980年版，第16~18页。

② 《刘少奇选集》上卷，人民出版社1980年版，第38页。

③ 中共中央文献研究室、中央档案馆：《建党以来重要文献选编》第8册，中央文献出版社2011年版，第672、677页。

“最忠实的为群众切身利益而斗争，这是赤色工会争取群众发展组织所必须拿住的关键”①。1932 年 1 月，沪西工人为反对日本帝国主义的侵略举行罢工，在罢工工人和失业工人生活发生困难的情况下，上海民众反日救国联合会组织募捐队走上街头，向社会各界募捐，著名爱国领袖宋庆龄捐两千块银元支持工人反日罢工。刘少奇高度称赞这一行动，但是，这却“引起当时党中央的一场争论。有严重‘左”倾情绪的同志不同意接受这笔捐款”，完全不顾工人吃饭、住宿等基本要求。经过刘少奇的争取和斗争，这笔捐款才被接受。3 月，上海抗战停止后，形势发生重大变化，在是否复工问题上，一些人认为复工就是投降。考虑到罢工工人的生活问题，刘少奇提出有条件地复工，并果断地支持中华全国总工会做出了复工的决定。但是，中共临时中央和江苏省委却拒绝刘少奇有条件复工的意见，强行将罢工支撑下去，直至沪西反日大罢工以溃散而告终。②

4. 武装暴动还是联合抗日

1931 年“九一八事变”后，日本帝国主义的侵华行径使得中日民族矛盾进一步上升，国内阶级关系发生重大变化，国民党统治区抗日反蒋运动不断高涨。在这种背景下，中国共产党在白区的工作应该因势做出重大改变，充分利用社会各界的抗日反蒋运动，团结一切可以团结的力量，提高群众的觉悟，扩大党的影响和领导，增强抗日力量，以打击日本帝国主义的侵略野心和国民党反动统治。但是，“左”倾教条主义统治下的中共临时中央却要求上海等地的党组织将“工农武装起来，反对日本帝国主义”作为党当时的中心口号，并与“打倒国民党”“拥护苏维埃”“拥护工农兵苏维埃与红军”等口号连在一起，尤其强调“尽量用全力来准备各个企业的总罢工”③。这些口号和要求严重脱离了中国革命实际，也置工人运动于孤立局面。

---

① 中共中央文献研究室、中华全国总工会：《刘少奇论工人运动》，中央文献出版社 1988 年版，第 71 页。

② 陈绍畴：《刘少奇在白区》，中共党史出版社 1992 年版，第 95~97 页。

③ 中央档案馆：《中共中央文件选集》第 7 册，中共中央党校出版社 1991 年版，第 412、413 页。

1932年1月，上海工人掀起反日大罢工，中共临时中央政治局提出要将罢工斗争搞成“大规模的总同盟武装暴动”。刘少奇从“实际工作中看到，工人既没有武装，力量也没有成熟到可以举行总同盟武装暴动的程度”，因此反对武装暴动，建议工人组织义勇军支援国民党十九路军的抗战。刘少奇关于中共白区工作的正确主张被当时的“左”倾冒险主义斥之为“十足的机会主义”。1932年3月，王明将1930年写的《两条路线——拥护国际路线，反对立三路线》补充修改后，更名《为中共更加布尔什维克化而斗争》在莫斯科再版，在后记中不点名地指责刘少奇是“罗章龙路线的残余”，白区工作中出现了“以一部分工会工作同志们为代表的”“机会主义的错误倾向”，要集中火力反对之。①

1932年春，中共临时中央政治局多次召开会议批评刘少奇，列举其对形势估计不足、对黄色工会投降、有合法倾向、充满工团主义等八大右倾错误，并认为他的“错误是一贯的”，“不能再继续领导工作”，决定撤销他中央职工部部长职务。② 同年3月，临时中央发出《关于职工运动的指示信》，指责全总党团和中央职工部的领导已陷入“机会主义泥坑之中”，“从对于目前革命情势悲观失望的估计出发，走到对于赤色工会的取消主义，走到向黄色工会领袖屈服与投降”，“一直走到纯粹的工团主义……走到纯粹的经济主义，拒绝参加和领导政治的争斗”，因而号召全党坚决无情地击溃这种有害的机会主义路线。③

土地革命战争时期，中共在白区的工作曾取得一些成绩，但是，总体上看，由于长期处在“左”倾冒险主义统治之下，工人罢工和武装暴动基本上以失败告终，中共在白区的组织一度几乎破坏殆尽。1935年年底，王明“左”倾冒险主义的统治结束后，中共在白区的工作才逐步得以恢复和发展。跟随红军长征到达陕北的刘少奇，出席中共中央政治局瓦窑堡扩大会议后，总结土地革命战争时期党的白区工作经验教训的同时，进一步明确认识到：“检查最近几年来领导抗日反蒋运

① 陈绍畴：《刘少奇在白区》，中共党史出版社1992年版，第101页。

② 中共中央文献研究室：《刘少奇年谱（1898—1969）》上卷，中央文献出版社1996年版，第120页。

③ 中共中央文献研究室、中央档案馆：《建党以来重要文献选编》第9册，中央文献出版社2011年版，第199页。

动的经验，我们的主要弱点与错误，在于不善于运用广泛统一战线的策略，犯了严重的关门主义的错误”，“在我们的队伍中甚至在某些负责干部中，还存在着严重的关门主义倾向，还没有认识关门主义是阻碍我们动员领导群众运动的主要危险”①，只有同一切抗日反蒋力量联合起来，建立同盟，才能挽救民族危亡。1936 年春，刘少奇受中共中央的委派到天津主持中共中央北方局工作，他根据中共中央确定的建立抗日民族统一战线的策略方针，开始彻底肃清北方局的“左”倾关门主义和冒险主义，提出并执行了联合华北一切可能联合的党派、军队和群众共同抗日的路线。他领导的北方局通过各种途径，同社会名流、知名学者及宋哲元、阎锡山等地方势力派建立起广泛联系，派吕振羽、周小舟同南京的国民党方面就第二次国共合作进行谈判，“北方联合战线”继“西北联合战线”之后在全国率先初步形成，使党在白区工作开始得以恢复。

（四）土地革命中的论争与马克思主义中国化

土地革命战争时期是中国共产党开始独立领导中国革命的时期。这期间，中国共产党内部及其同共产国际、联共（布）、中国国民党临时行动委员会（第三党）、中国托洛茨基派等之间就中国社会性质、中国革命的形势和性质、中国革命的道路和前途、游击战争的战略战术和中共在白区工作的工作方针等发生了众多论争。这些论争都是紧紧围绕中国革命道路展开的，并存在内在的逻辑关系。其中，中国社会性质、革命形势等论争是要不要革命的论争，中国革命领导权、动力、步骤、前途和中共白区工作等之争是如何革命的论争。从马克思主义中国化的视野来看，论争最大的成果就是中国共产党成功地探索出农村包围城市、武装夺取政权的新革命道路，并在总结革命实践经验的基础上形成了中国化的马克思主义——毛泽东思想。具体来说，土地革命时期的论争对马克思主义中国化的影响主要有：

第一，论争推动了农村包围城市、武装夺取政权新革命道路的

① 中共中央文献研究室：《刘少奇年谱（1898—1969）》上卷，中央文献出版社 1996 年版，第 144 页。

探索。

关于中国革命的道路问题，土地革命掀起阶段，中国共产党、共产国际等都坚持“城市中心论”，毛泽东、方志敏、贺龙等中国共产党人也不例外，着眼于城市的工人武装暴动。但是，由于敌强我弱，参加南昌起义、秋收起义和广州起义等起义部队无法在中心城市立足，被迫转入农村，开辟农村革命根据地。农村革命根据地和红军的建设不仅受到地主及其武装的破坏，受到国民党军阀的“进剿”“会剿”和“围剿”，而且受到共产国际、中共中央，尤其是瞿秋白、李立三和王明“左”倾机会主义统治下的中共中央的一再批评和指责，还受到来自根据地内部党员群众“左”、右两方面倾向的干扰。为了保存和扩大革命力量，毛泽东、贺龙等不得不领导根据地军民努力探索适合中国国情的土地革命、游击战争和政权建设等方针政策，而这些方针政策的制定和实施无不伴随着争论。正是在同来自根据地内外种种敌对势力、革命内部“左”右倾思潮的斗争和争论中，以毛泽东为代表的中国共产党人领导农村革命根据地军民成功地探索出具有中国特色的民主革命道路——农村包围城市、武装夺取政权的道路。到 1934 年秋，全国共建立起十几块农村革命根据地，红军发展到 30 多万人，革命星星之火，已成燎原之势。尽管土地革命后来因王明“左”倾机会主义的危害而失败，但是，中国革命的新道路在抗日战争和解放战争中得到实践并发展，成为中国新民主主义革命走向胜利的必由之路。

第二，论争催生了中国化的马克思主义——毛泽东思想的形成。

新民主主义革命理论是毛泽东思想的基本内容之一，学术界绝大多数论著认为，新民主主义革命理论的形成是毛泽东思想形成的标志。土地革命战争时期，毛泽东、周恩来和刘少奇等在反对教条主义和“左”倾冒险主义、克服党内右倾悲观情绪等过程中，比较系统提出了关于中国革命形势、任务、动力、步骤和前途等基本观点。主要包括：中国社会性质仍然是半殖民地半封建社会；中国革命形势处于低潮，中国革命具有长期性和发展不平衡性；中国革命的性质是资产阶级民主革命；中国革命必须“分两步走”，第一步是新民主主义革命，第二步是社会主义革命，二者的转变将是相当长远的事；中国革命的动力包括工人、农民、小资产阶级和民族资产阶级；土地革命的路线是依靠贫雇农，联合中农，限制富农，保护中小工商业者，消灭地主阶级，变封建地主土地所有制为农民土地所有制；土地分配的方法是以乡为单位，按人口平均分配土地，抽多补少，抽肥补瘦；中国革命能够而且必须走农村包围城市、武装夺取政权的道路，工农武装割据就是在中国共产党的领导下，以土地革命为基本内容、以武装斗争为主要形式、以根据地建设为战略依托的三方面的结合等。

毛泽东著作是毛泽东思想的集中体现，土地革命战争时期，毛泽东发表的《中国的红色政权为什么能够存在?》《井冈山的斗争》《反对本本主义》和《星星之火，可以燎原》《中国革命战争的战略问题》等都是毛泽东思想形成的代表性著作，而这些著作既是土地革命战争实践经验的总结，也是答复党内外各种错误思想和倾向的成果。如《中国的红色政权为什么能够存在?》《星星之火，可以燎原》是对“红旗到底能打多久?”等悲观情绪的回答；《井冈山的斗争》是写给中共中央的报告，意在争取中共中央对井冈山革命根据地的重视和了解；《反对本本主义》“是为了反对当时红军中的教条主义思想而写的”①；毛泽东自己曾说，《中国革命战争的战略问题》是土地革命战争时期中共党内“在军事问题上的一场大争论的结果”②。因此，毛泽东思想是在同种种“错误倾向作斗争”，并深刻总结“历史经验的过程中逐步形成和发展起来的”③。

另外，发生于国民党统治区和苏区的关于当时中国社会性质的论争，后又延伸到对中国农村社会性质、中国古代社会性质、整个中国历史时期划分等论争。这些论争不仅丰富了中国新民主主义革命理论，而且开创了用马克思主义研究整个中国历史的先河，达成了鸦片战争是中国近代史的开端、殷周奴隶社会论、中国封建社会长达两千多年等共识，从而初步创立了中国马克思主义历史学科的理论体系。

第三，论争锤炼出一批具有丰富实践斗争经验和较高理论素养的马克思主义中国化的核心力量。

人民群众是历史的创造者，但领袖和英雄的地位不容忽视，他们往往在推动历史发展的重大转折关头发挥出关键的作用。马克思主义

① 《毛泽东选集》第一卷，人民出版社 1991 年版，第 109 页题注。

② 《延安整风运动》编写组：《延安整风运动纪事》，求实出版社 1982 年版，第 31 页。

③ 中共中央文献研究室：《关于建国以来党的若干历史问题的决议注释本》（修订），人民出版社 1985 年版，第 47 页。

中国化同样是人民群众的事业，人民群众是主人和主体，但革命领袖在其中的地位，尤其是在马克思主义中国化理论成果的概括、提炼方面发挥的作用是异常突出的。

土地革命战争时期，在马克思主义中国化的论争中，形成了以毛泽东、周恩来、刘少奇、任弼时和陈云等为代表的，既具有丰富的革命斗争实践经验，又具有较高的马克思主义理论素养，并善于将马克思主义基本原理同中国革命具体实际相结合的革命领袖，他们构成了中共第一代中央领导集体，成为当时和后来推进马克思主义中国化的核心力量，其中毛泽东是苏区马克思主义中国化正确路线的代表，刘少奇是白区马克思主义中国化正确路线的代表，他们都是在土地革命战争时期的马克思主义中国化的论争中产生的。

除了中共第一代中央领导集体外，从当时马克思主义中国化的实际看，在中国共产党内外就中国社会性质、中国革命基本问题等发生论争的过程中，还涌现和锤炼出一批具有相当高的理论水平革命家，如蔡和森、瞿秋白、张闻天和王稼祥等，他们虽然后来或英勇就义、或受到不公正对待、或主要从事具体事务性工作等，没有成为中共第一代中央领导集体成员，但是，他们都在一定时期为马克思主义中国化的实践事业和理论创新做出过重大贡献。

第四，论争促进了马克思主义在中国的传播和研究。

不论是中国共产党、共产国际和联共（布）内部，还是国民党统治区的思想界等，他们就中国社会性质、革命形势和性质的争论都推动一些人去了解、学习，甚至研究马克思主义，因而促进了马克思主义的传播。土地革命战争时期，马克思主义除了在各革命根据地得到广泛传播，也在国民党统治区一度得到相当程度的传播。据统计，1928年到1930年，国民党统治区新翻译出版马克思、恩格斯著作《社会主义从空想到科学的发展》《哲学的贫困》《劳动者从猿到人转变过程中的作用》《家庭、私有制和国家的起源》等近40种，列宁著作《国家与革命》《帝国主义是资本主义的最高阶段》《唯物论与经验批评论》等14种。[①] 其中的缘由，无疑主要归功于中国共产党领导的文化战线上的反“围剿”斗争，但是国民党统治区一些知识分子对中国社会性

① 沙健孙主编：《中国共产党史稿》第三卷，中央文献出版社2006年版，第443、444页。

质、革命形势和性质等问题进行思考、研究的需求，也是重要原因。另外，国统区关于中国社会性质、农村社会性质的争论，内在地蕴含了中国革命基本问题的争论，即要不要革命、怎样革命、革命的前途是什么等问题的争论，这些争论揭露了国民党反动统治的黑暗，驳斥了国民党反动派、改组派、托派等对中国社会性质的歪曲，对促进国统区人民的觉醒，尤其是知识分子走上革命道路发挥了推动作用。可见，论争促进了马克思主义的传播，也推动一些人接受了马克思主义，成为马克思主义者。

第五，论争积累了中共加强自身建设和推进马克思主义中国化的经验教训。

土地革命战争时期，马克思主义中国化中的论争主要发生在中国共产党、共产国际和联共（布）内部，突出体现在反对教条主义和中共中央三次“左”倾冒险主义错误的斗争，这些论争推动了中国革命新道路的探索和毛泽东思想的形成等，也为中共加强自身建设和推进马克思主义中国化积累了经验教训。土地革命战争时期，中共处理党内争论有一些好的事例。如1929年中共中央以“九月来信”的方式妥善处理了红四军党内的争论，其中包括毛泽东同朱德之间的隔阂；毛泽东通过深入到农民中调查研究提出了比较符合中国农村实际的土地革命路线和分配土地方法；毛泽东、朱德以回信的方式对林彪关于革命前途和道路等疑问做出了解答；针对陈独秀、罗章龙等分裂主义活动，在批评教育无果的情况下，给予开除党籍的组织处分等。但是，中共处理党内争论也发生了很多令人痛心的事例。如把国民革命失败的责任推到陈独秀等少数领导人身上，不允许陈独秀参加八七会议和中共六大；三次“左”倾机会主义统治下的中共中央动不动就以惩办主义来对待党内持不同意见的同志，给领导南昌起义、秋收起义的周恩来和毛泽东等给予处分，给何孟雄扣上“调和主义”的帽子；王明“左”倾冒险主义更是对党内持不同意见的同志实行“残酷斗争”“无情打击”；1935年10月，中央红军长征时竟然不带上瞿秋白、陈谭秋等。而与此同时，中共党内又发生了绝对自由主义、个人主义等倾向，如中共红四军党内拒绝接受前委集中统一指挥、关于前委与军委关系无休止争论等。这些都为中共后来加强自身建设提供了历史借鉴。

四、争取一个什么样的命运

——抗日战争时期马克思主义中国化中的论争（1937.7—1945.8）

1937年7月至1945年8月是中国人民抗击日本帝国主义侵略的八年。这期间，中国共产党和共产国际内部、中国共产党同国民党及国统区一些人士之间等就抗日战争的前景和路线、国共两党关系、抗日领导权、中国之命运等问题发生了激烈的论争和斗争。

（一）抗战进程和前景之争

全国抗战爆发前后，日本军国主义推行“速战速决”战略，妄图在“三个月内灭亡中国”，国际国内各界人士对中日战争的形势、进程和前途等存在各种不同看法，持久论、亡国论和速胜论等众所纷纭。

以毛泽东、张闻天等为代表的中国共产党人根据对中日两国力量、国内政治经济状况等分析，始终坚持认为中日战争是持久战，最后胜利属于中国。早在1935年12月的瓦窑堡会议上，中共中央就号召全党“准备着长时间同敌人奋斗”，“为着同敌人作持久战而准备自己的艰苦工作”[①]。在会后召开的党的活动分子会议上，毛泽东又强调：“要打倒敌人必须准备作持久战。”[②] 1937年8月，中共中央在洛川召开政治局扩大会议，张闻天在会上指出：“争取抗战胜利，这是艰苦、持久、变化很多的斗争过程，要准备持久战争”，“要强调持久战的问题。不因胜利而骄傲，不因失败而丧气。持久战包含进攻、防御和退守等，全面的全民族的抗战是艰苦斗争的过程”；毛泽东在会上提出：“用持久

① 中央档案馆：《中共中央文件选集》第10册，中共中央党校出版社1991年版，第603页。
② 《毛泽东选集》第一卷，人民出版社1991年版，第153页。

战，打倒日本帝国主义，建立民主共和国”；会前的7月，朱德在《解放》周刊发表《实行对日抗战》一文中也认为对日抗战“将是一个持久的艰苦的抗战”，在洛川会议上他又提出：持久战不能单凭消耗，主要的是发动群众，中心摆在支持华北的持久战。周恩来也表示赞同朱德的意见。[①] 然而，在抗战初期，中国共产党内“各种表现急性病的意见也发生了”，“许多人有一种毫无根据的乐观倾向，他们把日本估计过低，甚至以为日本不能打到山西”，因此不同意八路军开展持久的游击战争。[②] 洛川会议后，张闻天、周恩来、刘少奇和彭德怀等相继发表文章，论述了抗日战争的持久性。如1937年9月，在“九一八事变”六周年之际，张闻天发表了《论抗日民族革命战争的持久性》一文，通过对中日两国人力、物力、军力、国内矛盾、国际关系以及战争性质等简要对比，说明日本很难实现其速战速决的战略，中国也难在短时期内战胜日本，“中日战争谁胜谁负的问题，是不能在短时期内解决的。中日两国的战争，将带有持久的性质”，中国“必须用持久战以战胜日本”[③]。1938年1月，周恩来在武汉《群众》周刊发表《怎样进行持久抗战》一文，提出了巩固前线、建设新军备、发展敌占区的广大游击战争等坚持持久抗战、争取最后胜利的八项具体办法。

国民党蒋介石集团在全国抗战爆发后虽然也制定了持久消耗的战略方针，如1937年8月，国民政府颁发的《国军作战指导计划》提出以“持久战”为作战指导之基础主旨，蒋介石、白崇禧等还提出了“持久消耗战”“以空间换时间”“积小胜为大胜”“焦土抗战”等口号，表示：战争既开，“只有拼民族的生命，求我们最后的胜利”。但同时其抗日决心仍不够坚定，对抗日争取胜利也表现出信心不足，认为“我们要应付国难，首先要认识自己国家的地位。我们是弱国，对自己国家力量要有忠实估计，国家为进行建设，绝对的需要和平”[④]。实际上执行的仍是和平谈判、“速战速和”的战略方针，先是幻想用和谈方式解决卢沟桥事件，后来淞沪抗战爆发后，蒋介石调集国民党军队的精华于沪杭地带，准备同日军决战，包括南京保卫战在内，国民

① 程中原：《张闻天传》，当代中国出版社2000年版，第446、447页。
② 《毛泽东选集》第二卷，人民出版社1991年版，第441页。
③ 程中原：《张闻天传》，当代中国出版社2000年版，第453页。
④ 孟广涵主编：《抗战时期国共合作纪实》上卷，重庆出版社1992年版，第348、346页。

党军队采取的战略是同日军死拼硬顶，打阵地战、消耗战。这既是消极防御的战略，也是不持久、不持续的战略。南京失陷后，尤其是武汉、广州沦陷后，国民党蒋介石集团才真正从思想到行动实现了“速战速和”向持久战略的转变。

以汪精卫集团为代表的国民党亲日派，在全国抗战爆发前就散布亡国论，认为“中国武器不如人，战必败”。全国抗战爆发后，汪精卫、周佛海、陶希圣、高宗武等组织“低调俱乐部”，散布妥协投降言论，宣扬“再战必亡”的论调，声称“中国比日本进步迟了六七十年，中国的国家力量，不能挡住日本的侵略”；“和呢，是会吃亏的，就老实地承认吃亏”；“战呢，是会打败仗的，就老实地承认打败仗”①。国民党亲日派冒天下之大不韪，甘当日本帝国主义侵华工具，不惜出卖国家和民族的根本利益，阴谋筹划和从事了屈膝于日本帝国主义侵略者的所谓“和平运动”，直至公开叛国投敌，在日本侵略者的卵翼下成立了伪国民政府。

抗战初期国民党军队在军事上的严重失利，也给一部分中间阶层和民众带来不同程度的悲观失望情绪。如乡村建设派负责人梁漱溟曾回忆说：1938 年初访问延安时，“我对国家前途是悲观的，日寇侵略我们，全国处于崩溃边缘。日寇来了，各自逃难，抵抗不了，我非常失望，对蒋介石政府失望，对全国统一不起来悲观。”但是，“毛泽东完全乐观”，在同毛泽东的彻夜交谈中，毛泽东通过对中日两国国情和战争的对比分析，认为“日本人一定要失败”，“中国有希望”；“我听他的谈话，也就由悲观变为乐观了”，“心中烦闷一扫而光”；“毛主席给我的谈话，就是《论持久战》那些观点，中国不妥协，日本必败”②。

全国抗战爆发前后，在亡国论、悲观情绪蔓延的同时，如上所及，又有包括少数共产党人在内的一些人对抗战形势和前途持盲目乐观的速胜论。淞沪会战时，蒋介石集团指望英、法、美等国直接出面干涉，并邀请苏联出兵。一些人武断地认为，中日战争只要打三个月，国际局势一定会发生变化，苏联一定出兵，战争即可解决。国民党军队在沪杭、南京、华北等地的失利，给速胜论以沉重打击。1938 年初台儿

① 转引自沙健孙主编：《中国共产党史稿》第四卷，中央文献出版社 2006 年版，第 73 页。

② 李洲庭、阎秉华：《梁漱溟先生年谱》，广西师范大学出版社 2003 年版，第 139 页。

庄战役取得重大胜利后，速胜论又有所抬头。4月25日和26日，《大公报》连续发表社评称：徐州会战“现在的时局，就是抗战前途的重要关头，我们在这一战胜利了，其有形无形的影响，就可以得准决胜的功效”，“全军将士注意！现在就是准决战”；“这一战当然不是最后决战，但不失为准决战。因为在日本军阀，这一战，就是他们最后的挣扎”①。蒋介石、李宗仁等也误认为日军已成强弩之末，于是调集几十万尖锐部队准备在徐州同日军决战，结果陷入日军包围之中，被迫实施突围，徐州会战以中国军队失败而告终。徐州会战后，速胜论基本上销声匿迹，亡国论再次抬头。

1938年5月，在中共中央常委会议上，毛泽东就中日战争的形势问题，批评了《大公报》两篇社论关于徐州会战是准决战的看法，说：“我一贯估计中日战争是持久战，因为中国是大国，日本不能完全吞并中国，同时中国又是弱国，须要持久战争才能取得胜利。”接着，他又致电王明、周恩来等：“《大公报》否认持久战，提倡准决战的论调，我们认为是不对的。徐州决战只应该是某种程度的战役决战，而决不应该看作战略决战。”② 同月底，在总结抗战经验教训、借鉴党内外人士对抗日战争前景有益认识成果等基础上，为了驳斥亡国论、速胜论的论调，教育党内同志，并坚定抗战军民的信心，毛泽东在延安抗日战争研究会上发表了《论持久战》的讲演，指出：中日战争必将是一场持久战，最后胜利属于中国而不是日本，“亡国论是不对的，速胜论也是不对的”；持久抗战将经历战略防御、战略相持和战略进攻三个阶段；抗日的战略方针是持久战；“兵民是胜利之本”，“战争的伟力之最深厚的根源，存在于民众之中”③ 等。《论持久战》运用马克思主义辩证唯物主义和历史唯物主义的基本原理，在批驳亡国论、速胜论、悲观情绪和轻敌情绪的基础上，分析了中日战争的时代、性质和力量对比等，科学地揭示了中日双方的基本特点、中日战争的发展规律和最终结果、中国抗日战争的战略方针和战术原则等。《论持久战》发表

---

① 中共中央文献研究室：《毛泽东年谱（1893—1949）》（中），中央文献出版社2005年版，第68页注释［1］。

② 中共中央文献研究室：《毛泽东年谱（1893—1949）》（中），中央文献出版社2005年版，第68~69页.

③ 《毛泽东选集》第二卷，人民出版社1991年版，第457、484、509、511页。

后，在中国共产党内得到广泛传播和学习，国民党高级将领白崇禧、傅作义等也将其印发给所属部队官兵研究学习，1939 年还出版了英文版。《论持久战》被誉为中国共产党人运用马克思主义基本原理分析战争、解决中国问题的典范，深刻地回答了党内外、国内外各界人士对中日战争的种种疑惑，不仅丰富了毛泽东思想，成为中国共产党统一认识、指导抗日战争的纲领性文献，而且对于坚定全国军民的抗战信心等发挥了重要作用，还为世界人民了解中日战争提供了参考。

（二）如何争取抗战胜利之争

1. 抗战的政治路线

1937 年 7 月，全国抗战爆发后，中国共产党“同国民党及其他抗日派别的区别和争论，已经不是应否抗战的问题，而是如何争取抗战胜利的问题”①，即如何抗日，抗日执行什么样的政治路线、方针和政策等问题。以中国共产党为代表的社会力量主张实行全面抗战的路线，奉行坚决抗战的方针，并制定了一整套贯彻全面抗战、坚决抗战路线方针的政策和办法。以国民党蒋介石集团为代表的亲英美派大地主大资产阶级主张执行单纯依靠政府和军队抗日的片面抗战路线，甚至将驱逐日本帝国主义出中国的希望寄托在英美等国际社会的干预和参战，始终不能下定决心坚决抗日，陆陆续续地同日本帝国主义举行谈判，且不指望彻底驱逐日本帝国主义出中国，只希望恢复到“卢沟桥事变”以前的状态。以汪精卫为代表的亲日派大地主大资产阶级，始终对日妥协，直至公开叛国投敌，严格说来同其他党派之间不存在抗日的路线和方针之争，但其言行在一定阶段内对国民党抗日路线和方针的选择产生过不小的影响。

早在 1931 年“九一八事变”之后，中国共产党、中华民族革命同盟、全国各界救国联合会等党派就号召“策动全国海陆空军武装、全国民众，对日作战，收复失地”，“联合在日本帝国主义压迫下的一切

① 孟广涵主编：《抗战时期国共合作纪实》上卷，重庆出版社 1992 年版，第 343 页。

民族及被压迫阶级，共同打倒日本帝国主义”[①]。1937 年 7 月，“七七事变”爆发的第二天，中国共产党即向全国发表了抗日宣言，指出：“只有全民族实行抗战，才是我们的出路”，号召“全中国同胞，政府，与军队团结起来，筑成民族统一战线的坚固长城，抵抗日寇的侵掠！”[②]以毛泽东为代表的中国共产党人随即提出了“动员一切力量争取抗战胜利”的全面抗战路线，并提出了“全国军队总动员”“全国人民总动员”“改革政治机构”等坚决抗战的办法。[③] 8 月，中国共产党又在洛川召开了政治局扩大会议，号召全党“为动员一切力量争取抗战胜利而斗争”，会议认为：“今天争取抗战胜利的中心关键，在使已发动的抗战发展为全面的全民族的抗战。只有这种全面的全民族的抗战，才能使抗战得到最后的胜利”，“今天的抗战，中间包含着极大的危险性。这主要的是由于国民党还不愿意发动全国人民参加抗战。相反的，他们把抗战看成只是政府的事，处处惧怕和限制人民的参战运动，阻碍政府、军队同民众结合起来，不给人民以抗日救国的民主权利”[④]。会议在批评国民党片面抗战路线的基础上“以满腔的热忱向中国国民党、全国人民、全国各党各派各界各军提出彻底战胜日寇的十大救国纲领”[⑤]，其副标题就是“为动员一切力量，争取抗战胜利而斗争”。这也成为整个抗日战争时期，中国共产党领导广大民众坚持抗日的基本方针。

以国民党蒋介石集团为代表的亲英美派大地主大资产阶级，自“九一八事变”始就执行不抵抗政策，认为中日冲突可以通过依靠包括国际联盟干涉在内的“外交手段和平解决”，蒋介石声称：“外交上之无形战争，其胜负价值超于任何战争之上”，“其致力之远，收效之大，有远胜于军事什百千倍者”[⑥]。“七七事变”后，国民党蒋介石仍下不了彻底抗战的决心，直到日本发动进攻上海的“八一三事变”后，因日

① 孟广涵主编：《抗战时期国共合作纪实》上卷，重庆出版社 1992 年版，第 42 页。

② 中央档案馆：《中共中央文件选集》第 11 册，中共中央党校出版社 1991 年版，第 274、275 页。

③ 《毛泽东选集》第二卷，人民出版社 1991 年版，第 343-347 页。

④ 中共中央文献研究室、中央档案馆：《建党以来重要文献选编》第 14 册，中央文献出版社 2011 年版，第 473、474 页。

⑤ 《毛泽东选集》第二卷，人民出版社 1991 年版，第 353、354 页。

⑥ 孟广涵主编：《抗战时期国共合作纪实》上卷，重庆出版社 1992 年版，第 45、59~60 页。

本的侵略直接威胁到国民党南京政府的统治和英美等国在长江流域的利益，蒋介石才发表庐山讲话，表示“如果战端一开，那就地无分南北，人无分老幼，无论何人皆有守土抗战之责任，皆应抱定牺牲一切之决心”，但仍“希望由和平的外交方法，求得卢事的解决”①。正是出于维护自身阶级统治利益的需要，国民党蒋介石害怕人民的觉悟和武装力量的增强，执行只依靠政府和军队抗日的片面抗战路线，不敢放手发动民众，武装民众，实行人民战争，而把动员民众仅仅限定在补充兵员和捐献战费。如1938年3月，国民党临时全国代表大会通过的《抗战建国纲领》虽然提出：“发动全国民众，组织农、工、商、学各职业团体，改善而充实之，使有钱者出钱，有力者出力，为争取民族生存之抗战而动员”。但会议同时提出：“训练全国壮丁，充实民众武力，补充抗战部队”；“关于政治建设者。抗战期中，政治设施之最重要者，一曰地方安宁秩序之确保，一曰一切人力、物力、财力之精详的统计与周洽的管理。其动员工作之直接有裨于抗战者，一曰兵役制度之切实推行，使每一适令之壮丁，咸得提供其全力于神圣的民族战争……一曰劳动服务之澈底施行，使每一国民之劳力，以最经济之运用，尽瘁于军事建设之完成，而不致虚耗”②。国民党亲英美派甚至采取诬蔑、打击等手段阻止民众抗日。如1937年10月，国民党特务破坏了安徽芜湖两个学校的抗日活动；1938年2月，国民党陕西省党部接连解散了西安文化界协会、西安民族解放先锋队、西安青年救国联合会等13个抗日群众团体；1938年4月和5月，湖北、湖南等地均发生了工人抗敌总会筹备会、乡村巡回宣传队和战时宣传队等抗日组织被解散、人员被驱逐等事件；1938年8月，国民党武汉卫戍总部发布“民众团体战时行动规约”，禁止民众团体开办训练班、讲演会，并解散了青年救国团、民众解放先锋队和蚁社等青年抗日团体。③

国民党片面抗战路线不仅受到中国共产党的批评，也引起国统区人民和民主党派的不满。1937年12月，沈钧儒、李公朴等救国会领导

---

① 孟广涵主编：《抗战时期国共合作纪实》上卷，重庆出版社1992年版，第348页。

② 荣孟源、孙彩霞主编：《中国国民党历次代表大会及中央全会资料》下册，光明日报出版社1986年版，第487、485、493页。

③ 李新等主编：《中国新民主主义革命时期通史》第三卷，人民出版社1962年版，第26、61页。

人创办《全民》（1938 年夏同邹韬奋主办的《抗战》合并为《全民抗战》——引者注）周刊，旨在“将单纯的政府与军队抗战，转变为全面的、全民族的抗战”，办刊同仁在创刊号上发表的《为争取全面全民族战争胜利而奋斗》明确提出：反对单纯依靠政府和军队的片面抗战路线，强调必须“接受抗战以来的血的教训，将单纯的政府与军队的抗战转变为全面全民族的抗战，以突破当前民族的危机”[①]。1938 年 3 月，国民党召开临时全国代表大会，中国共产党在给该大会的《提议》中说：“加强政府与民众间的互助，已成为国共两党同志和全体爱国同胞的一致热望”，“被压迫民族的民族自卫战争的胜利，不仅需要政府和军队的最大努力，而且需要广大民众的全体动员和积极参加……我国对日抗战虽已继续八个月之久，但民众动员和组织的不够，已成为前方将士和全体同胞所痛切感到的弱点”[②]。1938 年 7 月，国民参政会一届一次会议在武汉召开，蒋介石在开幕式致词中不得不承认：“现在我们抗战，已经一周年了。以前一般人士对于这次抗战许多批评，大抵以为过去我们只作军事的动员，而没有鼓励全国政治的力量，使全国民众动员来参加抗战。这是在国内常听到的一种说法。”在此次参政会上，邹韬奋、褚辅成等领衔纷纷提出“调整民众团体以发挥民力案”“从速实行下级自治，以发动民众当兵自愿案”[③] 等提案。

抗战进入相持阶段后，因日本对国民党实行以军事打击为辅、政治诱降为主的方针，尤其是中国共产党领导的敌后抗日根据地和抗日武装的扩大，引起了国民党顽固派的恐慌和不安，因而开始消极抗日，积极反共，在陕西旬邑、山东博山、河北深县、湖南平江、河南确山和鄂东、晋西北等地制造了一系列反共磨擦事件，杀害抗日将士，颠覆民选政权，1941 年 1 月制造了震惊中外的“皖南事变”。针对国民党顽固派的倒行逆施，中国共产党提出了坚持抗战、团结、进步，反对投降、分裂和退步的口号，坚定地放手发动和武装群众，紧紧依靠人民，回击顽固派的挑衅，粉碎日伪军的“扫荡”“清剿”“蚕食”和

① 周天度、孙彩霞编：《救国会史料集》，中央编译出版社 2006 年版，第 461 页。

② 中央档案馆：《中共中央文件选集》第 11 册，中共中央党校出版社 1991 年版，第 485、487 页。

③ 重庆市政协文史资料研究委员会：《国民参政会纪实》上卷，重庆出版社 1985 年版，第 163 页。

"清乡"，坚持敌后抗战，成为抗击日本帝国主义侵略的中流砥柱。国统区民主党派和广大民众也对顽固派的动摇、倒退行径给予了批评和揭露，一再呼吁国民党顽固派"免除一切不必要的猜防，贯彻官民合作、军民合作之精神，团结一致，争取胜利"①。

国共两党两条抗战路线之别，在抗战反攻阶段也表现得十分明显。1945年4月，毛泽东、朱德等在中共七大上号召解放区和全国军民动员起来，为迎接抗日大反攻而作战。中共七大确定了"放手发动群众，壮大人民的力量，在我党的领导下，打败日本侵略者，解放全国人民，建立一个新民主主义的中国"的政治路线。② 8月，毛泽东发表《对日寇的最后一战》，号召"中国人民的一切抗日力量应举行全国规模的反攻……必须放手组织武装工作队，成百队成千队地深入敌后之敌后，组织人民，破击敌人的交通线，配合正规军作战。必须放手发动沦陷区的千百万群众，立即组织地下军，准备武装起义，配合从外部进攻的军队，消灭敌人"③。而国民党蒋介石集团在抗战最后阶段还是奉行只依靠国民党军队和政府的抗日路线，要求共产党领导的军队"应就原地驻防待命"，"勿再擅自行动"，强调"政府对于敌军之缴械，敌俘之收容，伪军之处理及收复地区之恢复、政权之行使等事项，均已统筹决定，分令实施"④。同时，妄图由国民党军队包揽收复失地、接受日军投降的果实，"电令各战区将士加紧作战努力，一切依照既定军事计划与命令积极推进，勿稍松懈"，在国民党军队到达受降地之前，甚至不惜命令日伪军"负责维持地方治安"⑤。这虽然是国共两党对抗战胜利果实之争，但也反映了两党对待群众的不同态度和工作路线。

2. 抗日与民主的关系

在如何争取抗战胜利的问题上，处于执政地位的国民党顽固派同以中国共产党、民主党派等为代表的在野势力，就抗日是否需要改革

① 沙健孙主编：《中国共产党史稿》第四卷，中央文献出版社2006年版，第669页。

② 中共中央党史研究室：《中国共产党历史》第一卷下册，中共党史出版社2002年版，第827页。

③ 《毛泽东选集》第三卷，人民出版社1991年版，第1 119页。

④ 孟广涵主编：《抗战时期国共合作纪实》下卷，重庆出版社1992年版，第690页。

⑤ 《毛泽东选集》第四卷，人民出版社1991年版，第1141、1 137页。

政治、发展民主产生了严重分歧和斗争，这也是全面抗战路线和片面抗战路线之争的一个方面。

全国抗战爆发前和抗日战争时期，国民党蒋介石统治集团为了维护自身统治利益，不敢放手发动民众抗日，以国家处于战争状态为由，不愿赋予人民以真正的言论、集会、结社和出版自由，散布“抗战时期不能实行民主”“军事与民主互不相容”等谬论，拖延、拒绝和反对民主改革，竭力维系一党专政、以党代政的“训政”制度，公然叫喊“一个主义”“一个政党”“一个领袖”“一个军队”“一个政府”等口号。尤其是抗战进入相持阶段以后，国民党顽固派消极抗日，积极反共，不断强化法西斯专制统治，蒋介石集党政军等权力于一身，担任了中国国民党总裁、国防军事委员会委员长、国民政府行政院院长、三民主义青年团团长等数职；特务组织日渐扩大，肆意逮捕共产党人和进步人士；加强舆论控制，1937 年至 1943 年，国民党颁布的反动出版法就达 24 种之多。这些严重地制约了全国民众的抗日积极性和参与度，是国民党正面战场屡遭失败的重要根源。追随国民党顽固派的一些反动文人也以国家处于“非常时期”“战争时期”为由，反对民主改革。如 1938 年初，叶青发表《关于民主共和》和《关于政治党派》等文章，鼓吹“站在抗战需要上，当前的政治问题，从中国底情形看来，应以强固中央政权为急务”，“完成统一是抗战底迫切需要。宪法并不是目前的急务”；“现在是战争时期，我觉得军事高于一切，而军事与民主有不相容性，所以我愿意为了军事暂时不谈民主”；攻击中国共产党提出的“实行彻底的民主政治”等主张“真是迂阔二百万分。不止迂阔，而且愚蠢，愚蠢到了无以复加的境地”①。

全国抗战爆发前和整个抗日战争时期，中国共产党始终认为，抗日与民主相辅相成，民主是调动民众抗日积极性、发挥民众抗日智慧的根本途径，是实现和坚持抗日的动力源泉；民主是人民监督政府及其工作人员的基本条件，是坚持抗日、反对妥协的政治保证。因此，坚持抗战的同时，又致力于民主政治运动，既在各解放区发展民主，建立和建设各抗日阶级联合专政的统一战线性质的政权，又努力推进国统区的抗日民主运动，以动员国统区人民实现全面抗战，促使国民

① 叶青：《抗战中的问题》，抗战出版社 1940 年版，第 9、11 页。

党顽固派改革政治，发展民主，实行宪政。1937年3月，国民党召开五届三中全会，决定联合共产党共同抗日，标志着国共两党第二次合作初步形成。据此，中国共产党提出：此前一个时期党的“工作的中心一环是停止内战”，今后一个时期“我们的工作中心一环是扩大民主运动，争取民主运动的实现”，这“是巩固和平统一、准备对日抗战的关键”[①]。5月，在中国共产党全国代表会议上，毛泽东提出：“争取政治上的民主自由，则为保证抗战胜利的中心一环”，“没有这种自由，就不能实现政治制度的民主改革，就不能动员人民进入抗战，取得保卫祖国和收复失地的胜利”，“为民主即是为抗日。抗日与民主互为条件，同抗日与和平、民主与和平互为条件一样。民主是抗日的保证，抗日能给予民主运动发展以有利条件”[②]。在全国抗战爆发后的国共两党系列谈判中，中共代表坚持要求国民党开放民主。中共应国民党要求起草提出的“抗日救国十大纲领”，其中包括“改革政治机构：召开真正人民代表的国民大会，通过真正的民主宪法，决定抗日救国方针，选举国防政府。国防政府必须吸收各党各派及人民团体的革命分子”；“改良人民生活：……废除苛捐什税。减租减息。救济失业”[③] 等发展民主、改善民生的内容。

全国抗日战争爆发后，中华民族解放行动委员会、中华职业教育社、乡村建设派、国家社会党、中国青年党等民主党派和无党派民主人士，纷纷通过发表宣言、文章、讲话、接受记者采访等各种形式阐明自己的抗日主张，其中都包含了通过发展民主争取抗战胜利的诉求。如中华民族解放行动委员会发表《我们对抗战建国纲领的意见》《抗战时期的政治主张》，救国会发表《为保卫北方紧急宣言》，职教社发表《今天的中华职业教育社》等，呼吁“扫除官僚主义的毒害，切实实现民主政治”，“只有彻底地改革政治……全国一切的物力人力，方能集中使用，政治上方能配合军事上的新战略，把握抗战胜利的前途”，强调“抗日与民主不可分离”，“只有实行宪政，才能推进民主，保障民主。也只有民主政治的进一步充分实现，才能解决纠缠不清的党派问

① 孟广涵主编：《抗战时期国共合作纪实》上卷，重庆出版社1992年版，第310页。

② 《毛泽东选集》第一卷，人民出版社1991年版，第256、257、274页。

③ 中共中央文献研究室、中央档案馆：《建党以来重要文献选编》第14册，中央文献出版社2011年版，第476、477页。

题，并且完成全国的国民总动员”①，争取抗战胜利。当然，也有少数中间人士在抗战初期主张加强全国军令政令的统一，反对改革政治和发展民主。如章乃器发表《少号召多建议》、陈铭枢发表《抗战中之党派问题》等文章，提出决不能马上梦想一个典型的民主；战时国民党实行一党专政的“训政”是必要的，甚至还需要实行“军政”。

抗战进入相持阶段后，面对正面战场的屡屡失利、国统区的黑暗腐败和国共之间磨擦四起，中国共产党和民主党派进一步认识到中国发展民主政治对于解决国内党派之争、坚持并争取抗战胜利的意义。抗战初期少数反对民主改革的中间人士也逐渐认识到并放弃了自己曾提出的要求盲目服从国民党统治的错误主张。1939 年 9 月，毛泽东在为中共中央起草的指示中提出：投降、分裂和倒退“是当前时局中的最大危险”，要克服危局“必须迅速地认真地实行政治改革，结束国民党一党专政，召集真正代表民意的有权力的国民大会，制定宪法，实行宪政”②。以 1939 年 9 月国民参政会一届四次会议为契机，中国共产党和民主党派、国民党民主派等共同发起了第一次民主宪政运动，在会上纷纷提出了《请政府明令保障各抗日党派合法地位案》《请结束党治立施宪政以安定人心发扬民力而利抗战案》《改革政治以应付非常局面案》等，要求国民党结束党治，发展民主，实施宪政。国民党顽固派代表同共产党、各民主党派代表在会上发生了激烈的争论。经过斗争，“保障各党派合法地位”“结束党治”和“实行宪政”等内容写入会议决议。会后，解放区和国统区各界人士通过成立组织、发表文章、召开座谈会等多种方式探讨了宪政与抗战、宪法草案、国民大会组织法和选举法等问题。国民党五届六中全会也不得不表示接受国民参政会议案，准备实施宪政。但是，实际上国民党顽固派仍然以种种理由和手段压制民主，拖延和阻止宪政的实行。

国民党顽固派独裁专制和腐朽统治导致 1944 年豫湘桂战役的大溃败。1944 年 8 月，毛泽东在为衡阳失守发表的社论中指出：“一切军事的关键在政治，一切政治的关键在民众，不解决要不要民众问题，什

① 张军民：《中国民主党派史（新民主主义时期）》，黑龙江人民出版社 2006 年版，第 193、216、198 页。

② 《毛泽东选集》第二卷，人民出版社 1991 年版，第 616、617 页。

么都无从谈起……不要民众，一切必然是漆黑一团。”① 9月，在三届三次国民参政会上，中共代表林伯渠根据中共中央的指示，提出了“国民党立即结束一党统治的局面”，“组织各抗日党派联合政府”的主张，并得到各民主党派的响应。以此为契机，中国共产党和民主党派领导国统区人民掀起了第二次宪政运动，桂林、昆明和成都等地的民主人士纷纷集会，发表宣言，呼吁开放政权，实行宪政，挽救危局，且从理论上阐明了抗日与民主的关系。如西南联合大学教授吴晗在昆明一次时事座谈会上说：“一切重要的焦点在政治，而不在军事”；民主同盟主席张澜说：“政治问题是整个的。要是枝枝节节地说，枝枝节节地去做，这不是解决问题的态度，乃是应付的态度。这种态度，应为我们所不取，因为这只是枉费精力”，“归根结蒂，关键是在民主。只有民主是中国唯一的出路”；中华全国工业协会、迁川工厂联合会等工业团体也纷纷发表对时局的主张，呼吁政府：“请速实施宪政，厉行民治，以发挥天下为公之精诚”②。

总之，抗战时期，中国共产党、民主党派同国民党顽固派就抗战时期能否实行民主、是否需要发展民主等问题开展了持续的争论和斗争。争论和斗争不仅调动了全国人民的抗日积极性，增强了全国人民的民主觉悟，遏制了国民党顽固派在政治上的倒行逆施，推动了国民党顽固派坚持抗战，而且从理论上探讨了在中国发展民主政治的必要性、路径和目标等，为抗战胜利后中国政治发展走势奠定了一定的基础。

3. 抗战的军事路线

如前述及，全国抗战爆发后，国民党蒋介石集团推行片面抗战路线，实行“速战速和”的战略方针和消极防御的作战方针，提出了“持久消耗战”“焦土抗战”“以空间换时间”等口号，一方面调集大量精锐部队于淞沪战场同日军打阵地战、消耗战，另一方面将中国抗战胜利的希望寄托于英美等国对日干涉。到1937年10月底，中国军队艰苦抗战三个月“已成强弩之末，亟应后撤”，李宗仁、白崇禧等高级将领建议撤退，蒋介石却“意气用事，严申命令，有敢擅自撤退的，

① 《毛泽东文集》第三卷，人民出版社1996年版，第202页。
② 沙健孙主编：《中国共产党史稿》第四卷，中央文献出版社2006年版，第667、669页。

军法从事”，直到11月才被动地匆忙撤退，结果溃不成军；在是否死守南京的问题上，很多高级将领主张放弃死守，但蒋介石、唐生智等认为“南京为国府和国父陵寝所在地，断不能不战而退”，坚持死守。李宗仁、张治中等主张的军事路线虽然同蒋介石所推行的军事路线有所不同，但没有本质区别，也是片面抗战、消极防御、寄希望于英美干涉的军事路线。他们认为中国“抗战的战略重点便是以空间换取时间，以待世界局势的转变”，“日本将来必然南进无疑。日本南进，英、法、荷等国无力东顾，则美国必定挺身而出，与日本作战了。到那时，欧亚反侵略战争合而为一，便是我们抗战转机的时候了”①。武汉、广州沦陷后，国民党改“速战速和”的方针为持久战方针，但是，单纯依靠政府和军队的片面抗战路线、消极防御的作战方针、依赖英美对日干涉的基本立场等没有改变。这些是中国抗日正面战场屡屡失利的根本原因。

在分析正面战场失利，总结八路军、新四军在敌后发展壮大实践经验的基础上，以毛泽东、张闻天等为代表的中国共产党人，继提出全面抗战路线之后，又提出并阐明了积极防御、以独立自主为主与以争取外援为辅相结合等战略战术，形成了有别于正面战场国民党军队的抗日军事路线。1937年10月，毛泽东在接受英国记者贝特兰的谈话中提出：“军事上的失误，也是丧军失地的一个大原因。打的大半都是被动的仗，军事术语叫做‘单纯防御’。这样的打法是没有可能胜利的”，“军事上说来，亦须实行全盘的改革，主要地是战略战术上单纯防御的方针，改变为积极攻击敌人的方针”②。1938年5月，毛泽东在《论持久战》中详细地阐述了中国军队在不同历史阶段抗击日军所应采取的具体方针，指出：“在第一和第二阶段即敌之进攻和保守阶段中，应该是战略防御中的战役和战斗的进攻战，战略持久中的战役和战斗的速决战，战略内线中的战役和战斗的外线作战。在第三阶段中，应该是战略的反攻战”，且这些方针“实行起来，离不了主动性、灵活性和计划性”③。关于独立自主与争取外援的关系，在1938年中共“三月政治局会议”上，毛泽东提出：“中国抗战要争取外援，但主要是靠自

① 唐德刚：《李宗仁回忆录》下册，广西人民出版社1980年版，第695、697、711页。

② 《毛泽东选集》第二卷，人民出版社1991年版，第376页。

③ 《毛泽东选集》第二卷，人民出版社1991年版，第484、487页。

己，强调自力更生。”[①] 1940 年 12 月，毛泽东在《论政策》的党内指示中再次指出：“我们的根本方针和国民党相反，是在坚持独立战争和自力更生的原则下尽可能地利用外援，而不是……依赖外援。”[②]

1945 年 4 月，朱德在中共七大上所作的《论解放区战场》的报告，在总结抗战历史经验的基础上，全面对比、阐述了国共两党截然不同的两条军事路线及其结果。报告指出：“从压迫人民、奴役士兵出发，从消极抗战以至观战、专靠外援出发，从保存实力、准备内战出发，从排除异己、破坏团结出发，就构成了一条反人民的失败主义的单纯防御的军事路线，这是国民党战场连战皆北的症结所在。与此相反，从全民总动员、团结一切抗日力量、积极打击日寇出发，从团结军民、团结官兵出发，从团结一切友军出发，从积极打击敌人增强自己的战略战术出发，这样就构成了一条中国人民的抗日的军事路线，这是解放区战场获得胜利的关键”；“前一条路线，历来把战争胜利寄托在日苏战争和太平洋战争上面，不寄托在自己的政治改革、军事改革和抗战努力上面……后一条路线，历来相信人民的力量，它争取外援而不依赖外援……前一条路线，主张和实施了单纯防御的消极战略，后一条路线主张在大反攻之前采取攻势防御的积极战略”[③]。这就将国共两党不同的抗日军事路线从阶级立场、抗日态度、外交方针和历史作用等方面进行了全面的比较分析。

在继承红军过去革命传统、总结八路军和新四军抗战经验、批评国民党抗战军事路线等基础上，毛泽东、张闻天和朱德等提出的人民抗日军事路线，对指导中国人民夺取抗战胜利发挥了巨大作用，也丰富和发展了毛泽东军事思想。

（三）抗日游击战争之争

抗日战争爆发后，根据国共两党的会谈，中国共产党领导的军队

---

① 中共中央文献研究室：《毛泽东年谱（1893—1949）》（中），中央文献出版社 2005 年版，第 51 页。

② 《毛泽东选集》第二卷，人民出版社 1991 年版，第 765 页。

③ 《朱德选集》，人民出版社 1983 年版，第 154、155 页。

改编为国民革命军第八路军（后改为第十八集团军）和新编第四军。关于八路军和新四军的作战形式、指挥归属、游击战争的地位等问题，在中国共产党内、中国共产党同国民党之间等产生了不同看法。

1. 八路军新四军的作战方式

土地革命战争初期，以毛泽东、贺龙、方志敏等为代表的中国共产党人创立的工农红军，在敌强我弱的形势下，成功地通过开展游击战争创建并保卫了农村革命根据地，积累了丰富的、适合中国国情的游击战争的战略战术。到20世纪30年代，随着红军队伍的壮大，尤其是在红军第五次反“围剿”和长征途中，红军作战的方式转变为以运动战为主，在王明“左”倾冒险主义指导下的红军第五次反“围剿”还有过集中兵力打阵地战的失败教训。

全国抗战爆发前后，国际国内形势都发生了重大变化。在国共两党重新合作的情况下，红军抗日应采取运动战、阵地战，还是游击战？国共之间、中共内部都产生了意见分歧。1936年12月的“西安事变”以后，在国共两党举行的一系列谈判中，国民党仍幻想收编共产党的军队，直到1937年“七七事变”后，也没有改变这一想法，还要求毛泽东、朱德等“出洋”或离开红军，红军取消政治制度，向红军派遣指挥官，红军受国民党最高军事委员会集中统一指挥等。关于红军的作战方式，国民党要求红军守卫平汉线，打阵地战。

1937年“八一三事变”爆发后，日军进攻上海直接威胁到国民党南京政府的统治，国民党蒋介石集团这才改变妥协、观望态度，决心抗日，同意红军由共产党独立指挥，配合国民党军队抗战。但仍试图让红军开到正面前线，与敌人拼消耗战，同国民党军队一样打阵地防御战，独当一面。此外，以汪精卫为代表的国民党亲日派也不断谴责他们“心目中的共产党战术和不打阵地战的防御打法”，反动地说“即使是经过改编了的职业匪徒，也切不可在‘游击’战中加以使用。他们会回避对敌作战，会避开敌人战线上的坚固据点”① 等。

全国抗战爆发前后，以毛泽东、张闻天等为代表的中国共产党人

① ［美］约翰·亨特·博伊尔著，陈体芳、乐刻等译：《中日战争时期的通敌内幕（1937—1945）》下册，商务印书馆1978年版，第260、261页。

认为，在敌我力量悬殊、红军数量很小的情况下，“今日红军在决战问题上不起任何决定作用”，但是红军“有一种自己的拿手好戏，在这种拿手戏中一定能起决定作用，这就是真正独立自主的山地游击战（不是运动战）”①。“七七事变”后，在国共两党就红军改编、作战指挥等举行谈判的过程中，毛泽东、张闻天等一再致电前线的朱德、彭德怀和在国统区同国民党谈判的周恩来、秦邦宪、林伯渠等，不断强调：“红军作战必须……执行独立自主的分散作战的游击战争，而不是阵地战，也不是集中作战……只有如此才能发挥红军的特长，给日寇以相当打击”；“红军担负以独立自主的游击运动战，钳制敌人”；“红军应当实行独立自主的指挥与分散的游击战争。必须保持独立自主的指挥，才能发挥红军的长处，集团的作战是不行的”②。

1937 年 8 月，中共中央在洛川召开政治局扩大会议，张闻天在会上指出：红军“指挥问题上是独立自主原则，外面节制，要不妨碍我们的独立性；作战方面主要是游击战争，总的是赚钱则干，不赚钱不干”③。毛泽东在会上提出：“红军的战略方针是独立自主的山地游击战，包括在有条件下消灭敌人兵团和在平原发展游击战争……游击战争的作战原则是分散以发动群众，集中以消灭敌人，打得赢就打，打不赢就走。”会议对所讨论的众多问题基本上取得一致意见，但是，“对于八路军的作战原则存在一些不同认识，由于时间紧迫，来不及充分讨论”④，即在游击战与运动战的主次关系问题上，中共高层内部没有立即形成统一认识。

在日军长驱直入、华北战局危急之际，为了阻止日军进攻，解救华北危局，树立红军威望，一些中共中央军委领导人和红军指挥员提出了红军应打“运动游击战”或“游击运动战”的意见。八路军开赴山西不久，由于日军采取大迂回的态势包抄太原，为避免八路军陷入

① 中共中央文献研究室、中国人民解放军军事科学院：《毛泽东军事文集》第二卷，军事科学出版社、中央文献出版社 1993 年版，第 53 页。

② 中共中央文献研究室：《毛泽东年谱（1893—1949）》（中），中央文献出版社 2005 年版，第 8~9、12 页。

③ 程中原：《张闻天传》，当代中国出版社 2000 年版，第 447 页。

④ 中共中央文献研究室：《毛泽东年谱（1893—1949）》（中），中央文献出版社 2005 年版，第 15~16 页。

日军的包围圈，中共中央改变了原来设想的将八路军集中于恒山山脉抗日的计划，决定将八路军分散到管涔山、恒山、五台山、太行山、太岳山和吕梁山等地开展敌后游击战争，在此基础上后来建立了晋察冀、晋冀豫、晋西北、晋西南等抗日根据地。1937 年 9 月，八路军一一五师平型关大捷虽歼敌一千余人，极大地鼓舞了全国人民的抗日信心，提高了八路军的影响力，但是，八路军自身也付出了丧亡六百多人的代价，其中两百多人是在同敌人肉搏时丧亡。这使得一部分八路军将领们认识到，日军具有很强的战斗力，其士兵因长期受军国主义思想的禁锢而冥顽不化。因此，数量十分有限的八路军不能通过运动战来抗击日军侵略。同时，毛泽东、张闻天、刘少奇等一再向后方和前线的党员干部、抗日将士提出："整个华北工作，应以游击战争为唯一方向。一切工作，例如民运、统一战线等等，应环绕于游击战争……要设想在敌整个占领华北后，我们能坚持广泛有力的游击战争"[①]；"今天华北人民的中心任务，是广大地组织与发展抗日游击战争。广大的游击战争是华北人民抗日最有效的方式。"[②] 经历了战争的实训和毛泽东、张闻天等一再劝导，中共领导人及八路军将领在八路军作战方式问题的认识上基本取得共识。

然而，1937 年底，从苏联回国的中共驻共产国际代表王明、康生等，由于在国共关系、抗日领导权、八路军新四军抗日形式等方面犯了右倾机会主义错误，对毛泽东、张闻天等提出的八路军应独立自主地开展敌后游击战等抗日方针提出了批评。在 1937 年 12 月的中央政治局会议上，王明等认为"游击战不能战胜日本"；后来又批评说：现在大家都谈游击战，好像有了游击战什么都不成问题似的；在 1938 年中共"三月政治局会议"上，王明还提出要确定和普遍实行"以运动战为主，配合以阵地战，辅之以游击战的战略方针"[③]。毛泽东、张闻天尽管在两次会上受到王明等人的批评，但仍坚持认为："红军的战略方针是独立自主的山地游击战，在有利条件下打运动战，集中优势兵力

① 中共中央文献研究室、中央档案馆：《建党以来重要文献选编》第 14 册，中央文献出版社 2011 年版，第 538 页。

② 中共中央文献研究室：《刘少奇年谱（1898—1969）》上卷，中央文献出版社 1996 年版，第 193 页。

③ 程中原：《张闻天传》，当代中国出版社 2000 年版，第 459、462 页。

消灭敌人一部。”[①] 1938 年 4 月，日军占领冀鲁平原地带后，国民党军队从这一地区撤退，毛泽东、张闻天和刘少奇等又向八路军提出了开展平原游击战争的指示。但是，中共内部就此仍存在分歧。1938 年 5 月，毛泽东在《论持久战》中批评党内“在抗战初起时，许多人有一种毫无根据的乐观倾向，把日本估计过低”，不赞成八路军开展游击战争。在此基础上，他进一步完整、准确地提出：八路军、新四军的抗日战略方针“基本的是游击战，但不放松有条件下的运动战”[②]。这一表述妥善地解决了分兵发动群众创建根据地与集中兵力打仗、分散兵力开展游击战与集中兵力实行运动战、保持自己与消灭敌人的辩证关系。[③] 1938 年 9 月至 11 月，中共六届六中全会批评并结束了王明右倾机会主义错误对中共中央的影响，毛泽东、张闻天等关于八路军、新四军抗日的战略方针也得以在全党全军确立和贯彻。

2. 抗日游击战争的战略地位

如前所述，全国抗日战争爆发前后，以毛泽东、张闻天等为代表的中国共产党人认为，人数不过 3 万的八路军集中于正面战场作战，其作用是很有限的，因而主张八路军应发挥它过去从事游击战的经验，独立自主地开展游击战争，通过到敌后动员和武装民众，壮大力量，创建抗日根据地，以有效地打击日本侵略者。但是，一些轻敌的八路军将领、过于信任国民党政府及其军队抗日的王明右倾机会主义者、国民党亲英美派、众多民主人士和国际人士等都把中国抗日的希望寄托于国民党军队的正面战场，轻视敌后抗日游击战争的地位和作用。国民党顽固派御用文人叶青 1938 年初发表《关于游击战争》一文，说什么“游击战术论实在是一种农民意识底反映。换言之，这样的游击战术论是农民底战术论或农民底军事学。并且这种农民是沉睡在中世纪的，根本不知近代为何种世界”，“游击始终是游击。它没有决定抗战胜负的作用”，“游击战术底作用不外乎扰乱敌人，牵制敌人。它没

① 中共中央文献研究室：《毛泽东年谱（1893—1949）》（中），中央文献出版社 2005 年版，第 41 页。

② 《毛泽东选集》第二卷，人民出版社 1991 年版，第 441 页。

③ 沙健孙主编：《中国共产党史稿》第四卷，中央文献出版社 2006 年版，第 24 页。

有攻下大城市的可能。对于小城市，就是能乘虚攻下，亦不能守，那是旋得旋失的。为什么呢？因为游击队不能作阵地战。而或攻或守，都非阵地战不可……所以决定战争胜负的是阵地战"。[①] 以汪精卫为代表的国民党亲日派反对一切形式的抗日活动，自然也敌视八路军、新四军开辟的敌后游击战争，甚至污蔑"共产党人所采取的游击战术则把还没有烧掉的地方通通变成无人区。凡是熟知历史的人都知道，共产党的游击战只不过是大规模抢劫的委婉说法而已"[②]。

为了统一中国共产党及其领导的抗日将士的思想认识和实际行动，批驳国内外、党内外一些人轻视游击战争的错误观念，1937 年下半年和 1938 年上半年，毛泽东、张闻天、刘少奇、周恩来和朱德等通过刊发文章、回答记者、发表演讲等多种方式，运用马克思主义基本原理分析中国国情和中日战争的特殊性，阐述了抗日游击战争的基本条件、战略战术和历史地位等。如 1937 年 10 月，刘少奇发表《抗日游击战争中的若干基本问题》一文，批评"有许多人对华北发展广大游击战争的政治军事意义，是估计不足的，对游击战争的前途是怀疑的"，并专门阐述了抗日游击战争的伟大意义和战略地位，指出："游击战争将成为华北人民反对日本帝国主义的主要斗争方式"，它"在政治上军事上""有着下列伟大的意义与光明的前途：（一）牵制日本极大的兵力于华北，在战略上配合华中华南的正规战争。（二）在华北长期坚持抗日战争，消耗日本帝国主义的力量，以便最后战胜日本帝国主义。（三）围困日本侵略内地的军队而最后消灭之，部分地收复失地。（四）给华北人民以斗争的出路，给汉奸以打击，暴露投降者的可耻面貌和民族失败主义者的错误……（五）将转变到以正规战争为华北人民抗日的主要斗争方式，最后驱逐日军出华北"[③]。这期间，中共中央和毛泽东、张闻天等在致八路军、新四军将领的一系列电报中也一再强调了开展抗日游击战争的必要性和重要性。如 1938 年上半年，国民党军队从长江下游地区撤退，中共中央和毛泽东接连致电中共中央长江局、东南分局及新四军领导人项英、陈毅等，要求新四军抓住时机，积极

---

① 叶青：《抗战中的问题》，抗战出版社 1940 年版，第 71~72、75、78 页。

② ［美］约翰·亨特·博伊尔著，陈体芳、乐刻等译，郑文华校：《中日战争时期的通敌内幕（1937—1945）》下册，商务印书馆 1978 年版，第 261 页。

③ 《刘少奇选集》上卷，人民出版社 1981 年版，第 80、81 页。

主动地深入敌后，放手发动群众开展敌后游击战争，创建抗日根据地。其中不乏有对王明、项英等不敢放手发动群众开展敌后游击战争的批评和劝说。如5月4日和6月2日，毛泽东在给项英的电报中说："在敌后进行游击战争虽有困难，但只要有广大群众活动地区，充分注意指挥的动机灵活，就能够克服这种困难。这是河北及山东方面的游击战争已经证明了"；敌后"地区扩大，已不患无回旋余地。望根据战争的实际经验，凡敌后一切无友军地区，我军均可派队活动"①。

1938年5月，在初步总结抗日战争经验、吸取中共中央和党内其他同志关于抗日游击战争若干看法的基础上，毛泽东坚持用马克思主义基本原理分析中国抗日游击战争的实际，发表了《抗日游击战争的战略问题》一文，系统地回答了关于抗日游击战争的战略战术问题，指出：一个大而弱的国家被另一个小而强的国家所攻击，且这个大而弱的国家处于进步的时代，战争的长期性和残酷性、游击战争的战略防御和战略进攻等"全部问题就从这里发生了"；敌人兵力不足，在占领区留了很多空虚的地方，而这些地方"有共产党领导的坚强的军队和广大的人民群众存在，因此抗日游击战争就不是小规模的，而是大规模的"，"于是中国抗日的游击战争，就从战术范围跑了出来向战略敲门，要求把游击战争的问题放在战略的观点上加以考虑"②。毛泽东还在文中概括并详细阐述了抗日游击战争六大具体战略问题，即主动地、灵活地、有计划地执行防御战中的进攻战，持久战中的速决战和内线作战中的外线作战；与正规战争相配合；建立根据地；向运动战发展等。后来，毛泽东在《论持久战》《战争和战略问题》《论新阶段》等讲话中又从多方面论述了抗日游击战争的战略地位。

毛泽东、刘少奇等关于抗日游击战争的理论，系统地回答了为什么要开展抗日游击战争、怎样开展抗日游击战争、抗日游击战争前途是什么等问题，成为毛泽东军事思想的重要内容，对中国人民的抗日战争，尤其是中国共产党领导的敌后抗日游击战争的发展和胜利发挥了指导作用。

---

① 中共中央文献研究室：《毛泽东年谱（1893—1949）》（中），中央文献出版社2005年版，第66、74页。

② 《毛泽东选集》第二卷，人民出版社1991年版，第405页。

鉴于共产党领导的八路军和新四军在华北、华中敌后的发展壮大，1938年年初，尤其是抗战进入相持阶段后，国民党蒋介石集团为了抗日，同时也为了同共产党争夺敌后地盘，提高了对游击战争重要性的认识。1938年4月，国民党临时全国代表大会通过的《抗战建国纲领》提出：要“在敌人后方发动普遍的游击战，以破坏及牵制敌人之兵力”①。同年11月，国民党在湖南衡阳召开的“南岳军事会议”提出，第二期抗战的战略方针是加强敌后之控制与袭扰，化敌后方为前方，迫敌局限于点线，阻止其对华全面统制与物资掠夺，粉碎其以华制华、以战养战之企图。但是，国民党蒋介石集团实际上仍把抗战取胜的希望寄托在正面战场和国际社会的干涉，将绝大多数国民党军队，尤其是中央嫡系部队撤退到大西南，以等待时机准备反攻，而留守在敌后担负游击战争的少量军队基本上是地方实力派军队。这表明国民党顽固派在抗战相持阶段对敌后抗日游击战争的战略地位仍没有给予足够的重视。

（四）国共关系和抗日民族统一战线领导权之争

1. 处理国共两党关系的原则

国共两党的第二次合作是抗日民族统一战线的基础。抗日战争时期，国共两党之间既保持了不同程度的合作关系，又存在着严重的矛盾和斗争。如何处理国共两党关系，共产国际、联共（布）、中国共产党、国民党顽固派、国民党亲日派、民主党派和无党派人士等均持各自的看法，并围绕这一问题展开了论争和角逐。

全国抗战爆发前后，共产国际和联共（布）领导人为避免苏联同时遭受德、日的进攻而陷入两线作战的被动局面，希望中国抗击并拖住日本的侵略，以便集中力量应付德国的西线进攻，并将中国抗战的希望寄托于国民党及其领导的军队身上。他们不仅低估中国共产党领

① 荣孟源、孙彩霞主编：《中国国民党历次代表大会及中央全会资料》下册，光明日报出版社1986年版，第485页。

导的抗日力量，而且担心中国共产党坚持独立自主、联合国民党各抗日派别逼迫蒋介石抗日、争取抗日领导权等会破坏中国自“西安事变”以来的和平局面，妨碍国民党政府和军队的抗日。因此，在国共两党关系问题上，共产国际和联共（布）在很长时期内的基本态度是：中国共产党应放弃斗争政策，加强同国民党的合作，以推动国民党坚持抗日。1937年1月，共产国际致电中共中央，对以毛泽东为代表的中国共产党人处理“西安事变”、联合地方实力派“逼蒋抗日”等政策给予批评，指责这些都是“采取了错误的步骤”，执行了“分裂国民党而不是同它合作的方针”①。1937年8月，共产国际执委会主席季米托洛夫在执委会书记处讨论中国问题时说：中国共产党及其领导的军队情况很特殊，党内工人出身的成分所占比重很小，红军是一支农民军队，“现在中国的问题已经不是苏维埃化了，而是要保卫中国人民，不被日本帝国主义亡国灭种”。这就需要中国共产党的政策和策略来一个一百八十度的转弯，而面对新形势下出现的新任务，中国共产党人“就会遇到很大的艰难险阻……就必须给与帮助，派人去帮助，从内部加强中国的干部队伍”；同时，中国共产党内还存在“一些不妥当的观点……会使党在一定程度上迷失方向。这里有些东西应予纠正……为此必须派一些新生力量，一些熟悉国际形势的人去帮助中国共产党中央委员会”②。为了落实这一设想和任务，1937年11月，共产国际将王明、康生等派回国内，以“帮助”和“指导”中国共产党实现政策和策略的转变。

以王明为代表的少数中国共产党人，教条地理解马克思主义，机械地执行共产国际指示，抗战爆发前后由土地革命战争时期的“左”倾冒险主义一跃转变为右倾机会主义。王明在莫斯科就表现出对国内中共中央领导人的轻视及对他们所执行政策的怀疑。他在1937年8月撰写的《日寇侵略的新阶段与中国人民斗争的新时期》一文中说：“绝不能说，在党的队伍中已找不到这样一部分人，他们在政策的转变中，不会发生思想上的混乱和实际工作中的迷误”，现在要为“适应新环境

---

① 中共中央党史研究室第一研究部：《共产国际、联共（布）与中国革命文献资料选辑（1931—1937）》第17册，中共党史出版社2007年版，第362页。

② 中共中央党史研究室第一研究部：《共产国际、联共（布）与中国革命文献资料选辑（1931—1937）》第17册，中共党史出版社2007年版，第501~503页。

而重新教育老干部"[①]。王明 1937 年 11 月回国后，在一系列场合，尤其是在 1937 年 12 月和 1938 年 3 月中共中央政治局扩大会议上先后发表的《如何继续全国抗战和争取抗战胜利呢?》和《目前抗战形势与如何继续抗战和争取抗战胜利》讲话中，和盘托出了在国共关系、抗日领导权、八路军新四军的指挥权和抗战形式等方面的右倾机会主义观点。1937 年底至 1938 年夏，王明在中共中央长江局工作期间，在担任中共代表团代表同国民党谈判的过程中，不同程度地贯彻了右倾机会主义主张。在国共两党关系问题上，王明右倾机会主义错误主要表现在：过分强调巩固国共合作，承认国民党的领导地位，服从中央政府，抹煞阶级矛盾和斗争，认为"今日决定敌友主要标准是抗日不抗日，不应以其他条件为友敌"，"对国民党不能用分成左、中、右三派的分法"；迁就国民党，不敢对国民党错误路线政策、破坏抗战的行为等给予批评，说"改造旧军队这是不策略的口号"，对国民党片面抗战路线的批评"不要提得那样尖锐，使人害怕"[②]；提出要同国民党"共同负责""共同领导""共同奋斗""共同发展""共同建立新中国"，"对同盟者应有态度不是一方面压迫另方面……而是双方面互相尊重互相信任互相帮助互相监督"，中国"没有什么法西斯蒂派"，"国民党内部某部分朋友们不是法西斯蒂派……他们绝没有什么法西斯蒂一类的组织"[③] 等。

全国抗战爆发后，国民党蒋介石集团一方面迫于全国人民压力不得不表示要团结包括中国共产党在内的各党派共同抗日，利用中国共产党及其领导的武装力量抵御日本帝国主义的侵略；另一方面始终没有忘记要防范、削弱和溶化中国共产党。当年的中共中央文件、毛泽东文稿和今天一般论著都认为，1937 年 9 月国民党中央通讯社发表中共中央《为公布国共合作宣言》及蒋介石就《宣言》发表的讲话，标志着国共两党第二次合作的正式形成，蒋介石"事实上承认了中国共

① 转引自黄修荣：《共产国际与中国革命关系史》下册，中共中央党校出版社 1989 年版，第 270 页。

② 程中原：《张闻天传》，当代中国出版社 2000 年版，第 458、459 页。

③ 中央档案馆：《中共中央文件选集》第 10 册，中共中央党校出版社 1985 年版，第 393、410、415 页。

产党在全国的合法地位"①。但是，实际上，国民党顽固派在抗战时期一直没有公开、明确地表示承认中国共产党和民主党派的合法地位，相反极力宣扬和维护国民党一党专政。1938 年 1 月，国民党顽固分子所操纵的《扫荡报》《血路》周刊公开鼓吹"一个主义""一个政党""一个领袖""一个军队""一个政府"等口号，挑起"党派问题"的争论。同时，在国共谈判中，国民党蒋介石希望将中国共产党容纳为国民党的一个派别。该图谋一再遭到中共的抵制和反对后，尤其是抗战进入相持阶段后，在国共关系问题上，国民党即开始积极限共反共。1939 年 1 月，国民党五届五中全会把中国共产党力量的发展壮大视做造成国民党自身颓势的重要原因，会议通过的整理党务案等文件，确定了"溶共、防共、限共、反共"方针，并专门设立了"防共委员会"，决心对中共"作一次大清扫"。会后，国民党连续印发了《防制异党活动办法》《共党问题处置办法》《异党问题处理方法》《运用保甲组织防止异党活动方法》《沦陷区防范共党办法草案》等，对中国共产党严加防范和迫害，以致先后掀起了三次反共高潮。

国民党汪精卫集团始终反对国共合作，"他们深信这场战争（指中日战争——引者注）正使中国照着加强国内的共产党人与国外的共产党人（指苏联——引者注）势力的方向发展"；"汪甚至对国共暂时联合也公开反对"；陶希圣认为共产党人参加抗战"真正的目标是要'制服'国民党"；汉奸、傀儡头目王克敏和梁鸿志"公开宣称，只有消灭了中国共产党人，中日和平才能实现，而且只有推翻了蒋介石，才能消灭共产党人"②。1938 年底，汪精卫亲日派叛国投敌所打的旗帜和幌子之一就是反共、反国共合作。

全国抗战爆发前后，因国共两党对峙十年之久，中国共产党和红军内部一些人不能适应从国内战争向民族战争转变的形势，对国共合作表示怀疑，对红军改编抱抵触情绪，表现出"左"倾倾向。与此同时，又有一些共产党员和红军将士因国民党蒋介石停止军事"剿共"、

① 《毛泽东选集》第一卷，人民出版社 1991 年版，第 363 页。中共中央党史研究室：《中国共产党历史》第一卷，下册，中共党史出版社 2002 年版，第 592 页。

② ［美］约翰·亨特·博伊尔著，陈体芳、乐刻等译，郑文华校：《中日战争时期的通敌内幕（1937—1945）》下册，商务印书馆 1978 年版，第 262、259、232、263 页。

缺乏国民革命失败的经验教训、对阶级矛盾和民族矛盾关系认识不清等，产生了过高估计国民党军队的抗日作用、不愿再作艰苦斗争、不愿接受共产党领导而以接受国民党委任为荣、迁就国民党及不敢同国民党反动言行作斗争的右倾倾向。如上所述，秉承共产国际和联共(布)意志的王明右倾机会主义，不仅具有国际背景，而且具有系统的理论性。

全国抗战爆发之初，部分代表民族资产阶级及其知识分子的民主党派和民主人士，从维护和巩固全国团结抗战的愿望出发，在国共两党关系、民主党派同国民党关系的认识和处理上，也表现出对国民党的投降主义，要求共产党过多地向国民党让步。如1937年9月，章乃器在《申报》发表《少号召多建议》一文，认为抗战建国的“国策已经确定”，我们“应该少作政治的号召，多作积极的建议，使国策可以早点充实起来”，“不能再存彼此派别之见，在明争暗斗中再消耗一丝一毫的国力”[①] 等。1938年1月，梁漱溟之所以访问延安，一是要考察共产党放弃对内斗争的“转变是否靠得住”；二是“专为求得国家进一步的统一，而向中共负责人交换意见”。经考察，梁漱溟认为中共政策“转变虽不假，却亦不深”，“因为他们仍以阶级眼光来看待中国社会，以阶级斗争来解决中国问题”。他反对以毛泽东为首的共产党人坚持阶级斗争观，同毛泽东争辩的焦点之一就是阶级斗争问题。他还向毛泽东提议，“确定国事国策——把对外求得民族解放，对内完成社会改造两大问题同时有所确定——以解决党派问题”。[②] 这表现出中间势力对国共两党关系发展前景的担忧，并反对以毛泽东为代表的中国共产党人对国民党实行又联合又斗争的策略。再如，1937年底和1938年初，民族革命大同盟领导人陈铭枢发表《巩固统一战线抗战到底》、《抗战中之党派问题》等文章，认为只有“统一一切思想，意志，政见，集中一切人力物力财力智力于中央，且掌握于最高领袖之下，俾灵活运用政权与指挥军事，方能胜敌图功”，号召各党派“支持国民党政治主

---

① 中共中央党史研究室、中央档案馆：《中央党史资料》（总第七十九辑），中共党史出版社2001年版，第59、60页。

② 李渊庭、阎秉华：《梁漱溟先生年谱》，广西师范大学出版社2003年版，第138、140页。

张而自愿解散组织”①。

以毛泽东、张闻天等为代表的中国共产党人，在抗战爆发前后，也曾对国共关系的发展抱过于乐观的看法。如在1937年国共两党的系列谈判中，中国共产党要求国民党开放党禁，承认中国共产党和各民主党派的合法地位，允许中国共产党“在适当时期公开”，也同意国民党届时到共产党领导的边区活动。1937年底，受王明右倾机会主义的干扰等，中共多数领导人在短暂时期内表现出对国民党顽固派的过分忍让和妥协。如1937年12月，毛泽东、萧劲光等指示边区各军政首长：“为达到扩大统一战线的目的，在共同负责、共同领导、互相帮助、互相发展的口号下，与各统一战线的地方工作当局协商，群众工作的进行，必须注意尽量取得他们的同意与合作……万一不能同意时，不应勉强，而应暂时让步”，“立即停止募捐筹粮的行动，已经借用的仓库存粮，须即归还，没收汉奸财产及处理、捉汉奸必须取得政府的同意，最好是交给他们处理”。② 但是，总的看来，毛泽东等对国民党的进步和国共关系的发展持谨慎、客观的态度，坚持认为巩固和扩大以国共合作为基础的抗日民族统一战线是争取抗战胜利的基本条件，必须加强国共合作，而国民党是一个多派别的、代表地主资产阶级利益的政党，联共过程中难免会反共，抗日过程中难免会投降。因此，必须保持共产党的独立性，并对国民党实行又联合又斗争的策略，且斗争是促团结的手段。

抗战爆发前后和整个抗日战争时期，以毛泽东等为代表的中国共产党人为推动国共两党关系向前发展做出了不懈努力，同各种错误倾向、倒退行径展开了持续斗争。

针对党和红军内部的“左”倾关门主义，中共中央在1935年12月的瓦窑堡会议给予了批评，认为“左”倾关门主义的由来主要在于不会把马克思列宁主义运用到中国特殊的具体的环境中去，强调党不能空谈抽象的共产主义原则，必须大胆地运用广泛的统一战线策略，

① 转引自张军民：《中国民主党派史（新民主主义时期）》，黑龙江人民出版社2006年版，第202、203页。

② 中共中央文献研究室、中央档案馆：《建党以来重要文献选编》第14册，中央文献出版社2011年版，第763、764页。

去组织和团聚千千万万民众和一切可能的革命友军，才能领导革命取得胜利。全国抗战爆发前后，中共中央在一系列文件中，毛泽东、张闻天和周恩来等在各种场合讲话中，尤其是毛泽东发表的《论反对日本帝国主义的策略》《为争取千百万群众进入抗日民族统一战线而斗争》《为动员一切力量争取抗战胜利而斗争》的讲话等系统地阐明了建立和发展抗日统一战线的必要性和可能性。但是，1937 年上半年，反对国共合作的“左”倾思想仍然在党和红军中存在，一些人认为中共致国民党五届三中全会的信是“投降”；几十名红军干部甚至逃跑到山上，扬言要去打游击，重组革命队伍。针对这些“左”倾思想，中共中央决定在全党全军普遍深入地开展以时事和统战政策为中心内容的思想教育运动，指导各单位和部队召开了党的代表会议，领导干部也深入基层，反复解释党的统战政策和国际国内形势等问题，从而提高和统一了全党全军的思想认识。

针对党和红军中存在的右倾倾向，特别是王明右倾机会主义，以毛泽东、张闻天等代表的中国共产党人及时地给予了提醒、批评和纠正，甚至斗争。1935 年 12 月，中共中央瓦窑堡政治局扩大会议在提出反对“左”倾关门主义、建立抗日民族统一战线政策的同时，提醒全党“在反对‘左’的关门主义的斗争中，丝毫也不要放松反对右倾机会主义的斗争”，即“对同盟者惧怕使用言论批评的武器，惧怕率领群众逼迫同盟者走上革命的更高阶段”[①] 的倾向必须克服。在 1937 年国共两党谈判中，蒋介石执意要将“共党非人伦、不道德的生活，与无国家、非民族的主义”“根绝净尽”，以实现“编共而不容共”[②]。4 月，毛泽东致电彭雪枫：“与南京谈判，在红军、苏区方面以保证我们的绝对领导为原则，在两党关系方面以保证我党独立性为原则，这些方面绝对不能让步。”[③] 1937 年 10 月，中共中央向党内发出了《关于克服对国民党的投降主义倾向的指示》，批评一些党员干部对国民党存在投降主义倾向，“只知同国民党统一，处处迁就他的要求，而不知同他的错

① 中共中央文献研究室、中央档案馆：《建党以来重要文献选编》第 12 册，中央文献出版社 2011 年版，第 548 页。

② 黄修荣：《国共关系史》中卷，广东教育出版社 2002 年版，第 1 209 页。

③ 中共中央文献研究室：《毛泽东年谱（1893—1949）》（上），中央文献出版社 2005 年版，第 667、668 页。

误政策做斗争”，并指出“民族统一战线不但不取消对于国民党的错误政策进行批评与斗争，而且只有在这一基础上，才能使统一战线充实巩固起来，使之继续前进”①。1937 年 11 月，毛泽东在延安党的活动分子会议上发表题为《上海太原失陷以后抗日战争的形势和任务》的讲话。讲话揭露了国民党顽固派、亲日派的反动行径，初步总结了共产党及其领导的抗日力量反对投降主义的经验，提出中国共产党的任务是：“在党内，反对阶级对阶级的投降主义”，“在全国，反对民族对民族的投降主义”。讲话还阐明了“阶级投降主义和民族投降主义的关系”②。

1937 年 11 月，王明回国受到毛泽东、张闻天等热烈欢迎，毛泽东在机场发表的欢迎词中称王明是“昆仑山上下来的神仙”，王明回国是“喜从天降”。然而，王明回国后即按照共产国际的旨意推行右倾机会主义。如上所述，在 1937 年 12 月和 1938 年 3 月的中央政治局会议上，王明对毛泽东、张闻天等为首的中共中央所制定的包括处理国共关系在内的各项政策和策略给予了严厉地批评。当然，毛泽东、张闻天等有力地抵制了王明右倾机会主义错误。在 1937 年 12 月的政治局会议上，毛泽东、张闻天等“重申并坚持洛川会议确定的方针和政策”，针对王明否认统一战线中的独立自主原则、反对提国民党和共产党谁吸引谁等问题，指出：“在统一战线中，‘和’与‘争’是对立的统一”，“国民党与共产党谁吸引谁这个问题是存在的，不是说要将国民党吸引到共产党，而是要国民党接受共产党的政治影响”；③ 从《八一宣言》至今“党的路线是正确的”，虽然我们目前的主要任务是“求得统一战线更扩大和巩固，但并不放弃我们的基本原则——党的独立性”④。在 1938 年 3 月的中央政治局会议上，针对王明强调要承认国民党的领导地位，要“对于我国领导军民抗战的第一个大友党——国民党，抱着诚挚的友谊，充满着热烈的希望”，希望“大量吸收先进青年和进步人

---

① 中共中央文献研究室、中央档案馆：《建党以来重要文献选编》第 14 册，中央文献出版社 2011 年版，第 567 页。

② 《毛泽东选集》第二卷，人民出版社 1991 年版，第 391~396 页。

③ 中共中央文献研究室：《毛泽东年谱（1893—1949）》（中），中央文献出版社 2005 年版，第 40~41 页。

④ 程中原：《张闻天传》，当代中国出版社 2000 年版，第 446 页。

士到国民党组织中来，以增进新生力量”等，毛泽东、张闻天等提出：“要大大发展中共党员，只有大党才能选拔大批的干部”；“我们无论何时不要忘记要与国民党合作，但也必须时时保持戒心”，“我们一方面要保持与国民党的合作，同时也要发展自己的力量，在巩固国共两党合作原则下求得我党理论的巩固与扩大”①。会议决定派任弼时立即去莫斯科，向共产国际交涉军事、政治、经济和技术人才等问题，并说明中国抗战情况和国共两党关系等。

1938 年 4 月，任弼时向共产国际提交了《中国抗日战争的形势与中国共产党工作与任务》的书面报告大纲，5 月又在共产国际会议上对大纲作了口头说明和补充，对中国抗日战争的状况、国共关系、共产党及其领导的军队在抗日中的作用等作了客观介绍。6 月，共产国际执委会主席团经讨论做出决定，“认为中国共产党的政治路线是正确的。中国共产党在复杂和困难的条件下，灵活地转到抗日民族统一战线的政策之结果，已建立起国共两党的新的合作，团结起民族的力量，去反对日本的侵略。”② 7 月，根据中共中央决定，中共驻共产国际代表王稼祥回国，由任弼时接替其工作。在王稼祥回国前夕，季米托洛夫接见了他和任弼时，明确表示在中共中央内部应支持毛泽东的领导地位，王明缺乏实际工作经验，不应争当领袖。

1938 年 9 月，在中共中央政治局会议上，王稼祥转达了共产国际的指示和季米托洛夫的意见：中共一年来执行了新的政策，政治路线是正确的；中共在复杂的环境和困难条件下真正运用了马列主义；在中共中央领导机关中，要以毛泽东为核心解决统一领导问题等。9 月至 11 月，中共召开六届六中全会，王稼祥在会上传达了共产国际的指示，毛泽东作了题为《论新阶段》的政治报告和总结讲话。毛泽东在分析抗战经验和抗战形势的基础上，重申全党应把主要工作放在战区和敌后，要独立自主地放手组织人民开展抗日武装斗争等。关于国共两党关系，毛泽东批评了右倾机会主义对国民党的片面服从和妥协，指出：当权的国民党限制共产党的发展，“剥夺各党派的平等权利”，不愿制

① 中共中央文献研究室：《毛泽东年谱（1893—1949）》（中），中央文献出版社 2005 年版，第 51 页；程中原：《张闻天传》，当代中国出版社 2000 年版，第 463 页。

② 《共产国际执委会主席团关于中共代表报告的决议案》，《文献和研究》，1985 年第 4 期。

定共同的政治纲领，在这种情况下，“刘少奇同志说的很对”，一切经过统一战线就是一切“经过蒋介石和阎锡山，那只是片面的服从”，自己把自己的手脚束缚起来；正确的方针应该是统一战线中的独立自主，既统一，又独立，不能因合作和统一而抹煞党派和阶级的独立性及其必要的权利，“否则就是将合作变成了混一，必然牺牲统一战线”①。张闻天在会上做了《关于抗日民族统一战线与党的组织问题》的报告，特别强调要在统一战线中保持党的独立性，反对迁就友党、放弃自己立场、忽视自身发展和巩固等投降主义倾向。在共产国际的理解和支持下，经过党内的争论，中共六届六中全会批评并纠正了王明右倾机会主义的错误。正是在这次会议上，毛泽东在中共党内首次明确提出了“马克思主义中国化”的命题，张闻天提出了党的组织工作中国化的任务。

针对中间势力关于国共两党关系的不正确见解，以毛泽东、张闻天等代表的中国共产党人则给予了耐心的教育、批评和争取。如 1937 年 10 月，毛泽东、张闻天提出：在抗日民族统一战线内，中国共产党不仅要批评党内对国民党的右倾投降倾向，而且要向中间势力对于国民党投降主义的倾向作斗争，“对个别左倾领袖如章乃器等的这类错误，应在报纸上有适当的批评。批评的态度应以说服为主，暂时可不指其名”②。在国统区的周恩来多次约章乃器谈话，做他的思想工作。救国会的同仁也对章乃器的错误思想进行了批评。经多方说服教育，章乃器后来认识到并放弃了自己的错误观点，退出了救国会。

针对国民党顽固派的投降主义倾向和反共摩擦，以毛泽东、张闻天等代表的中国共产党人通过国共谈判、发表公告、军事回击等多种方式展开了有理、有利、有节的斗争，从而维系了国共两党的长期合作，避免了内战并维持了中国统一抗日的局面，在此基础上制定了抗日民族统一战线的方针政策，阐明了民族斗争和阶级斗争的一致性原理、国共合作与抗日民族统一战线的关系等。

针对国民党亲日派挑拨和攻击国共关系、反共反人民的投降阴谋

① 《毛泽东选集》第二卷，人民出版社 1991 年版，第 539、540 页。

② 中共中央文献研究室、中央档案馆：《建党以来重要文献选编》第 14 册，中央文献出版社 2011 年版，第 567 页。

和罪行，以毛泽东、张闻天等代表的中国共产党人自始至终都给予坚决的揭露和批判。如1937年8月，中国共产党提出的《抗日救国十大纲领》就包含了“肃清汉奸卖国贼亲日派，巩固后方”，“坚决反对那种投降妥协的汉奸理论……坚决反对那种以为无法战胜日寇的民族失败主义”[①] 等内容；1939年7月，中共中央在为纪念全国抗战两周年发表的对时局宣言中，痛斥了汪精卫之流“造作事端，挑拨感情，以离间国共两党之团结，并引起国内各党、各派、各界、各军之间的嫌隙与裂痕”等罪行，提出了反对“投降妥协分子之投降与分裂的罪恶活动”“坚决反对投降，反对分裂，反对倒退”[②] 等号召。

2. 国共两党的合作方式

为了从组织上巩固国共两党的合作，中国共产党和中国国民党，以及一些民主党派和无党派民主人士等都曾就国共两党合作方式提出了自己的主张。中国共产党的基本主张是国共两党实行党外合作，若实行党内合作，同意以蒋介石为领袖，但必须保证两党的平等地位和相互制约关系。国民党蒋介石基本主张是溶化共产党为国民党的一个派别，反对跨党，否则不给共产党合法、平等地位。

1936年春，邓文仪同王明在莫斯科举行秘密会谈时就曾探讨过国共两党合作的组织形式问题，提议两党恢复1924年至1927年的合作形式。1937年年初，在国共两党谈判过程中，周恩来、秦邦宪等曾根据国民党蒋介石的意见，经中共中央讨论提出了成立“民族统一联盟”的设想，并起草了《纲领（草案）》《组织规约（草案）》，提议按照民主集中制原则，由各党派选派若干代表，成立中央与地方的各级委员会，推举蒋介石为领袖，制定并遵循共同纲领，同时，各党派保持自己组织上的独立，实行党外合作。然而，蒋介石希望中国只有一个政党，仅同意溶化共产党为国民党的一个派别。同年6月，在国共第一次庐山谈判中，蒋介石提出要成立一个“国民革命同盟会”，由蒋指定国民党若干人和共产党推举同等数量之干部组成，蒋为主席并拥有最

① 《毛泽东选集》第二卷，人民出版社1991年版，第356~357页。

② 中共中央文献研究室、中央档案馆：《建党以来重要文献选编》第16册，中央文献出版社2011年版，第438~440页。

后决定权，两党一切对外宣传和行动，统由同盟会讨论决定，连中共同共产国际的关系也要由同盟会替代。该方案实质是以“合作”之名“溶化”共产党，理应遭到中国共产党的拒绝。但是，为了实现全国团结抗战，中国共产党决定做出重大让步，“原则上同意组织国民革命同盟会，但要求先确定共同纲领，以便奠定同盟会及两党合作之政治基础”。“关于同盟会将来发展之趋势及与第三国际关系问题，我们可不加反对（不使之成为合作之障碍），但目前应着重保持共党之独立组织及政治宣传和讨论之自由”[①]。因全国抗战爆发，尤其是淞沪会战爆发后，战事紧急，国共两党未能就合作组织形式问题达成一致意见。

1937年12月，国共两党在武汉又就合作的组织形式问题进行磋商，双方商定并成立了两党关系委员会，但由于蒋介石仍试图从组织上将共产党吸收到国民党内加以溶化，两党关系委员会形同虚设。1938年3月，蒋介石向手下人明确提出：只有全国人民凝聚在一个信仰、政党和意志下，才能取得抗战胜利并避免日后的“思想斗争”“争夺相杀”，因此要“融合其他党派于一个信仰——三民主义，于一个组织之下，简言之，即化多党为一党”[②]。1938年年底和1939年年初，蒋介石在重庆两次约见周恩来、王明等，顽固地欲将共产党吸收到国民党内来加以溶化，认为这是唯一的办法，说什么“共产党员退出共产党，加入国民党，或共产党取得名义将整个加入国民党，我都欢迎，或共产党仍然保存自己的党我也赞成，但跨党办法是绝对办不到。我的责任是将共产党合并国民党成一个组织”。“此事乃我的生死问题，此目的如达不到，我死了心也不安，抗战胜利了也没有什么意义”。[③] 周恩来当即拒绝了蒋介石要求全体共产党员退出共产党加入国民党的意见。蒋介石仍要求周恩来将他的设想向中共中央请示。1939年1月，中共中央研究了蒋介石的设想后致电蒋介石，明确指出：国共“两党为反对共同敌人与实现共同纲领而进行抗战建国之合作为一事，所谓两党合并，则纯为另一事……共产党诚意的愿与国民党共同为实现民族独立、民权自由、民生幸福之三民主义新中华民国而奋斗，但共产党绝

---

① 中央统战部、中央档案馆：《中共中央抗日民族统一战线文件选编》（中），档案出版社1985年版，第517页。

② 王泰栋：《陈布雷传》，中国文史出版社1987年版，第117页。

③ 中央档案馆：《中共中央文件选集》第12册，中共中央党校出版社1991年版，第5、6页。

不能放弃马克思主义之信仰，绝不能将共产党的组织合并于其他任何政党”[①]。这彻底打消了国民党蒋介石妄图从组织上“溶化”共产党的念头，随后召开的国民党五届五中全会发表了拒绝共产党加入国民党的宣言。

1943年5月，共产国际宣布解散，蒋介石指示张治中转告在重庆的周恩来和林彪等，共产国际解散后，国民党处理共产党有两种方案：一为中共交出军权、政权，组织可合法；二为共产党同国民党合并。[②]同时，国民党顽固派教唆一些人冒充“文化团体”通电毛泽东，要求解散共产党，放弃边区割据。这些无理要求再次遭到中国共产党的严词拒绝。国共两党第二次合作最终没有形成固定的组织形式，没有达成共同遵守的行动纲领。

抗战爆发前夕和抗日战争时期，中国共产党为探索国共两党合作的组织形式做出了不懈努力，提出过建立民族统一联盟、国共两党关系委员会等方案，但最终都因国民党蒋介石拒绝承认共产党的合法、平等地位而未能实现。这不仅粉碎了国民党蒋介石妄图“溶化”共产党的阴谋，保持了共产党的独立性，对推动国民党坚持抗战、争取抗战最后胜利等具有重大历史意义，而且丰富和发展了马克思主义关于无产阶级政党处理同其他政党关系的理论。

3. 抗日民族统一战线的领导权

国共两党在抗日战争时期的矛盾和斗争，其实质是对抗日民族统一战线、抗日战争领导权的争夺。在酝酿和实现国共两党第二次合作的过程中，中国共产党就一再强调争夺抗日民族统一战线领导权的客观性和必要性。1935年12月，中共中央在瓦窑堡召开的政治局扩大会议，既批评了党内长期存在的“左”倾关门主义，又提醒全党必须汲取历史上发生过的右倾错误和教训。会议决议提出：“共产党应该以自己积极的彻底的正确的反日反汉奸反卖国贼的言论与行动，去取得自

---

① 中共中央文献研究室、中央档案馆：《建党以来重要文献选编》第16册，中央文献出版社2011年版，第32页。

② 中共中央文献研究室：《周恩来年谱（1898—1949）》（修订本），中央文献出版社1998年版，第569页。

己在反日战线中的领导权。也只有在共产党领导之下，反日运动，才能得到彻底的胜利。”[①] 1937 年 4 月，中共中央在延安召开的政治局会议又强调：党今后应坚持民族统一战线的方针，不为局部变动而动摇，但必须吸取大革命时期的教训，在国共重新合作时，积极争取革命领导权，即“党在新的环境中应善于利用新的斗争形式”，“必须在各种斗争中努力争取领导权”[②]。同年 5 月，中共全国代表会议再一次“强调在统一战线中坚持无产阶级领导权的重要性”，刘少奇在发言中指出：抗日民族统一战线的“领导权并不是天生地属于中国共产党，资产阶级及整个第三营垒的人，也在用尽一切力量来争夺领导权”[③]。1937 年 8 月，在洛川召开的中共中央政治局扩大会议上，张闻天指出：只有共产党在抗战中取得领导权时，抗战胜利才得保障；对于如何争取抗战获得胜利，我们要拿出办法、指出道路，这是争取领导权的基础。[④] 毛泽东也强调：对国民党的反共倾向要保持高度的警觉性，“总之，必须坚持统一战线中的无产阶级领导权”；“在统一战线中，有一个是共产党吸引国民党，还是国民党吸引共产党的问题……两党之间互相吸引的问题，要在斗争中解决”[⑤]。

然而，如上所述，国民党蒋介石集团凭借其执政的政治、经济、军事和外交等资源，通过国共谈判、舆论控制与操纵、军事封锁与进攻等竭力遏制、削弱中国共产党及其领导的解放区和抗日武装，始终不愿给共产党和民主党派平等地位，坚持由“中国国民党领导全国从事于抗战建国之大业”，强调“欲求抗战必胜，建国必成，固有赖于本党同志之努力”[⑥]；国民党媒体宣称“革命抗战的完成，国家民族的复兴，皆有赖于中国国民党……中国国民党是国家的骨干，也是民族的

---

① 中共中央文献研究室、中央档案馆：《建党以来重要文献选编》第 12 册，中央文献出版社 2011 年版，第 537 页。

② 金冲及主编：《周恩来传》上卷，中央文献出版社 1998 年版，第 440 页。

③ 中共中央文献研究室：《刘少奇年谱（1898—1969）》上卷，中共中央文献出版社 1996 年版，第 178、179 页。

④ 程中原：《张闻天传》，当代中国出版社 2000 年版，第 460 页。

⑤ 中共中央党史研究室：《中国共产党历史》第一卷（下册），中共党史出版社 2002 年版，第 602 页。

⑥ 孟广涵主编：《抗战时期国共合作纪实》上卷，重庆出版社 1992 年版，第 421 页。

象征。从国家剔去了本党，则国家非复中华民国。中国国民党的覆灭就是中国的覆灭……中国千头万绪的问题，有待于本党的解决”；在中国共产党和民主党派领导的宪政运动的逼迫下，1945 年 6 月的国民党六大被迫宣布准备实行宪政，但是，国民党还是坚持由国民党独揽抗日领导权，蒋介石仍强调“在实施宪政以后，本党的责任不但不因之减轻，而无宁更为加重”①。同时，美国、英国和苏联等国际社会都将中国抗日的希望寄托在国民党政府和军队身上，共产国际和联共（布）在一段时期内也曾要求中国共产党服从国民党领导中国抗战。国内的中间势力对国民党政府和军队的抗战同样寄予过高的希望，从维护国内团结抗战的愿望出发，他们也希望中国共产党向国民党做出更大的让步，放弃阶级斗争，彻底解决中国的党派之争，实质也是依靠国民党领导中国抗战的主张。抗战初期，中国共产党内以王明为代表的右倾机会主义者，在国共关系问题上表现出过于信任、迁就和服从国民党，并对毛泽东、张闻天等关于争夺抗日战争领导权、同国民党建立统一战线时要注意保持党的独立性等给予批评和指责，实际上也是拱手将抗日战争的领导权让给国民党。

以毛泽东、张闻天等为代表的中国共产党人为了实现共产党和工人阶级对抗日战争的领导，可谓展开了全方位的奋斗。通过制定正确的路线方针政策领导并壮大解放区军民有效地抗击了日本的侵略；通过谈判桌上的斗争、在国统区发行报刊、武装自卫等冲破了国民党顽固派的阻挠，对国统区人民的抗战传达了一定的政治影响；通过接受外国记者采访、接待外国访问团考察延安等向国际社会介绍了共产党和解放区军民的抗日活动，增进了国际社会对共产党及其领导的敌后抗日根据地的了解；通过耐心的教育批评，帮助中间势力提高了对中国革命发展规律的认识；通过加强与共产国际的沟通、发展党内民主和推进理论创新等，纠正了王明右倾机会主义错误。其中，纠正王明右倾机会主义错误显得尤为关键。在 1937 年 12 月和 1938 年 3 月的政治局会议上，在 1938 年 9 月的中共六届六中全会上，针对王明强调服从国民党领导，或者“共同负责”“共同领导”等，毛泽东提出：要争

① 孟广涵主编：《抗战时期国共合作纪实》下卷，重庆出版社 1992 年版，第 630、633 页。

取抗日战争的领导权，努力使“国民党接受共产党的政治影响”[①]。张闻天提出：“历史决定了国共两党需要合作，但是合作中是存在着两党争取领导权的问题”，“要用一切办法帮助和影响国民党，使之进步”。[②]中国革命的领导权问题是区分新旧民主革命的核心问题，具体来说就是国共两党争夺领导权问题。只有党内首先对该问题取得正确和一致认识，才能促进其他问题的解决，并在斗争实践中立于不败之地。

抗战进入相持阶段后，特别是1939年1月国民党五届五中全会后，国民党开始积极反共，消极抗日，中国共产党及其领导的抗日武装成为中华民族抗击日本侵略的中流砥柱，共产党对抗日民族统一战线的领导作用更加显现，共产党“跟国民党争论的中心，也就是……我们（指共产党——引者注）是坚持抗战、团结、进步，而国民党则是要妥协、分裂、倒退”[③]。1939年12月，在分析中国历史，尤其是总结中国近代以来革命历史经验的基础上，毛泽东在与其他同志合作编写的《中国革命和中国共产党》课本中指出：“中国无产阶级除了一般无产阶级的基本特点”，还具有革命“坚决和彻底”“和广大的农民有一种天然的联系”等“许多特出的优点”，“中国革命如果没有无产阶级的领导，就必然不能胜利”；“中国革命是包括资产阶级民主主义性质的革命（新民主主义的革命）和无产阶级社会主义性质的革命……离开了中国共产党的领导，任何革命都不能成功”[④]。这就从理论上阐明了包括抗日战争在内的中国新民主主义革命必须由无产阶级通过其政党共产党领导才能取得胜利的理论，从而使新民主主义革命领导权理论走向成熟。

4. 八路军新四军的指挥权

国共两党抗日领导权之争，除了表现在理论和思想层面外，最直接、最具体地体现在国民党试图左右共产党所领导的边区人民抗日运动，尤其是控制共产党所领导的抗日武装的指挥权，而共产党不仅要

---

① 中共中央文献研究室：《毛泽东年谱（1893—1949）》（中），中央文献出版社2005年版，第41页。

② 程中原：《张闻天传》，当代中国出版社2000年版，第463、477页。

③ 《周恩来选集》上卷，人民出版社1980年版，第198、199页。

④ 《毛泽东选集》第二卷，人民出版社1991年版，第644、645、651页。

领导各边区军民坚持抗日，而且要努力影响国统区民众的抗日运动，以实现对全国抗日的政治领导。这其中，对八路军、新四军的领导权的争夺是双方斗争的一个焦点和缩影。

土地革命战争时期，以毛泽东为代表的中国共产党人在创建人民军队的过程中，通过反对党和红军内部存在的军阀遗毒、自由主义等斗争，确立了党对军队绝对领导的建军根本原则。由于日本帝国主义对中国的入侵，中国国内矛盾和阶级关系发生重大变化，中国共产党以民族大义为重，毅然决定“在全国范围内停止推翻国民政府之武装暴动”，“停止没收地主土地之政策”；“红军改名为国民革命军，直接受南京中央政府与军事委员会之指导”；“服从中央委员会及蒋委员长之统一指挥”[①]。当然，这里的“指导”“指挥”是指战略上全盘考虑和协同行动，并不是将军队的直接指挥权、领导权交给国民党蒋介石。1937年年初，在国共两党举行的谈判中，毛泽东、张闻天和周恩来等一再坚持红军改编要以保证中共对红军的绝对领导为前提。1937年7月，在红军高级干部会议上，红军前敌总指挥彭德怀作了题为《红军改编的意义和今后的工作》的报告，提出：红军改编是为了推动国民党进行全面抗战，但是改编必须确保共产党对红军的绝对领导，这是改编的中心问题。[②] 同年8月，中共中央决定成立由朱德、彭德怀等组成的前方军分会（后称华北军分会），加强党对军队的领导；中共中央组织部做出的《关于改编后党及政治机关的组织的决定》和红军政治部做出的《关于新阶段的部队政治工作的决定》等都强调改编后的人民军队必须保证党对军队的绝对领导。9月，中共中央书记处再次发出指示：“在原有红军中苏区中及一切游击区中，共产党绝对独立领导之保持，是完全必要的，共产党员不许可在这个问题上发生任何原则上的动摇。”[③] 但是，全国抗战爆发前后，共产党对八路军、新四军的绝对领导原则受到了来自国民党蒋介石集团、党内右倾机会主义和中间势力等多方面的反对和指责。

在国共两党1937年的谈判中，蒋介石一直试图收编而不是改编红

① 孟广涵主编：《抗战时期国共合作纪实》上卷，重庆出版社1992年版，第307、330页。

② 中共中央文献研究室：《彭德怀年谱》，人民出版社1998年版，第177页。

③ 中共中央文献研究室、中央档案馆：《建党以来重要文献选编》第14册，中央文献出版社2011年版，第529页。

军，一再要求减少共产党军队的番号和编制，坚持向红军指派军官。蒋介石指示顾祝同：在同周恩来会谈时，“最要注意之点，不在形式之统一，而在精神之统一。一国之中，决不能有性质与精神不同之军队”[①]。共产党提出改编后的红军设总指挥部、接受国民党蒋介石统一指挥，而国民党拒不答应设指挥部，要求红军改编后直接隶属国民党军队的行营，多次提出将“服从统一指挥”改为“服从一切命令”等。这些实质上均为是否取消共产党对红军的领导权之争。全国抗战爆发后，国民党蒋介石“一贯作风，却是假全国一致团结，共赴国难的美名”阴谋将“非他嫡系的杂牌军悉数消灭”[②]，对八路军、新四军更是严加控制，直至发动了“皖南事变”等武装消灭共产党领导的抗日武装等事件。

在红军改编的过程中，由于一些红军将领对国民党顽固派的反动性警惕不够，发生了红军被国民党军队包围缴械的何鸣事件，一些红军将士还表现出不愿接受共产党领导而以国民党委任为荣的情绪。1937年年底，王明从苏联回国后，右倾机会主义在军事上的表现就是附和国民党“只要一个军队”和“统一军令”的叫喊，强调在军事上要服从国民党的统一领导。他在 1937 年 12 月和 1938 年 3 月的中共中央政治局会议上，明确提出“全中国统一的国防政府之建立，全中国统一的国防军队之创造，全中国人民之抗日救国大团结……是保障继续抗战和争取抗战胜利的最主要的条件”；要“把原来国内各种不统一的军队，联合而成为全中国统一的军队”，而实现军队的统一指挥、统一编制、统一武装、统一纪律、统一待遇、统一作战计划和统一作战行动是组建这一军队并使其担负抗战责任的基本条件。[③] 这实质上也是否定共产党对八路军、新四军的绝对领导。

全国抗战爆发前后，国共两党之外的社会势力，因痛恨军阀割据和连年内战，又过高估计了国民党政府和军队的抗日，对中国共产党保留武装也提出批评甚至攻击。如，中华职业教育社在其所发布的抗日主张中“把拥护三民主义、拥护政府、拥护领袖视为坚持抗战的必

① 黄修荣：《国共两党关系史》中卷，广东教育出版社 2002 年版，第 1 204 页。

② 唐德刚：《李宗仁回忆录》下册，广西人民出版社 1980 年版，第 705 页。

③ 中央档案馆：《中共中央文件选集》第 10 册，中共中央党校出版社 1986 年版，第 389～390、458 页。

要条件”，主张“军队国家化”[1]。1938年1月，梁漱溟访问延安，向毛泽东提出：“视望中国共产党继续争取政治上的成功，今后再不要靠军事来维持党的生命。”1938年12月，张君劢发表《致毛泽东先生的公开信》，说什么“国家以统一为特征，尤贵乎军事权之统一，英美俄法等，何尝一国以内而有两种军队”，“军队应属于国家”，要求共产党将“八路军之训练任命与指挥，完全托之蒋先生手中”[2]。1939年3月至9月，梁漱溟率王靖波、王福溢等深入到陕西、河南、安徽、河北、山东和江苏等敌后考察抗日现状，“前方正赶上敌人大扫荡，又逢着‘摩擦’开始”，他们一筹莫展，“看到党派关系恶化如此，抗战前途已受威胁，推想各方必然要求解决党派问题”。于是，同年10月回重庆后，梁漱溟先后访问中共代表陈绍禹、秦邦宪和国民党张群等，向双方提出“军队非统一于国家不可”，“强调军队必须脱离党派而属于国家”[3]。国共两党之外的中间势力派别众多，主张军队国家化的动机和目的不尽相同，但在当时的历史条件下，其实质都是要求将共产党领导的军队交给国民党蒋介石领导。

全国抗战爆发前后和抗日战争时期，以毛泽东、张闻天等为代表的中国共产党人为坚持党对人民军队的绝对领导展开了多方面的斗争。在国共谈判中坚决抵制了国民党收编红军的阴谋，拒绝了国民党向红军派遣高级将领的要求，迫使国民党同意红军改编后单独设立一路军（后为集团军）总司令部；改编后的红军在接受国民党蒋介石统一指挥下，坚持独立自主地开展游击战争；面对顽固派制造的消灭八路军、新四军的摩擦，领导人民军队根据有理、有利、有节的原则，本着团结抗日的愿望和目标，坚决予以武装自卫；对中间势力的曲解和错误主张，给予了耐心的批评教育和解释；针对共产国际和党内以王明为代表的右倾机会主义错误，一再向共产国际报告、解释中国抗日的状况，说明中共为什么不能将自己的军队交给国民党指挥，以争取其理解和支持，并就王明“一切经过统一战线”“一切服从统一战线”等主

① 张军民：《中国民主党派史（新民主主义时期）》，黑龙江人民出版社2006年版，第200页。

② 蔡尚思主编：《中国近代思想史资料简编》第一卷，浙江人民出版社1982年版，第143页。

③ 李渊庭、阎秉华：《梁漱溟先生年谱》，广西师范大学出版社2003年版，第142、157～158页。

张在党内开展了讨论和斗争，提出“在中国，主要的斗争形式是战争，而主要的组织形式是军队”，共产党员不争个人的兵权，但要争党的兵权和人民的兵权，必须克服在兵权问题上的幼稚病等。[①] 可见，抗日战争时期，中国共产党在同党内外、国内外各种势力和倾向的争辩、斗争中，坚持和发展了党对军队绝对领导的原则，并在理论上作了更完备的阐述。

（五）中国命运之争

抗日战争时期，尤其是抗日战争后期，国共两党、各民主党派等在合作抗日的同时，又都根据各自的信仰、阶级利益和对历史的解读等筹划、设计着未来中国的发展走势，在抗战建国的指导思想、建国模式和路径等方面展开了激烈的论争和斗争。

1. 中国历史之解读

抗日战争时期，中国共产党、国民党顽固派和中间人士等对抗战胜利后中国之命运的构想，即中国应该建立一个什么样国家的主张，往往基于对中国历史、中华民族精神，尤其是近代历史的不同诠释。

国民党顽固派及其御用文人基本上都将中国历史解读为和谐、包容的社会发展史，将近代中国革命史描写为国民党革命史，以反对共产党的阶级斗争、无产阶级专政等学说，维护国民党的统治地位。1938年1月始，叶青在《血路》《扫荡报》等陆续发表《关于政治党派》《关于统制政策》等文章，为国民党歌功颂德，认为国民党推翻了封建统治，长期追求民主政治，近代中国革命的胜利和社会的进步等都应归功于国民党。提出：“要了解中国底需要，必须了解中国历史底现阶段……中国历史底现阶段是由封建资本的时代，因而呈出由割据到统一的趋势。在这个阶段的政治课题是完成统一，即创造近代统一的中央集权的民族国家……这样的工作，当然需要一个政党来领导。按诸各国底近代史，莫不皆然”，“由甚么政党来担任这个工作呢？……从中国近几十年底事实和近十年底事实看，当选的是国民党”，“国民党

① 《毛泽东选集》第二卷，人民出版社1991年版，第543页。

是一切党派中的骄子，它以外的党派，根本不能与它讲平等……在现阶段，在变革时代，只有它拥有资格掌握政权”①。1943年3月，由御用文人撰稿、以蒋介石名义发表的《中国之命运》，以大量的篇幅回顾和概括了“中华民族的成长与发达”的历程、中华民族“固有的德性”和“崇高的文化”的形成及内涵、西方列强侵华的经过和危害、中国革命的起源和发展等。文中认为：一部悠久的中华民族历史“基于中华民族固有的德性，复发扬中华民族崇高的文化……中国国民道德的教条，是忠孝仁爱信义和平，而中国立国的纲维，为礼仪廉耻。在这八德和四维熏陶之下，中华民族，立己则尽分而不渝，爱人则推己而不争……中华民族的各宗派及其国民皆能为大群牺牲小体，为他人牺牲自我。”这其中虽然有一些合理的成分，但是，蒋介石回顾和总结历史的目的，旨在从历史中得出歌颂国民党、诋毁共产党的结论，说：“实行三民主义的中国国民党，一本我民族固有的德性，以情感道义、与责任义务，为组党精神……自国父组党以来至今已历四十八年之久，真若泰山北辰，昭垂屹立，不动不摇，再接再厉，永为中国唯一的革命政党”；“五四以来，个人本位的自由主义与阶级斗争的共产主义二种思想，突然输入我学术界”，而“一般文人学子，对于西洋文化，获取了糟粕和皮毛；对于中国文化丧失了自尊与自信”；“至于所谓自由主义与共产主义之争，则不外英美思想与苏俄思想的抄袭和附会。这样抄袭附会而成的学说和政论，不仅不切于中国的国计民生，违反了中国固有的文化精神，而且根本上忘记了他是一个中国人，失去了要为中国而学亦要为中国而用的立场……或明目张胆，或旁敲侧击，或有意，或无意，以某一外国的立场为立场，以某一外国的利益为利益，甚至为帝国主义作粉饰，为侵略主义作爪牙”②。

一些代表民族资产阶级及其知识分子利益的中间势力，根据其世界观和历史观对中国历史和社会现状也提出了自己的看法。如乡村建设派、中华职业教育社等民主党派长期从事非暴力改良运动，没有能力组织武装，也反对阶级斗争和暴力革命。如梁漱溟就“认定北伐后，

① 叶青：《抗战中的问题》，抗战出版社1940年版，第26、27页。

② 南方局党史资料编辑小组：《南方局党史资料——统一战线工作》，重庆出版社1990年版，第424~430页。

老社会已崩溃，只须理清头绪来建设社会，没有再事暴动破坏的必要。这里有两句话：‘从进步达到平等；以建设完成革命。’这是我的信念。不断地暴动与破坏将只有妨碍建设，梗阻进步，延迟革命之完成，实在要不得”。1938年1月，他访问延安时同毛泽东争论，“认为老中国是缺乏阶级斗争，明、清近五六百年，阶级分化不明不强，贫、富、贵、贱，当然有，可是上下流转相通，不固定，跟欧洲社会不一样……朝为田舍郎，暮登天子堂……农家的人读书，学成中举，点翰林，还可做官当宰相”，“工人与资本家阶级对立，关键是资本主义起来。中国资本主义没有成功，只有萌芽”，因而没有工人阶级与资产阶级的对立。毛泽东认为梁漱溟“过分强调中国社会的特殊性”，梁漱溟则认为毛泽东“对中国社会特殊性认识不足”，并向毛泽东提出“视望中国共产党继续争取政治上的成功，今后再不要靠军事来维持党的生命”①。

在总结中国革命特别是新民主主义革命历史经验，借鉴20世纪二三十年代学术界关于中国社会性质、中国封建社会历史等讨论的成果，反驳国民党顽固派和少数中间势力人士对中国历史曲解等基础上，以毛泽东为代表的中国共产党人撰写了《中国革命和中国共产党》《新民主主义论》等文稿，运用马克思主义的唯物史观，全面分析了中华民族的自然环境、人口状况、历史发展和文化特点；揭示了“古代的封建社会”“现代的殖民地、半殖民地和半封建社会”的经济、政治和文化制度，以及社会性质、主要矛盾；概括了“百年来的革命运动”的过程、任务和发展阶段等。文中认为：“中华民族不但以刻苦耐劳著称于世，同时又是酷爱自由、富于革命传统的民族……是一个有光荣的革命传统和优秀的历史遗产的民族”；自周秦以来的“封建社会的主要矛盾，是农民阶级和地主阶级的矛盾……农民的阶级斗争、农民的起义和农民的战争，才是历史发展的真正动力”；“帝国主义和中华民族的矛盾，封建主义和人民大众的矛盾，这些就是近代中国社会的主要的矛盾……这些矛盾的斗争及其尖锐化，就不能不造成日益发展的革命运动。伟大的近代和现代的中国革命，是在这些基本矛盾的基础之

① 李渊庭、阎秉华：《梁漱溟先生年谱》，广西师范大学出版社2003年版，第137、140、142页。

上发生和发展起来的"[①]。这一解读的最大特点是运用马克思主义阶级斗争学说揭示了中国社会历史发展的阶段、动力和趋势等，并循此概括出中国新民主主义革命的对象、任务、动力、领导权、性质和前途等，使新民主主义革命理论体系在各方面得以发展而达到成熟。

中国共产党、国民党和中间势力等由对中华民族精神、中国历史、近代中国革命等不同解读，推导出对抗战及抗战胜利后中国发展走向的不同见解，包括抗战建国的指导思想、领导权、内外政策、建国路径和奋斗目标等各自主张。

2. 抗战建国之指导思想

三民主义是中国国民党的指导思想，经历了从旧三民主义向新三民主义的发展。1927 年 4 月，国民党蒋介石集团背叛孙中山联俄、联共、扶助农工的三大政策，在南京建立了代表大地主大资产阶级的政权，其所奉行的三民主义是阉割了革命精神的三民主义。抗日战争时期，国民党坚持并强调三民主义是中国抗战建国的唯一指导思想。还在 1937 年年初国共两党的谈判中，国民党就要求中共"将中国只能实行三民主义而不能实行共产主义之真谛宣告国人"[②]。1937 年 9 月，蒋介石就《中共中央为公布国共合作宣言》发表谈话，虽表示愿与共产党"力谋团结，以共保国家之生命与生存"，却又宣称："中国立国原则为总理创制之三民主义，此意无可动摇，无可移易者"，并指责中共曾"对于三民主义，不能真诚一致的信仰，对民族危机，亦无深刻之认识"。[③] 1938 年 3 月，国民党临时全国代表会议通过的《抗战建国纲领》提出：三民主义"为一般抗战行动及建国之最高准绳"，"全国抗战力量应在本党及蒋委员长领导之下，集中全力，奋励迈进"。会议通过的《统一革命理论肃清政治斗争之意识案》提出："当兹强邻压境，国家民族生命存亡绝续之秋，各界人士，不问其派别如何，尤应捐除成见，在一个信仰、一个领袖、一个政府之下，把我全国上下一致之力，抗战到底，始足以粉碎日本帝国主义者之暴力，而争取最后之胜

① 《毛泽东选集》第二卷，人民出版社 1991 年版，第 623、625、631 页。
② 孟广涵主编：《抗战时期国共合作纪实》下卷，重庆出版社 1992 年版，第 849 页。
③ 孟广涵主编：《抗战时期国共合作纪实》上卷，重庆出版社 1992 年版，第 401、402 页。

利……当此非常时期中，行动固宜统一，理论尤贵一致”①。1943 年 3 月，蒋介石在《中国之命运》中再三强调：“三民主义是国民革命永远不变的最高原则。”②

抗日战争时期，国共两党之外的社会势力，也对中国共产党信仰的马克思主义、共产主义等不同程度地给予曲解、批评和攻击。1938 年 1 月，梁漱溟访问延安时对毛泽东等仍坚持阶级斗争学说很失望，认为马克思的阶级斗争理论不适合中国国情，表示：“我始终同情共产党改造社会的精神。但我又深深反对共产党不了解中国社会，拿外国办法到中国来用。”③ 1938 年 12 月，张君劢在《致毛泽东先生的公开信》中说：“三民主义，本以‘民族’为出发点，与马克思之视阶级为历史支配者迥乎不同”，“窃以为目前阶段中，先生等既努力于对外民族战争，不如将马克思主义暂搁一边”④。1939 年 10 月，叶青发表《三民主义与社会主义》，称“三民主义可以满足中国现在和将来的一切要求，它一实现，中国便不需要社会主义了，从而组织一个党为社会主义而奋斗的事也不必要了”⑤。

“西安事变”后，为了实现国共合作共同抗日，在国共谈判的过程中，中国共产党在不放弃共产主义信仰和奋斗目标的前提下，表示“服从三民主义的国家”“承认革命的三民主义”⑥。全国抗战爆发后，中共公开宣布：“孙中山先生的三民主义为中国今日之必需，本党愿为其彻底的实现而奋斗。”⑦ 然而，如上述及，抗战时期，国民党顽固派鼓吹的“一个主义”是阉割了革命精神的三民主义，并指责共产党不能真诚信仰三民主义；一些人将三民主义和共产主义截然对立起来，或说“共产主义和三民主义是不能并存”⑧ 的，或要求共产党将马克思

① 荣孟源、孙彩霞主编：《中国国民党历次代表大会及中央全会资料》下册，光明日报出版社 1986 年版，第 485、488 页。

② 李友仁、郭传玺主编：《中国国民党简史（1894—1949）》，档案出版社 1988 年版，第 332 页。

③ 李渊庭、阎秉华：《梁漱溟先生年谱》，广西师范大学出版社 2003 年版，第 137 页。

④ 蔡尚思主编：《中国近代思想史资料简编》第四卷，浙江人民出版社 1982 年版，第 144 页。

⑤ 转引自沙健孙主编：《中国共产党史稿》第四卷，中央文献出版社 2006 年版，第 121 页。

⑥ 黄修荣：《国共两党关系史》中卷，广东教育出版社 2002 年版，第 1 214、1 221 页。

⑦ 孟广涵主编：《抗战时期国共合作纪实》上卷，重庆出版社 1992 年版，第 399 页。

⑧ 《毛泽东选集》第二卷，人民出版社 1991 年版，第 367 页。

主义暂搁一边；一些人又抹煞共产主义与三民主义的区别，“把三民主义与共产主义——马列主义混同起来”，说什么“三民主义是中国的马克思主义”、“民生主义就是中国的社会主义”、马克思主义者的营垒内也有人“把三民主义解说得和马克思主义差不多”①。

针对上述种种关于马克思主义与三民主义关系的曲解、疑惑和诘难等，以毛泽东为代表的中国共产党人通过答记者问、发表宣言、撰写论文等多种形式和途径阐明了中国共产党的政策和理论。其中，抗战初期的阐释主要是为了消除社会各界对共产党政策和理论转变的怀疑、困惑，巩固和扩大以国共合作为基础的抗日民族统一战线，争取抗战胜利；抗战中后期的阐释主要是抗战建国指导思想的争论。从理论上阐明该问题的代表作包括王稼祥 1939 年 9 月撰写的《关于三民主义与共产主义》、毛泽东 1940 年 1 月发表的《新民主主义论》、陈伯达 1943 年 7 月发表的《评〈中国之命运〉》、毛泽东 1945 年 4 月发表的《两个中国之命运》和《论联合政府》等。其主要论点有：

第一，三民主义经历了不同的发展阶段，作为抗日民族统一战线政治基础的三民主义是新三民主义。

毛泽东提出：1924 年 1 月的国民党一大《宣言》对三民主义重新作了解释，此前的三民主义是“旧范畴的三民主义”“旧民主主义的三民主义”“旧三民主义”，此后的三民主义是“革命的三民主义”“新范畴的三民主义”“新民主主义的三民主义”“新三民主义”；“这种新时期的革命的三民主义，新三民主义或真三民主义，是联俄、联共、扶助农工三大政策的三民主义”②。值得一提的是，1939 年 12 月，在提出“新三民主义”“新民主主义”等范畴的基础上，毛泽东等在《中国革命和中国共产党》一文中首次使用了“新民主主义革命”范畴。王稼祥则对 1924 年以来的三民主义发展作了剖析，认为孙中山时代的三民主义是“激进的、战斗的和革命的”，1927 年以后“资产阶级便与帝国主义及封建势力相妥协”，“抛弃了孙中山的三民主义，违背了孙中山的革命主张”；抗战以来，汪精卫亲日派“背叛了孙中山的三民

① 中央档案馆：《中共中央文件选集》第 11 册，中共中央党校出版社 1986 年版，第 174、171 页。

② 《毛泽东选集》第二卷，人民出版社 1991 年版，第 689、690 页。

主义，直接的投降了日本帝国主义，但还企图盗窃三民主义……这当然是对孙中山及其革命的三民主义之污辱。另一方面，中国资产阶级及其代表人，虽然现在还拥护孙中山的民族主义，赞成抗战，但对孙中山的整个纲领和整个主张，却加以修正，于是便出现了资产阶级的修正的三民主义”。他还对孙中山革命的三民主义与资产阶级修正的三民主义进行了比较，指出：前者是“民族民主革命中的整个纲领”，后者“把三民主义变成一民主义（民族主义），取消了孙中山的民权主义和民生主义”；前者是“革命的民主主义者”，后者是“独裁主义者，军主主义者和一党专政主义者”；前者“同情工农”“同情共产主义和马列主义”“同情社会主义”，后者“仇视工农的斗争”“敌视共产主义和马列主义”“仇视社会主义”；前者“赞成国民党与共产党合作”，后者“提出一个党的口号，主张一党主义，不赞成国共合作”① 等。

正是对三民主义的历史发展有着清楚的认识，抗日战争时期，中国共产党强调自己所遵循的三民主义是根据马克思主义的原则发展了的“第一次国共统一战线的共同纲领即革命的三民主义”“乃是孙中山先生在《中国国民党第一次全国代表大会宣言》中所重新解释的三民主义”②。

第二，新三民主义同马克思主义既有共同点，又有不同点。

王稼祥提出：“我们说三民主义是统一战线的共同纲领，这并不是说，在民族民主革命中，无产阶级的纲领与主张和革命的激进的资产阶级的纲领与主张是完全一样的，并不是说，无产阶级承认了民族统一战线的共同纲领，便是别无自己的纲领与主张了。不，两个阶级的纲领只在其主要口号上与主要要求上是一般的一致，而不是完全一样”。他“在民族问题上”“在民主政治问题”“在经济纲领上或者说民主主义上”③ 等多方面比较了革命的三民主义同马克思主义的相同点和不同点。毛泽东也认为：“三民主义和共产主义两个主义比较起来，有相同的部分，也有不同的部分”，“革命的民族主义、民权主义和民

---

① 中央档案馆：《中共中央文件选集》第 11 册，中共中央党校出版社 1986 年版，第 170、171、172 页。

② 《毛泽东选集》第二卷，人民出版社 1991 年版，第 369、689 页。

③ 中央档案馆：《中共中央文件选集》第 11 册，中共中央党校出版社 1986 年版，第 168、169 页。

生主义这三个政治原则，同共产主义在中国民主革命阶段的政纲，基本上是相同的”；不同部分则有“（一）民主革命阶段上一部分纲领的不相同”，“（二）有无社会主义革命阶段的不同”，“（三）宇宙观的不同”，“（四）革命彻底性的不同”① 等。

第三，揭露了“一个主义”口号的反民权、反马克思主义本质。

王稼祥认为：中国共产主义者“承认三民主义为共同纲领，为拥护三民主义之澈底实现而奋斗，并不因此而接收孙中山的学说上的观点如世界观、社会观与主观的社会主义……政纲是一件事，学说又是一件事，这应当分清楚的”；“一个主义的口号，要来消灭和溶化共产主义，要把三民主义与共产主义（马列主义）变成不是朋友而是敌人……变成反共与分裂的工具”，“‘民生主义就是中国的社会主义’等等，显然是为了反对共产主义的学说而制造的歪曲的‘理论’……无论在主观上客观上都是反革命的”；“任何企图证明只有三民主义适合中国，而马克思列宁主义不适合于中国的说法，都是错误的反动的，任何希望以三民主义来溶化和消灭共产主义马列主义的企图，都是非科学的反革命的”②。毛泽东指出：“一个主义”的叫嚣“其本质就是顽固分子们的资产阶级专制主义”，“‘一个主义’也行不通。在阶级存在的条件之下，有多少阶级就有多少主义，甚至一个阶级的各集团中还各有各的主义”③。

第四，中国革命胜利需要中国化的马克思主义指导。

在比较革命的三民主义与马克思主义之异同、揭露和批判“一个主义”反动本质等基础上，毛泽东、王稼祥等阐明了为什么抗日民族统一战线可以且必须以革命的三民主义为共同纲领、为什么中国共产党人“决不因为任何原因而一时一刻放弃共产主义的理想与马克思列宁主义的学说”等道理，强调这是因为“马克思主义是科学的社会主义，是无产阶级的革命科学与学说，是人类最进步的思想”。不仅如此，王稼祥等还提出了中国革命的胜利必须以中国化的马克思主义为指导的思想。如1939年9月，王稼祥指出：“把适合西欧资本主义国家

① 《毛泽东选集》第二卷，人民出版社1991年版，第687、688页。

② 中央档案馆：《中共中央文件选集》第11册，中共中央党校出版社1986年版，第173、171、173、174页。

③ 《毛泽东选集》第二卷，人民出版社1991年版，第686~687页。

的纲领与主张搬到中国来，这根本不是马克思列宁主义，而是幼稚的机械论者。”为了证明自己的观点，他还在文中引用了毛泽东在中共六届六中全会上的一段讲话，即“共产党员是国际主义的马克思主义者，但马克思主义必须通过民族形式才能实现，没有抽象的马克思主义，只有具体的马克思主义”①。经历了延安整风，1943 年 7 月，王稼祥在延安《解放日报》发表的《中国共产党与中国民族解放的道路》中，首次使用了“毛泽东思想”的科学概念，并对其作了解释，指出：“毛泽东思想就是中国的马克思列宁主义，中国的布尔什维克主义，中国的共产主义”，“它是创造的马克思列宁主义，它是马克思列宁主义在中国的发展”②。“毛泽东思想”科学概念的提出及其在中国共产党指导地位的确立，是中国革命发展的实践需要，是马克思主义中国化的必然结果。这一理论成果也是中国共产党人在反对“一个主义”“马克思主义不适合中国”等论调的争论中形成的。

3. 抗战建国之步骤

中国共产党、中国国民党和中间势力等在探讨“中国之命运”时，对抗战建国的步骤作了分析，其中“一次革命论”是各派别对抗战建国步骤的代表性看法。当然，不同政治派别的“一次革命论”有着不同的动机和目的。国民党顽固派、一些“恶意的宣传家”故意提倡所谓“一次革命论”，旨在反对各社会力量继续革命，尤其是反对共产党倡导的社会主义革命。如张君劢 1938 年 12 月《致毛泽东先生一封公开信》、叶青 1939 年 10 月发表的《三民主义与社会主义》、1943 年 3 月蒋介石发表的《中国之命运》等都是如此。还有一些人“似乎并无恶意”，但也迷惑于所谓“一次革命论”，“迷惑于所谓‘举政治革命与社会革命毕其功于一役’的纯主观的想头”。毛泽东、王稼祥等对这两种“一次革命论”都给予了批判，指出：前者“故意混淆”民主革命与社会主义革命的不同阶段，“用以证明什么革命都包举在三民主义里面了”，“其目的，是想根本消灭任何革命，反对资产阶级民主革命的彻

① 中央档案馆：《中共中央文件选集》第 11 册，中共中央党校出版社 1986 年版，第 165、175 页。

② 王稼祥：《中国共产党与中国民族解放的道路》，《解放日报》，1943 年 7 月 8 日。

底性，反对抗日的彻底性……‘一次革命论’者，不要革命论也，这就是问题的本质”；后者“不知革命有阶段之分”，“这种观点，混淆革命的步骤，降低对于当前任务的努力，也是很有害的”①。

在批判“一次革命论”、继承国民革命和土地革命战争时期中国共产党人对中国革命发展阶段探索的有益成果等基础上，毛泽东、王稼祥进一步阐明了中国共产党关于最低纲领与最高纲领、新民主主义革命与社会主义革命关系的理论。王稼祥提出：“共产党的全部纲领有两部分，第一，为最高限度的纲领，即无产阶级推翻资本主义、建立社会主义、求得阶级澈底解放、并消灭任何阶级的纲领；另一部分，为当前的纲领，无产阶级在民族民主革命中的纲领，又称之为最低限度的纲领”，即中共二大宣言宣布的“其在民族民主革命中的纲领”②。毛泽东也指出：“关于社会制度的主张，共产党是有现在的纲领和将来的纲领，或最低纲领和最高纲领两部分的。在现在，新民主主义，在将来，社会主义，这是有机构成的两部分，而为整个共产主义思想体系所指导的。”③ 即中国共产党是最高纲领和最低纲领统一论者，二者统一于中国革命的实践。

关于新民主主义革命与社会主义革命的关系。毛泽东指出：“中国共产党领导的整个中国革命运动，是包括民主主义革命和社会主义革命两个阶段在内的全部革命运动；这是两个性质不同的革命过程，只有完成了前一个革命过程才有可能去完成后一个革命过程。民主主义革命是社会主义革命的必要准备，社会主义革命是民主主义革命的必然趋势……只有认清民主主义革命和社会主义革命的区别，同时又认清二者的联系，才能正确地领导中国革命”；“两个革命阶段中，第一个为第二个准备条件，而两个阶段必须衔接，不容横插一个资产阶级专政的阶段”。④ 这就明确而严格地区分了“二次革命论”“一次革命论”和“不间断革命论”，完整地提出了中国革命步骤必须分“两步走”的理论。

---

① 《毛泽东选集》第二卷，人民出版社 1991 年版，第 684、685 页。

② 中央档案馆：《中共中央文件选集》第 11 册，中共中央党校出版社 1986 年版，第 167 页。

③ 《毛泽东选集》第二卷，人民出版社 1991 年版，第 686 页。

④ 《毛泽东选集》第二卷，人民出版社 1991 年版，第 651~652、685 页。

4. 抗战建国之目标

抗日战争时期，尤其是抗日战争后期，中国共产党、国民党和民主同盟等民主党派都将工作重点之一转向对抗战胜利后中国建设一个什么样国家的思考、争鸣和斗争。

如上所述，国民党蒋介石集团虽然高喊国民党人和全体国民要为争取抗战胜利、彻底完成国民革命而奋斗，但始终强调一个主义、一个政党、一个领袖和一个政府，将共产党领导的抗日根据地、地方实力派控制的地盘等都看做封建割据而要求取缔，妄图维系大地主大资产阶级统治的国家政权，他们所要建设的国家就是国民党一党专政的专制主义国家。1944 年夏，国共重开谈判，中国共产党向国民党提出了“请政府实行民主政治与言论、出版、集会、结社及人身之自由”，“请政府开放党禁，承认中共及各爱国党派的合法地位”等要求，国民党认为这些“多系无理要求”、是“毫无边际之抽象要求”[①]。后来，中共又向国民党提出了结束一党专政、召开党派会议、组织联合政府等主张。1945 年 2 月，蒋介石在同周恩来、赫尔利会谈时宣称：“不接受组织联合政府的主张，党派会议等于分赃会议，组织联合政府无异于推翻政府”。这“表明蒋介石决不会对限制他的权力或根本改变现状作出让步”，以“保持一党专政和个人独裁”[②]。1945 年 5 月，国民党六大通过《对中共问题之决议案》《对中共问题之工作方针》等，诬陷“中共一贯坚持其武装割据，借以破坏抗战……最近更变本加厉，提出联合政府口号，并阴谋制造其所谓‘解放区人民代表会议’，企图颠覆政府，危害国家”等，声称要用政治手段解决中共军队和解放区的问题，实现军令政令统一。[③]

抗日战争时期，以民主同盟等民主党派为代表的中间势力，最初对国民党政府和军队的抗战寄予过高的期望，甚至在国共两党关系问题上要求中共向国民党做出更多的让步。国民党军队在正面战场的一再失利、国统区政治腐朽和社会黑暗、国民党不断挑起国共军事摩擦，

---

① 孟广涵主编：《抗战时期国共合作纪实》下卷，重庆出版社 1992 年版，第 307、255、321 页。

② 中共中央文献研究室：《周恩来年谱（1898—1949）》（修订本），中央文献出版社 1998 年版，第 616、617 页。

③ 孟广涵主编：《抗战时期国共合作纪实》下卷，重庆出版社 1992 年版，第 623 页。

而共产党及其领导的抗日根据地却日益壮大等，使得中间势力逐渐认识到在中国改革政治、发展民主的重要性，并同共产党合作掀起了一次次反对国民党一党专政、经济垄断、文化专制的民主运动。当然，中间势力和中国共产党所要求建立的国家是不同的，中间势力所要建立的国家是资产阶级共和国。如1944年9月，民主同盟全国代表大会通过的《纲领草案》提出：主张国会“由参议院及众议院合组之……制定法律，通过预算、宣战、媾和、弹劾罢免官吏及国宪上赋予之其他职权”；“国家设总统副总统各一人”；“国家设行政院，为行政最高机关”；“国家设大理院，为司法之最高机关”；“国家设文官院，掌管文官之参试、任用、铨叙”① 等事务。这基本上是参照美国的三权分立和总统制，并吸收了孙中山“五权分立”学说而设想的建国方案。

为了促进国共合作和抗日民族统一战线的建立，中国共产党在1935年12月将“工农共和国”的口号改为“人民共和国”，1936年6月又改为“民主共和国”。全国抗战爆发后，中国共产党贯彻孙中山革命的三民主义，领导解放区人民建立了抗日民族统一战线性质的政权，其政府的人员构成实行“三三制”原则，即共产党员、党外进步人士和中间人士各占三分之一；经济上实行减租减息、保护民族工商业等政策。抗日战争中后期，以毛泽东为代表的中国共产党人以马克思主义国家学说为指导，在总结中国革命的历史经验特别是“三三制”政权实践、批驳国民党顽固派和反动文人专制主义思想、批评教育中间势力不切实际的幻想等基础上，提出了在中国建立新民主主义共和国的理论，并在1944年和1945年国共两党的谈判和宪政运动中为实现这一建国方案做出了不懈努力。1939年至1945年，毛泽东等发表的《中国革命和中国共产党》《新民主主义论》和《论联合政府》等是阐述这一建国构想的代表作。

1939年12月，毛泽东等在《中国革命和中国共产党》中指出：“新民主主义的革命，和历史上欧美各国的民主革命大不相同，它不造成资产阶级专政，而造成各革命阶级在无产阶级领导之下的统一战线

① 中国民主同盟中央文史资料委员会：《中国民主同盟历史文献》，文史资料出版社1984年版，第27页。

的专政。"① 1940年1月，毛泽东在《新民主主义论》中指出："现在所要建立的中华民主共和国，只能是在无产阶级领导下的一切反帝反封建的人们联合专政的民主共和国，这就是新民主主义的共和国，也就是真正革命的三大政策的三民主义共和国"，"国体——各革命阶级联合专政。政体——民主集中制……这就是名副其实的中华民国……这就是革命的中国、抗日的中国所应该建立和决不可不建立的内部政治关系，这就是今天'建国'工作的唯一正确的方向。"② 毛泽东还在文中就建国目标问题，逐一批驳了中间势力的"资产阶级专政论"、中共党内"左"倾分子的"无产阶级专政论"和国民党顽固派"一个主义"的"资产阶级专制主义论"。

1944年9月，在中国共产党和民主同盟等号召和引领下，国民党统治区掀起第二次民主运动的高潮，共产党、民主党派和无党派人士纷纷成立组织、举行集会、发表声明等要求国民党立即结束一党专政，改组政府，召开国民大会，实行宪政。随着国际国内形势的演变，特别是国共两党力量由"国强共弱"向"国共平衡"再向"国弱共强"的转变，中国共产党抗战建国的目标进一步明朗化。1945年4月，在中共七大开幕式上，毛泽东以蒋介石《中国之命运》为参照，致题为《两个中国之命运》的开幕词，指出："在中国人民面前摆着两条路，光明的路和黑暗的路。有两种中国之命运，光明的中国之命运和黑暗的中国之命运"，蒋介石所要建的中国，是"一个老中国"，是"半殖民地半封建的、分裂的、贫弱的中国"，而中国共产党的任务"就是放手发动群众，壮大人民力量，团结全国一切可能团结的力量，在我们党的领导下，为着打败日本侵略者，建设一个光明的新中国，建设一个独立的、自由的、民主的、统一的、富强的新中国而奋斗"③。在《论联合政府》的政治报告中，毛泽东反驳了国民党顽固派污蔑共产党"破坏抗战、危害国家""不服从政令、军令"等谬论，阐明了废除国民党一党专政、建立民主联合政府的必要性，以及新民主主义国家在政治、经济、文化和外交等各方面的具体纲领和基本原则。因此，抗

① 《毛泽东选集》第二卷，人民出版社1991年版，第648页。

② 《毛泽东选集》第二卷，人民出版社1991年版，第675、677页。

③ 《毛泽东选集》第二卷，人民出版社1991年版，第1 025、1 026页。

日战争时期，中国共产党的抗战建国方案在总结历史经验、反对各种错误主张中不断得到丰富和发展，建国目标进一步明确化。

（六）中共若干历史问题之争

中国抗日战争进入相持阶段后，国际国内形势都发生了深刻变化。英美等国最初对德意日法西斯势力的侵略扩张实行绥靖政策，后又同苏联一起执行“先欧后亚”战略，将主要兵力放在欧洲对付德意法西斯主义，对中国抗日战争的援助十分有限。日本侵略者对国民党实施分化、诱降等阴谋，并将军事打击的重点由国民党正面战场转向华北、华中等中共领导的敌后抗日根据地。国民党汪精卫亲日派打着反共、反国共合作的旗号，公然叛国投敌，在南京凑并起伪国民政府。国民党蒋介石顽固派消极抗日，积极反共，在军事、政治和文化等各领域制造了一系列反共摩擦事件。从全国抗战爆发到1940年年底，中共党员已由4万余人发展到约80万人，中共领导的抗日武装由4万人发展到50万人，中共及其领导的抗日军民成为中国抗击日本侵略、解救民族危亡的中流砥柱。承载艰巨历史使命的中国共产党比任何时候都需要加强内部团结统一，保持思想上、组织上和行动上的一致性。然而，由于70多万新党员没有第一次国共合作和土地革命战争的经历，大多数出身于农民和其他小资产阶级，又长期处在分散战斗的游击环境，没有接受过系统的党内教育，党的中高级领导干部和八路军、新四军将领等也因战事繁忙和马克思主义理论水平有限等原因，对党的思想路线、工作作风、政策策略和斗争历史等并不十分清楚，党内主观主义、宗派主义和党八股等盛行，尤其是高层领导干部对党在土地革命战争时期的政治路线持不同认识，严重影响着党的团结统一和战斗力的发挥。

早在1937年5月的中共白区工作会议上，刘少奇曾提出：“在我们党内，在各种群众工作中还存在着严重的关门主义、高慢的宗派主义与冒险主义的历史传统。这种恶劣的传统，从‘八七’会议以后的盲动主义就开始了，直至六届四中全会以后很长的时期内，还没有肃清……这种传统至今还没有在全党同志中彻底揭发，并给以应有的致命的打击与肃清。”会议在讨论刘少奇报告时“发生了一些不同意见的争论”，集中反映在对过去白区工作的估计、白区工作转变的两重性和策略方针等，“争论的中心问题是，过去白区工作的指导方针是否犯了‘左’的错误”①。由于历史条件的局限，争论没有深入，分歧没有解决。

1938年9月，中共六届六中全会批评并纠正了以王明为代表的右倾机会主义错误，并做出了召开中共七大的决议，毛泽东等在会上还提出了加强党的理论建设，推进马克思主义中国化，反对宗派主义、教条主义和党八股等任务。但是，因抗战形势紧迫，会议没有对中共六大以来党的历史问题作全面回顾和总结，会后也没有立即在全党开展整风运动。

抗战进入相持阶段后，为了贯彻落实中共六届六中全会精神，加强党的自身建设，应对国际国内局势的演变，中共中央于1939年2月决定设立干部教育部，领导全党开展马克思列宁主义学习运动。之后，中共中央就学习运动的方式、途径、内容和原则等都提出了明确要求。为配合学习运动的开展，中共中央组织翻译和出版了马克思、恩格斯、列宁和斯大林等系列著作，毛泽东、刘少奇等撰写了《〈共产党人〉发刊词》《中国革命和中国共产党》《新民主主义论》和《论共产党员的修养》等文章，为学习运动提供了读本。然而，1940年3月，执迷不悟的王明在延安也出版了他曾于1931年在上海出版、1932年在莫斯科再版的《为中共更加布尔什维克化而斗争》一书，继续鼓吹土地革命战争时期的“左”倾冒险主义，并在序言中写道：“我们党近几年来有很大的发展，成千累万的新干部、新党员，对我们党的历史发展的许多事实，还不十分明了。本书记载的事实，是中国共产党发展史中一个相当重要的阶段，因此许多人要求了解这些事实，尤其是延安各学校学习党的建设和中共的历史时，尤其需要这种材料的帮助。”②

鉴于党内高级领导干部对历史上的若干重大问题仍缺乏正确认识，为了统一全党思想认识并为中共七大的召开作准备，毛泽东认为有必要在中共高级领导干部中开展一场学习和研究党的历史运动。1940年下半年，在毛泽东的提议和表率下，中共中央领导人张闻天、王稼祥

① 中共中央文献研究室：《刘少奇年谱（1898—1969）》上卷，中共中央文献出版社1996年版，第181、182页。

② 沙健孙主编：《中国共产党史稿》第四卷，中央文献出版社2006年版，第591页。

和陈云等开始收集、研究中共自六大以来的重要文献。1941年年初，中共中央接受毛泽东的建议，决定将中共六大以来的历史文件编印成册，供高级干部用于学习和研究党的历史。这就是由毛泽东主持校阅的1942年出版的《六大以来——党的历史材料》。

1940年12月，在研究中共六大以来历史文献的基础上，毛泽东在中央政治局会议上提出：土地革命战争后期“左”的政策“使军队损失十分之九，苏区损失不止十分之九，所剩的只有陕北苏区，实际上比立三路线时的损失还大。遵义会议决议只说是军事上的错误，没有说是路线上的错误，实际上是路线上的错误，所以遵义会议决议须有些修改”[①]。作为当时党的主要负责人之一的秦邦宪在会上承认，土地革命战争后期的政策存在许多错误，自己应“直接负责”。但是，该问题在全党还没有取得共识。1941年9月，毛泽东在中共中央政治局扩大会议上指出：土地革命战争后期的“左”倾机会主义同立三路线相比，其“主观主义表现更严重，它的形态更完备，统治时间更长久，结果更悲惨”，且“遗毒仍然存在”，要克服主观主义和宗派主义，必须“分清创造性的马克思主义和教条式的马克思主义”，“提高理论……使中国革命丰富的实际马克思主义化”[②]等。张闻天、秦邦宪、王稼祥、任弼时和李维汉等在会上纷纷作自我批评，检讨了自己自1931年1月六届四中全会后工作中的失误，明确赞同毛泽东关于土地革命战争后期党犯了路线错误、形成了严重的主观主义和宗派主义等看法。然而，王明在会上虽然对土地革命战争后期中共犯了路线错误的看法也表示同意，但是对自己同这条路线错误的关系、自己的错误等避重就轻，表明他对该问题还没有作深刻的反省。

1941年6月，苏德战争爆发，为避免遭受来自德日的两线夹击，苏联担心国共摩擦会导致中国抗日民族统一战线的破裂，再次要求中共在处理国共关系问题上多向国民党让步，并希望八路军在华北发动对日进攻，以牵制日军。以毛泽东为首的中共中央认为，必要的斗争是维持统一战线、推进国民党顽固派抗日的有效手段，八路军尚不具

① 中共中央文献研究室：《毛泽东年谱（1893—1949）》（中），中央文献出版社2005年版，第235页。

② 《毛泽东文集》第二卷，人民出版社1993年版，第371、372、373、374页。

备反攻的条件，只能以持久的敌后游击战争，从战略上牵制日军，因而婉言拒绝了苏联的不合理要求。这引起苏联的不满。1941 年 10 月，苏联通过共产国际致电中共中央，提出如何改善国共关系、八路军怎样打击日军等 15 个问题要中共答复，言辞颇含责备之意。在中共中央书记处讨论共产国际来电的会议上，王明错误地估计了共产国际对中共的影响力，再次暴露了右倾机会主义的倾向，指责抗战以来党在处理国共关系、争取民主运动、坚持独立自主等方面犯了“左”倾错误，明确地说毛泽东《新民主主义论》关于国家政权和经济政策等方面排除大地主大资产阶级的主张，“太‘左’”，并为自己在 1937 年 12 月中央政治局扩大会议及之后在长江局工作中的右倾言行辩护，“认为一九三七年十二月会议与六届六中全会的路线是一致的，我的了解不能说一切经过统一战线便是一切经过蒋介石”。王明的讲话受到毛泽东、王稼祥和任弼时等人的批评，毛泽东说：王明“认为我们过去的方针是错误的，认为我们太‘左’了。恰好相反，我们认为他的观点太右了，对大资产阶级让步太多了。只是让步是弄不好的……王明在武汉时期政治上组织上都有原则的错误，但不是路线的错误”①。鉴于党内对过去若干历史有不同看法，毛泽东、王明等都认为中共有必要对过去若干历史问题做出结论。于是，会议提出先由中央政治局就党的二十年历史，特别是土地革命战争后期的路线问题进行讨论并提出一个结论草案，将来提交中共七大做出正式结论。为此，会议决定中央成立清算过去历史委员会和组织审查过去被打击干部的委员会，分别以毛泽东、陈云为首，二者为中共七大做出历史结论而开展工作。差不多同时，为了使全党同志尤其是高级领导干部辨明是非，认清历史，中共中央决定在全党成立高级学习组，解放区党政军高级干部都要组成学习组，学习研究马克思主义理论和党的文件。

整风运动普遍展开后，中共全党上下集中批评和检讨了党内长期存在的主观主义、宗派主义和党八股倾向。随着运动的深入，整风又转入对党的历史、中国革命史和党的政治路线等研究。这期间，毛泽东特地对土地革命战争后期“左”倾机会主义具有代表性的文件进行

① 中共中央文献研究室：《毛泽东年谱（1893—1949）》（中），中央文献出版社 2005 年版，第 331 页。

了研究，并在此基础上起草了《关于四中全会以来中央领导路线问题结论草案》，准备提交政治局会议讨论。1942 年 10 月至 1943 年 1 月，中共中央指导中共西北局召开了高级干部会议，会议不仅整顿了“三风”，检查了工作，落实了政策，而且集中讨论了西北革命根据地土地革命战争的历史，认为土地革命战争时期中共陕甘晋省委犯了几乎使陕北苏区和红军全部塌台的“左”倾机会主义路线错误，对刘志丹等“肃反”问题必须重新审查，且西北“左”倾机会主义路线是中央路线在西北的具体化。这就为清算土地革命战争后期王明“左”倾机会主义路线错误取得了突破口。

1943 年 5 月和 6 月，在中共中央讨论共产国际解散、国民党顽固派妄图反共等问题的过程中，王明再次同毛泽东等就党的若干历史和政策问题产生争论。1943 年 9 月至 1944 年 5 月，中共中央政治局扩大会议陆陆续续地召开，期间穿插着学习党的文件、总结党的历史等活动。毛泽东、刘少奇、朱德和周恩来等都就土地革命战争后期“左”倾机会主义路线错误、抗战初期的右倾机会主义错误及其表现阐明了自己的看法，土地革命战争后期的中央领导人秦邦宪、张闻天、任弼时、周恩来等都深刻检讨了自己所犯错误，中共中央绝大多数领导人对党的若干历史问题的看法逐渐趋于一致。但王明仍持不同意见。于是，中共中央委托任弼时和李富春分别找经常以养病为理由拒绝参加中央政治局会议的王明及其爱人孟庆树谈话，毛泽东还委托任弼时转请蔡畅和刘英找孟庆树谈话。经多方说服和教育，孟庆树代笔为王明写了致毛泽东和中共中央的信，承认他“关于国共关系和中央抗战路线问题的那些意见是错误的”，“再一次地向中央声明，我完全放弃我自己的那些意见”，决心“重新学起，改造自己的错误意识，纠正自己的教条宗派主义错误”①。1944 年 3 月，中共中央政治局会议通过了由中央书记处对党的若干历史问题提出的初步结论，如王明、博古的错误应视为党内问题，临时中央及六届四中和五中全会是合法的，六届四中全会到遵义会议的历史不应一切否定等。

1944 年 5 月，中共扩大的六届七中全会通过了中央政治局会议关于党的六个历史问题的结论，决定成立由任弼时、刘少奇、康生和周

① 金冲及主编：《毛泽东传（1893—1949）》，中央文献出版社 2004 年版，第 688 页。

恩来等组成的党内历史问题决议准备委员会，负责起草党的历史问题的决议。该委员会以毛泽东 1941 年草拟的《关于四中全会以来中央领导路线问题结论草案》为底本，以中共扩大的六届七中全会关于党的六个历史问题的决议为原则，经过广泛深入的讨论和研究，草拟了《中共中央关于若干历史问题的决议》（简称《历史决议》——引者注）。1945 年 4 月，中共扩大的六届七中全会审议通过了《历史决议》，《历史决议》对 1927 年国民革命失败后以陈独秀为首的右倾偏向、瞿秋白“左”倾盲动主义、李立三和王明“左”倾冒险主义、中共六大的路线，特别是王明“左”倾冒险主义在政治、军事、组织和思想等方面的表现及其危害等做出了正式结论。《历史决议》认为：“关于抗日时期党内的若干历史问题，因为抗日阶段尚未结束，留待将来做结论。”① 尽管如此，如上所述，中共高级领导干部在学习研究党的历史、检讨整顿“三风”的过程中，对抗战时期王明右倾机会主义在国共合作中要不要坚持独立自主、统一战线中是否应该争取领导权、抗战中能否争取民主等问题上的表现已经给予了揭露和批评，王明自己也承认了错误。因此，中共高级干部通过整风运动实际上对党的全部历史做出了总结，标志着全党对若干历史问题的认识经过激烈的争论和斗争达到了一致，从而保证了全党在政治上、思想上和行动上的团结统一。更为重要的是，延安整风运动使全党不仅认识并彻底纠正了历史上的“左”、右倾机会主义错误，而且弄清了错误产生的思想、社会和历史等根源，创立了通过批评与自我批评的整顿党风、正确处理党内矛盾与阶级矛盾的关系、彻底清算思想与谨慎处理组织等加强党的自身建设经验，丰富和发展了毛泽东党的建设思想，推进了马克思主义党建理论的中国化，为中国抗日战争和解放战争的胜利提供了思想和组织保证。

（七）抗日战争中的论争与马克思主义中国化

抗日战争时期是中国民族矛盾、阶级矛盾和社会矛盾等相互交织的时期，马克思主义中国化和大众化等命题不仅在马克思主义者内部

① 《毛泽东选集》第三卷，人民出版社 1991 年版，第 970 页。

明确提出，而且在思想文化界展开了热烈研讨。这期间，马克思主义者内部、马克思主义者同非马克思主义者之间就处理国共关系的原则、抗战的形势和前景、抗战的政治和军事路线、抗战建国的指导思想和奋斗目标等论争，可以基本上归结为如何争取抗战胜利的论争。相对于其他历史阶段马克思主义中国化中的论争，抗日战争时期的论争具有自身的特点，并对马克思主义中国化产生了重大影响。概言之，主要有：

第一，马克思主义中国化中的论争错综复杂。

抗日战争时期是中国民族矛盾、阶级矛盾、社会矛盾异常复杂的历史时期，也是中国共产党走向成熟、中国革命力量由弱转强的历史时期，马克思主义中国化中的论争特别活跃。不论从论争的议题看，还是从参与论争的主体及其关系看，抗日战争时期马克思主义中国化中的论争都比中共创立时期、国民革命时期、土地革命战争时期和解放战争时期复杂。从论争的主体看，涉及论争者有：共产国际、联共(布)、中国共产党、中国国民党、民主同盟等民主党派、无党派人士、自由知识分子和英美等国际社会的各界人士等，其中以国共两党及中国共产党党内论争为主。从论争的议题来看，不仅有中日战争的时代、进程、前途和规律，抗战时期中国的民族矛盾与阶级矛盾、抗日与民主、国民党与共产党等关系，抗日战争的指导思想、政治路线、军事路线和社会政策，中国新民主主义革命的动力、领导权、前途、道路等基本问题，而且有中国共产党与中间势力的关系、中国共产党与共产国际的关系、爱国主义与国际主义、三民主义与共产主义、中国历史和中华民族精神等。从论争的关系看，中日战争的进程和前景、国共两党关系、抗日战争领导权、八路军新四军的作战形式等问题的论争既发生在国共两党之间，也发生在中国共产党同共产国际、中国共产党同国内的中间势力之间，还发生在中国共产党内部。这种复杂程度是民主革命时期的其他历史阶段所罕见的。

第二，论争维系了团结抗战局面并推动了抗战的胜利。

国共合作是中国抗日民族统一战线的基础，国共两党是当时中国既合作又斗争的两大政党，国共关系直接关系到中国团结抗战局面能否维系，关系到中国抗日战争能否胜利。抗日战争时期，马克思主义中国化中的论争异常复杂，但这些论争基本上是围绕抗日战争，尤其是抗日战争的领导权而展开的。从时间上看，又可以将论争划分为两个阶段，前期是如何实现全国抗战、如何争取抗战胜利之争，后期是抗战胜利后建国方案，即建立一个什么样国家之争。而上述种种围绕抗日战争领导权的论争，又具体地表现为国共两党争夺抗日领导权之争。

抗日战争时期，以毛泽东为代表的中国共产党人说服了党内不愿同国民党建立抗日统一战线的“左”倾关门主义，纠正了以王明为代表的右倾机会主义，同国民党亲日派开展了坚决的斗争，同国民党顽固派进行了有理、有利、有节的斗争，尤其是以斗争求团结，粉碎和制止了顽固派的三次反共高潮，并同民主党派和无党派民主人士合作在国统区掀起了两次民主宪政运动，在舆论上揭露了亲日派的投降、失败论调和顽固派的倒退、反共言论，在理论上驳斥了叶青、陶希圣等对共产党、马克思主义、解放区政权的攻击和诬蔑，从而发展了进步势力，争取了中间势力，孤立了顽固势力，逼迫国民党顽固派不敢对日投降，不敢公然停止抗日，发动内战。因此，抗日战争时期，马克思主义中国化中的论争最大的成果是推动了中国共产党在思想、组织和作风等各方面的成熟，中共及其领导的革命力量空前壮大，从而推动抗日战争取得了伟大胜利，并为夺取新民主主义革命的最终胜利奠定了基础。

第三，毛泽东思想在论争中得到丰富和发展进而达到成熟。

抗日战争时期是毛泽东思想在各方面得到丰富和发展进而达到成熟的时期。毛泽东思想在抗战中得以丰富和发展是通过多种途径实现的，如总结中国革命历史经验，特别是国民革命以来的正反两方面的历史经验；指导全国人民特别是解放区军民抗日战争的实践；批评党内外关于马克思主义、中国抗日战争的各种错误论调等。其中，论争是重要途径之一。以毛泽东为代表的中国共产党人在批评党内“左”右倾机会主义、反对亲日派、孤立顽固派等斗争和论争中，提出了一系列新的范畴和理论。如“新民主主义革命”“实事求是”“毛泽东思想”“马克思主义中国化”等范畴都是在论争中提出或重新解释的。在批评中日战争问题上的“速胜论”和“亡国论”、说服国民党和共产党内一些同志要求八路军打运动战、批评国内外一些人轻视游击战争战略地位的基础上，毛泽东、周恩来等提出或进一步完善了持久抗战的理论、革命发展长期性和不平衡性理论、人民战争理论和独立自主的抗日游击战争理论等。再譬如，在中共六届六中全会上，针对王明在发言中表现出的对革命的乡村能否战胜敌占城市的怀疑，毛泽东、张闻天等坚持强调要独立自主地开展敌后游击战争，建设抗日民主根据地，说明中国的情况跟资本主义国家不同，在半殖民地半封建的中国，有必要也有可能走乡村包围城市的道路，这就进一步阐明了在民族战争条件下中国革命必须走农村包围城市道路的理论。在孤立顽固派、纠正党内“左”和右倾错误等基础上，中共中央提出了“坚持抗战到底，反对中途妥协；巩固国内团结，反对内部分裂；力求全国进步，反对向后倒退”以及“发展进步势力，争取中间势力，孤立顽固势力”、同顽固派斗争必须坚持“有理有利有节”原则、“斗争是团结的手段，团结是斗争的目的”等巩固和发展抗日民族统一战线的政策和策略方针。总之，抗日战争时期，马克思主义中国化中的论争，使得毛泽东思想在新民主主义革命理论、革命军队建设和军事战略理论、政策和策略思想、思想政治工作和文化工作理论、党的建设的学说等各方面都得以丰富和发展，从而达到了成熟。

第四，马克思主义中国化成为中共全党共识。

自1915年9月新文化运动以来，特别是在中国共产党的创立和成长的过程中，中国的马克思主义者和文化人士，在思想争鸣和革命活动中，曾使用过“马克思主义化”“无产阶级化”“布尔什维克化”“国际化”“苏维埃化”“西化”和“中国化”等范畴。1938年9月，在中共六届六中全会上，毛泽东在批评王明教条主义和右倾机会主义时，借鉴上述相关范畴，在中共党内首次明确提出了“马克思主义中国化”的命题，指出：“没有抽象的马克思主义，只有具体的马克思主义。所谓具体的马克思主义，就是通过民族形式的马克思主义，就是把马克思主义应用到中国具体环境的具体斗争中去，而不是抽象地应用它……离开中国特点来谈马克思主义，只是抽象的空洞的马克思主义。因此，马克思主义的中国化，使之在其每一表现中带着中国特性，即是说，按照中国的特点去应用它，成为全党亟待了解并亟须解决的问题。”① 张闻天在会上提出了“组织工作中国化”、马克思主义中国化和大众化等任务，说：“马克思主义的原则、方法是国际性的，但我们

① 中央档案馆：《中共中央文件选集》第11册，中共中央党校出版社1991年版，第658~659页。

是在中国做组织工作，一定要严格估计到中国政治、经济、文化、思想、民族习惯、道德的特点，正确认识这些特点，再来决定我们的斗争形式，我们要使组织工作中国化”，“要认真地使马列主义中国化，使它为中国最广大的人民所接受”[①]。虽然王明在会上并没有完全承认右倾机会主义错误，但是，他对马克思主义中国化的认识也大大前进了一步，也明确提出：“马列主义理论中国化问题——马列主义理论民族化，即使将马列主义具体应用于中国，是完全对的。的确，只有使马列主义深广的中国化，成为中国人民血肉之亲的东西……才能够真正家喻户晓和深入人心。”[②] 他还就如何实现马克思主义中国化提出了一系列注意事项，其中不乏远见之处。此外，张浩在大会发言中就抗战时期的职工运动问题提出了中国化的任务，说“应根据中国各地不同的政治经济的环境，与不同的风俗、语言、习惯，及一般的文化程度较低中国青年工人阶级的许多特点，来决定工作的方法与方式”，以实现“工作方法方式的民族化、中国化、通俗化”[③]。可见，在中共六届六中全会上，马克思主义中国化、民族化、大众化等已在中共高层取得一定的共识。当然，中共高层各位领导人对此认识的深刻度是不一的，个别人后来还出现了反复。如 1941 年前后，在共产国际干涉中国共产党内部事务的情况下，王明曾发动对毛泽东、张闻天等所制定的中共关于抗日民族统一战线若干政策和策略的反攻；在延安整风的过程中，王明等一度对土地革命战争时期中共所犯教条主义路线错误拒不承认等。

经过延安整风，特别是学习研究中共历史以后，中国共产党高级领导干部对土地革命战争时期的三次“左”倾错误及其产生的原因、后果等有了比较一致的看法，张闻天、秦邦宪、周恩来、任弼时和王稼祥等领导人纷纷检讨了自己在此期间所犯错误，王明也勉强承认了自己的错误和责任。1945 年 4 月，中共六届七中全会通过了《关于若干历史问题的决议》，统一了全党对若干历史问题的认识。同年 4 月和 5 月，在中共七大上，刘少奇、周恩来和朱德等在讲话中均再次强调和

---

① 程中原：《张闻天传》，当代中国出版社 2000 年版，第 476 页。

② 中央档案馆：《中共中央文件选集》第 10 册，中共中央党校出版社 1985 年版，第 678 页。

③ 中央档案馆：《中共中央文件选集》第 10 册，中共中央党校出版社 1985 年版，第 691 页。

阐释了马克思主义中国化。中共七大修改党章，将马克思主义中国化的理论成果——毛泽东思想确立为中国共产党的指导思想。这表明马克思主义中国化及其理论成果经历了反复论争成为全党共识。

第五，论争积累了中共加强自身建设和马克思主义中国化的丰富经验。

抗日战争时期，中国共产党在纠正党内“左”右倾机会主义、处理同共产国际和国民党关系、处理同中间势力的关系等过程中，尽管党内发生了种种不同意见的论争，但是，解决争论的方式和方法是积极稳妥的，并取得了良好的效果，因而在加强自身建设和推进马克思主义中国化方面积累了丰富的经验。例如，抗战之初，针对党和红军中存在的“左”倾关门主义，中共在党和红军中通过开展形势和统战政策教育活动予以克服；针对八路军将领中一些人不同意八路军采用游击战争抗击日军侵略的想法，毛泽东、张闻天等作了耐心的说服工作，洛川会议并没有就此急忙通过决议，而是等待在抗日实践中慢慢解决；针对以王明为代表的右倾机会主义，尤其是其打着共产国际的旗号推行屈从国民党顽固派的政策，给党内造成了很大的混乱，毛泽东、张闻天等给予了有力的抵制，并委派任弼时赴莫斯科向共产国际、联共（布）汇报中国抗日战争现状、中国共产党的抗日路线和方针等，在争取了共产国际的支持和理解后，通过召开六届六中全会妥善、有效地纠正了王明右倾机会主义。抗战相持阶段，针对国民党顽固派的动摇、倒退和制造摩擦等，中国共产党制定并执行了发展进步势力、争取中间势力和孤立顽固势力的策略方针，通过发布宣言、接受中外记者采访、国共谈判等多种途径和方式，揭露国民党顽固派的倒行逆施及其对共产党抗日主张的污蔑和诋毁，通过有理、有利、有节的斗争达到了团结抗战并争取抗战胜利的目的；针对党内长期存在的主观主义、宗派主义和党八股等，中国共产党发动了延安整风运动，通过开展批评与自我批评，达到了全党思想、意志和行动的高度统一；针对党内长期存在而在整风运动中凸现出来的、对党的若干历史问题的不同看法和论争，中共中央在高级干部中通过开展学习、研究党史活动，并成立专门的领导机构，编印学习材料等，使党的高级干部对党的若干历史问题的认识趋于一致。这些成功经验不仅对抗战时期中共加强自身建设和推进马克思主义中国化发挥了重要历史作用，而且对后来中共的成长壮大，中国新民主主义革命、社会主义革命和建设的实践发展等起到了促进作用。

五、建立一个什么样的国家
——解放战争时期马克思主义中国化中的论争（1945. 9—1949. 9）

1945 年 9 月至 1949 年 9 月，是中国共产党领导中国人民推翻美帝国主义扶持的以蒋介石为首的大地主大资产阶级反动统治的解放战争时期。这一时期，中国两个前途和命运的抉择虽然主要是通过战场上的军事斗争来完成的，但是，在中国共产党和国民党、中国共产党内部、中国共产党与民主党派、中国共产党与联共（布）之间等还是就中共领导的军队能否武装自卫国民党军队的进攻、建立一个什么样的国家、怎样建立一个统一的国家等问题发生了争论。

（一）中国能否革命之争

第二次世界大战后，世界局势形成了美苏争霸的两极格局。美国凭借其超强的实力妄图称霸世界，阻止世界各被压迫民族和人民的民族民主革命，尤其是竭力遏制各国共产党力量的发展。在亚洲，美国把中国视为自己的势力范围，继续执行扶蒋反共政策，妄图在中国建立一个“对美国友好的、并且能够有效地阻止苏联在远东可能的侵略”的亲美政权，而“短期内能够实现的最重要的目标是阻止共产党完全控制中国”[①]。由于包括美国人民在内的世界人民反对战争，要求和平，特别是畏惧于中国共产党及其领导的人民力量的增强，美国反动势力不敢以直接武装干涉的方式卷入中国内战，而选择的是出钱出枪，武装蒋介石集团屠杀中国共产党及其领导的武装和人民。因此，抗日战争一胜利，美国就为国民党军队提供武器装备和军事训练，派遣军事顾问，用飞机、军舰将几十万国民党军队从西南运送到华东、华北和

① 资中筠：《美国对华政策的缘起和发展（1945—1950）》，重庆出版社 1987 年版，第 435 页。

东北等前线，同中国共产党抢占抗战胜利果实，并为武力消灭共产党作准备。同时，美国试图劝说国民党实行有限的政治改良，给中共合法地位，以换取中共交出军队和地方政权，并以牺牲中国利益为代价同苏联达成妥协，要求苏联支持国民党政府“统一”中国，迫使中国共产党放弃武装革命。

在这种国际国内背景下，关于抗战胜利后中国革命的形势、中国共产党及其领导的军队能否武装反抗国民党军队的进攻等问题，在中国共产党内及其同中间势力之间、中国共产党同联共（布）之间等产生了不同看法。

1. 战后国际形势是否利于中国革命

由于对战后国际局势的紧张程度判断过于严重，尤其是对美国力量估计过高，而对世界社会主义运动的力量估计不足，加上受战争破坏的苏联经济亟待恢复重建等原因，苏联在欧美对以美国为首的西方阵营的攻势采取了守拙态度，劝说法国共产党和意大利共产党解散了在反法西斯战争中组织和掌握的军队，选择了走议会道路，参加了资产阶级政府，默许英国派军镇压了希腊共产党领导的军队。

在中国，出于民族利己主义，维护美苏签订的雅尔塔协定，又担心中国革命会引起苏联同美国的冲突，甚至引发世界大战，以及对中国共产党及其领导的人民力量不够信任，而对中国国民党的势力估计过高等原因，苏联及其领导人在中国抗日战争胜利后的一段时间内，推行了承认并支持国民党政府统治中国的外交政策，也希望中共像法共、意共一样放弃武装斗争，走和平的议会道路，同国民党合作在中国建立“民主共和国”。1945 年 8 月，苏联同国民党政府签订了《中苏友好同盟条约》《关于大连之协定》《关于旅顺口之协定》等，表示将援助国民党政府，并有意帮助其实现军令政令的统一。同月，斯大林指示苏共中央以苏维埃俄罗斯中央委员会的名义给中共中央发来秘密电报，要求中共无论如何不能打内战，说“国共应言归于好，共商建国大事。如果继续打内战，中华民族有毁灭的危险”①。根据一些人士

① 中共中央文献研究室：《毛泽东年谱（1893—1949）》（下），中央文献出版社 2005 年版，第 13 页。

的回忆，斯大林还曾把中共代表团叫到莫斯科，劝说中共同国民党蒋介石和解，甚至建议中共解散自己的军队，认为“中国没有发展起义的条件，中国同志应当同蒋介石达成维持正常关系的暂定条款并解散自己的军队”①。1949年7月，刘少奇率领中共代表团秘密访问苏联，在同斯大林举行会谈中，当刘少奇谈到“抗日战争结束后，蒋介石叛变，我们是有准备的”时，斯大林一再询问和承认：“在你们进行斗争中，我们是不是扰乱过或妨害了你们呢?”“你们在美国人参与的和平运动中是否受了损失，（我们）妨害了你们?”“胜利者是不受审判的，凡属胜利了的都是正确的……我们是妨碍过你们的。”② 这也旁证了斯大林在抗战胜利后曾劝导中共放弃武装革命，走和平改革社会政治的道路。对此，毛泽东后来称之为“不准革命”，“斯大林在最紧要的关头，不让我们革命，反对我们革命”③。周恩来也说这是“不许我们反击国民党发动的内战”④。这些都证明，解放战争初期苏联领导人曾干涉过中共内部事务，要求中共屈从于国民党。

尽管共产国际早已解散，中国共产党在革命斗争中也已成熟起来，但是，因为中国革命尚需苏联的支持，中苏两国共产党曾有过传统友谊，国际局势的演变和意识形态的共性也要求中国共产党在一系列重大问题的看法和处理上要同联共（布）保持相对的一致性。所以，共产国际解散后，中国共产党仍对联共（布）及其领导人非常尊敬，很多问题还是征询联共（布）和斯大林的意见，一些政策还借鉴联共（布）的经验。正因如此，抗战胜利后，美国企图通过苏联向中国共产党施压，逼其就范，联共（布）和斯大林也习惯性地继续对中国共产党指手画脚。

如上所述，以斯大林为首的联共（布）要中共放弃武装革命道路的原因之一是对国际局势的演变持悲观的看法，害怕中国内战会把美、

① 沙健孙主编：《中国共产党与新中国的创建》上册，中央文献出版社2009年版，第50、51页。

② 师哲：《在历史巨人身边——师哲回忆录》（修订本），中央文献出版社1995年版，第414页。

③ 《毛泽东文集》第七卷，人民出版社1999年版，第42、386页。

④ 吴冷西：《十年论战——1956—1966中苏关系回忆录》（上），中央文献出版社1999年版，第321页。

苏两国卷入战争，甚至引发世界大战。而毛泽东等对抗日战争胜利后中国革命所处的国际环境和形势则持乐观看法，认为人民民主力量在第二次世界大战中已经得到巨大发展，同第一次世界大战后的国际局势相比，当时的局势对世界各被压迫人民的解放和民族的独立都更为有利，且人民民主力量越强大就越能制止世界大战的爆发。

早在1945年的中共七大上，毛泽东就指出：反法西斯的第二次世界大战的胜利，给世界各国“人民斗争的胜利开辟了道路。也只有这后一种斗争的胜利了，巩固的和持久的和平才有保障”①。1945年8月，抗日战争胜利后，毛泽东认为：中国将进入和平建设阶段，“全世界、欧洲、东方都是如此。不能有第三次世界大战，这是肯定的”②。与此同时，中国共产党内部一些人也产生了对形势悲观的看法。为此，1945年12月，中共中央发出指示，教育党内同志，那种认为“国民党势力大得了不得，国民党的进攻是不能粉碎的”等一切悲观的论点都是错误的，“必须扫除干净”③。

1946年夏，毛泽东对战后国际局势发展趋势及其与中国革命前途的关系等问题有了更加明确的认识。针对当时有一些同志，“由于过高地估计帝国主义力量，过低地估计人民力量，惧怕美帝国主义，惧怕爆发新的世界战争，因而在美蒋反动派武装进攻的面前，表示软弱，不敢坚决地用革命战争反对反革命战争”等错误思想，他指出：“世界反动力量的确在准备第三次世界大战，战争危险是存在着的。但是，世界人民的民主力量超过世界反动力量，并且正在向前发展，必须和必能克服战争危险。因此，美、英、法同苏联的关系，不是或者妥协或者破裂的问题，而是或者较早妥协或者较迟妥协的问题”，“这种妥协，只能是全世界一切民主力量向美、英、法反动力量作了坚决的和有效的斗争的结果”④。

同时，毛泽东还提出了“中间地带”的战略思想和“一切反动派

① 中共中央文献研究室：《毛泽东在七大的报告和讲话集》，中央文献出版社1995年版，第24页。

② 中共中央文献研究室：《毛泽东年谱（1893—1949）》（下），中央文献出版社2005年版，第10页。

③ 《毛泽东选集》第四卷，人民出版社1991年版，第1 181页。

④ 《毛泽东选集》第四卷，人民出版社1991年版，第1 184页题注和第1 184、1 185页。

都是纸老虎"的论断，指出："美国和苏联中间隔着极其辽阔的地带，这里有欧、亚、非三洲的许多资本主义国家和殖民地、半殖民地国家。美国反动派在没有压服这些国家之前，是谈不到进攻苏联的"；"反苏战争"只是美国反动派为了掩盖种种矛盾"所放的烟幕"，"原子弹是美国反动派用来吓人的一只纸老虎"①。这就进一步说明了世界大战暂时是打不起来的观点，表明美蒋反动力量并不可怕，中国人民在美帝国主义和蒋介石反动派的联合进攻下，将要经受长期的苦难，但是，最终胜利必将属于人民，即对战后包括中国革命在内的民族民主革命的国际形势应持乐观态度和必胜信念。

2. 中共能否武装自卫

抗日战争胜利后，国民党蒋介石集团和美国一方面试图通过和平谈判的方式，压迫中国共产党交出军队；另一方面在美国的武装和援助下，将大批军队调往华北、华东和东北，妄图通过武装进攻消灭共产党领导的人民力量。

如何应对美国支持下的国民党军队咄咄逼人的进攻？如上述及，斯大林等因对战后国际社会主义运动的力量估计不足，担心各国共产党领导的武装同资产阶级领导的武装冲突会引发世界大战，故在欧洲不敢支持法共、意共、希共等开展武装斗争，在中国也不许中国共产党武装抗击国民党军队的进攻。而以毛泽东为代表的中国共产党人，在解放战争时期，面对国民党军队的军事进攻，坚定地选择了武装自卫的道路。

抗日战争一结束，中共中央和毛泽东就提出："蒋介石想消灭共产党的方针没有改变也不会改变"，"对于蒋介石发动内战的阴谋，我党所采取的方针是明确的和一贯的，这就是坚决反对内战，不赞成内战，要阻止内战"，"蒋介石对于人民是寸权必夺，寸利必得。我们呢？我们的方针就是针锋相对，寸土必争"。② 因此，抗日战争胜利后，中共中央不顾美国、苏联和国内一些中间人士的干涉，指示各解放区人民

---

① 《毛泽东选集》第四卷，人民出版社 1991 年版，第 1 193 页。

② 中共中央文献研究室：《毛泽东年谱（1893—1949）》（下），中央文献出版社 2005 年版，第 11、5 页。

军队严阵以待，坚决消灭来犯之敌。

在抗战胜利后争取和平民主的历史阶段，中国共产党始终坚持用以谈对谈、以打对打的革命两手反对反革命的两手。如在重庆谈判期间，人民解放军取得了上党战役的胜利。重庆谈判后，中共中央向各中央局和解放区党委发出指示："和平基本方针虽已奠定，但暂时许多局部的大规模的军事冲突仍不可避免"，粤、鄂、豫、浙、苏南等地，平汉、津浦、同蒲、正太等路，"顽军正向我大举进攻……我方必须提起充分注意，战胜这些进攻，绝对不可松懈"，在国共两党未能解决解放区问题之前，"解放区军队一枪一弹均必须保持，这是确定不移的原则"①。在1946年1月，政治协商会议召开之前，人民解放军又取得了平绥、平汉、津浦战役的胜利。1946年2月，政治协商会议之后，中共中央认为"不论反动派破坏如何猖獗，甚至再打一时期内战，不论全世界、全中国反苏反共活动如何高涨，世界与中国的和平局面业已确定，任何反动派不能改变此种大局"。后来的历史证明，这一看法并不完全准确，对中国和平局面的看法过于乐观。但是，即使在持这一看法的情况下，中共中央也清醒地要求各中央局和分局："密切注意顽方动态，并在军事上作必要准备，加强整训，加强侦察，严防反动派突然袭击。如果反动派发动进攻时，必须能够在运动中坚决、彻底、干净、全部消灭之。"② 1946年6月，国民党军队向共产党领导的各解放区发动全面进攻，中共中央及时发出《以自卫战争粉碎蒋介石进攻》的指示，强调："只有在自卫战争中彻底粉碎蒋介石的进攻之后，中国人民才能恢复和平。"③ 全面内战爆发后，中共领导解放区军民英勇地抗击来犯之敌，最终取得了解放战争的胜利。

需要提到的是，在1945年秋重庆谈判和1946年1月政治协商会议召开前后的两个较短时间内，中国共产党曾有过走议会斗争道路的打算。如抗日战争一胜利，中共中央就号召"立即召开各党派和无党派代表人物的会议……制定民主的施政纲领，结束训政，成立举国一致

① 中共中央文献研究室、中央档案馆：《建党以来重要文献选编》第22册，中央文献出版社2011年版，第727页。

② 中共中央文献研究室、中央档案馆：《建党以来重要文献选编》第23册，中央文献出版社2011年版，第146、145页。

③ 《毛泽东选集》第四卷，人民出版社1991年版，第1 186页。

的民主的联合政府"；1946 年 2 月，中共中央向全党发出指示："中国革命的主要斗争形式，目前已由武装斗争转变到非武装的群众的与议会的斗争，国内问题由政治方式来解决"；"要准备将全党的工作转变到非武装的群众的与议会的斗争中去，用心去学习与组织合法斗争"①。但是，在争取和平民主建国的整个历史阶段，中共中央时刻没有放松武装自卫的准备，更不存在不敢武装自卫。

如何看待美国可能对中国内战的直接干涉？如前述及，斯大林不敢支持中国共产党实行武装自卫的原因之一，是担心国共武装冲突将引起美国大力援助和武装国民党军队，甚至直接武装干涉中国内战，并引发美苏军事冲突。对此，以毛泽东为代表的中国共产党人也有不同的看法。抗日战争胜利后，毛泽东虽然也认为："在亚洲，中国则为美国所必争。主要由于美国的势力使我们的发展受到限制，我们如果占领了南京、上海那样的大城市，美国一定要干涉。"② 但同时又认为："中国人民革命力量愈强大，愈坚决，美国进行直接的军事干涉的可能性也就将愈减少，并且连同用财政及武器援助国民党这件事也就可能要减少。" 可见，中国共产党人并不因美国可能的干涉就放弃放手发动群众、壮大人民力量的路线，更没有放弃对美国军队和国民党军队进攻的武装自卫。当然，以毛泽东为核心的中共中央"从来就是将美国直接出兵占领中国沿海若干城市并和我们作战这样一种可能性，计算在我们的作战计划之内的"③。比如，1945 年底，中共中央多次指示人民军队：美国军队若在烟台、威海、龙口等地登陆，"我军应表示强硬拒绝，建筑工事，实行抵抗……只有我军采取强硬态度，并在世界上引起舆论大风波之后，才能压制美军的无理干涉"④。如果美国军舰向我军开炮掩护顽军在东北登陆，我军自然可以大炮还击美舰。1949 年春，中共中央军委又多次指示前线部队：对于阻止人民解放军渡江、

---

① 中央档案馆：《中共中央文件选集》第 13 册，中共中央党校出版社 1987 年版，第 136、319、321 页。

② 胡乔木：《胡乔木回忆毛泽东》，人民出版社 2003 年版，第 392 页。

③ 中共中央文献研究室、中央档案馆：《建党以来重要文献选编》第 26 册，中央文献出版社 2011 年版，第 25 页。

④ 中共中央文献研究室、中央档案馆：《建党以来重要文献选编》第 22 册，中央文献出版社 2011 年版，第 716 页。

敢于闯入解放区内河的英美军舰“均得攻击之；有向我发炮者，必须还击，直至击沉、击伤或驱逐出境为止”①。1949年夏，为了预防美国的直接武装干涉，中央军委指示第二野战军在华东地区就地“整训”，协助第三野战军对付美国可能的军事干涉，直到情况明朗后，才西进解放大西南。也就是说，以毛泽东为首的中国共产党人，预防了美国对中国内战的可能直接干涉，但又不害怕美国的直接干涉。

3. 中国内战的责任和制止内战的根本途径

中国共产党同国民党曾有过1927年到1937年的十年内战，抗战时期也有过多次摩擦，甚至发生像“皖南事变”那样大规模的武装冲突。抗战胜利后，中国共产党领导的人民武装比历史上任何时期都强大，美国、苏联和中国国统区各界人士都担心中国爆发内战，但对内战责任和如何制止内战等问题的看法不尽一致。

（1）关于中国内战的责任。

早在抗日战争胜利前，美国驻华大使赫尔利就在美国新闻记者俱乐部公开发表讲话，攻击中共及其领导的人民军队是中国战后实现统一与民主的障碍。国民党反动统治势力自然也是将内战的责任推至中共及其领导的武装身上，甚至连“内战”都不愿承认，污蔑共产党的武装自卫是“叛乱”“武装割据”，而自诩所发动的战争为“戡乱”“平定叛乱”和“剿共”。由于国民党政府具有包括苏联在内的世界各国承认的合法地位，美国、苏联和国统区的中间势力等虽然对国民党统治的腐朽和落后性有所认识，但对其反人民、反民主的本质并不完全清楚，甚至幻想它能够通过民主改革实现进步。因而，抗日战争胜利后，国内外很多人士都将中国避免内战的路径选择为中国共产党放弃武装，甚至将中国内战的责任归罪于中共及其领导的武装。如：一些民主党派和人士在国共重庆谈判和政治协商会议期间就要求中共缩减武装力量。1945年8月，苏共在发给中共的两封电报中都反对中国内战，并劝说毛泽东去重庆同蒋介石举行会谈，认为在蒋介石再三邀请毛泽东去重庆协商国是的情况下，反问毛泽东：“如果一味拒绝，国

① 中共中央文献研究室、中央档案馆：《建党以来重要文献选编》第26册，中央文献出版社2011年版，第407页。

内、国际各方面就不能理解了。如果打起内战，战争的责任由谁承担?"[①] 这实际上也含有将中国爆发内战的责任和危险归于中共的错误思想。对此，毛泽东等是不能接受的。但是，为了争取和平，揭露国民党蒋介石假和谈的阴谋，并教育对国民党蒋介石抱有幻想的国内人士和包括苏联领导人在内的国际人士，毛泽东决定亲自赴重庆同蒋介石举行会谈。直到1956年春苏共二十大后，在谈到如何评价斯大林及其与中国革命的关系时，毛泽东、周恩来、刘少奇等还非常气愤地说，当年中国打不打内战的主动权在蒋介石，中共只是自卫和反抗，斯大林当时却叫中共不要打内战。可见，他们一直对当年苏共电报所持立场表示不满。

（2）关于中国内战的根源。

中国共产党人认为：国民党反动统治集团反民主、反人民的本性决定了它必然要发动消灭共产党和人民武装的内战，和平的愿望能否实现，并“不取决于我们，而取决于当时的统治阶级”[②]。同时，中国共产党人还认为：美国为了殖民化并控制中国，必然要从军事、经济和外交等各方面鼎力支援国民党反动派，并在中国驻扎了大量军队，将直接间接为国民党反动统治撑腰、服务，这些都使得国民党反动统治集团敢于发动内战。因此，美国对蒋介石的军事援助，以及美国军队驻扎在中国领土之上，也“是中国大规模内战爆发与继续扩大的根本原因”[③]。也就是说，中国内战的根源和责任在于国民党统治集团的反动本性，特别是妄想消灭共产党图谋，以及美帝国主义对国民党反动派的援助。

（3）关于制止中国内战的根本途径。

美国、国民党反动派和中国的少数中间人士等都将中国避免内战、制止内战的途径认定为中共放弃武装。以斯大林为首的联共（布）则持一种矛盾的心态，一方面希望中共放弃武装，走合法道路，避免同美国军队和国民党军队发生武装冲突；另一方面又对中共及其领导的

---

① 师哲：《在历史巨人身边——师哲回忆录》（修订本），中央文献出版社1995年版，第308页。

② 《刘少奇选集》上卷，人民出版社1981年版，第205页。

③ 中共中央文献研究室、中央档案馆：《建党以来重要文献选编》第23册，中央文献出版社2011年版，第314页。

武装给予了秘密的支持，尤其是对人民解放军进入东北给予了配合，希望国共军队在东北形成均势，防止将来美蒋勾结将东北变成反苏基地。

以毛泽东为代表的中国共产党人、大多数中间人士等认为，只有壮大人民的力量才能有效地制止国民党蒋介石发动内战，逼迫国民党改革政治，发展民主，改善民生。1945 年 7 月，中共七大制定了“放手发动群众，壮大人民的力量，打败日本侵略者，解放全国人民，建立一个新民主主义中国”的政治路线。抗战胜利后，“内战有一触即发之势”，毛泽东等认为制止内战“是完全有方法的”，该办法是“坚决迅速努力壮大人民的民主力量……如有独夫民贼敢于进犯人民，则取自卫立场，给以坚决的反击，使内战挑拨者无所逞其技。这就是办法，也只有这个唯一的办法”[①]。正因如此，抗战胜利后，中共竭尽全力争取和平民主，但时刻不忘发展壮大人民力量，整军经武，以武力为后盾制止国民党反动派发动的内战。由于美国的援助和美军驻扎在中国也是中国内战爆发的重要原因，中国共产党和民主党派等都认为，美国停止援助国民党反动派、停止干涉中国内政、美国军队撤出中国是避免和制止中国内战的重要途径。因此，中共领导中国人民开展了抗议美军暴行、反对中美商务协定等一系列反美爱国运动。1947 年掀起的以学生运动为主体的国统区人民反美反蒋爱国民主运动，成为配合人民解放军推翻美蒋反动统治的第二条战线。

当然，中国共产党人同大多数中间人士对人民力量的理解是有区别的，中国共产党理解的人民力量，包括武装力量和人心向背、社会组织等，其中武装力量占重要地位。而大多数民主人士长期反对武装革命的道路，自身也没有能力组织武装力量，他们选择的制止内战的途径主要是启发民众从事和平民主运动。梁漱溟的观点就具有代表性，他曾说：“我亦晓得要有实力才解决得了问题。但我不相信只有军队是实力。我相信我能代表广大人民要求，便是实力。”[②] 还有一些中间人士将制止中国内战的希望寄托于国际社会的干预。

---

① 《毛泽东选集》第四卷，人民出版社 1991 年版，第 1 150 页。

② 李洲庭、阎秉华：《梁漱溟先生年谱》，广西师范大学出版社 2003 年版，第 137 页。

4. 中国内战结局的预测

抗日战争胜利后，国共两党力量悬殊。民族资产阶级、上层小资产阶级等中间势力对中共武装自卫的前途持怀疑态度，但也不看好国民党军队消灭共产党武装，在他们中间，“‘国民党打不垮共产党，共产党也打不垮国民党’，‘谁也消灭不了谁’。这种说法很流行”[①]。全面内战爆发后，民主人士关切地询问周恩来“中共的实力怎样？有准备没有？”[②] 这些表明，中间势力对中共武装力量及武装自卫的前景都缺乏信心。美国、苏联等国的各界人士同样轻视中国共产党及其领导的人民武装力量。如前所述，斯大林杞人忧天地说“中国不能再打内战，要再打内战，就可能把民族引向灭亡的危险地步等等”，表露出对中国革命形势和前途的悲观态度。而以毛泽东为首的中国共产党人虽然不希望中国打内战，但是，面对美国及其援助下的国民党反动派挑起的内战，并不感到害怕，坚信“决定战争胜败的是人民，而不是一两件新式武器”，“中国人民在美国帝国主义和中国反动派的联合进攻之下，将要受到长时间的苦难，但是这些反动派总有一天要失败，我们总有一天要胜利”[③]。1945 年 8 月，苏联通过苏军驻延安情报组连续给中共中央发来两封要求中共放弃武装自卫的电报，“引起毛主席的极大不快，甚至是很生气。他这样说：‘我就不信，人民为了翻身搞斗争，民族就会灭亡？！”[④] 1946 年夏，全面内战爆发后，毛泽东、周恩来等在一系列场合向党内外、国内外各界人士阐明：“中共必胜，国民党必败”，“中国的人心向背是决定一切的”[⑤]。所以说，在整个解放战争时期，以毛泽东为代表的中国共产党人始终坚信，人民解放的道路是艰难的，但是，胜利一定属于人民，打败国民党蒋介石反动统治，推翻帝国主义后，中国人民必定能够建立一个独立、自主和富强的新中国。

① 《周恩来选集》上卷，人民出版社 1980 年版，第 273 页。

② 中共中央文献研究室：《周恩来年谱（1898—1949）》（修订本），中央文献出版社 1998 年版，第 719 页。

③ 《毛泽东选集》第四卷，人民出版社 1991 年版，第 1 195 页。

④ 师哲：《在历史巨人身边——师哲回忆录》（修订本），中央文献出版社 1995 年版，第 308 页。

⑤ 中共中央文献研究室：《周恩来年谱（1898—1949）》（修订本），中央文献出版社 1998 年版，第 718、723 页。

（二）解放区土地改革之争

解放战争时期和新中国成立后，中共中央和毛泽东根据解放的先后，将“日本投降以前”解放的地区、“日本投降至大反攻，即一九四五年九月至一九四七年八月两年内所解放的地区”和“大反攻后”解放的地区，分别称之谓老解放区、半老解放区和新解放区。[①]

土地问题是中国革命的基本问题，解放战争时期，“土地制度的彻底改革”是“中国革命的一项基本任务”，是“足以战胜一切敌人的最基本的条件”[②]。因此，中国共产党领导各解放区人民分阶段、分步骤地开展了土地改革运动。在这期间，国内不同阶级之间、人民民主统一战线内部等就解放区土地改革的若干问题产生了争论。

1. 老解放区和半老解放区是否进行土地改革

抗日战争胜利后，中国共产党领导的解放区，甚至国统区的各界人士，首先发生了是否要在老解放区和半老解放区进行土地改革的争论。在抗战胜利后争取和平民主的历史时期，中国共产党领导老解放区人民继续实行抗战以来的减租减息政策，并通过开展生产运动来保卫解放区；领导半老解放区人民开展了反奸清算、没收日伪土地分给农民、清匪反霸、减租减息等运动。但随着老解放区和半老解放区反奸清算、减租减息等运动的深入发展，各地农民对解决土地问题的要求日益提高，山西、河北和山东等地部分农民开始要求并采取多种方式直接从地主手中取得土地。对此，“一部分汉奸、豪绅、恶霸、地主逃跑到城市中，则大骂解放区的群众运动。有些中间人士，则发生怀疑。党内亦有少数人感觉群众运动过火”。而以毛泽东为代表的中国共产党人“坚决拥护广大群众这种直接实行土地改革的行动，并加以有计划的领导”，“对于汉奸、豪绅、地主的叫骂”“对于中间派的怀疑”“对于党内的不正确观点”分别予以“驳斥”“解释”和“教育”[③]。

---

① 《毛泽东选集》第四卷，人民出版社 1991 年版，第 1 277、1 278 页。

② 《毛泽东选集》第四卷，人民出版社 1991 年版，第 1 252 页。

③ 中央档案馆：《解放战争时期土地改革文件选编（1945—1949）》，中共中央党校出版社 1981 年版，第 1 页。

1946年5月，为了满足农民对土地的正当要求，改革农村生产关系，发动农民为保卫解放区而斗争，中共中央向党内发出了《关于土地问题的指示》即《五四指示》，决定将土地政策由抗日战争以来的减租减息，改为“耕者有其田”。但是，由于当时全面内战尚未爆发，为了争取一切可以争取的社会力量制止内战，减少土地改革的阻力，《五四指示》执行的是有限的土地改革政策，除没收汉奸、豪绅、恶霸地主的土地分给农民外，主要通过清算、减租减息、献地、地主出卖土地等方式使农民减轻负担，或从地主手中获得土地。《五四指示》规定：“决不可侵犯中农土地”；“一般不变动富农的土地”；“对于抗日军人及抗日干部的家属之属于豪绅地主成份者，对于抗日时期，无论在解放区或在国民党区，与我们合作而不反共的开明绅士及其他人等，在运动中应谨慎处理，适当照顾，一般应采取调解仲裁方式……给他们多留下一些土地”；“对于中小地主的生活应给以相当照顾”，[①] 等等。

《五四指示》发出后，各老解放区和半老解放区农民普遍地开展起清算减租、没收恶霸地主土地等运动，削弱了封建制度，发动了农民参与革命的积极性，促进了农村生产的恢复和发展。一些解放区还渐渐突破《五四指示》的规定，实行了没收一切地主土地、没收富农出租土地、平分土地等更为彻底的土地改革政策。由于《五四指示》发出不久，1946年6月全面内战就爆发了，农民阶级同地主阶级的矛盾进一步激化，农民对土地的要求进一步提高，巩固工农联盟和争取解放战争胜利的形势推动解放区土地改革走向深入，但是，中共各解放区党组织比较普遍地存在着不敢放手发动农民深入开展土地改革的右倾倾向。1947年7月至9月，中国共产党在河北平山县召开了全国土地会议，会议在总结党领导的土地改革经验，尤其是各解放区执行《五四指示》以来所开展的土地改革经验的基础上，制定并颁布了《中国土地法大纲》，决定在新老解放区实行彻底的土地改革，以乡村为单位，按人口平分土地，消灭地主和富农，变封建地主土地所有制为农民土地所有制。

① 《刘少奇选集》上卷，人民出版社1981年版，第378、379页。

2. 老解放区和半老解放区没收还是征购地主土地

解放战争时期，中国社会各界继在老解放区和半老解放区是否要进行土地改革之争后，又发生了没收地主土地还是征购地主土地的争论，这仍然是土地改革彻底性之争。孙中山曾提出用征购的办法解决农民土地问题，但没有付诸实践。抗日战争胜利后，民主同盟、九三学社等民主党派及其领导人就国内各方面政策发表了一系列宣言、纲领、谈话和声明等，但很少提到解决农民土地所有权问题。如，1945年10月，民主同盟临时全国代表会议通过的《中国民主同盟纲领》，在“经济”中提到土地问题，但认为：“国家在农业上应先实施减租，切实保障贫农的土地使用权……并规定最高限度之土地私有额，凡超额之私有土地，国家于必要时，得以法定程序征购之。”① 即只提出减租和保障农民的土地使用权，没有提出满足农民对土地的所有权，且用征购的方法限制土地过分集中于私人。1946年5月，正是由于地主、劣绅、国民党反动派的反对和中间势力不理解，中共中央发出《五四指示》的同时，又发出了《关于暂时不在报纸上宣传解放区土地改革的指示》，“以免反动派借口我们政策的某些改变，发动对于群众的进攻”。7月，由于民族资产阶级、上层小资产阶级等中间势力的批评和不解，中共中央又指示周恩来和董必武等向民主党派人士解释党的土地政策，说解放区广大农民“自己动手解决土地问题，我党无法和不应阻止这种群众的正当要求”，甚至向中间人士表示共产党领导的解放区将对地主土地实行征购政策，说中共主张“对于一般地主土地不采取没收办法，拟根据孙中山照价收买的精神，采取适当办法解决之”②。

《五四指示》虽然规定佃农可以优先购买地主自愿出卖的土地，但并没有提出通过征购的方式将地主的土地转为农民所有。由于解放区和国统区都有人提出了征购土地的主张，中共中央于1946年7月发出指示，要求各解放区党组织就征购地主土地、用资本主义生产方法所经营的大农企业的处理等重要问题进行研究答复并报中央；同月，又

---

① 中国民主同盟中央文史资料委员会：《中国民主同盟历史文献》，文史资料出版社1984年版，第68页。

② 中央档案馆：《解放战争时期土地改革文件选编（1945—1949）》，中共中央党校出版社1981年版，第10、19页。

在《为实现耕者有其田向各解放区政府的提议》中，提出了通过征购地主多余土地分给农民的建议。1946年9月，陕甘宁边区政府副主席、开明绅士李鼎铭也提议边区土地改革采用征购的办法，并得到边区政府委员会的同意。9月和12月，中共中央西北局和陕甘宁边区政府先后发布《关于试行土地公债办法草案》和《征购地主土地条例草案》等，要求边区各县在减租、查租的基础上，通过政府发行公债的方法，征购地主多余的土地并分给无地和少地的农民；公债基金由边区政府或由政府和农民共同担负，分10年还本。征购虽然在陕甘宁边区取得了一定的成效，中共中央还于1947年2月将之向其他解放区推荐，但是，不可否认，征购是有偿地剥夺地主多余的土地，中共中央和陕甘宁边区政府之所以同意采用这一方法进行土地改革，除了因为陕甘宁边区作为老解放区土地占有状况具有特殊性外，更主要的原因是地主、开明绅士、民主人士等不同意通过没收的方法剥夺地主的土地。陕甘宁边区在试行征购的过程中，出现了很多农民仍得不到土地、土地改革形同土地买卖、农民觉悟和革命积极性无法提高、地主气焰没受打击等问题。实践证明该办法不能推进土地改革，也无法满足农民的土地要求。

1947年1月，在总结通过征购土地推行土地改革经验的基础上，中共中央西北局发出《关于发动群众彻底解决土地问题的补充指示》，提出：公债征购土地的意义主要在于发动群众，不是买卖土地。在土地征购前，必须发动农民对地主展开面对面的诉苦清算斗争，打击地主的气焰，由农民讨论决定征购地主土地的数量、价格等，“征购只能在群众斗争深入的基础上去实行，形式上是公债征购，内容则是退租算账；算账算来的是大部，征购卖出的是残余；看来是由上而下的法律方法，实则是由下而上的群众斗争”①。2月，陕甘宁边区政府颁布《征购地主土地修正条例草案》，删除了“地主自力耕种之土地不得征购”等条款，提出：“征购土地之分配应按人口分配给无地及少地之贫苦人民，使每人所有土地数量与质量达到大体的平均”②。也就是说，有偿征购的土地不再是农民获得土地的主体，地主已在消灭之列。1947

① 中国延安干部学院：《延安时期大事记述》，中央文献出版社2010年版，第437页。
② 中国延安干部学院：《延安时期大事记述》，中央文献出版社2010年版，第438页。

年底，陕甘宁解放区同其他解放区一样，开始采取平分土地的办法深化土地改革。解放战争时期，全国其他解放区均没有采用征购的方式开展土地改革，而是通过没收地主、富农的土地实行土地改革。

3. 老解放区和半老解放区是否平分土地

如上所述，在全面内战爆发，尤其是 1947 年 6 月人民解放战争由战略防御转入战略进攻、国民党反动统治出现分崩离析的背景下，农民阶级同地主阶级的矛盾进一步激化，农民对土地的要求进一步提高。为了满足农民对土地正当要求，动员农民支持和参加人民解放战争，中共中央工作委员会于 1947 年 7 月至 9 月在全国土地会议上制定了《中国土地法大纲》，决定在解放区实行彻底的土地改革，对土地普遍实行彻底平分。1947 年 7 月，全国土地会议召开期间，中共中央在陕北靖边县小河口村召开了前委扩大会议，毛泽东在会上认为平分土地是土地改革的原则，但各地按情况可以伸缩。8 月，新华社发表社论《学习〈晋绥日报〉的自我批评》，也提出土地改革应实行土地彻底平分的政策。

全国土地会议和《中国土地法大纲》改变了《五四指示》及其执行过程中对地主照顾过多、不敢放手发动农民等右倾倾向，对深化土地改革，调动农民革命积极性，巩固工农联盟，动员农民投身人民解放战争等发挥了巨大作用。但是，全国土地会议和《中国土地法大纲》由于对一切解放区土地改革不彻底、党内思想和组织不纯等问题估计过重，且没有依据不同解放区土地改革的实际情况提出不同的土地改革政策，也没有对一些解放区土地改革中已经出现的“左”倾倾向引起足够重视，片面地强调平分土地的原则等，导致后来的土地改革实践中出现了绝对平均主义、过分追挖地主浮财、侵犯中农利益、破坏地主经营的工商业、撇开基层党组织等“左”倾错误。因此，《中国土地法大纲》必然要在执行中进行修改和完善。

1947 年年底，各老解放区和半老解放区开始执行《中国土地法大纲》所规定的“平分土地”原则以深化土地改革，但“左”倾错误很快暴露出来。1947 年中共中央“十二月会议”针对土地改革中出现的“左”倾错误提出了土地改革必须遵循的两条基本原则：“第一，必须满足贫农和雇农的要求，这是土地改革的最基本的任务；第二，必须坚决地团结中农，不要损害中农的利益。”[①] 1948 年 1 月和 2 月，参加中共“十二月会议”的陕甘宁、晋绥解放区领导人习仲勋和李井泉等，经过调查研究后向中共中央报告：“如以一般概念进行老区土改，必犯原则错误……有些乡村（清涧地区）无一地主和旧富农存在。即真正少地或无地的贫雇农，最多尚不足总户数的百分之二十……如再平分，即有百分之八十的农民不满意。硬分下去，对我不利。象这样的老区可不平分。”[②] 2 月，毛泽东根据各解放区的报告，致电刘少奇，提出将解放区划分为“老解放区”“半老解放区”和“新解放区”三种，土地法在三种地区的实施应当“采取不同策略”[③]。接到电报的第三天，刘少奇在给毛泽东的报告中更加详细地提出：“土地法实施，应分三种地区，采取不同策略”，“土改彻底地区”“完全不用再平分”，“只须实行个别调整即可”；“基本彻底但留有尾巴地区”“亦不应再平分，只须实行个别的或部分的调整。而在土改不彻底的半老区，则完全适用土地法”[④]。习仲勋、李井泉、刘少奇等报告及其建议受到中共中央的高度重视，毛泽东将报告批转各解放区并要求参照执行。紧接着，中共中央特地发出了《老区半老区的土地改革与整党工作》的指示，将老解放区和半老解放区划分为土地改革“较为彻底的地区”“尚不彻底的地区”和“很不彻底的地区”，并指出第一类地区土地“决无再行平分的必要”，只需“在较小的范围内，用抽补方法调剂土地及一部分其他生产资料”；第二类地区“一般也不是再来一次全面的平分，而是实行较大范围内的调剂”；第三类地区“完全适用平分土地彻底消灭封建制度的方针”。周恩来在为中共中央起草的这一指示中，明确提出了“根据三类地区的不同情况，采取不同的工作方针”[⑤]。在老解放区和半老解放区土地改革方法问题上，中国共产党人在克服工作中的“左”、右倾错误后，认识基本取得一致。1948 年 4 月，在此基础上，毛泽东

① 《毛泽东选集》第四卷，人民出版社 1991 年版，第 1 251 页。

② 中央档案馆：《解放战争时期土地改革文件选编（1945—1949）》，中共中央党校出版社 1981 年版，第 99~100 页。

③ 《毛泽东选集》第四卷，人民出版社 1991 年版，第 1 277 页。

④ 中央档案馆：《解放战争时期土地改革文件选编（1945—1949）》，中共中央党校出版社 1981 年版，第 143 页。

⑤ 《周恩来选集》上卷，人民出版社 1980 年版，第 288~290 页。

在晋绥干部会议上的讲话中提出："按实际情况决定工作方针，这是一切共产党员所必须牢牢记住的最根本的工作方法。"①

4. 新解放区是否立即并实行统一的土地改革

1947 年 7 月至 9 月，中共中央召开全国土地会议并制定《中国土地法大纲》时，人民解放战争刚刚转入战略反攻，新解放区的土地改革还没有开始，因缺乏经验，会议和土地法大纲没有区分新、老解放区，而是要求所有解放区的土地改革一律实行彻底平分土地的政策。

1947 年 10 月，刘伯承、邓小平率领的晋冀鲁豫主力兵团，千里跃进大别山，尚未立住脚就接到中共中央关于贯彻《中国土地法大纲》的指示。接到中央指示的当天，邓小平即为中共中央中原局起草了《关于放手发动群众创建大别山解放区的指示》，要求所属部队和地方党委，坚决反对右倾主义，立即放手发动群众，分土地，分浮财，在五个月内完成土地改革，以创建大别山解放区。由于大别山环境的险恶和敌我控制区反复的拉锯，群众普遍存在观望和等待心理，在这种情况下，大别山地区的土地改革呈现超越群众觉悟的急躁情绪和包办主义，"不少地方的干部为了急于发动群众，扩大土改区域，完成土改任务，提出了'一手拿枪，一手分田，打到哪里，分到哪里'和'村村点火，处处冒烟，走一处点一处'等过激口号"②，甚至出现了侵犯中农利益、乱打乱杀、过分注重分地主浮财等"左"倾现象。与此同时，豫西、陇东、鲁苏等新解放区土地改革也发生了类似的"左"倾错误。

1948 年 1 月，中共中央和毛泽东在考虑老解放区和半老解放区土地改革的策略时，已考虑到新解放区土地改革的策略，毛泽东还特地就此征询在大别山解放区的邓小平："在新区是否应当分两种区域，一种是可以迅速建立巩固根据地的，一种是要经过长期拉锯战才能建立巩固根据地的，对两种区域的工作采取不同的政策？""新区土改是按土地法大纲平分，还是对富农及某些弱小地主暂时不动？"③ 等。同月，邓小平两次致电中共中央和毛泽东，认为大别山解放区可分为巩固区

① 《毛泽东选集》第四卷，人民出版社 1991 年版，第 1 308 页。
② 任涛：《邓小平在中原》，中央文献出版社 1993 年版，第 159 页。
③ 《毛泽东文集》第五卷，人民出版社 1996 年版，第 17 页。

和游击区，巩固区可以进行土地改革，游击区则不能急于平分土地。毛泽东接到邓小平的电报后，就新解放区土地改革问题指示华东野战军副司令员粟裕，提出：新解放区“土改工作不能性急”，“应当按照消灭敌人武装力量的情况，领导土改干部的多少强弱，群众的觉悟程度与组织程度，决定土改工作的速度”。新解放区“应当分为两种地区，采取不同策略”，巩固的地区，可以没收分配地主阶级的土地；不巩固的地区，“环境还不许可我们进行土改，土改工作还要有所等待”。“新区没收分配土地应当分为两个阶段：第一阶段，没收分配地主阶级的土地，中立富农，富农的土地原则上不动”；“第二阶段，平分一切封建阶级的土地，富农的土地此时才动。”① 同年 2 月，毛泽东又同刘少奇、习仲勋、李井泉和邓小平等就新区土地改革问题反复进行了深入的探讨。邓小平在 2 月 8 日给毛泽东的报告中提出：“新区树立两个观念非常必要。（一）根据地之确立与土改之完成，要经过相当长的过程，绝非一年半载所能达到。（二）在斗争策略上，应分阶段、分地区地逐步深入。”② 毛泽东向中共中央工委、各中央局和野战军前委转发了邓小平的报告，批示：“（一）小平所述大别山经验极可宝贵，望各地各军采纳应用。（二）分阶段分地区极为必要。”③ 并为中共中央起草了《新解放区土地改革要点》的指示，正式确定了新解放区分阶段、分地区进行土地改革的基本策略。

1948 年 2 月，中共中央决定在新解放区分阶段、分地区实行土地改革之际，由于环境的恶化，大别山解放区停止了土地改革，只实行减租减息并取得了良好效果。同年 3 月，邓小平向中共中央和毛泽东又提出了在大别山解放区停止土地改革、改行减租减息政策的意见。5 月，毛泽东致电邓小平，赞同他的主张，并为中共中央起草了《一九四八年的土地改革工作和整党工作》的党内指示，指出：“新解放区农村工作的策略问题有全盘考虑之必要。新解放区必须充分利用抗日战

① 中央档案馆：《解放战争时期土地改革文件选编（1945—1949）》，中共中央党校出版社 1981 年版，第 146、147、148、149、150 页。

② 中共中央文献研究室、中国人民解放军军事科学院：《邓小平军事文集》第二卷，军事科学出版社、中央文献出版社 2004 年版，第 69 页。

③ 中共中央文献研究室：《毛泽东年谱（1893—1949）》（下），中央文献出版社 2005 年版，第 282 页。

争时期的经验，在解放后的相当时期内，实行减租减息和酌量调剂种子口粮的社会政策”，“减租减息阶段是任何新解放地区所不能缺少的，缺少了这个阶段，我们就要犯错误”①。至此，中国共产党内关于新解放区是否立即开展土地改革、土地改革是否实行统一的政策等认识基本取得一致。

（三）建国方案之争

抗日战争胜利后，对于中国建立一个什么样的国家？怎样建立一个统一的国家？美国、苏联、中国共产党、中国国民党、民主同盟等民主党派和无党派民主人士之间展开了博弈。

1. 建立一个什么样的国家

（1）国家性质问题。

国家的性质即国体，就是一个国家社会各阶级在这个国家中的地位和关系问题。解放战争时期，关于国体的争论和斗争，可以划分为两个阶段，第一个阶段是 1945 年 8 月至 1947 年秋，中国共产党和多数民主党派主张在中国建立一个以国民党为主导的各阶级联合统治的政权，而国民党统治集团顽固坚持要在中国继续实行大地主大资产阶级的专制统治，即国民党一党专政。美国，甚至包括苏联在内的国际社会基本上都支持以国民党当权派为代表的大地主大资产阶级在中国的统治。第二个阶段是 1947 年秋至 1949 年 9 月，在人民解放战争转入反攻阶段后，中国共产党提出了“打倒蒋介石，解放全中国”的口号，不再要求恢复 1946 年 1 月政协决议的建国方案，而是要推翻国民党反动统治，主张直接在中国建立人民当家作主的新民主主义共和国，并继续同国民党反动统治集团就建立一个什么样性质的国家展开了激烈的斗争。同时，虽然众多民主党派和无党派人士放弃了中间路线，但是，仍有一些中间党派和人士继续主张在中国建立资产阶级共和国，在建立什么性质国家的问题上，中国共产党又同少数中间势力存在着争论。

① 《毛泽东选集》第四卷，人民出版社 1991 年版，第 1 326、1 327 页。

早在1940年1月，毛泽东在考察中国和世界历史发展的规律、总结近代中国革命的历史经验等基础上，指出：中国新民主主义革命在推翻帝国主义、封建主义和官僚资本主义统治之后，将建立一个无产阶级领导的人民大众的新民主主义共和国，“中国无产阶级、农民、知识分子和其他小资产阶级……必然要成为中华民主共和国的国家构成和政权构成的基本部分，而无产阶级则是领导的力量。现在所要建立的中华民主共和国，只能是在无产阶级领导下的一切反帝反封建的人们联合专政的民主共和国，这就是新民主主义的共和国，也就是真正革命的三大政策的新三民主义共和国”；“国体——各革命阶级联合专政”①。

1945年4月，在中共七大的开幕词中，毛泽东又指出：打败日本帝国主义后，中国仍然存在着两种命运、两个前途：或者是一个独立、自由、民主、统一、富强的新中国，或者是一个半殖民地半封建的、分裂的、贫弱的老中国。我们的任务“就是放手发动群众，壮大人民力量，团结全国一切可能团结的力量，在我们党的领导之下，为着打败日本侵略者，建设一个光明的新中国，建设一个独立的、自由的、民主的、统一的、富强的新中国而斗争”②。抗日战争胜利后的1945年8月，毛泽东在延安干部会议上发表了《关于抗日战争胜利后的时局和我们的方针》的讲演，指出：“从整个形势看来，抗日战争的阶段过去了，新的情况和任务是国内斗争。蒋介石说要‘建国’，今后就是建什么国的斗争。是建立一个无产阶级领导的人民大众的新民主主义的国家呢，还是建立一个大地主大资产阶级专政的半殖民地半封建的国家？这是一场很复杂的斗争。”③ 也就是说，抗日战争时期和抗战胜利后，以毛泽东为代表的中国共产党人主张在中国建立一个无产阶级领导的人民大众的新民主主义共和国。

在1945年秋重庆谈判前后和1946年1月政治协商会议通过《和平建国纲领》《宪法草案案》等五项协议后的两个较短时间内，因全国各族人民反对内战，渴望和平，国民党蒋介石集团发动内战的条件还不

① 《毛泽东选集》第二卷，人民出版社1991年版，第674~675、677页。

② 《毛泽东选集》第三卷，人民出版社1991年版，第1 026页。

③ 中共中央文献研究室：《毛泽东年谱（1893—1949）》（下），中央文献出版社2005年版，第5页。

成熟，美国和苏联等国际社会对蒋介石发动内战也表示反对，为了避免战争给中国人民造成的灾难，并等待各界人士的觉醒，以毛泽东为代表的中国共产党人确立了争取和平民主建国的方针，准备参加由国民党主导的国民政府。1945 年 8 月，毛泽东在中央政治局扩大会议上说："希腊、法国的共产党人得了雅典、巴黎，但政权落在或主要落在别人手里；我们现在在全国范围内大体要走法国的路，即资产阶级领导而有无产阶级参加的政府。中国的局面，联合政府的几种形式，现在是独裁加若干民主，并将占相当长的时期。"同时，毛泽东对中国能否组建"独裁加若干民主"的联合政府仍持怀疑态度，强调说："这个弯路将使我们党在各方面达到成熟，中国人民更觉悟，然后实现新民主主义的中国。"[①] 1946 年 2 月，中共中央发出《关于目前形势与任务的指示》，提出："我党即将参加政府，各党派亦将到解放区进行各种社会活动，以至参加解放区政权。"[②] 同月，中共中央政治局还商定了中共准备参加国民政府委员会的人员名单，毛泽东、周恩来、刘少奇等甚至已考虑要将中共中央机关搬到南京去办公。当然，中国共产党人即便打算参加国民党领导的政府，也没有放弃为将来建立新民主主义共和国而奋斗的目标。

全面内战爆发后，中国共产党指挥人民解放军勇敢地抗击着国民党军队的进攻，为恢复和平、维护政协决议、组建联合政府而斗争。鉴于国民党反动派坚持反人民到底，在敌我力量发生根本转变的背景下，1947 年下半年，中国共产党提出了"打倒蒋介石，解放全中国"口号，决定推翻国民党的反动统治，建立新国家，不再为实现 1946 年 1 月政治协商会议所构想的联合政府而奋斗。在筹备召开新的政治协商会议、建立新中国的过程中，以毛泽东为代表的中国共产党人坚持把马克思主义国家学说同中国具体实际相结合，在回击中外反动势力对中国共产党建国主张的污蔑和攻击，批评中间势力所倡导的资产阶级共和国方案等基础上，到 1949 年 6 月形成了人民民主专政理论，最终选择了人民共和国方案，指出："总结我们的经验，集中到一点，就是

---

① 胡乔木：《胡乔木回忆毛泽东》，人民出版社 2003 年版，第 394 页。

② 中共中央文献研究室、中央档案馆：《建党以来重要文献选编》第 23 册，中央文献出版社 2011 年版，第 105 页。

工人阶级（经过共产党）领导的以工农联盟为基础的人民民主专政。”①

抗日战争胜利后，美国将中国视作自己的势力范围，妄图控制中国，维护并扩大其在华利益，因而希望中国建立一个亲美的政权。尽管美国人对国民党腐朽统治并不满意，但是，处于意识形态、价值取向等考虑，美国别无选择，只能扶持国民党统治中国。不过美国人也知道，如果国民党蒋介石政府不改革政治，发展民主，改善民生，其统治地位是不能巩固的。因此，解放战争时期，美国人一方面扶持国民党蒋介石维持在中国的统治，另一方面也给国民党施加一定的压力，希望国民党改革政治，吸纳共产党等党派参政，在中国建立一个由国民党主导的、由大地主大资产阶级控制的亲美国家。1945 年 12 月，美国总统杜鲁门派马歇尔到中国“调处”国共关系，在对华声明中宣称：国共两党“应协商停止敌对行动”，召开由中国各主要党派参加的政治协商会议解决纷争；国民党政府是中国唯一合法政府，但它不是“一党政府”，应容纳其他党派参加，“推进中国的和平、团结和民主改革”②。

以斯大林为代表的苏联共产党人，虽然内心希望中国能够建立由中国共产党领导的、对苏联友好的社会主义政权，但是，囿于对战后国际局势演变的悲观和对中国共产党及其领导的人民力量的不信任等，选择了支持国民党蒋介石统治中国的外交政策，承诺帮助国民党实现军令政令的统一，甚至劝说中共放弃武装斗争，走和平改革的道路，参加由国民党领导的联合政府，实际上是同美国妥协，认可中国继续由国民党蒋介石统治。

抗日战争胜利后，以蒋介石为首的国民党反动派仍妄图在中国维持其一党专政的独裁统治，不仅拒绝中国人民要求发展民主和改善民生的要求，也抵制美国和苏联叫其实行政治改革的压力，拒绝“联合政府”的方案。早在 1944 年 9 月的三届三次国民参政会上，董必武就代表中共提出了召集紧急国事会议，成立民主联合政府的主张。同年 9 月和 10 月，民主同盟也一再呼吁立即结束国民党一党专政，建立各党各派联合政权。11 月，赫尔利访问延安时，同毛泽东签写了《中国国

① 《毛泽东选集》第四卷，人民出版社 1991 年版，第 1 480 页。

② 《中美关系资料汇编》第一辑，世界知识出版社 1957 年版，第 628 页。

民政府、中国国民党和中国共产党协议》，协议的主要内容是改组国民政府，成立联合政府和联合军事委员会，承认所有抗日党派的合法地位等。赫尔利回重庆后，将协议交给蒋介石，但是遭到蒋介石的拒绝。在紧接着举行的国共两党会谈中，国民党蒋介石坚持“不许成立联合政府，只许收容几个共产党员到国民党独裁政府里去做官”①。抗日战争结束前，蒋介石指示宋子文在同苏联人谈判时，要告诉苏联人：在中共问题上，国民党的要求是“中共对军令、政令必须完全归中央统一，即照各国政党对国家法令切实遵守，则政府将一视同仁，一俟正式国会召集，政府改组时，当可容纳其中行政院之内，但决不能称为联合政府”②。也就是说蒋介石只同意吸收个别共产党人到国民政府中去做官，坚持国民党一党专政，不同意与共产党等党派联合执政。

在1945年秋重庆谈判的开始阶段，蒋介石提出“不得于现在政府法统之外来谈改组政府问题”。后来，在内外压力下，国民党蒋介石被迫在重庆谈判和政治协商会议上接受了成立联合政府的主张。如果按照政协决议组建联合政府，该政府仍是国民党领导的多党联合政府，且蒋介石在国家和政府中拥有至高的权威，但即便如此，国民党蒋介石集团仍不愿执行政协决议。1946年3月，国民党六届二中全会否定了政协的相关协定，决定撤销国防最高委员会，恢复中央政治委员会，并对国民政府委员会负指导和监督之责；坚持要求各党各派推选的国民政府委员须经国民党中常会选任。同年11月，在发动内战且中国共产党、民主同盟等拒绝参加的情况下，国民党孤注一掷地召开了非法的国民大会。第二年4月，又网罗青年党、国家社会党等极少数非国民党人成立了国民党独大的所谓“多党政府”，实际上依旧是国民党一党专政的政府。如蒋介石在《苏俄在中国——中国与俄共三十年纪要》中辨称，之所以不同意成立联合政府，或者说不愿同共产党组织联合政府，这是因为：“共党在其国内所施展的一切政治战术，都是为了他最后决战，来夺取政权……共党和平共存所采取的斗争方式，其最后的一步就是他所谓‘联合政府’”；“共党他的所谓‘联合政府’，乃是一个政治口号和一种渗透与颠覆的政治战术”，“他这种政治战术是

① 《毛泽东选集》第三卷，人民出版社1991年版，第1050页。

② 沙健孙主编：《中国共产党与新中国成立》上册，中央文献出版社2009年版，第65页。

从一九一七年，列宁在俄国革命中所采取的‘两种政权’的战术，发展出来的”。

代表民族资产阶级、上层小资产阶级及其知识分子的民主党派，其组织成分“常从统治集团内部的反对派一直包含到进步分子”，“其中政治倾向又从君主立宪一直到新民主主义革命都有”①。以民盟为代表的中间势力，解放战争时期，仍幻想在中国建立一个资产阶级共和国。抗战胜利的第二天，民主同盟就发出《在抗战胜利声中的紧急呼吁》，提出了“民主统一，和平建国”的口号，呼吁召开各党派参加的政治会议，成立“宪法政府”。他们既反对国民党一党专政的代表大地主大资产阶级的独裁制国家，也不同意中国共产党提出的新民主主义共和国，而是主张在中国建立一个英美式的资产阶级民主共和国。抗日战争胜利后，全国乃至世界人民争取和平民主的潮流，为民主同盟等民主党派提供了难得的壮大力量、施展影响的机遇。他们中的很多人认为：国民党不能用武力消灭共产党，共产党也不能用武力推翻国民党，国际社会也不认可完全右倾的国民党政权和完全左倾的共产党政权；在中国，唯一可行的道路就是中间路线，把右的拉向偏左一点，把左的拉向偏右一点。民主同盟一再声明，民盟的责任是“要把中国造成一个十足道地民主国家”，“我们没有所谓偏左偏右的成见，我们亦没有资本主义民主，社会主义民主这些成见”；赞赏英国的议会政治和英美的人权保障，主张“拿苏联的经济民主来充实英美的政治民主”②。

1946年6月，全面内战爆发后，中国革命与反革命、民主与专制的斗争进一步尖锐化，中间势力活动的空间大大缩小，内部分化也成必然趋势。青年党、国社党和极少数无党派人士附和了国民党反动统治。民主同盟、建国会、九三学社等民主党派毅然走上了反对国民党一党专政和蒋介石集团的独裁统治的道路，拒绝参加1946年11月和1947年4月由国民党一党操纵的非法“国民大会”和所谓的“多党政府”，一些党派开始接受中国共产党的新民主主义共和国方案，但是，

① 《周恩来选集》上卷，人民出版社1980年版，第285页。

② 中国民主同盟中央文史资料委员会：《中国民主同盟历史文献（1941—1949）》，文史资料出版社1983年版，第71、76、77页。

仍有一些党派和人士主张在中国建立资产阶级共和国。如1948年1月，中国国民党革命委员会的成立宣言认为："三民主义之理论，仍为今日中国革命之正确指导理论；中国国民党仍为中国革命之领导政党。"[①]直到1949年6月，中国人民政治协商会议筹备会议在北平召开期间，仍有少数民主党派和无党派民主人士主张在中国建立资产阶级共和国。为此，如上述及，毛泽东发表了《论人民民主专政》一文，代表中国共产党阐明了人民共和国方案，指出："资产阶级共和国方案，在中国人民的心目中"已经破产了，"资产阶级的民主主义让位给工人阶级领导的人民民主主义，资产阶级共和国让位给人民共和国"是历史的必然和人民的选择，"资产阶级的共和国，外国有过的，中国不能有"[②]。针对少数民主人士的种种疑虑和要求，如"你们一边倒""你们太刺激了""我们要做生意""不要国际援助也可以胜利""我们需要英美政府的援助"等言论，毛泽东在文中逐一作了答复和批评，帮助民主党派和无党派人士进一步认清了历史发展的方向，了解了中国共产党的基本理论和政策，从而接受了中国共产党关于在中国建立新民主主义共和国的方案。

（2）国家形式问题。

第一，关于国家结构问题。中国共产党自诞生始，一直坚持把现实中国真正统一作为自己的奋斗目标，但早年因缺乏经验、盲目学习苏联，以及出于反对北洋军阀和国民党反动统治的斗争需要等，曾提出过实行地方分权的联邦制国家的主张。如1931年11月，中华苏维埃第一次全国代表大会通过的《宪法大纲》规定："中国苏维埃政权承认中国境内少数民族的民族自决权，一直承认到各弱小民族有同中国脱离，自己成立独立的国家的权利。"[③] 1935年1月的遵义会议后，中共中央开始提出符合中国实际的民族区域自治政策，并在长征途中领导一些少数民族建立了自治政府。抗日战争时期，以毛泽东为代表的中国共产党人提出的新民主主义国家理论，主张实行单一制的国家结构，

---

① 陈竹筠、陈起城：《中国民主党派历史资料选辑》上册，华东师范大学出版社1985年版，第117页。

② 《毛泽东选集》第四卷，人民出版社1991年版，第1 471页。

③ 中共中央文献研究室、中央档案馆：《建党以来重要文献选编》第8册，中央文献出版社2011年版，第652页。

少数民族地区实行高度自治。

1927年4月，国民党建立的中华民国南京政权，虽然内战不断(除华东几个省市外，全国其他地区都被地方军阀所掌控)，但它形式上是中央集权制政权。抗日战争胜利后，国民党蒋介石集团坚持实行中央集权制，要求共产党领导的解放区将地方政权交给所在的省份。为了保存解放区和人民军队，以便有效制止国民党反动派发动内战，并推动中国民主发展和社会进步，在抗战胜利后争取和平民主建国阶段，中共中央又提出了在中国实行地方分权的联邦制国家结构的主张。在1945年秋的重庆谈判中，关于解放区政权问题，中共代表提出，依照现有18个解放区的情形，重新划分省区和行政区，将解放区变为行省。在1946年1月的政治协商会议上，中共代表提议"中央与地方应采用孙中山先生的均权主义，省为自治单位，省长民选，自制省宪，规定有关军事文化经济各方面的民主政策"①。通过中共和民主同盟等代表的争取，政治协商会议通过的《宪法草案案》规定：中央与地方实行分权原则，"确定省为地方自治之最高单位"，"得制定省宪"②。经过三年的解放战争，到1949年夏，中国共产党和各民主党派、无党派民主人士在酝酿召开新的政治协商会议组建新国家的过程中，对新中国的国家结构问题进行了深入探讨，毛泽东还就此专门征求中共中央统战部部长李维汉的意见。经研究，中共中央根据中国历史传统、民族分布状况和现实国情，决定新中国采用中央集权的单一制国家结构，同时在少数民族地区实行民族区域自治制度，这一主张得到了参加新政协的各民主党派和无党派民主人士的赞同。1949年9月，中国人民政治协商会议通过的《共同纲领》规定："各下级人民政府均由上级人民政府委加并服从上级人民政府。全国各地方人民政府均服从中央人民政府"，"中央人民政府与地方人民政府间职权的划分，应按照各项事务的性质，由中央人民政府委员会以法令加以规定，使之既利于国家统一，又利于因地制宜"，"中华人民共和国境内各民族一律平等……各少数民族聚居的地区，应实行民族的区域自治"③。

---

① 孟广涵主编：《政治协商会议纪实》上卷，重庆出版社1989年版，第421页。

② 孟广涵主编：《政治协商会议纪实》上卷，重庆出版社1989年版，第482~484页。

③ 中共中央文献研究室：《建国以来重要文献选编》第1册，中央文献出版社1992年版，第5、12页。

第二，关于国家政体问题。土地革命战争时期，中国共产党领导的各革命根据地实行了工农代表会议即苏维埃制度。抗日战争时期，中国共产党领导的各抗日根据地通过选举、邀请等方式产生了边区(省)、县参议会，它既是民意机关，也是最高权力机关，制定法规，选举并监督政府。在总结经验的基础上，1940年1月，毛泽东提出：新民主主义共和国的政体是民主集中制的人民代表大会制度，即“采取全国人民代表大会、省人民代表大会、县人民代表大会、区人民代表大会直到乡人民代表大会的系统，并由各级代表选举政府”[①]。

1928年10月，国民党“中常会”宣布实施为期20年的“训政”，并表面上根据孙中山“五权分立”的学说，建立了“国民政府委员会”、国民政府主席控制下的行政、立法、司法、考试和监察分权制政体。但是，该政体往往以蒋介石是否担任国民政府主席、行政院院长而演变，实际上它是以蒋介石个人为核心的法西斯国家政体。抗日战争胜利后，在争取和平民主建国的历史时期，中国共产党和多数民主党派主张国民大会代表必须民主选举产生，国民政府委员会由各党派按协商的比例推选代表组成，实行议会制、责任内阁制。在国内外民主潮流面前，国民党蒋介石不得不表示“改革”个人独裁制政体。1946年11月，国民党非法召开的国民大会，制定了所谓的《中华民国宪法》，名为宪政，实行非法国民大会下的总统制，改国民政府“主席”为“总统”，“总统”统帅全国海陆空军，享有行使缔约、宣战、媾和、特赦、发布紧急命令等无限扩大的权力。“宪法”虽然规定“总统”发布命令一月内须提交立法院追认，如立法院否决，命令立即失效，但不久“国民大会”又以“戡乱战争”为借口，通过了《动员戡乱时期临时条款》，规定：“总统在动员戡乱时期，为避免国家或人民遭受紧急危难，或应付财政经济上的重大变故”所发布命令不受该“程序之限制”[②]。“宪法”还规定，行政院长由“总统”提名、立法院同意任命，行政院实际受“总统”指挥，实质上仍是总统个人独裁意志的执行机构。

国民党反动派破坏政协决议，在发动内战的环境下，非法召开国

① 《毛泽东选集》第二卷，人民出版社1991年版，第677页。

② 转引自张创新主编：《中国政治制度史》，清华大学出版社2005年版，第468页。

民大会和改组国民政府，中国共产党和大多数民主党派、无党派民主人士拒不出席非法“国大”和拒绝参加伪国民政府。1948 年 5 月以后，在人民解放军成功地粉碎国民党军队发动的全面进攻、重点进攻之后，中国共产党和民主党派、无党派民主人士等在筹备召开新的政治协商会议的过程中，经研究、协商决定在中国实行民主集中制的人民代表大会政体。1949 年 9 月，《中国人民政治协商会议共同纲领》规定：“中华人民共和国的国家政权属于人民。人民行使国家政权的机关为各级人民代表大会和各级人民政府。各级人民代表大会由人民用普选方法产生之。各级人民代表大会选举各级人民政府。各级人民代表大会闭会期间，各级人民政府为行使各级政权的机关”，“各级政权机关一律实行民主集中制”①。

（3）政党制度问题。

抗日战争胜利后，中国共产党和民主同盟等民主党派都要求国民党结束“训政”，实行宪政，承认各党派的合法地位，废除国民党一党专政，实行多党合作、政治协商的政党制度。但是，他们所主张的这种政党制度，不同于一般资本主义国家的自由多党竞选制，而是由中国国民党、中国共产党和民主同盟三大政党，再加上一些无党派民主人士协商合作的政党制度。在一定时期内，中国共产党、民主同盟和无党派民主人士还认可了国民党的特殊地位，甚至是领导地位。譬如，国共两党重庆谈判商定由国民党、共产党、民主同盟和无党派民主人士等四方代表召开政治协商会议，讨论建国，并不是中国所有的党派都有资格派代表参加政治协商会议；1946 年 1 月，政治协商会议虽然承认各政党在法律上一律平等，但会议通过的《政府组织案》规定国民政府委员会委员半数由国民党人担任。也就是说，在抗战胜利后的争取和平民主建国阶段，中国共产党和民主党派接受的政党制度是中国国民党领导下的多党合作和政治协商制度。美国和苏联支持国民党蒋介石改良政治后继续统治中国，基本上也是主张在中国实行这一政党制度。

从 1946 年夏全面内战爆发到 1947 年 9 月中共提出“打到蒋介石，

---

① 中共中央文献研究室：《建国以来重要文献选编》第 1 册，中央文献出版社 1992 年版，第 4、5 页。

解放全中国”口号之前，中国共产党和各民主党派一直为停止内战、恢复政协决议而奋斗，仍主张实行国民党领导下的多党合作和政治协商制度。1948 年春，国共两党军队经过近两年的角逐，军事力量对比发生逆转，中共继提出“打到蒋介石，解放全中国”口号之后，又提出了重新召开没有反动派参加的新的政治协商会议的口号。该口号立即受到海内外民主党派和无党派民主人士的热烈响应，他们纷纷通过谈话、通电等形式拥护中共的号召，表示将参加由中共召集的新的政治协商会议，并纷纷冲破国民党反动派的层层阻挠，奔赴中共领导下的解放区，与中共一起筹备召开新的政治协商会议。中国共产党和民主党派、无党派民主人士最终在中国选择了中国共产党领导下的多党合作和政治协商制度。

抗战胜利后，在中国应实行什么样的政党制度问题上，国民党一直坚持一党专政，要求继续在中国实行“训政”，即以党代政，由国民党统掌国家一切军政大权。最初，国民党拒绝承认中共和民主同盟等合法地位，由于全国人民的反对，中共和民主党派的坚持斗争，国际社会的施压等原因，国民党被迫同意召开政治协商会议。但在政治协商会议的开幕式上，蒋介石仍强调为“使国家根本不至于动摇”，必须维持国民党的统治；在讨论政府改组问题时，国民党代表仍坚持“国民党在政府中应占有特定程度的多数”，新增加的国民政府委员，须“由中国国民党中央委员会通过”① 等。如上述及，在中国共产党、民主同盟和无党派民主人士的斗争下，政治协商会议确立了国民党领导的多党合作和政治协商制度。然而，1946 年 3 月，国民党在重庆召开六届二中全会，拒绝执行政治协商会议的有关协议，决定恢复中央政治委员会，并由其对国民政府委员会实施指导和监督；规定各党各派推选的国民政府委员会须经国民党中央常委会选任等。全面内战爆发后，国民党更是独断专行，不顾中共和众多民主党派的反对，于 1946 年 11 月召开非法的国民大会，虽然表面上宣布结束“训政”，实行“宪政”，国社党、青年党和极少数无党派民主人士经受不住国民党的威逼利诱，参加了非法国民大会，后来又参加了非法的国民政府。但是，国民党吹嘘的“多党政府”，实质上仍然是国民党一党专政的政

① 黄修荣：《国共关系史》中卷，广东教育出版社 2002 年版，第 1 776、1 778 页。

府，国社党、青年党只是其“民主”的花瓶，根本起不到监督、制衡作用。1947 年 3 月，国民党要求中共驻南京、上海等地的代表撤回延安，实际上再次否定了中共的合法地位。同年 10 月，强迫民盟自行宣布解散，顽固地推行一党专政的政党制度，最终被人民所唾弃。

2. 怎样建立一个统一的国家

抗日战争胜利后，中国共产党、国民党和民主同盟等民主党派，以及美国和苏联等不仅对中国建立一个什么样的国家分歧严重，而且对怎样建立一个统一的国家持不同主张。

（1）中国共产党主张的建国路经。

中国共产党虽然早已确定了在中国建立新民主主义国家的目标，但是，抗日战争胜利后，鉴于国内外的形势，提出并执行了“和平、民主、团结”的方针，准备作长期打算，走迂回曲折道路，先同国民党和民主党派组织联合政府，再为最终建立新民主主义国家而奋斗。为此，中国共产党积极地开展了争取和平民主的运动，试图走和平改革中国社会政治的道路，希望通过“巩固国内团结，保证国内和平，实现民主，改善民生，以便在和平民主团结的基础上，实现全国的统一，建设独立自由与富强的新中国”①。与此同时，中国共产党及其领导的人民没有对蒋介石可能挑起的内战放松警惕，更没有放弃人民的武装，而是做好充分准备，坚决以武装自卫来迎击国民党军队发动的进攻。当然，在抗战胜利后的一段时间内，以前者为主，后者服从、服务于前者。因而，1945 年秋，中国共产党同国民党举行了重庆谈判，1946 年 1 月，又同国民党、民主党派等召开了政治协商会议，和平民主地协商建国。从 1946 年 1 月到 1947 年 8 月，中共又从政治、军事、学运等多方面为维护和实现政协决议而斗争。这期间武装自卫的目的也是为了恢复国内和平，要求在政协决议框架内解决国共争端，建立联合政府。直到 1947 年 7 月，中共中央仍号召：“全国人民团结起来，反对背叛政协决议执行内战独裁卖国政策的蒋介石政府！恢复政协路

① 中共中央文献研究室、中央档案馆：《建党以来重要文献选编》第 22 册，中央文献出版社 2011 年版，第 655 页。

线，成立民主的联合政府！”①

当人民解放军粉碎国民党军队的全面进攻和重点进攻，并转入战略反攻后，中国共产党的直接建国目标和路径随着国内敌我力量对比的变化也发生转变。1947 年 9 月和 10 月，新华社社论和《中国人民解放军宣言》明确提出了“打到蒋介石，解放全中国”的口号。这意味着，中国共产党的建国目标不再是国民党主导的联合政府，而是新民主主义性质的由共产党领导的联合政府；建国的路径不再是恢复政治协商会议通过的协定和平建国，而是武力推翻国民党反动统治，同民主党派协商建国。新政协的召开和新中国的成立正是沿着这一路径实现的。

（2）中国国民党主张的建国路经。

抗日战争胜利后，国民党蒋介石为了维系国民党在中国的一党专政，一方面在美国的援助下，将大批军队从西南、华南运往华北、东北等地同共产党争夺地盘，妄图用武力消灭共产党及其领导的人民军队，另一方面试图通过谈判迫使中共放弃武装，参加政府，走合法道路。同时，国民党反动派还凭借执政地位，通过外交途径，特别是通过苏联向中国共产党施加压力，逼迫共产党交出军队，以实现军令政令统一。因此，抗战胜利后，蒋介石接连发三封电报催邀毛泽东赴重庆谈判，而就在谈判期间却挑起上党战役，军事进攻中共领导的解放区。重庆谈判后，又在东北地区，平汉、同蒲、津浦等沿线向共产党领导的解放区发动军事攻势。在战场上失利后，国民党被迫召开政治协商会议，侧重用和平手段解决中共问题，但是，事与愿违，政治协商会议通过的协议不仅没有达到国民党反动派的预期目的，反而对其独掌政权提出了种种限制。国民党蒋介石集团于是坚定地选择了在战场上解决问题的道路，于 1946 年 6 月发动全面内战。到 1948 年年底，鉴于东北、华北和长江以北战场上的失败，国民党反动派又想通过谈判拖延时间、调整战略部署以挽回败局。但是，1949 年 4 月，国民党反动派和谈阴谋破灭后，只能选择战争到底的道路，最后以败退大陆而告终。因此，解放战争时期，武力征服是国民党反动统治势力首选的国家统一道路，政治谈判服从、服务于武力征服。

① 中央档案馆：《中共中央文件选集》第 16 册，中共中央党校出版社 1992 年版，第 471 页。

在重庆谈判和政治协商会议上，国共两党就政治民主化和军队国家化的先后问题产生了原则分歧。中国共产党坚持要求先政治民主化，后军队国家化；国民党则强调先军队国家化，后政治民主化。经中间势力的斡旋，国共两党均做出让步，政治协商会议提出了政治民主化与军队国家化同步进行的折中方案。但是，1946 年 3 月，国民党六届二中全会很快否定了政协决议，强调："军队国家化，乃和平建国之先决条件"，"军队国家化是政治民主化的重要条件"，"武力割据是反民主的"①。国共两党还在军队整编、解放区地位、国民大会的召开、联合政府的组成等方面发生激烈的争论和斗争，这些既是对建立一个什么样国家的争论，也是如何建立各自所期望国家的争论。

（3）中间势力主张的建国路经。

以民主同盟为代表的中间势力，长期以来，既反对国民党蒋介石代表大地主大资产阶级的独裁专制统治，也不赞同中国共产党以工农联盟为基础的新民主主义革命，尤其反对共产党的武装革命道路。抗日战争胜利后，中间势力仍奉行非暴力革命道路，"其政治中心主张是以'和平'争'民主'，因而在组织的原则上，便采取了'和平、合法、公开'的路线"②，力主通过党派谈判、舆论宣传、和平请愿等实现国家统一、政治民主、经济发展和社会进步，热烈拥护毛泽东赴重庆同蒋介石举行会谈，并积极参加了 1946 年 1 月召开的政治协商会议，还通过发表文告、举办时事报告会和召开庆祝会等方式呼吁和平、反对内战。1946 年 6 月，全面内战爆发后，中间势力进一步分化，青年党、国社党和极少数民主人士追随国民党反动统治集团，选择了武力征服共产党统一建国的道路，民主同盟、建国会、九三学社等民主党派和绝大多数无党派民主人士继续走和平民主的道路，反内战，反迫害，一些中间人士还坚持不懈地奔波斡旋，调处国共两党关系，企求停止内战，恢复政治协商会议的决议，和平建国。

解放战争时期，在建立一个什么样的国家和怎样建立一个统一的国家等问题上，中国共产党同多数民主党派的主张基本是一致的，但

---

① 孟广涵主编：《政治协商会议纪实》上卷，重庆出版社 1989 年版，第 639、642 页。

② 中国民主同盟中央文史资料委员会：《中国民主同盟历史文献（1941—1949）》，文史资料出版社 1983 年版，第 370 页。

是，有时也存在分歧和斗争。重庆谈判期间，一些民主人士劝说中国共产党少保留一些军队。1946年下半年到1947年年初，在调解国共军事冲突、是否参加国民党召开的非法“国大”等问题上，一些民主人士表现出对国民党蒋介石的过分妥协和对反动派倒行逆施斗争的动摇。例如：1946年10月，梁漱溟、莫德惠和李璜等在没有征得中共代表同意的情况下，拟订了调停国共东北内战的方案，提议国共军队就地停战、中共军队在东北只驻扎在齐齐哈尔、佳木斯等，并将方案送给了马歇尔和孙科。周恩来得到消息后，对梁漱溟等给予严厉批评，责令他们从马歇尔和孙科处取回了方案。同年11月，一些民主党派领导人在张君劢、李璜等活动下，给蒋介石写信，准备参加由国民党召开的非法“国大”，当周恩来得知这一消息后，在出席中间人士召集的座谈会上，告诫中间人士：“现在有人要去跳火坑，进‘国大’。我们愿意谅解各位的苦衷，但我们必须坚持政协决议。希望有一天仍能在一起为和平民主奋斗。”① 在周恩来的教导下，章伯钧、沈钧儒、张申府等人勾去了写给蒋介石信上的签名，下决心拒绝出席非法“国大”。

在中国共产党的教育和争取下，在历经了“一二一惨案”“李公朴、闻一多惨案”“下关惨案”“五二〇惨案”等血的教训后，面对国民党反动统治集团独裁、内战和卖国本性的暴露，尤其是1947年10月中间路线的破产，民主同盟、建国会、九三学社等民主党派和绝大多数无党派民主人士开始认识到共产党领导的革命战争和人民武装的重要性，逐渐放弃了非暴力革命道路的主张，转而接受了中国共产党领导的武装推翻国民党反动统治的道路。1946年6月，上海各界反内战代表团抵达南京下关火车站时，遭到国民党特务的殴打。“下关惨案”发生后，周恩来、董必武和邓颖超等到中央医院看望受伤代表时，民进中央领导人马叙伦在病榻上紧握着周恩来的手感慨地说：中国的希望寄托在你们身上，我过去总劝你们少要一些兵，少要一些枪，现在看来，你们的战士不能少一个，枪不能少一支，子弹不能少一粒。1947年10月，民主同盟被迫解散以后，民盟领导人认识到，在中国革命与反革命阵营俨然对立的形势下，中间路线已经走不通，中国各民主党

① 中共中央文献研究室：《周恩来年谱（1898—1949）》（修订本），中央文献出版社1998年版，第722页。

派的任务已经不再是协商请愿，不再是要求恢复1946年的政协路线，而是根本推翻法西斯的独裁统治，提出："在反民主的独裁政权下，一个坚守民主立场的政治集团，要想从事一种和平的合法的公开的政治斗争，是完全不可能的……要想实现真正的'和平、民主'，除非根本推翻这个蒋政府外，别无他路可走"；"欲实现中国的和平民主，已不可能由谈判妥协中求之"；"国内政治形势的特点是政协道路（遵照政协决议和精神而行的道路）被根本破坏，和平之门被彻底关绝。因而民主运动的道路就由协调团结的形式而转入革命斗争的形式"①。1949年年初，美国和蒋介石集团为了取得喘息机会，提出了同共产党举行和平谈判的阴谋，绝大多数民主党派和无党派民主人士拥护中国共产党"将革命进行到底"的方针，坚定地走上了同国民党反动派彻底决裂的道路。

（四）是否将革命进行到底之争

1947年下半年，人民解放战争由战略防御转入战略进攻，国统区人民反独裁、反内战民主运动日渐高涨，中国共产党提出了"打倒蒋介石，解放全中国"的口号，国民党蒋介石反动统治集团的失败已几成定局。在这种背景下，中国各种政治势力的较量趋于激烈，种种政治主张的论争也十分活跃。

随着国民党反动统治的江河日下，其内部分化进一步加剧，一些人企图通过废弃蒋介石来挽救危亡局势。1947年下半年，由商界进入政界的大地主大资产阶级的代表刘航琛等提出了组织和平统一大同盟的方案，其实质"完全是在美帝蒋宋指使下来作缓兵计的阴谋。请蒋暂避，保持现状，维护正统"。然而，这一阴谋迷惑了很多人，连中国共产党内也有"部分同志认为可以利用此种计划促蒋下台"。为此，1947年10月，中共中央专门发出党内指示，指出："任何反动统治决不会自甘覆灭，必然有他们的缓兵计"，同时，"不但大地主大资产阶级是命定的保皇党，就是开明士绅、中等资产阶级、上层小资产分子

① 中国民主同盟中央文史资料委员会：《中国民主同盟历史文献（1941—1949）》，文史资料出版社1983年版，第370、384~385页。

及乡村富农，也是君主立宪派，或旧民主派，就是说他们在政治上是妥协的、改良的，而不是革命的”，其右翼在蒋介石集团的反动统治未被推翻以前必然“经常在群众中散布对美对蒋的幻想，以便时机一至，好与美蒋（或蒋倒后的其他代理人）妥协，消灭新民主革命”；等到蒋介石及其反动集团被打倒，他们就“会主张只牺牲蒋介石个人及其少数追随者，并利用帝国主义关系，照旧维持大地主大资产阶级的领导权，结束新民主革命”；“其中一部分自由资产阶级分子，则是反对新民主革命，而以旧民主为号召的人们”。所以，中共中央提出：“反蒋统一战线的政治基础是反帝反封建，就是要彻底摧毁蒋介石所代表的中国大地主大资产阶级的独裁卖国统治。具体纲领，就是中国人民解放军的双十宣言，而中心问题是平分土地与将革命战争进行到底”①。在这里，中共中央已明确提出“将革命战争进行到底”口号和决心。

1947 年底，“美帝国主义的对华政策，已由单纯地支持国民党武装反共，转变为两面性的政策。这即是：一方面，支持国民党残余军事力量及地方军阀，继续地抵抗人民解放军；另一方面，则派遣其走狗混入革命阵营，组织反动派从内部来破坏革命”②，并扶植一些所谓“新的第三种势力”重新拾起已经破产的中间路线用以阻止中国革命。例如：1948 年初，司徒雷登发表《告中国人民书》，鼓吹“曾受教育的爱国人士”组织新党，“支持政府，谋取和平的努力”；在美蒋反动派的教唆和赞助下，政治系的《大公报》连续发表《自由主义者的信念》《国际第三方面势力的抬头》等社论，宣扬“自由主义”的“中间路线”；“中国社会经济研究会”在北平成立，并发表反对“施用暴力”、要求“内政协调”和“外交协调”等政治主张，标榜寻求一条“绝对不是两边倒，而是左右的长处兼收并蓄，左右的弊病都想除掉”③的新路。

中国共产党人、在香港的民主党派领导人等立即对美国人的阴谋

① 中共中央文献研究室、中央档案馆：《建党以来重要文献选编》第 24 册，中央文献出版社 2011 年版，第 453、454、456 页。

② 中共中央文献研究室、中央档案馆：《建国以来重要文献选编》第 26 册，中央文献出版社 2011 年版，第 25 页。

③ 转引自张军民：《中国民主党派史（新民主主义时期）》，黑龙江人民出版社 2006 年版，第 525 页。

和反动阵营内伪装的“中间路线”给予了彻底的揭露和批判。周恩来在为中共中央起草的党内指示《击破敌人假和平运动的阴谋》中指出：“在我人民解放战争日益胜利面前……国民党反动统治中，则有不少的派别及个人，已在美帝国主义当权派的策动和鼓励下，进行一种假和平运动……表面上牺牲蒋介石，宣布停战议和，实际上是为整个国民党反动统治取得喘息时间，以便休整兵力，卷土重来，消灭人民力量”，“一部分中间派的右翼分子，亦企图倒蒋取得权位，使中国革命限于他们所要求的范围，避免彻底的改革。”① 中共南方局的乔冠华在香港发表《追击“中间路线”》一文，认为中间势力是社会分野，中间路线是政治分野，并非中间势力就主张走中间路线，农民、下层小资产阶级和部分民族资产阶级等广大群众根本就没有中间路线问题，一部分小资产阶级和民族资产阶级曾主张走中间路线，但早已唾弃；今天鼓吹中间路线的只是为数极少的中等资产阶级和上层小资产阶级的右翼分子，其代表是政治学系和二陈系（陈果夫、陈立夫），他们宣扬的“新‘中间路线’”是反动阴谋的护符，是一种加括弧的中间路线；在反动力量占优势的情况下，历史上的中间路线曾起过牵制反动力量的作用，在革命力量占优势的今天，所谓的中间路线实际上是为反革命力量散布幻想，涣散革命力量。在香港的民主党派领导人也通过召开座谈会、发表声明等多种形式纷纷揭露所谓“新‘中间路线’”“自由主义运动”等都是美蒋导演的阴谋，劝告一些人不要做“统治者的马前卒”，提醒一时被蒙蔽的知识分子“悬崖勒马”，还呼吁“整顿我们的革命队伍，清除一班苟安妥协的动摇分子，巩固革命的统一战线，把革命战争进行到底”②。

1948年底，随着人民解放军相继或即将取得辽沈战役、淮海战役和平津战役等重大战役的胜利，以及国民党统治区人民爱国民主运动的持续高涨和深入发展，国民党反动统治已处于分崩离析之关头，中国革命和反革命的斗争进入最后决战阶段。中国革命是进行到底，还是半途而废？中国共产党是彻底消灭国民党反动势力，解放全中国，

① 《周恩来选集》上卷，人民出版社1980年版，第307页。

② 转引自张军民：《中国民主党派史（新民主主义时期）》，黑龙江人民出版社2006年版，第526~258页。

还是同国民党“划江而治”？这又一次成为国内外各方一度关注和论争的焦点。

1948年年底和1949年年初，国民党蒋介石集团、国民党内的地方派系、美帝国主义者等为了挽回败局，策划了一场和谈阴谋，要求同中国共产党举行和平谈判，以阻止人民解放军的攻势，保存残余势力，争取喘息时间，伺机卷土重来，至少达到暂时“划江而治”。

1949年元旦，蒋介石发表新年文告，表示在“无害于国家的独立完整”“中华民国的国体能够确保，中华民国的法统不致中断，军队有确实的保障”等前提下，愿与共产党“商讨停止战事，恢复和平的具体办法”①。接着又指示国民政府照会美、苏、英、法等国，请求这些国家出面调停中国内战，促成国共和谈。

一直扶持国民党反动统治势力打内战的美国人，此时虽然认识到蒋介石已处于众叛亲离的状态，无力再维系在中国的统治，但仍不甘心失败，一方面不断放出声音，要求国共举行“和谈”，并着手在反国民党统治的革命阵营内部组织反对派，极力破坏中国革命进程；另一方面妄图通过逼迫蒋介石下野，以更换国民党领导人的方法，平息国统区人民的爱国民主运动，阻止中国革命的发展。接到南京国民政府调处国共关系请求的苏联政府及联共（布）领导人，就国民党提出的和谈问题同中共中央进行了秘密磋商，斯大林认为中共“以不公开拒绝和平谈判为好，因为公开拒绝和谈会把渴望和平的旗帜送给国民党，好像战争是中国共产党人所希望的；并且，公开拒绝和平谈判的倡议，也可能给美国以借口，使美国更容易对中国进行武装干涉”②，建议中共在人民解放军不停止进攻、要求成立由共产党领导的联合政府等前提下，表示愿意同国民党举行和平谈判。

以桂系李宗仁、白崇禧，湘系程潜等为代表的国民党地方势力派则乘机向蒋介石集团发难，要求蒋介石“毅然下野”，并向中国共产党发出“和谈”呼声，还想请美、英、苏出面调处，共同斡旋，同时策动所谓民意机关向国共双方呼吁和平，恢复和谈，要求双方军队在原

① 政协全国委员会办公厅：《开国盛典　中华人民截和国诞生重要文献资料汇编》（上编），中国文史出版社2009年版，第74页。

② 沙健孙主编：《中国共产党与新中国成立》下册，中央文献出版社2009年版，第517页。

地停止军事行动，听候和平谈判解决军事冲突。

1949年1月，蒋介石下野后，以代理“总统”李宗仁为首的国民党集团积极发动“谋和”攻势，通过发布文告、致电毛泽东等多种途径表示愿意以中国共产党提出的八项条件为基础进行和平谈判，还设法邀请李济深、章伯钧、张东荪、黄炎培和罗隆基等中间人士共同策进和平运动。但是，1949年2月，当他们得知中国共产党准备同国民党进行和谈时，李宗仁召集国民党领导人会议，提出同共产党和谈必须坚持以下原则：“和谈必须建筑在平等的基础上……不能同意建立以共产党为统治党的联合政府。我们应该建议立即停火，在两党控制区之间划一条临时分界线……不能全部接受所谓八条，而只同意在两政府共存的条件下讨论八条。”[①] 这表明，李宗仁为首的国民党集团所谓和谈，就是企图通过谈判保住国民党的半壁江山，阻止人民解放军越过长江解放全中国，实现“划江而治”。

此时，以民盟为代表的民主党派和绝大多数无党派民主人士已经放弃“中间道路”，走上了接受中国共产党领导并同中国共产党一起筹建新国家的道路。如1949年1月底，已经达到解放区李济深、沈钧儒等55人联合发表对时局意见，表示：对中共提出的八项和谈条件“彻底支持”，“革命必须贯彻到底，革命与反革命之间绝无妥协与调和之可能”；少数人强调“以协调为上德，以姑息为宽仁”是“在苟且偷安的本质之上披覆着悲天悯人的外表……是敌人的最大的奥援”。民革、民盟、民进等纷纷发表声明：“革命必须进行到底，不可姑息养奸，致重蹈辛亥革命以来革命失败之覆辙。”[②] 但是，在境内外种种因素的影响下，尤其是国民党李宗仁表示愿以中共提出的八项条件为基础举行国共两党和平谈判，并邀请中间人士参与促和运动的情况下，少数中间人士又萌生了走“中间路线”的主张，希望中国共产党领导的革命就此止步，呼吁人民解放战争“立即停下来”，对反动派实行“仁政”，反对“除恶务尽”。譬如，梁漱溟在重庆《大公报》连续发表《中国哪一天能太平?》《中国内战责任在谁?》《敬告中国共产党》等文章，一

① 唐德刚：《李宗仁回忆录》下册，广西人民出版社1980年版，第942页。

② 中国人民政治协商会议诞生记事暨资料选编：《五星红旗从这里升起》，文史资料出版社1984年版，第217、218、220页。

方面公正地提出："过去内战的责任不在中国共产党"，自己"将专力于文化研究工作，陆续以其思想见解主张贡献于国人。对于时局，在必要时是要说几句话的。但不采取任何行动"；另一方面又劝告中国共产党不要以武力求统一，"全国各方应该共谋和平统一，不要再打"，"希望中国共产党本其过去委曲求全之精神，与各方共同完成和平统一"，"请求中国共产党，你们必须容许一切异己者之存在"[①]。

中国共产党总结中国革命的历史经验，力排境内外各种势力的干扰、责难和疑惑，坚定地选择了将革命进行到底的方针。1948 年 12 月，毛泽东发表了《将革命进行到底》的新年献词，明确指出："现在摆在中国人民、各民主党派、各人民团体面前的问题，是将革命进行到底呢，还是使革命半途而废呢？"只有"用革命的方法，坚决彻底干净全部地消灭一切反动势力"，才"可以使中华民族来一个大翻身，由半殖民地变为真正的独立国"；如果"革命半途而废，那就是违背人民的意志，接受外国侵略者和中国反动派的意志，使国民党赢得养好创伤的机会，然后再一个早上猛扑过来，将革命扼死，使中国回到黑暗世界"[②]。1949 年 1 月，中共中央政治局会议指出："必须将革命进行到底，而不容许半途而废"；"一九四九年必须召集没有反动派代表参加的以完成中国人民革命任务为目标的各民主党派人民团体的政治协商会议，宣告中华人民民主共和国的成立"。[③] 同时，为了揭露国民党统治集团和美国反动势力的和谈阴谋，尽快结束战争，实现真正和平，减少人民痛苦，并继续批评和争取仍对国民党统治集团抱有幻想、对中国革命前途持错误看法的中间人士，中共中央提出在遵循"惩办战争罪犯""废除伪宪法""废除伪法统""根据民主原则改编一切反动军队""没收官僚资本"等八项条件的基础上，愿意同国民党举行谈判。当李宗仁政府所派和谈代表团抵达北平后，中共代表团同其举行了坦诚的会谈。但是，1949 年 4 月 20 日，南京方面最终指示国民党代表拒绝在和约上签字，和谈以破裂告终。国民党代表拒绝在和谈协议

① 李洲庭、阎秉华：《梁漱溟先生年谱》，广西师范大学出版社 2003 年版，第 221、222、223 页。

② 《毛泽东选集》第四卷，人民出版社 1991 年版，第 1 375 页。

③ 中共中央文献研究室、中央档案馆：《建党以来重要文献选编》第 26 册，中央文献出版社 2011 年版，第 24、27~28 页。

上签字的当天，人民解放军发起了渡江战争，迅速推翻了统治中国22年的国民党南京政府，中国新民主主义革命取得彻底胜利。

（五）解放战争中的论争与马克思主义中国化

解放战争时期，以毛泽东为代表的中国共产党人，就中国革命的形势和前途、土地革命的原则和方针、建国方案等在革命阵营内部，以及同国民党反动势力、民主党派、美国和苏联等发生的论争，基本上都是围绕是否将革命进行到底、革命成功后建立一个什么样国家等问题展开的论争。这些论争从马克思主义中国化的视角看，可以得出如下认识：

第一，马克思主义中国化的理论成果在论争中得到继续丰富和发展。

抗日战争时期，毛泽东思想在各方面得到丰富和发展而达到成熟，并在中国共产党七大上被确立为指导思想。在毛泽东思想的指引下，人民解放战争进展得十分顺利，革命发展速度甚至超出了毛泽东、朱德和周恩来等中共中央领导人的预期。当然，马克思主义中国化的实践是不断发展的，毛泽东思想也必然在新的实践中继续得到发展。解放战争时期，毛泽东等在反对内外反动势力、批评争取民主人士等过程中，提出了很多独创性的认识，从而发展了毛泽东思想。例如，在答复党内外、国内外各界人士对中共领导的武装能否抗击国民党军事进攻的疑虑中，毛泽东提出了决定战争胜败的是人民而不是一两件新式武器、一切帝国主义和反动派都是纸老虎、人民民主力量越强大就越能制止世界大战的爆发、世界大战可以避免和“中间地带”等思想；在批评中共党内外关于土地改革各种错误思想、纠正土地改革实践中“左”和右两种倾向的过程上，毛泽东、刘少奇和邓小平等提出了老解放区土地改革应没收而不是征购地主土地、解放区须分阶段分地区开展土地改革、新解放区应先实行减租减息再进行土地改革、土地改革必须遵循满足贫雇农土地要求和保护中农两大基本原则等思想，并在总结土地革命经验的基础上提出了“依靠贫雇农，团结中农，限制富农，变封建地主土地所有制为农民土地所有制”的土地革命总路线；在同境内外各种力量就中国革命胜利后应建立一个什么样国家的争论中，毛泽东丰富和发展新民主主义革命和社会理论，发表了《论人民民主专政》一文，形成了人民民主专政理论，提出了人民共和国方案，并阐述了新中国成立后应该实行的内外政策。此外，毛泽东人民军队建设和军事战略思想、党的建设思想、政策和策略思想、新民主主义社会论等也在解放战争时期的争论中不断得到丰富和发展。

第二，论争大都发生在中国共产党同党外势力之间。

解放战争时期，毛泽东思想已经成熟并确定为党的指导思想，以毛泽东为核心的，以刘少奇、周恩来、朱德和任弼时等为主要成员的中共第一代中央领导集体也业已成熟并在党内确立崇高权威，共产国际已经解散，中国共产党完全是一个独立自主的政党。在这种情况下，尽管中共党内仍发生了一些争论，如抗战胜利后是否要为争取和平民主而斗争；1946 年 12 月人民解放军是否要坚守南满根据地；1947 年新解放区是否立即实行土地改革；1948 年 10 月辽沈战役中人民解放军首先打锦州还是打长春等。但是，这些争论在中国共产党内表现得并不尖锐，并很快得到解决，且老解放区是否需要平分土地、新解放区是否立即进行土改、是否保护资本主义工商业等，主要表现为中国共产党人对各项政策和策略的探索过程，以及部分干部群众不理解中共中央精神而在实践中发生的“左”或右倾错误，理论性的论争并不明显。马克思主义中国化中的论争，如中国共产党应否领导解放区人民进行武装自卫、建立一个什么样的国家和怎样建立一个统一的国家等论争，主要发生在中国共产党同美蒋反动派、以斯大林为首的联共（布）、中国国民党、民主党派和无党派民主人士等之间。

第三，论争没有对马克思主义中国化的实践产生多大负面影响。

如前所述，国民革命时期，土地革命战争时期和抗战战争时期，发生在中国共产党内部、中国共产党同共产国际及联共（布）之间的若干论争，给中国革命的实践产生了严重干扰，甚至重大失败，同时也积累了深刻的教训。同上述历史阶段相比，解放战争时期马克思主义中国化中的论争对中国革命实践的负面影响很小。在抗战胜利后的中国人民争取和平民主阶段，尽管联共（布）、中国共产党内均有人对中国革命力量和形势持悲观看法，但是，中国共产党及其领导的人民武装没有胆怯，面对美蒋强大的军事进攻，勇敢地实行武装自卫，从而捍卫和扩大了人民革命的成果。1949 年年初，中国共产党同国民党、中间势力、美苏等国的一些人士之间就国共和平谈判、是否将革命进行到底等发生了争论，但是，争论并没有阻止、干扰人民解放军的渡江准备，也没有耽误、延迟渡江战役的胜利。虽然在土地改革和对待资本主义工商业的问题上，党内领导干部的不同认识和做法曾对新老解放区工农业生产、农民革命觉悟提高等产生过一定的影响，但是，不久都得到纠正，没有酿成大范围的失误。

第四，论争为新中国的建国方案及若干制度奠定了理论和政策基础。

虽然抗日战争时期，毛泽东等就已经形成了新民主主义共和国方案，但是，新民主主义社会的政治、经济、文化、社会和外交政策等还不是很明确。解放战争时期，中国共产党在同国民党、民主党派等就革命成功后建立一个什么样国家的论争中，新民主主义五种经济形态并存理论、保护民族工商业、外交方针“一边倒”等人民共和国方案及其即将实行的内外政策等都得以形成。在旧政治协商会议曾准备实行国民党领导的多党合作和政治协商制度的基础上，在各党派的论争和较量中，1949 年 9 月的中国人民政治协商会议最终确立了中国共产党领导的多党合作和政治协商制度。我国同西方众多国家不同的“协商民主”，也主要是中国共产党在解放战争时期同各民主党派、无党派民主人士等就建立一个什么样的国家、如何建立一个统一的国家等问题磋商、论争甚至斗争中形成的。1946 年 1 月，充满激烈斗争而又最终达成若干决议的政治协商会议，实际上是中国“协商民主”的一次实验。1948 年下半年和 1949 年新的政治协商会议的筹备和召开，是协商民主的成功实践，也是该制度的初步确立，期间关于中国人民政治协商会议共同纲领、中央人民政府组织法等文件的产生，中央人民政府的人员构成等，都是由中国共产党同民主党派、无党派民主人士等经过广泛酝酿、充分协商后，提交大会表决通过的。

第五，中国共产党积累了处理党内论争的有益经验。

如上述及，解放战争时期，发生在中国共产党内的马克思主义中国化中的论争并不多，论争主要发生在中国共产党同其他政治势力之间，但难能可贵的是，中国共产党内为数不多的论争都得到了迅速而妥善的处理。其中，有些经验值得总结和借鉴。如 1947 年和 1948 年，关于新解放区土地改革的方针和方法，《中国土地法大纲》缺乏具体问题具体分析和解决的精神，并存在“左”倾倾向，但是，当它在执行中引起党内不同意见之争后，毛泽东等并没有被《中国土地法大纲》束缚住手脚，而是立即给予高度重视，并十分注重听取来自实践一线同志的意见，特地征询邓小平等人的看法，在调查研究的基础上，完善甚至变更了既定的新解放区土地改革的方针政策，决定新解放区土地改革必须分阶段、分地区实施，且听取邓小平等人的意见，决定在新解放区先实行减租减息再推行变更土地所有权的改革。而就在该方针政策实施不久，邓小平又根据大别山解放区的实际，向中央提出停止包括减租减息在内的一切土地改革，并阐明了停止土地改革的理由。毛泽东为首的中共中央对其研究后予以同意，指示邓小平、粟裕等领导的各新解放区土地改革均可以根据具体情况具体应对，不必千篇一律。1948 年 10 月，关于辽沈战役中人民解放军首先打锦州还是打长春，中共中央军委研究后给林彪等发出了明确指示，但是，当林彪等提出不同意见时，中共中央军委同样高度重视并再次予以研究，经慎重研究后觉得原定战略战术比较有利，指示林彪等必须执行原定计划。然而，林彪等仍犹豫未决，行动迟缓，在这种情况下，中共中央军委接连发出指示，敦促林彪等果断行动，勿误战机，迫使林彪等接受了中共中央军委的意图，终于比较顺利地取得了辽沈战役的胜利。这些都是中共正确处理内部不同意见之争的成功典范。

六、民主革命时期马克思主义中国化中论争的思考

纵观民主革命时期马克思主义中国化中的论争，可窥见隐含其中的一些带规律性的特征。作为马克思主义中国化主体中的主体——中国共产党和中国共产党人，在马克思主义中国化的论争尤其是处理内部论争中积累了很多经验教训，总结这些经验教训对于今天的中国共产党推进马克思主义中国化、时代化和大众化等具有一定的借鉴价值。

（一）民主革命时期马克思主义中国化中论争的基本特征[①]

第一，论争紧紧围绕“什么是中国革命，怎样革命”而展开。

近代中国是一个半殖民地半封建的国家，帝国主义和中华民族、封建主义和人民大众之间的矛盾是中国社会的主要矛盾，其中帝国主义和中华民族的矛盾是最主要的矛盾。这决定了近代中国人民的两大历史任务是争取民族独立、人民解放和实现国家富强、人民富裕，而更直接、更首要的任务是完成反帝反封建的民主革命，实现救国救民，即解决“什么是中国革命，怎样革命”的问题，该问题是近代中国各革命阶级、政党和团体政治生活的主题。近代中国社会的主要矛盾及为解决主要矛盾的斗争贯穿于百年历史发展的始终，并对这期间中国政治、经济、文化和社会的变革等起着决定性作用，五四以后马克思主义中国化中的论争也不例外。

从 1919 年 5 月到 1949 年 9 月的新民主主义革命时期，马克思主义

① 高正礼：《民主革命时期马克思主义中国化中的论争及当代启示》，《马克思主义研究》，2013 年第 1 期。

中国化中的论争很难说清准确的场次，每场论争的主体、论点、结局和作用等自然有别。但是，有些问题，如关于马克思主义的阶级斗争学说和无产阶级专政理论等是否适合中国、中国是否需要彻底革命、革命成功后建立一个资本主义国家还是社会主义国家等，可以说始终贯穿于论争之中。早在中共创立时期，马克思主义同无政府主义、基尔特社会主义等就围绕这些论点产生过争论，中国共产党人后来同戴季陶主义、国家主义派、托洛茨基派、中国国民党临时行动委员会(第三党)、国民党改组派、抗战时期的国民党顽固派、以民主同盟为代表的民主党派等就中国社会特性、中国革命道路、抗战建国线路、反蒋建国方案等发生的论争均涉及上述问题，而这些问题之争都可以归结为近代以来的中国救国方案之争。另外，发生在中国共产党和共产国际、联共（布）等马克思主义阵营内部的众多论争，如国民革命时期和抗日战争时期关于处理国共关系原则之争、革命领导权之争；土地革命时期关于怎样对待中小地主和富农之争、革命的工作重心在城市还是乡村之争、中共在白区应执行什么样的策略之争；土地革命战争时期和抗日战争时期中共领导的军队执行什么样的战略战术之争、怎样对待中间势力之争等，都是中国革命基本问题之争，也就是“什么是中国革命，怎样革命”之争。自近代以来的中国救国方案之争，直到中华人民共和国的成立才最终见分晓。

第二，论争的焦点体现了历史与逻辑的统一。

民主革命时期，马克思主义中国化中的论争错综复杂，但是，这些论争不仅紧紧围绕“什么是中国革命，怎样革命”展开，而且从马克思主义阵营来看，论争的焦点，尤其是内部争论的问题具有前后相继性，历史发展过程与理论创新进程高度一致，体现了历史与逻辑的统一。例如，中共创立时期，马克思主义者同非马克思主义者之间发生的“问题与主义”之争、社会主义之争，马克思主义者内部发生的若干建党原则之争等，从马克思主义阵营看，就具有内在逻辑性。“问题与主义”之争是否需要主义之争，马克思主义者在该问题上取得了一致认识后，接着同非马克思主义者之间发生了“社会主义之争”，对马克思主义者来说，这是在明确需要主义指导后采用哪种社会主义指导的论争。紧接着发生在马克思主义者内部的若干建党原则之争，是选择了马克思主义之后建立一个样的马克思主义政党的论争。再以马克思主义阵营内部对中国革命基本问题之争为例，国民革命时期，发生了是否需要掌握革命领导权、是否需要掌握革命武装、是否需要发动农民开展土地革命等之争，而这些问题到土地革命战争时期，除了以托洛茨基、陈独秀为代表的极少数人所持取消主义外，在中国共产党、共产国际和联共（布）内已不再成为争论的问题，争论的焦点进展为如何领导工农革命、武装革命走什么样的道路和实行什么样的土地改革路线等之争；对待中间势力的态度和政策，土地革命战争之初，党内发生了对待民族资产阶级和小资产阶级不同政策之争，然而允许小资产阶级存在很快成为共识，不再争论，对待民族资产阶级的态度问题也在抗日战争时期达到理性认识，到解放战争时期，明确地将保护民族工商业的政策上升为新民主主义革命三大经济纲领之一。

第三，论争的理论创新进程同毛泽东思想的形成和发展相一致。

现有的中国革命史、中共党史和马克思主义中国化史等教材和著作，往往都将中国革命、中国共产党和马克思主义中国化的历史写成了毛泽东思想，特别是毛泽东个人关于中国革命和建设思想发展的历史，这是欠妥的。马克思主义中国化的实践运动和理论创新都是人民群众的活动，中共领导人和知识分子在理论创新中的作用显著，但也是集体完成的。马克思主义中国化的若干理论创新观点、中国革命实践探索活动等，在历史上并非毛泽东最早或独自提出和亲历。例如，在中共历史上，关于中国社会各阶级经济地位和革命态度的分析，陈独秀早于他人；关于中国革命主要形式和革命领导权等比较系统的论述，瞿秋白早于他人；关于工农红军游击战争的战略战术，毛泽东在井冈山探索和总结的同时，贺龙、徐向前等也在各自所领导的农村革命根据地进行了探索和总结等。因此，中国革命史、中共党史和马克思主义中国化史等撰写应该全面、客观地反映和揭示历史原貌。

当然，从中国共产党成长和成熟的历程看，尤其是从中国共产党在领导中国革命过程中锤炼出以毛泽东为代表的第一代中央领导集体来看，毛泽东的确是马克思主义中国化的典范，他关于中国革命问题的代表作是中国新民主主义革命理论的集中体现，而这些著作大多数是在批评党内外种种错误思潮、党内“左”和右两种倾向而写成的。以人民出版社1991年版《毛泽东选集》第一、二卷为例，超过三分之二入选文章的题注都明确地说，该文章是毛泽东为了反对和批判党内外种种错误思潮、“左”右倾倾向而写的，是争论和斗争的结果。这些题注不敢说没有受到历史上“左”倾主义、阶级斗争思维、中共党史是两条路线斗争史等观点的影响，但可以从一个侧面证明，毛泽东思想形成和发展的过程中充满着论争。正如1981年6月中共十一届六中全会通过的《关于建国以来党的若干历史问题的决议》所说，毛泽东思想是在同种种“错误倾向作斗争并深刻总结这方面的历史经验的过程中逐步形成和发展起来的”①。这其中既有反对中共内部教条主义、宗派主义、主观主义的斗争，也有反对党外敌对势力，批评争取中间势力，甚至反对美国、苏联等境外种种不利于中国革命言论等斗争。毛泽东思想萌芽、形成、成熟和发展的过程，始终伴随着马克思主义中国化中的论争走过，论争中创新的关于中国革命的科学理论成果都是毛泽东思想的重要内容，甚至是其萌芽、形成、成熟和发展的标志。

第四，论争经历了主要从中国共产党党外转向党内，又由党内转向党外的过程。

民主革命时期马克思主义中国化中的论争，从论争的主题、主体和参与者来看，经历了主要由党外转向党内，又由党内转向党外的过程。中共创立时期，论争主要是马克思主义者、中国共产党早期组织（共产主义小组）成员同非马克思主义者的论争。国民革命时期，虽然中共内部就如何处理国共关系、怎样对待工农运动等发生了一些论争，但更多的是中国共产党人同国民党新老右派、国家主义派等论争。到土地革命战争时期，革命阵营同反革命阵营鲜明对峙，马克思主义中国化的论争主要发生在革命阵营内部，包括中国共产党、共产国际、联共（布）和少共国际、赤色职工国际、中国共产主义青年团、中华全国总工会等，尤其是中国共产党内，论争的主题是中国革命形势处在高潮还是低潮、中国革命的中心在城市还是乡村、党指挥枪还是枪指挥党、是否没收中小地主和富农的土地等。抗日战争时期，虽然中国共产党内部在抗战之初发生了对待国共关系的态度、八路军抗日方式等之争，其中以反对王明右倾机会主义为代表，抗战相持阶段又就中共若干历史问题发生了争论，但此时马克思主义中国化中的论争主

① 中共中央文献研究室：《关于建国以来党的若干历史问题的决议注释本》（修订），人民出版社1985年版，第47页。

要转向中国共产党和中国马克思主义者同中国国民党、青年党、反动文人、部分中间人士等之间的论争，论争的主题主要是国共关系、抗日民族统一战线领导权、抗战建国的指导思想和奋斗目标等。解放战争时期，中国共产党内部的论争很少，关于土地改革方针政策、对待民族工商业态度等虽然产生不同看法，但更多的是共同探讨，以及着力纠正基层党组织、军队和群众在实践中所犯错误倾向，而发生在这期间的中国能否革命、建立一个什么样的国家、怎样建立一个统一的国家、是否将革命进行到底等论争，都是中国共产党同其他党派、人士等之间的论争。

民主革命时期，马克思主义中国化中的论争之所以呈现出从中国共产党党外转向党内，又由党内转向党外的规律，这同中国共产党的成长成熟，尤其是中国革命实践锤炼出以毛泽东为核心的中共第一代中央领导集体相关。1935 年 1 月，遵义会议重新确立了毛泽东在党和红军中的领导地位后，中共第一代中央领导集体业已形成，这一领导集体在政治、理论、威信、经验等各方面已经具备了列宁所说“革命领袖”的条件。所以，从遵义会议开始，中国共产党内部在思想、行动、意志、决策等方面，总体来说一直是朝着统一的方向和趋势发展的，内部争论逐渐减少。此外，到抗日战争相持阶段，中国新民主主义革命理论也已经形成并走向成熟、中国革命与反革命的斗争日益进入决战阶段等，这也是马克思主义中国化中的论争转向中共党外的原因。

第五，论争主要同资产阶级之间展开，尤其是在处理国共两党关系中走过。

半殖民地半封建社会的中国资产阶级民主革命，发生在俄国十月革命后的世界无产阶级革命的时代，革命的领导者转由无产阶级担任，而资产阶级右翼不愿意放弃已经攫取的地位和资源，资产阶级左翼也不甘心放弃对革命领导权和建立资产阶级共和国的争取。这使得中国共产党领导的新民主主义革命基本上是无产阶级在处理同资产阶级关系，尤其是处理国共关系走过来的，国共两党在国民革命和抗日战争时期实现了两次合作，又在土地革命战争和解放战争时期生死对峙。马克思主义中国化中的论争，也可以说主要是无产阶级同资产阶级之间展开，尤其是在处理国共关系中走过的。如中共创立时期马克思主义者同基尔特社会主义、民主社会主义的论争；国民革命时期，中国共产党人反对国民党新老右派、国家主义派的斗争；抗日战争时期，国共之间关于八路军新四军指挥权、抗日战争领导权、国共两党合作方式、建国方案等争论；解放战争时期，国共两党在重庆谈判、政治协商会议上的斗争，中国共产党人反对中间路线的斗争等。这些论争和斗争，都可以归纳为无产阶级同资产阶级之间的论争和斗争，且往往是处理国共两党关系的论争和斗争。此外，尽管很多论争发生在中共、中共同共产国际和联共（布）等之间，如中共创立时期关于对待其他政党态度、党员能否到旧政府做官、同国民党实行“党内合作”还是“党外合作”等之争；国民革命时期关于是否掌握武装、是否发动农民开展土地革命、北伐中支持还是反对蒋介石等之争；土地革命战争时期关于革命中心在城市还是乡村、革命形势处于高潮还是低潮、是否立即发动工农推翻南京国民政府、是否联合国民党蒋介石共同抗日等之争；抗战时期关于处理国共关系原则、怎样对待抗日领导权等之争；解放战争时期关于中国能否革命之争等。这些论争本质上也是处理无产阶级同资产阶级关系，尤其是国共两党关系的论争。

（二）民主革命时期马克思主义中国化中论争的教训与启示

民主革命时期，马克思主义中国化中的论争，虽然有学理研究、理论探讨的成分，但绝大多数是救国救民方案和行动方针之争，并发生在革命实践过程中，论争及其观点往往立即接受实践的洗礼，既对中国共产党、中国革命的发展等起过推动作用，也往往使其付出沉重代价。所以，民主革命时期马克思主义中国化中论争的经验教训值得总结和借鉴。

第一，论争是推动马克思主义中国化的动力之一，应鼓励和引导平等的论争。

民主革命时期，中国社会的民族矛盾、阶级矛盾异常尖锐，革命形势极其紧迫，中国共产党人、中国的马克思主义者等基本上没有同中外反动势力展开公开、平等论争的可能，也没有条件专门从事理论研究，革命理论往往只能在革命实践中一边探索，一边总结。尽管如此，中国共产党人、中国的马克思主义者等在推进马克思主义中国化的过程中还是在内部，以及同其他思潮和势力发生了种种论争，且论争传播了马克思主义、推动了中国革命的若干理论观点的诞生和完善等。因此，论争是马克思主义中国化理论创新的动力之一。

如前述及，论争容易引起人们的关注，易于扩大影响，传播思想文化；论争能促使人们深入思考问题，催促新思维和新思想的诞生；论争的结论来自严密推论和辩解，更加严谨科学。在和平与发展成为时代主题的今天，在中国共产党已经长期执政、马克思主义已经确立巩固指导思想地位的情况下，中国共产党完全有条件鼓励和引导平等的、心平气和的论争，以推进马克思主义中国化、时代化和大众化。回避论争，害怕论争，禁止论争都是不必要的。

第二，中国共产党需努力构建处理内部论争的机制和制度。

民主革命时期，中国共产党在推进马克思主义中国化的过程中，在处理党内论争方面有过一些好的做法。如土地革命战争时期，中共红四军党内就党和军队关系、前委和军委关系等争执不下的情况下，陈毅赴上海向中共中央汇报工作并在中共中央的指示下解决了红四军党内的论争；抗日战争时期，因王明右倾机会主义在党内造成了一定的混乱，且有共产国际派遣回国传达和执行所谓新策略的背景，中共中央决定派任弼时赴莫斯科向共产国际报告中国抗日战争的现状，以争取共产国际对纠正王明右倾机会主义的理解和支持，后来在共产国际的帮助和支持下，中共六届六中全会比较顺利地纠正了王明右倾机会主义；延安整风过程中，鉴于中共高级领导干部对党的若干历史问题的认识存在严重分歧，中共中央决定组织高级领导干部学习研究中共历史，在此基础上逐渐统一了思想认识，并由中共中央全会通过决议将统一的认识确定下来，从而既避免了无谓的争论，又统一了全党思想和行动；解放战争时期，关于新解放区是否立即实行土地改革、如何实行土地改革等，毛泽东、刘少奇等并不受刚刚制定的《中国土地法大纲》的束缚，要求各新解放区执行统一的政策，而是广泛征求各方意见，后又同意邓小平、粟裕等因地制宜、因时制宜地自主应对，等等。这些好的做法积累了正确处理党内分歧和论争的珍贵经验，值得认真总结和汲取。

然而，民主革命时期，中国共产党并没有形成解决党内论争的机制和制度，相反还留下了很多教训。中共创立和国民革命时期，陈独秀家长制严重，往往听不进甚至不许他人提反对意见，使得党内的分歧和争论不能妥善解决，如陈独秀因建党原则之争同李汉俊关系恶化、压制毛泽东发表《湖南农民运动考察报告》、当众撕毁任弼时向中央所提意见书等；他强调中共独立自主是对的，但不应该以拒绝同共产国际代表见面等方式抗争；他有时面对党内的论争又表现出优柔寡断，1926年夏党内同志征询北伐中对待蒋介石的政策，陈独秀为首的中央不能给出明确答复；1927年4月，中共五大就一些问题连续争论几天也毫无结果。土地革命战争时期，李立三、王明等对党内持不同意见者则给予残酷斗争、无情打击；在中共红四军党内则出现了绝对自由主义，在1929年5月的中共红四军前委会议上，在1929年6月和9月的中共红四军第七、八次代表大会上，争论愈演愈烈，同样发生了接连争论数日而无结论的现象。这些争论都给中国共产党及其领导的革命事业造成了严重不良后果。

马克思主义中国化中的论争可以说是一把双刃剑，既能对马克思主义中国化发挥推进作用，也容易给中国共产党、中国革命和建设事业等带来危害，民主革命时期，中国共产党没有条件就正确处理包括党内论争在内的马克思主义中国化中的论争构建机制和制度。在已经稳固执政60多年的条件下，中国共产党应该在这方面做些探索。

第三，各级党政干部须加强对马克思主义的学习和研究，克服对待马克思主义的教条主义和形式主义。

民主革命时期，马克思主义中国化中的论争，从中国共产党和中国马克思主义者的视角看，一类是发生在内部的论争，且集中表现在反对教条主义、反对把共产国际指示神圣化和苏联经验绝对化的论争；一类是发生在中国共产党人、中国马克思主义者等在同非马克思主义者的论争。但是，不论在哪一类论争中，中国共产党人和中国马克思主义者都努力学习研究马克思主义，并运用马克思主义基本原理分析中国革命的具体实际，从而传播了马克思主义、提高了自身的马克思主义理论修养、驳斥了非马克思主义者对马克思主义的歪曲和污蔑、克服了革命阵营内部的“左”右倾机会主义、催生了马克思主义中国化的理论成果。如上所述，从中国共产党历史发展来看，毛泽东思想就是在反对各种错误思潮和倾向，特别是反对党内教条主义的过程中形成的。

随着人类社会的发展，马克思主义一些具体的论断的确不能机械地搬用于今天建设中国特色社会主义事业的实际，但是，马克思主义基本原理仍然是科学指南，必须学习、研究和贯彻。然而，当今中国存在的两种倾向应引起执政党和政府重视，一种倾向是将马克思主义挂在嘴上，各种文件、法规，各级领导的报告、讲话等都形式地空喊以马克思主义为指导，但众多党政干部缺乏对马克思主义和中国化的马克思主义的基本理解和把握，更谈不上真正信仰和践行，一些学者仅仅把马克思主义研究和教学当作职业，当作谋生、牟利的工具，自身将信将疑，甚至拜神信佛；另一种倾向是一些人对马克思主义知之甚少，或者根本就不知马克思主义为何物，就对马克思主义妄加批判，一概否定，高校思想政治理论课、党政机关和企事业单位的政治学习活动越来越缺乏活力和吸引力。因此，如何对待马克思主义仍是一个重大的理论和现实问题，道理很简单，就是毛泽东和邓小平一再强调的：马克思主义的本本不能丢，但又要反对本本主义。怎样在实践中做到这一点，需要认真研究和积极应对。

（三）课题研究的不足

本文稿虽然字数不少，但只是构建起研究民主革命时期马克思主义中国化中论争的框架。由于种种原因，课题研究仍存在很多不足。概言之，不足之处主要有：

第一，论争研究视域有待拓宽。

民主革命时期，革命是中国社会政治生活的主题，研究马克思主义中国化中的论争，自然应侧重研究政治领域的论争，尤其是要研究关于中国革命问题的论争，这一点课题研究基本做到。但是，马克思主义中国化中的论争涉及政治、经济、哲学和文学等各个领域，因受知识储备、专业背景和研究水平等局限，本课题研究几乎没有涉及经济、哲学和文学等领域马克思主义中国化中的论争，这是一大缺陷。

第二，论争研究深度有待挖掘。

民主革命时期，马克思主义中国化中的论争错综复杂，领域广，场次多，仅“问题与主义”之争，几十年来学术界的研究一直没断，梯次深入。本课题梳理28年间马克思主义中国化中几十个问题的论争，选题有点大，对每场论争的研究必然肤浅，某一论争究竟哪些人和组织参与，发表了什么言论，其主要观点是什么，论点的依据何在，论争的历程和结果如何等都有待深化。另外，一些问题的研究还受到资料的局限难以深入。如抗日战争时期，叶青、陶希圣等撰写了许多反对马克思主义、马克思主义中国化的文稿，中国共产党人对其进行了深刻的批判，而这些文稿很难找到，对其评判难以达到全面客观；解放战争时期，毛泽东发表《论人民民主专政》一文，除了批驳中外反动势力对中国共产党建国方案的攻击和污蔑外，还在于说服中间势力放弃资产阶级共和国幻想，毛泽东在该文中逐一批评了“你们一边倒”“你们太刺激了”“我们要做生意”“不要国际援助也可以胜利”“我们需要英美政府的援助”等言论，这些言论究竟是对哪些中间人士、在什么具体场合提出的，此外他们还表达了如何在中国建立资产阶级共和国的言论，这些资料都无从查找。

第三，论争理论概括有待提炼。

课题研究除了对民主革命时期马克思主义中国化中的重大论争作了粗略的梳理外，还对每个历史时期论争的阶段性特点及其对马克思主义中国化的影响、整个民主革命时期马克思主义中国化中论争的特征和教训等试图作了一些理论概括，提出了若干肤浅的看法，这些看法还存在不严谨、不准确之处，需要进一步提炼。另外，课题研究最初的想法是将民主革命时期划分为五个历史阶段，对各历史阶段的每一次论争的背景、过程、论点及其对马克思主义中国化的影响等都作细致梳理、微观考察，以从论争的角度揭示马克思主义中国化的发展历史。在研究过程中发现，研究任务太重，研究成果也将出现论点重复过多的问题。故课题研究成果最终改为现在的体例，只在每个历史阶段的最后一目，专门探讨这一历史阶段论争的特点及其对马克思主义中国化的影响，是否妥当也值得探讨。

总之，课题研究还很粗燥，很肤浅，民主革命时期马克思主义中国化中的论争，还需要进一步梳理和归纳，每一场论争的特殊性和所有论争的普遍性等问题还有待深入研究。

主要参考文献

著作类：

1. 安启念：《马克思主义哲学中国化研究》，中国人民大学出版社2006年版。

2. 《蔡和森文集》，人民出版社1980年版。

3. 《陈独秀著作选编》第一至五卷，上海人民出版社2009年版。

4. 陈绍畴：《刘少奇在白区》，中共党史出版社1992年版。

5. 《陈云文选》第一卷，人民出版社1996年版。

6. 程中原：《张闻天传》，当代中国出版社2000年版。

7. 达林：《中国回忆录（1921—1927）》，中国社会科学出版社1981年版。

8. 《邓小平军事文集》第二卷，军事科学出版社、中央文献出版社2004年版。

9. 《第二次国内革命战争时期土地革命文献选编（1927—1937）》，中共中央党校出版社1987年版。

10. 丁守和、殷叙彝：《从五四启蒙运动到马克思主义的传播》，生活·读书·新知三联书店1979年版。

11. 《共产国际、联共（布）与中国革命文献资料选辑》（1926—1927）上、下册，北京图书馆出版社1998年版。

12. 《共产国际有关中国革命的文献资料（1919—1928）》第1辑，中国社会科学出版社1981年版。

13. 《共产国际有关中国革命的文献资料（1929—1936）》第2辑，中国社会科学出版社1982年版。

14. 《共产国际与中国革命资料选辑（1925—1927）》，人民出版社1985年版。

15. 《国民参政会纪实》上、下卷，重庆出版社 1985 年版。

16. 郝赫：《恽代英年谱新编》，中国文史出版社 2005 年版。

17. 《胡乔木回忆毛泽东》，人民出版社 2003 年第 2 版。

18. 《胡绳论“从五四运动到人民共和国成立”》，社会科学文献出版社 2001 年版。

19. 《胡适口述自传》，广西师范大学出版社 2005 年版。

20. 《胡适文存》第二卷，北京大学出版社 1998 年版。

21. 黄修荣：《国共关系史》上、中、下卷，广东教育出版社 2002 年版。

22. 《建党以来重要文献选编》第 1—26 册，中央文献出版社 2011 年版。

23. 《解放战争时期土地改革文件选编（1945—1949）》，中共中央党校出版社 1981 年版。

24. 金冲及主编：《毛泽东传（1893—1949）》，中央文献出版社 2004 年版。

25. 金冲及主编：《周恩来传》上卷，中央文献出版社 1998 年版。

26. 《抗战时期国共合作纪实》上、下卷，重庆出版社 1992 年版。

27. 《李达文集》第一至四卷，人民出版社 1980—1988 年版。

28. 《李大钊全集》第一至四卷，河北教育出版社 1999 年版。

29. 李渊庭、阎秉华：《梁漱溟先生年谱》，广西师范大学出版社 2003 年版。

30. 《李宗仁回忆录》上、下册，广西人民出版社 1980 年版。

31. 《联共（布）、共产国际与中国国民革命运动》（1920—1925）第 1—2 册，北京图书馆出版社 1997 年版。

32. 《联共（布）、共产国际与中国国民革命运动》（1926—1927）上、下册，北京图书馆出版社 1998 年版。

33. 《联共（布）、共产国际与中国苏维埃运动》（1927—1931）第 1—6 册，中央文献出版社 2002 年版。

34. 《联共（布）、共产国际与中国苏维埃运动》（1931—1937）第 1—5 册，中共党史出版社 2007 年版。

35. 《列宁选集》第一至四卷，人民出版社 1995 年版。

36. 《六大以前——党的历史材料》，人民出版社 1980 年版。

37.《刘少奇论工人运动》，中央文献出版社 1988 年版。

38.《刘少奇年谱》上卷，中央文献出版社 1996 年版。

39.《刘少奇选集》上卷，人民出版社 1981 年版。

40.《马克思恩格斯选集》第一至四卷，人民出版社 1995 年版。

41.《毛泽东年谱（1883—1949）》（上）（中）（下），中央文献出版社 2005 年第 2 版。

42.《毛泽东农村调查文集》，人民出版社 1982 年版。

43.《毛泽东书信选集》，人民出版社 1983 年版。

44.《毛泽东文集》第一至八卷，人民出版社 1993—1999 年版。

45.《毛泽东选集》第一至四卷，人民出版社 1991 年版。

46.《毛泽东早期文稿》，湖南出版社，1990 年版。

47.《缅怀刘少奇》，中央文献出版社 1988 年版。

48.《聂荣臻回忆录》上、下册，战士出版社 1983 年版。

49.《彭德怀年谱》，人民出版社 1998 年版。

50.《瞿秋白文集（政治理论编）》第一至八卷，人民出版社 1987—1998 年版。

51. 沙健孙主编：《中国共产党史稿（1921—1949）》第一至五卷，中央文献出版社 2006 年版。

52. 陶德麟、何萍：《马克思主义哲学中国化：历史与反思》，北京师范大学出版社 2007 年版。

53. 王功安、毛磊主编：《国共两党关系史》，武汉大学出版社 1991 年版。

54.《五星红旗从这里升起》，文史资料出版社 1984 年版。

55.《恽代英文集》上、下卷，人民出版社 1984 年版。

56.《延安整风运动纪实》，求实出版社 1982 年版。

57. 叶青：《抗战中的问题》，抗战出版社 1940 年版。

58.《“一大”前后》（一）（二）（三），人民出版社 1980、1984 年版。

59. 张军民：《中国民主党派史》（新民主主义时期），黑龙江人民出版社 2006 年版。

60.《政治协商会议纪实》上、下卷，重庆出版社 1989 年版。

61.《中共党史报告选集》，中共中央党校出版社 1982 年版。

62.《中共党史参考资料》第1—8册，人民出版社1979—1980年版。

63.《中共党史参考资料》第1—13册，中国人民解放军政治学院1979年编。

64.《中共中央抗日民族统一战线文件选编》（上、中、下），档案出版社1985年版。

65.《中共中央文件选集》第1—18册，中共中央党校出版社1989—1991年版。

66.《中国共产党第十七次全国代表大会文件汇编》，人民出版社2007年版。

67.《中国共产党历史》第一卷上、下册，中共党史出版社2002年版。

68.《中国民主同盟历史文献》，文史资料出版社1984年版。

69.《中国社会性质问题的论战（资料选辑）》上、下册，人民出版社1984年版。

70.《中国现代思想史资料简编》第1—5册，浙江人民出版社1982—1983年版。

71.《周恩来年谱（1893—1949）》（修订本），中央文献出版社1998年版。

72.《周恩来书信选集》，中央文献出版社1988年版。

73.《周恩来选集》上卷，人民出版社1980年版。

74.《朱德选集》，人民出版社1983年版。

75.《朱德年谱》（新编本）上卷，中央文献出版社2006年版。

论文类：

1. 陈晋：《一九三八年毛泽东与梁漱溟的一次争论》，《中共党史研究》，1990年第6期。

2. 陈永忠：《抗战胜利后民主人士内部关于“中间路线”的论战》，《浙江学刊》，2006年第1期。

3. 冯蕙：《六届六中全会与马克思主义中国化》，《毛泽东邓小平理论研究》，1999年第2期。

4. 高继民：《试析立三中央与共产国际远东局的争论》，《内蒙古师范大学学报》（哲学社会科学版），1992 年第 2 期。

5. 高军：《第一次国内革命战争失败后关于中国社会性质问题的论战》，《史学月刊》，1982 年第 2 期。

6. 何虎生：《近年来马克思主义中国化研究的新进展》，《教学与研究》，2005 年第 3 期。

7. 黄厚载：《国共两党论战和毛泽东思想的成熟》，《宁夏大学学报》（社会科学版），1986 年第 1 期。

8. 蒋伯英：《毛泽东与中共中央关于秋收起义若干重大问题的分歧与争论》，《党史研究与教学》，2008 年第 3 期。

9. 蒋霞：《瞿秋白在马克思主义中国化中的地位和作用》，《广西社会科学》，2005 年第 7 期。

10. 李君如：《中国特色社会主义和十六大以来党的理论创新》，《学习时报》，2007 年第 394 期。

11. 李银德：《中国早期社会主义大论战述论》，《安徽史学》，1992 年第 2 期。

12. 梁尚贤：《围绕中国革命发展不平衡问题的争论》，《文史哲》，1989 年第 5 期。

13. 刘家贺：《“南陈北李，相约建党”若干阶段的探讨》，《中共党史研究》，2000 年第 5 期。

14. 斯大林：《关于中国革命问题》，《党的文献》，1998 年第 1 期。

15. 宋镜明：《李达与五四时期的思想大论战》，《武汉大学学报》（社会科学版），1987 年第 4 期。

16. 宋连胜：《“社会主义论战”与早期马克思主义中国化》，《理论学刊》，2008 年第 6 期。

17. 田克勤：《国共两党在抗日纲领上的分歧与“三民主义”论战》，《东北师范大学学报》（哲学社会科学版），1994 年第 3 期。

18. 汪信砚：《反对教条主义与推进马克思主义哲学中国化》，《武汉大学学报》（人文社科版），2005 年第 2 期。

19. 王端芳：《抗战初期的马克思主义中国化运动》，《河南大学学报》（社会科学版），1995 年第 5 期。

20. 王凤君：《〈论持久战〉与马克思主义哲学中国化》，《理论观察》，2005 年第 6 期。

21. 王国宇：《再评五四时期关于社会主义的论战》，《湖南师范大学社会科学学报》，1993 年第 4 期。

22. 王先俊：《党的创建时期马克思主义中国化的特点》，《南都学坛》（人文社会科学学报），2003 年第 3 期。

23. 肖东波：《延安时期党对马克思主义中国化命题的探讨》，《党的文献》，2004 年第 6 期。

24. 萧泩：《关于中共三大对加入国民党问题的争论》，《中共党史研究》，1992 年第 1 期。

25. 徐奉臻：《从批判视阈审视马克思主义中国化的理论实质》，《马克思主义研究》，2007 年第 1 期。

26. 徐行：《重评五四时期有关社会主义的两场争论》，《天津师范大学学报》，2000 年第 3 期。

27. 徐云根：《终身的遗憾：陈独秀与李汉俊的关系》，《炎黄春秋》，2009 年第 10 期。

28. 许全兴：《马克思主义中国化的政治层面和学术层面》，《理论前沿》，2003 年第 18 期。

29. 杨富斌：《从过程视角看马克思主义中国化》，《思想理论教育导刊》，2005 年第 1 期。

30. 余信红：《“中国社会性质论战”新论》，《长白学刊》，1999 年第 6 期。

31. 袁辉初：《论马克思主义中国化的实质》，《马克思主义研究》，2006 年第 2 期。

32. 张明军：《关于红军建设问题的一场争论》，《党史纵横》，2002 年第 10 期。

33. 赵晶：《红军建军原则的大争论与古田会议的召开》，《军事历史》，1999 年第 4 期。

34. 中央文献研究室毛泽东研究组：《“毛泽东邓小平与马克思主义中国化”理论研讨会纪要》，《毛泽东邓小平理论研究》，1999 年第 1 期。

35. 周谷城：《争辩讨论是推进学术的最好方法》，《人民日报》，1957 年 5 月 3 日。

36. 周良书：《中共创建时期党内的几次争论》，《安徽史学》，

2006 年第 3 期。

37. 周向军：《论毛泽东把马克思主义中国化的主观条件》，《毛泽东思想研究》，2003 年第 2 期。

38. 祝彦：《评陈独秀与“立三路线”的分歧和争论》，《江西社会科学》，2003 年第 5 期。

后　记

论争、争鸣、辩论是伴随着人类文明发展始终的社会、文化现象，是开发智力、创新理论和繁荣学术的重要途径和动力。马克思主义是在论争中形成和发展的，马克思主义中国化也是伴随着论争走过来的。“左”倾思潮统治的年代，学术界同样“以阶级斗争为纲”，把马克思主义及其在中国的发展史解读为两条路线斗争史，这自然是错误的。在构建社会主义和谐社会的当今中国，党和政府领导各族人民致力于经济社会发展，努力改善民生，这是应该的，也是必须的。但是，如果只追求一团和气，尤其是学术界回避论争，掩盖论争，甚至不承认历史上的论争，这恐怕是欠妥的。作为马克思主义理论教学和研究工作者，追求真理，资政育人，以史鉴今是其应尽责任。因此，本人试图梳理马克思主义中国化历史上论争，总结其经验和教训，并为引导当今马克思主义中国化中的论争提供借鉴。

由于自 1919 年五四爱国运动以来马克思主义中国化中的论争异常繁杂，研究任务十分艰巨，作为研究工作的第一步，本人决定先对 1919 年至 1949 年新民主主义革命时期马克思主义中国化中的论争作一系统研究，课题研究获得 2010 年度教育部人文社会科学研究项目基金、2012 年度安徽师范大学学术著作出版基金资助。本书系上述研究工作和基金资助的成果。

本书的筹划、设计、撰写和修改都是在我的博士生导师王先俊先生指导下完成的，出版之际又承蒙先生作序，本人深感荣幸。

本书的出版得到安徽师范大学出版社张传开社长、汪鹏生总编和房国贵责任编辑等人的关心和支持，在此一并表示由衷的感谢。

由于本人水平有限，书中错误难免，恳请广大读者批评指正！

高正礼

2012 年 10 月于芜湖赭山

2010年教育部人文社会科学研究基金资助出版
2012年安徽师范大学学术著作出版基金资助出版